高等学校市场营销学系列教材
教育部全国普通高等学校优秀教材
国家自然科学基金资助项目成果

网络营销

第四版

Internet Marketing

主　编　黄敏学
副主编　朱华伟　刘茂红　张　皓

WUHAN UNIVERSITY PRESS
武汉大学出版社

图书在版编目(CIP)数据

网络营销/黄敏学主编.—4 版 .—武汉：武汉大学出版社，2020.11
(2022.7 重印)
高等学校市场营销学系列教材　教育部全国普通高等学校优秀教材
ISBN 978-7-307-21827-7

Ⅰ.网…　Ⅱ.黄…　Ⅲ.网络营销—高等学校—教材　Ⅳ.F713.365.2

中国版本图书馆 CIP 数据核字(2020)第 194758 号

责任编辑:范绪泉　　责任校对:李孟潇　　版式设计:马　佳

出版发行：**武汉大学出版社**　(430072　武昌　珞珈山)
(电子邮箱：cbs22@ whu.edu.cn　网址：www.wdp. com.cn)
印刷:武汉图物印刷有限公司
开本:787×1092　1/16　印张:17.5　字数:415 千字　插页:1
版次:2000 年 4 月第 1 版　2007 年 9 月第 2 版
2015 年 7 月第 3 版　2020 年 11 月第 4 版
2022 年 7 月第 4 版第 3 次印刷
ISBN 978-7-307-21827-7　定价:49.00 元

高等学校市场营销学系列教材

第四版前言

信息技术的发展，极大地改变了人们的生活方式和社会形态，人工智能(artificial intelligence)让产品更加人性化和智能化，大数据(big data)让万物皆可数字化和透明化，而云计算(cloud)则让万物皆可计算化和网络化。ABC技术的发展，在赋能我们消费行为智能化、数字化和网络化的同时，也极大推动着营销模式和营销理念的变革和跃迁。电商从原来的所谓"先进"商业形态变成大众熟悉的常态，原来时髦的移动支付成为日常生活的必备，原来作为家庭信息中心的电视退化成信息终端之一而且面临使用人群老化的趋势，而手机从原来的信息终端变成现在的生活数字化中心。

唯一的不变是改变。作为满足顾客需求的市场营销必须与时俱进，适应市场的变化，将市场环境中的危机变成新的机会。最近，2020年的疫情蔓延，导致市场停顿，很多企业只擅长线下营销，对线上虚拟营销，缺乏准备和适应，只能坐以待毙，而一些创新企业迎难而上，利用网络直播带货，激活市场和维持市场运作。问题是，很多传统企业在进入直播带货时，却发现与现有模式有冲突，经营思维和运作体系存在很大不同，甚至出现自残现象。可见，5G时代的营销模式只有在理念思维、战略模式和策略方法上都有实质性的改变，才有机会搭上市场发展的顺风车。

为此，本书在考虑到用户的沟通社交化(social)、决策场景化(local)和行为移动化(mobile)基础上，基于交互营销的理念，突破以往只注重结果和交易达成的交易营销模式(现在讲的关系营销实质上还是交易营销，因为关系营销的理念是将客户分级，进行差异化管理)，基于移动互联网的发展特点来介绍数字时代的网络营销理论与实践。本书的主要特色如下：

1. 前沿性。一是融合信息技术的新发展，如ABC技术；二是融合企业的网络营销创新实践，如程序化广告；三是融合学界的理论研究。

2. 理论性。为更好把握网络营销的本质，本书是在市场营销的新定义基础上来组织写作的，从更广泛的用户视角，基于交互营销理论来组织内容。

3. 系统性。本书延续的是经典营销的策略组织和分析框架，让读者在经典框架的指导下快速掌握网络营销的新发展和新知识。

4. 中国化。为了更好体现中国互联网市场的发展，本书的案例基本上都是中国企业的网络营销应用实例。

很荣幸的是本书2002年被授予"教育部全国普通高等学校优秀教材二等奖"，并且以此书作为蓝本建设了教育部的"跨世纪网络课程建设"项目，项目建设获得优秀鉴定。在此书出版的18年间，也重印了多次，被近百所高校采用，使用此教材的老师也提出了很好的意见和建议，在此一并感谢。为更好服务于教学，本书配套建设有专门的网站，为教师提供的专门讲义可以到网站 www. whueb. com 下载使用，同时还建设有配套的慕课供同学自助学习；考虑到案例更新和实践需要，我们建设有微信公众号(“研美 MEI 营销社”)，上面有学生作业分享、网络调研平台和数字营销仿真软件供大家使用。本书建议总学时为 54 学时(每周 3 学时)，其中课堂教学 36 学时，案例讨论、综合作业实践和课堂展示为 18 学时。由于网络营销是一门实践应用很强的课程，建议学生分成若干小组，具体为某个企业规划出一套可行的网络营销策划方案，并且提出具体的操作方式，以提高学生的综合实践能力，教学网站上配有相关的演示材料。

第四版的编写是一个系统工作。为更好吸收新的理论发展和更新最新的发展状况，本书编写调整吸收了三位老师参与，其中朱华伟博士组织前四章的更新改写工作，刘茂红博士组织中间四章的更新改写工作，张皓博士组织后三章更新改写工作，研究生吴津润、鄢敏锐、王宇雨、叶钰芊、黄如瑶、王慧琪、余正东、何斌、毛文萱、何涛、蔺良通等负责了相关章节资料的收集整理、营销案例更新和 PPT 课件的制作，全书由黄敏学教授统稿和审订。本书为了体现最新成果的发展，借鉴和吸收了大量的已有研究和资料，本书的注释尽量注明相关资料来源，但可能因本人疏漏未能一一标明，如有争议请及时与我们联系，我们一经发现将及时改正，在此对我们可能出现的疏忽表示歉意。本书的改写历时多年，首先要感谢我的导师甘碧群教授的持续鼓励和关心支持，感谢与我长期合作研究的美国伊利诺伊大学香槟分校的方二教授的分享，感谢我所访问的美国排名前十的公立大学佐治亚理工学院的张晗教授所提供的资料和帮助，感谢我短暂访问的香港城市理工大学的周南教授、苏晨汀教授、窦文宇教授和杨志林教授的帮助和见解。本书的写作还得到了国家自然科学基金委的支持，本书也是我承担的国家自然科学基金面上项目的一个初步成果之一。也借此机会感谢武汉大学经济与管理学院的领导支持和市场营销与旅游管理系同事的关心！感谢武汉大学出版社的紧密合作！特别要感谢范绪泉博士的长期支持和帮助！

黄敏学　于珞珈山

2020 年 9 月 10 日

目　录

第一章　网络营销概述

【饿了么赋能传统餐饮】饿了么(https://www.ele.me/)是中国最大的餐饮 O2O 平台之一，主营在线外卖、新零售、即时配送和餐饮供应链等业务。自 2008 年创业以来，饿了么不断整合线下餐饮品牌和线上网络资源，致力于用科技打造本地生活服务平台，一方面为用户在线订餐、享受美食提供便利，另一方面率先提出了 C2C 网上订餐的概念，为线下餐厅提供一体化运营解决方案，推动了中国餐饮行业的数字化进程，将外卖培养成中国人继做饭、堂食后的第三种常规就餐方式。截至目前，饿了么在线外卖平台覆盖全国 670 个城市和逾千个县，在线餐厅 340 万家，用户量达 2.6 亿，旗下“蜂鸟”即时配送平台的注册配送员达 300 万。业绩持续高速增长的同时，公司员工也超过 15000 人。2019 年 12 月 12 日，《汇桔网 · 2019 胡润品牌榜》发布，饿了么以 240 亿元品牌价值排名第 68，上榜 2019 年生活服务品牌价值全国排名第 7，民营排名第 7，2019 年胡润最具价值民营品牌第 34 位。[①] 图 1-1 为饿了么官网。

图 1-1　饿了么官网

饿了么发展的每一步都踩在了移动互联网时代的关键节点上。(1)饿了么移动端应用的顺势推出。2012 年在移动互联网高速发展时期，饿了么顺势推出了手机端 APP 并支持在线支付功能，极大便利了消费者使用。(2)早期目标市场的精准定位。早期饿了么以轻

① 胡润研究院发布的《汇桔网 · 2019 胡润品牌榜》。

模式起家，合作商家主要定位于中小餐饮商户，仅需向商家提供线上入口和相应软件，以较低成本扩大平台覆盖范围，通过整合中小餐厅来产生“长尾效应”。对应中小餐户的定位，饿了么早期目标顾客为高校学生，通过各种优惠活动，吸引众多学生群体，打下市场根基。(3)目标市场的转移升级。企业的关键还是盈利，靠补贴“贴”出来的学生用户在外卖O2O烧钱补贴战中的缺点越来越明显，而城市白领对于外卖需求不断提升，因而饿了么逐步转战白领用户群。(4)即时物流体系的逐步构建。2014年4月，饿了么着手成立主打中高端餐饮的品牌馆，自建物流配送。2015年，成立“蜂鸟”即时配送平台，2016年“准时达”业务上线，以“Everything 30min”为使命，重新定义“即时配送”。(5)基于大数据的餐饮赋能。2018年饿了么推出“未来厨房”项目，采用大数据研发新餐品，建立中央厨房标准化生产流程严控食品安全，使前置仓门店大幅提升坪效，配以“蜂鸟”的分钟级本地即时配送，打造出新零售时代的全新餐饮门店解决方案。饿了么平台的发展正是顺应了移动互联网时代餐饮行业的发展潮流，是电子商务不断发展的结果，是“互联网+餐饮”应用的具体体现。

第一节　网络营销的发展

一、网络营销的产生

世界上第一笔网络交易在1994年完成，根据人民日报的报道，是美国的NetMarket在1994年8月11日成功完成的第一笔网络零售交易。很少有人知道的NetMarket公司成立于新罕布什尔州的Nashua地区，前任创始人Daniel Khon介绍当时全球第一件通过网络交易的商品是Sting的专辑“Ten Summoner's Tales”，而购买者是Kohn在Swarthmore大学的一位同窗，他以刷卡方式付了12.48美元，运费则另计。4年后的1998年，中国才迎来了第一笔网络交易。虽然我国的网上交易起步较晚，但基于互联网的商业应用发展却非常迅速。艾瑞咨询的统计表明，2018年全球电子商务市场规模约1.8万亿美元，其中中国市场规模为5010亿美元，全球排名仅次于美国，占比高达27.78%。是什么原因推动了网络营销的成长和发展呢?

(一)互联网市场的高速发展

随着Internet作为信息沟通渠道在商业上使用，Internet商用潜力被挖掘出来，显现出巨大威力和发展前景。网络营销的发展是伴随信息技术的发展而发展的。目前信息技术的发展，特别是通讯技术的发展，促使互联网络成为一个辐射面更广、交互性更强的新型媒体，它不再局限于传统的广播电视等媒体的单向性传播，还可以与媒体的接收者进行实时的交互式沟通和联系。网络营销的效益是网络使用人数的平方，随着入网用户的指数倍增加，网络的效益也随之以更大的指数倍增加。截至2020年3月，我国网民规模9.04亿，其中手机端网民规模8.97亿，占比99.3%，网络购物用户规模达7.10亿，2019年交易规模达10.63万亿元，同比增长16.5%，占网民整体的78.6%。与此同时，我国的互联网与电子商务产业也进入了一个新的发展阶段，新浪、搜狐、网易、盛大、携程、阿里巴巴、百度等门户类、电子商务类、专业信息服务类、搜索引擎等各细分市场中的领先企业已经先后成功上市，同时也为其他企业提供了基于网络的营销手段，如网络广告营销、搜索引擎营销、电子邮件营销、无线网络营销、商务平台营销等。如何在潜力如此巨大的市场上开展网络营销、占领新兴市场对企业来说既是机遇又是挑战。

(二)市场竞争推动企业的应用

市场经济的规律是竞争。企业在日益激烈的竞争环境下必然要寻求更有效的方式实现企业目标，而新兴的基于互联网发展起来的虚拟市场为企业赢得竞争和获取新的发展途径提供了可能性。互联网的高速发展改变了用户的购物习惯和生产厂商的产品设计思维。为了抓住“互联网+”的机遇，越来越多的传统企业开始谋求另一条更好的基业长青和永续经营的生存与发展之路。如Google自2005年就没有做电视广告，只是通过网络营销传播便获得了巨大的成功，在《商业周刊》公布的2019年全球100家最具价值品牌榜中排名第二，2018年底市值为7234.65亿美元。

二、互联网的特点与网络营销

互联网之所以发展如此迅速，被称为20世纪末最伟大的发明，是由于Internet从一开始就具有开放、自由、平等、合作和免费的特性所推动的。也正是这些特性，使得Internet成为21世纪商业的“聚宝盆”。

1. 开放。Internet是世界上最开放的计算机网络。任何一台计算机只要支持TCP/IP协议就可以连接到Internet上，实现信息等资源的共享。

2. 自由。Internet是一个无国界的虚拟自由王国。在这里，信息的流动自由、用户的言论自由、用户的使用自由。

3. 平等。Internet上“不分等级”，在互联网上没有哪一个人比其他人更好。在Internet内，你是怎样的人仅仅取决于你通过键盘操作而表现出来的你。个人、企业、政府组织之间也是平等的、无等级的。

4. 免费。在Internet内，虽然有一些付款服务(将来无疑还会增加更多的服务)，但大多数的Internet服务是免费提供的。而且，在Internet上有许多信息和资源也是免费的。

5. 合作。Internet是一个没有中心的自主式的开放组织。Internet内的发展强调的是资源共享和双赢发展的发展模式。

6. 交互。Internet作为平等自由的信息沟通平台，信息的流动和交互是双向的，信息沟通双方可以平等地与另一方进行交互，而不管对方是大还是小，是强还是弱。

7. 虚拟。Internet的一个重要特点是它通过对信息的数字化处理，通过信息的流动来代替传统实物流动，使得Internet通过虚拟技术可以实现许多只有在现实世界中才具有的功能。

8. 个性。Internet作为一个新的沟通虚拟社区，它可以鲜明地突出个人特色。只有富有特色的信息和服务，才可能在Internet上不被信息的海洋所淹没，Internet引导的是个性化的时代。

9. 全球。Internet从一开始的商业化运作，就表现出无国界性，信息流动是自由的、无限制的。因此，Internet从一诞生就是全球性的产物。当然全球化的同时并不排除本地化，如Internet上主流语言是英语，但中国人习惯的还是汉语。

10. 持续。Internet 是一个飞速旋转的涡轮，它的发展是持续的。今天的发展给用户带来的价值，推动着用户寻求进一步的发展以获得更大价值。Internet 是 Intel 公司前总裁安德鲁夫所称的“十倍速力量”。

正是上述特点，使得互联网形成一个快速增长的、不同于以往市场环境的新兴虚拟市场。许多新兴企业凭借对互联网的洞察力，采取超常规的基于互联网的营销方式获得了巨大成功，如盛大在短短 5 年就推动了中国新兴体验产业——游戏娱乐业的发展。另一方面，许多传统的企业也凭借对互联网的前瞻认知和有效整合，借助互联网来实现企业的营销目标，同样取得了巨大的成功，如 Dell 凭借网上直销模式迅速建立其在 PC 电脑行业的竞争优势。

因此，互联网的发展极大地推动了网络营销的发展与应用。问题是，基于互联网的营销与传统环境下的营销是不是相似的呢？是不是可以将已有的传统环境下的营销经验直接移植到互联网上去呢？答案是否定的，如 Wal-Mart 是全球零售业大王，但其在发展网上零售业务时却被没有零售经验的网上零售新秀 Amazon 抛在后面。可见同样的业务在网上和网下的经营模式和运作模式是有差异的。下面结合互联网的沟通特点来简要分析其差异所在。

三、网络沟通新模式与营销的发展

许多学者如美国的 Hoffman 教授和 Novak 教授指出，网络营销产生的根本原因是互联网具有传统营销环境特别是信息媒介所不具备的新特性。以互联网为基础的营销环境允许企业与消费者互动交流，突破以往的信息交流模式。下面在介绍几种交流模式①的基础上，分析互联网环境下营销环境的新特征，指出企业必须采取新的营销模式。

(一) 大众媒介交流模式

图 1-2 给出了一种简化模式，这一模式构成了很多大众交流模型的基础，即公司(F)通过媒介将信息内容传递给消费者(C)。借助媒介(如广播、印刷品和广告牌)，静态的内容(如文本、图片、图像)和动态的内容(如声音、视频、动画)均可以呈现给消费者，但在这一模式中，企业与消费者之间没有互动，这是目前所有大众媒体的交流模式。

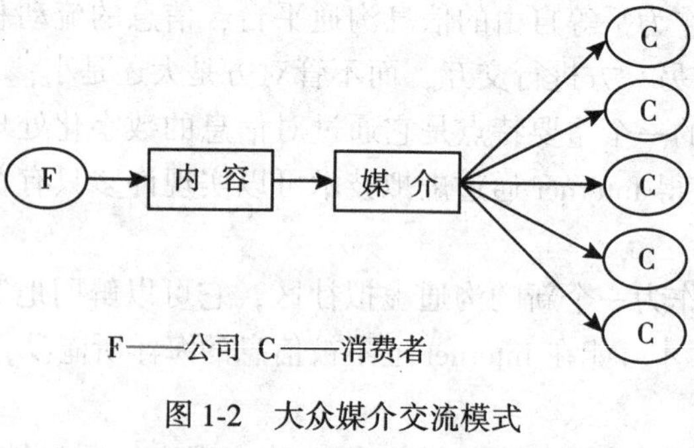

图 1-2 大众媒介交流模式

① DONNA L. HOFFMAN, THOMAS P. NOVAK (1996), Marketing in Hypermedia Computer-Mediated Environments: Conceptual Foundations, Journal of Marketing, Vol. 60, No. 3. (Jul), pp. 50-68.

(二)传统的人际交流和基于计算机媒介的交流模式

图 1-3 给出的是一种简化的人际交流模式，这一模式是建立在传统的从发送者(sender)到接收者(receiver)的交流模式的基础上的。图中的实线和虚线代表了从两个不同的人发出的信息通过媒介进行交流的过程。

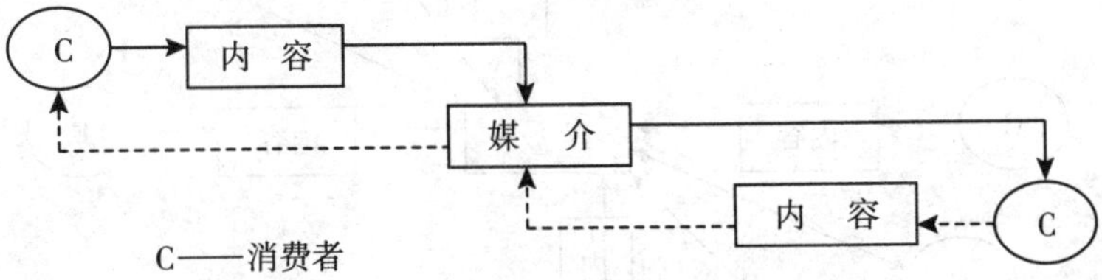

图 1-3　人际交流和基于计算机媒介的交流模式

图 1-3 不同于图 1-2 的一个关键特征就是人与人的互动，这种互动可以经过媒介进行，也可以不经过媒介，就像面对面的交流那样。在这种互动过程中，媒介是一种渠道，作为连接发送者与接收者的一种方式，它的重要性也仅表现于促进或干预发送者与接收者之间的信息交流。

(三)基于互联网的超媒体环境下交互交流模式

互联网不同于以往的计算机媒介的是，互联网具有超媒体能力，而超媒体则将由多媒体内容构成的超文本以点击—链接的形式整合在了一起。这意味着信息可以非连续录入，它允许用户通过多种途径或链接一起来获取信息，而且整合了静态信息(如文本、图片和图像)和动态信息(如声音、录像和动画)，这为更广泛的互动性建立了基础。

图 1-4 显示的是基于超媒体多对多的互动交流模式，其中内容是多媒体的，媒介是指互联网上的所有计算机和网络。图 1-4 与前两个图的不同之处在于，除了人与人的互动之外，还可以实现人机互动。

图 1-4 显示的交流关系，在互联网环境下消费者也能像企业与媒介的交流一样(如商务网上的 B2B 营销)，也能够与媒介进行交流(如利用浏览软件进行冲浪)。企业能够向媒介提供信息内容(如企业建立的服务网站)；而消费者，与传统的营销环境完全不同的是，也可以向媒介提供与产品相关的信息内容，如有些个人消费者已经建起了有关汽车、玩具、电视机等内容各异的网页。

当人与计算机进行互动时，意味着交流中最基本的关系已经不再是发送者与接收者之间的关系，而是发送者或接收者与其进行互动的媒介环境之间的关系。这时的信息不仅是简单地从发送者传递到接收者手中，而且在通过计算机的交互过程中创造出新的媒介环境，这种虚拟媒介的形式和内容是可以在人机互动中进行调整的。相对于“存在”是对真实环境的自然感知，在网络虚拟环境下人的这种虚拟感知就是“虚拟存在”。虚拟存在感的强度就是指一个人在多大程度上感觉他自己是存在于超媒体计算机媒介环境中，而不是存在于他现实所处的真实环境中。因此，基于互联网的超媒体环境，消费者的感知和信息交流模式与以往传统环境是存在着很大的差异的，这也为网络营销的产生和发展提供了可能性。

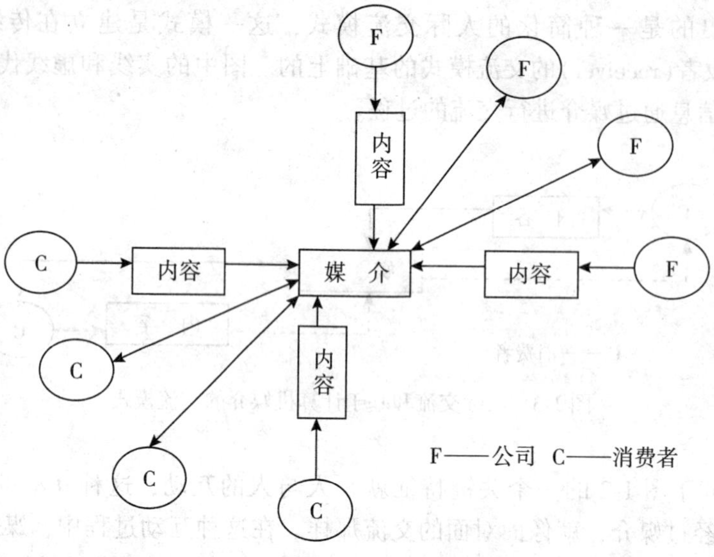

图 1-4 基于互联网的超媒体环境中的交互交流模式

（四）基于互联网的媒介特点

上面几种模式的比较可以用表 1-1 来说明。其中“人之间互动”是指能否实现人与人之间的交流沟通；“机之间互动”是指媒介之间能否传递交流信息；“链接数目”即可链接的资源数目，是指在一定的使用机会中用户可以获得多少内容资源；“反馈系统”是指交流中的接受方能否反馈信息给发送方；“交流的同步性”是互动媒体所特有的，是指互动交流的发生是否实时。

表 1-1 媒介的客观特征

	人之间互动	机之间互动	链接数目	交流模式	内容	反馈系统	交流的同步性
大众媒介：							
广告牌	无	无	一个	一对多	T，I	有	非
报纸	无	无	一个	一对多	T，I	有	非
杂志	无	无	一个	一对多	T，I	有	非
直邮	无	无	一个	一对多	T，I	有	非
收音机	无	无	少	一对多	A	无	非
广播	无	无	少	一对多	A，V，（T）	无	非
电视	无	无	少	一对多	A，V，（T）	无	非
卫星电视	无	无	多	一对多	A，V，（T），A	无	非
500 频道电视	无	无	多	一对多	V，（T）	无	非

续表

	人之间互动	机之间互动	链接数目	交流模式	内容	反馈系统	交流的同步性
互动媒介：							
局部超文本	无	有	一个	一对多	T	有	是
局部超媒体	无	有	一个	一对多	T，I，A，V	无	是
拨号电子板服务（只提供信息）	无	有	一个	一对多	T	有	是
互动 CD	无	有	一个	一对多	T，I，A，V	无	是
可视图文	无	有	少	一对多	T	有	是
互动电视	无	有	少	一对多	T，I，A，V	无	是
万维网	无	有	多	多对多	T，I，A，V	无	是
人际交流：							
邮件	有	无	一个	一对一	T	有	非
传真	有	无	一个	一对一	T	有	非
电话	有	无	一个	一对一	A	有	是
可视电话	有	无	一个	一对一	A，V	有	是
面对面	有	无	一个	一对一	A，V，E	有	是
面对面（群体）	有	无	少	少对少	A，V，E	有	是
镇民大会	有	无	多	多对多	A，V，E	有	是
网络媒介交流：							
电子邮件	有	有	一个	一对一	T	有	非
语音邮件	有	有	一个	一对一	A	有	非
聊天程序	有	有	一个	一对一	T	有	是
电子邮件	有	有	一个	一对少	T	有	非
多方聊天	有	有	少	少对少	T	有	是
多方互动（MUDs）	有	有	少	少对少	T	有	是
视频聊天	有	有	少	少对少	A，V	有	是
邮件列表	有	有	多	多对多	T	有	非
新闻组	有	有	多	多对多	T	有	非
网络（表格/注释）	有	有	多	多对多	T，I	有	非
互联网再传聊天（Relay）	有	有	多	多对多	T	有	是

注：T=文本，I=图像，A=声音，V=录像，E=体验，（T）=存在较少的文本内容。

表格内容来源于 Hoffman & Novak（1996，Journal of Marketing），部分内容进行了调整。

从表中对比可以看出，网络环境下营销沟通方式的变化是网络营销发展的最主要推动因素之一，消费者从原来营销中的被动接受者变成主动参与者，而且在交互过程中起着重要的作用，这一变化使得企业不能简单地移植传统环境下的营销策略，必须考虑网络环境的特点和消费者的变化。

四、互联网的发展历程

随着互联网应用的普及和电子商务应用的深入，互联网的发展经历了三个阶段。

(一)web1.0，本质是聚合

当人们缺乏信息的时候，发布信息的互联网门户就是最有价值的。web1.0是“阅读式互联网”(无用户交互的网页表现方式)。web1.0时代，网站提供给用户的内容是网站编辑进行编辑处理后提供的，用户阅读网站提供的内容。这个过程是网站到用户的单向行为，web1.0时代的代表站点为新浪、搜狐、网易三大门户。web1.0的发展出现了向综合门户合流现象，早期的新浪与搜狐、网易等，继续坚持了门户网站的道路，而腾讯、MSN、GOOGLE等网络新贵，都纷纷走向了门户网络。

(二)web2.0，本质是互动(UGC)

信息散布于各个角落的时候，搜索引擎、博客、视频、P2P、聊天工具等就担当了主要角色。web2.0是“可写可读互联网”(用户创造内容的互动模式)。web1.0时代，加强了网站与用户之间的互动，网站内容基于用户提供，网站的诸多功能也由用户参与建设，实现了网站与用户双向的交流与参与，web2.0不同于web1.0的最大之处在于它的交互性。web2.0时期的典型代表有：博客中国、亿友交友等，互联网常见的应用包括论坛、博客、社区、空间等。虽然每个人都参与信息供稿，但在大范围里看，贡献大部分内容的是小部分的人。相对于web1.0，web2.0有明显的特征：每个人都是内容生产与获取者、信息个性化定制自由度大、网页技术不同、长尾效应明显。

(三)web3.0，本质是匹配(基于用户需求的信息聚合)

当信息越来越泛滥并以几何级增长的时候，信息的评估筛选(全息信息分类法)与用户偏好聚合才最具有生命力。web3.0是“实现价值均衡分配的个性时代”。web3.0时代是个性文化时代，每个用户都将拥有自己个性的特征，根据自己的兴趣、爱好、需求、性格、知识等组合单元，构建出一个个性化的信息平台。30时代的特征体现为4点：个性、体验、定制和整合。用户完全自主创建自己需要的信息单元模块，平台将根据用户需求，智能化处理互联网海量信息的整合，最终聚合用户个性化的需求。web3.0的出现，将更智能化的“清洁”网络，它是一个过滤器，将智能整合用户需求信息流。web3.0时代真正能够赢得用户青睐的互联网模式，一定是基于用户行为、习惯和信息的聚合而构建的互联网模式。

第二节　网络营销的概念

一、网络营销的定义

根据美国营销学会AMA在2004年给的新定义，营销是组织的一项向顾客创造价值、沟通价值和传递价值并通过顾客关系管理来实现组织和相关利益者利益的职能。网络营销是以互联网络为媒体，以新的方式、方法和理念实施营销活动，更有效创造价值、沟通价值和传递价值，以实现组织和相关利益的职能。网络营销在国外有许多翻译，如 cyber marketing，Internet marketing，network marketing 和 e-marketing 等。不同的单词词组有着不同的涵义，cyber marketing 主要是指网络营销是在虚拟的计算机空间(cyber，计算机虚拟空间)运作；Internet marketing 是指在 Internet 上开展营销活动；network marketing 是在网络上开展营销活动，同时这里指网络不仅仅是 Internet，还可以是一些其他类型网络，如增殖网络 VAN。目前，比较习惯和经常采用的翻译方法是 e-marketing，e 表示的是电子化、信息化和网络化的涵义，既简洁又直观明了，而且与电子商务(e-business)、电子虚拟市场(e-market)等互相对应。

二、网络营销的内容

网络营销作为新的营销方式和营销手段来实现企业营销目标，它的内容非常丰富。一方面，网络营销要针对新兴的网上虚拟市场，及时了解和把握网上虚拟市场的消费者特征和消费者行为模式的变化，为企业在网上虚拟市场进行营销活动提供可靠的数据分析和营销依据。另一方面，网络营销是在网上开展的营销活动，而网络具有传统渠道和媒体所不具备的独特的特点，如信息交流自由、开放和平等；而且信息交流费用非常低廉，信息交流渠道既直接又高效，因此在网上开展营销活动，必须改变传统的一些营销手段和方式。网络营销作为在 Internet 上进行的营销活动，它与传统营销的基本营销目的和营销工具是一致的，只不过在实施和操作过程中与传统方式有着很大区别。下面是本书将要详细介绍的网络营销中的一些主要内容：

(一)网上市场调查

网络营销者主要利用 Internet 的交互式信息沟通渠道来实施调查活动，如直接在网上通过问卷进行调查，通过网络来收集市场调查中需要的一些二手资料。利用网上调查工具，可以提高调查效率和调查效果。Internet 作为信息交流渠道，已经成为信息的海洋，因此在利用 Internet 进行市场调查时，重点是如何利用有效工具和手段实施调查和收集整理资料；获取信息不再是难事，关键是如何在信息海洋中获取想要的信息和分辨出有用的信息。

(二)网上消费者行为分析

Internet 用户作为一个特殊群体，有着与传统市场用户群体截然不同的特性，因此要开展有效的网络营销活动必须深入了解网上用户群体的需求特征、购买动机和购买行为模式。Internet 作为信息沟通工具，正成为许多兴趣、爱好趋同的群体聚集交流的地方，并形成了特征鲜明的网上虚拟社区。了解这些虚拟社区的群体特征和偏好是网上消费者行为分析的关键。

(三)网络营销策略的制定

不同企业在市场中处于不同地位，在采取网络营销实现企业营销目标时，必须采取与企业自身相适应的营销策略，因为网络营销虽然是非常有效的营销工具，但企业实施网络营销时是需要投入并且有风险的。同时，企业在制定网络营销策略时，还应该考虑到产品周期对网络营销策略制定的影响。

(四)网上产品和服务策略

网络作为有效的信息沟通渠道，可以成为一些无形产品如软件和远程服务的载体，改变了传统产品的营销策略特别是渠道的选择。在网上进行产品和服务营销，必须结合网络特点重新考虑产品的设计、开发、包装和品牌等传统产品策略，因为传统的优势品牌在网上市场并不一定是优势品牌。

(五)网上价格营销策略

网络作为信息交流和传播工具，从诞生开始就实行自由、平等和信息免费的策略，因此网上市场的价格策略大多采取免费或者低价策略。制定网上价格营销策略时，必须考虑到 Internet 对企业定价的影响和 Internet 本身独特的免费思想。

(六)网上渠道选择与直销

如果问 Internet 对企业营销哪方面影响最大，则回答应该是对企业营销渠道影响最大。比如著名的电脑直销企业 Dell 公司借助 Internet 的直接特性建立的网上直销模式获得了巨大成功，改变了传统渠道中的多层次的选择、管理和控制问题，最大限度地降低了渠道中的营销费用。不过，企业建设自己的网上直销渠道必须进行一定的投入，同时还要改变传统的经营管理模式。

(七)网上促销与网络广告

Internet 作为一种双向沟通渠道，最大的优势是可以使沟通的双方突破时空限制直接进行交流，并且简单、高效和费用低廉。因此，网上促销是最有效的渠道沟通，但网上促销活动的开展必须遵循网上的信息交流与沟通规则，特别是遵守一些虚拟社区的礼仪。网络广告作为最重要的促销工具，主要依赖 Internet 第四媒体的功能。目前网络广告作为新兴的产业已得到迅猛发展，它作为在第四类媒体发布的广告，具有传统的报纸、杂志、无线广播和电视等传统媒体发布的广告无法比拟的优势，即网络广告具有交互性和直接性。

(八)网络营销管理与控制

作为在 Internet 上开展的营销活动，网络营销必将面临许多传统营销活动不会碰到的新问题，如网络产品质量保证问题、消费者隐私保护问题以及信息安全与保护问题等。这些问题都是网络营销必须重视和进行有效控制的问题，否则网络营销效果可能适得其反，甚至会产生很大的负面效应，这是由于网络信息传播速度非常快，而且网民对负面问题的反应比较强烈而且传播迅速。

三、网络营销的类型

网络营销的分类有很多种，根据不同的分类角度相应有不同的分类方法，一般可以根据营销主体、营销市场类型、营销对象、营销过程和营销应用层次来区分。

根据营销主体区分，可以分为电子商务企业的网络营销和传统企业的网络营销。早期的网络营销运用者主要是电子商务企业，它们的目标主要是建立网络品牌；而随着网络的迅速发展，越来越多的传统企业也开始运用这一新兴的营销方式，它们的目标是借助网络营销的特点来实现企业的营销目标。

根据营销市场类型区分，可以分为消费市场网络营销(B-C，企业对消费者)和产业市场网络营销(B-B，企业对企业)。从交易量来看，产业市场网络营销是主体部分，但对企业来说最有挑战的是消费市场网络营销的应用。

根据营销对象区分，可以分为有形产品网络营销和无形产品网络营销。其中，无形产品如服务的网络营销应该是最有发展潜力和空间的，因为互联网的支持使得服务产品可以跨越时间和空间的限制，其优点可以得到最大限度的发挥。

根据营销过程区分，可以分为售前网络营销、售中网络营销和售后网络营销。由于很多企业应用水平和阶段不一样，对电子商务的应用也不同。总体来说，企业的售前网络营销应用比较多，如网络广告、网上促销等；售后网络营销发展也很快，如通过互联网提供售后服务。但是，随着电子商务应用的普及，再区分售前、售中和售后的网络营销意义就不大了。

根据营销应用层次区分，可以分为传播型、沟通型、交易型和立体型。企业运用类型越靠后表明企业的运用水平越高。传播型是指企业利用网络营销来传播企业信息；沟通型是指企业不仅传播信息，还通过网络营销收集信息并与顾客进行互动；交易型是指企业通过网络营销促成交易实现企业销售目标；立体型是指企业全方位利用网络营销实现企业经营目标，如利用互联网开发新产品、利用互联网建立新型销售渠道等。

四、网络营销特点

随着互联网技术发展的成熟以及联网成本降低，互联网络就像是一种"万能胶"，将企业、团体、组织和个人跨时空连接在一起，使得这些成员之间信息的交换变得"唾手可得"。市场营销中最重要也最本质的是组织和个人之间进行的信息传播和交换，如果没有信息交换，交易也就成为无本之源。正因为如此，互联网络具有营销所要求的某些特性，使得网络营销呈现出以下一些特点：

1. 跨时空。营销的最终目的是占有市场，由于互联网络能够超越时间约束和空间限制进行信息交换，这使得脱离时空限制达成交易成为可能，企业有更多时间和更大的空间进行营销，可每周 7 天、每天 24 小时随时随地提供全球性营销服务。

2. 多媒体。互联网络被设计成可以传输多种媒体的信息，如文字、声音和图像等信息，使得为达成交易进行的信息交换可以多种形式存在和交换，可以充分发挥营销人员的创造性和能动性。

3. 交互式。互联网络可以展示商品目录，连接资料库提供有关商品信息的查询，和顾客进行互动双向沟通，收集市场情报，进行产品测试与消费者满意调查等，是产品设计、商品信息提供和服务的最佳工具。

4. 拟人化。互联网络上的促销是一对一的、理性的、消费者主导的、非强迫性的和循序渐进式的，而且是低成本与人性化的，避免推销员强势推销的干扰，并通过信息提供与交互式交谈，与消费者建立长期良好的关系。

5. 成长性。互联网络使用者数量快速成长并遍及全球，使用者大多年轻，属于中产阶级，具有高教育水准。由于这部分群体购买力强，而且具有很强的市场影响力，因此是一种极具开发潜力的市场渠道。

6. 整合性。互联网络上的营销可由传递商品信息至收款和售后服务一气呵成，因此也是一种全程的营销渠道。而且，企业可以借助互联网络将不同的营销活动进行统一规划和协调实施，以统一的传播资讯向消费者传达信息，避免不同传播方式的不一致性产生的消极影响。

7. 超前性。互联网络是一种功能强大的营销工具，它同时兼具渠道、促销、电子交易、互动顾客服务和市场信息分析与提供的多种功能。它所具备的一对一营销能力，符合定制营销与直复营销的未来趋势。

8. 高效性。电脑可储存大量的信息，代消费者查询，可传送的信息数量与精确度，远超过其他媒体，并能适应市场需求，及时更新产品或调整价格，因此能及时有效了解并满足顾客的需求。

9. 经济性。通过互联网络进行信息交换，代替以前的实物交换，一方面可以减少印刷与邮递成本，可以无店面销售，免交租金，节约水电与人工成本，另一方面可以减少由于迂回多次交换带来的损耗。

10. 技术性。网络营销是建立在高技术作为支撑的互联网络的基础上的，企业实施网络营销必须有一定的技术投入和技术支持，改变传统的组织形态，提升信息管理部门的功能，引进懂营销与电脑技术的复合型人才，这样才能具备市场竞争优势。

五、网络营销与电子商务

网络营销作为 Internet 起步最早的且成功的商业应用，得到了蓬勃的和革命性的发展。随着网络营销发展的深入，它不再仅仅是营销部门的市场经营活动方面的业务，而是还需要其他相关业务部门如采购部门、生产部门、财务部门、人力资源部门、质量监督管理部门和产品开发与设计部门等的配合。因此，网络营销仅仅局限在营销部门在 Internet 上的商业应用已经不能适应 Internet 对企业整个经营管理模式和业务流程管理方面的挑战。电子商务从企业全局出发，根据市场需求来对企业业务进行系统规范的重新设计和构造，以适应网络知识经济时代的数字化管理和数字化经营需要。图 1-5 是电子商务覆盖的主要 Internet 上商业应用类型。

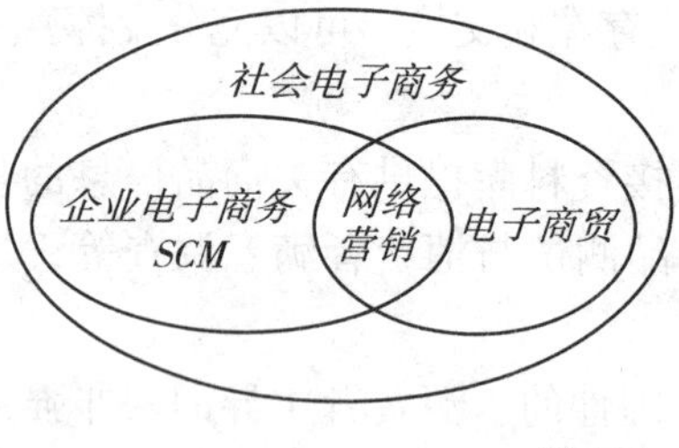

术语的中英文的含义

e-commerce　电子贸易
e-business　企业电子商务
e-marketing　网络营销
SCM (supply chain management) 供应链管理

图 1-5　电子商务应用类型

不同公司和不同的组织对电子商务有不同的定义，但基本内容是一致的。比较权威的定义是经济合作与发展组织(OECD)给出的定义：电子商务是利用电子化手段从事的商业活动，它以电子处理和信息技术为基础，如文本、声音和图像的数据传输等等。电子商务活动主要遵循 TCP/IP 协议和通讯传输标准，遵循 WEB 信息交换标准，提供安全保密技术。如果给出一个更简单的系统的定义，那么可以认为，电子商务是指系统化地利用电子化工具，高效率、低成本地从事以商品交换为中心的各种活动全过程。网络营销作为促成市场交易实现的企业经营管理手段，它显然是企业电子商务活动中最基本的 Internet 上的商业活动。根据国际数据公司 IDC(http：//www.idc.com)的系统研究，电子商务的应用可以分为这样两个层次：第一个层次是面向市场的，以市场交易为中心活动，包括促成交易实现的各种网上商务活动，如网上展示、网上公关、网上洽谈等活动，其中网络营销是其中最重要的网上商务活动；同时还包括实现交易的电子贸易活动，它主要是利用 EDI、Internet 实现交易前的信息沟通、交易中的网上支付和交易后的售后服务等；两者的交融部分就是网上商贸，它将网上商务活动和电子贸易活动融在一起，因此有时将网上商务和电子贸易统称为电子商贸活动。第二个层次是指如何利用 Internet 来重组企业内部经营管理活动，与企业开展的电子商贸活动协调一致。最典型的是供应链管理，它从市场需求出发利用网络将企业的销、产、供、研等活动串在一起，实现企业网络化和数字化管理，最大限度的适应网络时代市场需求的变化。

第三节　网络营销与传统营销

一、网络营销和传统营销的区别

传统营销既是网络营销的基础又是其发展的起源，网络营销从传统营销中来，又与传统营销有着巨大的差别。具体来讲，二者在以下几个方面存在差异①：

1. 关注重点。传统营销当中，企业销售的是具体产品，企业是一种顾客思维，与消费者之间建立的是购买关系。网络营销中，企业按照“顾客需求”而不是“产品属性”来服务消费者，站在用户的角度来思考问题，用用户的语言表述用户关注的点，以帮助用户思考和判断，提供他们所需的多元服务，从而去让用户能快速获取自己所需，是一种用户思维。

2. 营销战略。传统营销战略的核心是定位和聚焦，通过细分市场和选择市场，实现公司营销的聚集，在消费者心智中形成差异化的优势，进而影响消费者购买行为决策，提升消费者忠诚度。移动互联时代，企业营销战略必须认识到消费者是相互影响的，企业定位在垂直聚焦思考的同时，还要水平关联思考相关群体的影响。因此，企业理念、企业品牌、企业文化的建设显得非常重要，这其实是建立企业的水平化影响力。一个好的企业品牌文化虽然不能带来直接的消费者和购买者，但是可以吸引很多对最终消费者和购买者产生影响的传播者和推荐者。比如，海底捞的“感动”文化，让很多网络上有影响力的自媒体人广泛传播海底捞让顾客感动和让员工感激的经营故事。可见，互联网时代，有感召力的企业品牌文化具有很强的社会传播性。

3. 营销策略。从产品策略来看，传统营销策略的核心是功能和质量，即给消费者带来更多的直接价值和体验，吸引消费者的购买和忠诚。网络营销策略关注用户的体验，一

① 黄敏学，王殿文．移动互联时代的营销战略．清华管理评论，2015(Z1)：40-46.

举击到用户的“痛点”，让用户觉得难以置信并产生感动。从定价策略来看，传统营销定价策略的核心是三个价格博弈，即企业的盈利成本、同行的竞争价位以及消费者的预期心理价位三者之间的平衡，试图让企业在市场竞争中处于相对优势又能直接利益最大化。移动互联时代，企业的定价策略可能考虑的不是直接盈利，而更多地是吸引用户，让用户难以置信纷纷相互推荐，让竞争对手难以忍受纷纷撤退，从而实现市场的快速扩张。免费可以说是互联网中最具社会传播性、让消费者“尖叫”的定价策略。目前，大多数流行度很高的互联网应用都是免费的，特别是一些后起者进入现有市场时，也是凭借免费策略一举改变行业生态和赢得消费者的认可并广泛推荐。从渠道策略来看，经典渠道营销策略的核心是如何让消费者便利接触和购买到企业的产品服务，关注的是渠道网络的构建，企业与消费者难以直接交互。互联网时代，企业可以与消费者直接进行交互，跨越时间空间的限制，同时社交媒体发展大大降低了企业与消费者直接交互的成本，消费者之间也可以利用社会网络汇集个体力量与商家进行博弈，获取群体购买的效益。从促销策略来看，传统营销沟通策略的核心是如何让目标受众注意、认知、喜好和购买企业的产品服务，采取的是直接影响的策略。互联网时代，消费者对企业的直接商业传播的影响策略比较排斥，更愿意接受其他消费者和朋友之间的分享和推荐，实现对消费者的间接影响。因此，网络营销的沟通策略是增加广告的娱乐性和促销的社交性，变以往个别独立刺激的影响模式为群体互动激发的影响模式。

4. 营销研究。传统营销研究的核心是了解市场、分析市场、评估策略，让企业的营销策略更加精准和有效，由于消费者的独立性和封闭性，企业只能借助抽样的方法，力图洞察消费行为形态变化，并为企业营销策略制定提供参考和依据，由于这种研究的周期比较长，成本比较高，企业很多策略制定时是无法得到有效数据支撑和建议的，更谈不上个性化的研究与服务。互联时代给企业带来最大的机遇和挑战是大数据化，一方面消费者的可计算性，让企业有机会有能力了解消费者和把握消费者，利用数据对消费者进行个性化营销；另一方面，大数据的多样性、海量性和快速性，要求企业必须快速分析数据和响应数据，及时与消费者互动，否则消费者移动后又会产生新的情景和新的需求，这给企业带来巨大的挑战。因此，网络营销研究必须采用工程化的方法，来实时跟踪、分析和快速响应消费者，同时不断实验和优化企业的营销策略。

二、网络营销对传统营销的冲击

网络营销作为一种全新营销理念，具有很强的实践性，它的发展速度是前所未有的。随着我国市场经济发展的国际化、规模化，国内市场必将更加开放，更加容易受到国际市场的冲击，而网络营销的跨时空性无疑是一种“重型炮弹”，将对传统营销产生巨大冲击。

（一）对传统营销策略的影响

传统营销依赖层层严密的渠道，并以大量人力与广告投入市场，这在网络时代将成为无法负担的奢侈品。在未来，人员推销、市场调查、广告促销、经销代理等传统营销手法，将与网络相结合，充分运用网上的各项资源，形成以最低成本投入，获得最大市场销售量的新型营销模式。

1. 对传统产品品牌策略的冲击

(1)对传统的标准化产品的冲击。作为一种新型媒体，互联网可以在全球范围内进行市场调研。通过互联网厂商可以迅速获得关于产品概念和广告效果测试的反馈信息，也可以测试顾客的不同认同水平，从而更加容易地对消费者行为方式和偏好进行跟踪。因而，在互联网大量使用的情况下，对不同的消费者提供不同的商品将不再是天方夜谭。这种顾客化方式的驱动力是最终消费者，而非按惯例由分销商的兴趣决定。同时，互联网的新型沟通能力又加速了这种趋势。因此，怎样更有效地满足各种个性化的需求，是每个上网公司面临的一大挑战。

(2)适应品牌的全球化管理。与现实企业的单一品牌与多品牌的决策相同，对上网公司的一个主要挑战是如何对全球品牌和共同的名称或标志识别进行管理。如果只有一个品牌的公司允许地方性机构根据需要发展自己的具有本地特点的区域品牌，那么当多个有本地特点的区域品牌分别以不同的格式、形象、信息和内容进行沟通时，虽然给消费者带来了某种程度的便利，但也会引起他们的困惑。另一方面，如果为所有区域品牌设置统一的品牌形象，虽然可以利用知名品牌的信用带动相关产品的销售，但也有可能由于某种品牌的失误导致全局受损。因此，是实行统一品牌策略还是实行有本地特点的区域品牌策略，以及如何加强区域管理是上网公司面临的现实问题。

2. 对定价策略的影响

如果某种产品的价格标准不统一或经常改变，客户将会通过互联网认识到这种价格差异，并可能因此导致客户的不满。所以相对于目前的各种媒体来说，互联网的先进的网络浏览和服务会使变化不定且存在差异的价格水平趋于一致。这将对分销商分布海外并在各地采取不同价格的公司产生巨大冲击。例如，如果一个公司对某地的顾客提供20%的价格折扣，世界各地的互联网用户就可能会了解到这个交易，从而可能会影响到那些通过分销商经营或本来并不需要折扣的业务。另外，通过互联网搜索特定产品的代理商也将认识到这种价格差别，从而加剧了价格歧视的不利影响。总之，这些因素都表明互联网将导致国际间的价格水平标准化或至少缩小国别间的价格差别。这对于执行差别化定价策略的公司而言不能不说是一个严重问题。

3. 对传统营销渠道的冲击

通过互联网，生产商可与最终用户直接联系，中间商的重要性因此有所降低。这造成两种后果：一是由跨国公司所建立的传统的国际分销网络对小竞争者造成的进入障碍将明显降低；二是对于目前直接通过互联网进行产品销售的生产商来说，其售后服务工作是由各分销商承担，但随着他们代理销售利润的消失，分销商将很有可能不再承担这些工作。所以在不破坏现存渠道的情况下，如何提供这些服务将是网上公司不得不面对的又一问题。

4. 对传统广告障碍的消除

相对于传统媒体来说，由于网络空间具有无限扩展性，因此在网络上做广告可以较少地受到空间篇幅的局限，可以尽可能地将必要的信息一一罗列。迅速提高的广告效率也为网上企业创造了便利条件。譬如，有些公司可以根据其注册用户的购买行为很快地改变向访问者发送的广告；有些公司可根据访问者特性如硬件平台、域名或访问时搜索的主题等有选择地显示其广告。

（二）对传统营销方式的冲击

1. 营销个性化。随着网络技术迅速向宽带化、智能化、个人化方向发展，用户可以在更广阔的领域内实现声、图、像、文一体化的多维信息共享和人机互动功能。“个人化”把“服务到家庭”推向了“服务到个人”。正是这种发展使得传统营销方式发生了革命性的变化。它将导致大众市场的终结，并逐步体现市场的个性化，最终应以每一个用户的需求来组织生产和销售。

2. 营销差异化。网络营销的竞争是一种以顾客为焦点的竞争形态，争取顾客、留住顾客、扩大顾客群、建立亲密顾客关系、分析顾客需求和创造顾客需求等，都是关键的营销议题。因此，如何与散布在全球各地的顾客群保持紧密的关系并能掌握顾客的特性，再经由教育顾客与塑造企业形象，建立顾客对虚拟企业与网络营销的信任感，是网络营销成功的关键。网络时代的目标市场、顾客形态和产品种类与以前会有很大的差异，如何跨越地域、文化和时空差距再造顾客关系，将需要许多创新的营销行为。

（三）对营销战略的影响

1. 对营销竞争战略的影响

互联网具有的平等、自由等特性，使得网络营销将降低跨国公司所拥有的规模经济的竞争优势，从而使小企业更易于在全球范围内参与竞争，这一点是跨国公司所不能忽视的。另一方面，由于网络的自由开放性，网络时代的市场竞争是透明的，人人都能掌握竞争对手的产品信息与营销作为。因此胜负的关键在于如何适时获取、分析和运用这些从网络上获得的信息，来研究并采用极具优势的竞争策略。在自由、平等的网络时代，策略联盟将是网络时代的主要竞争形态，如何运用网络来组成合作联盟，并以联盟所形成的资源规模创造竞争优势，将是未来企业经营的重要手段。

2. 对企业跨国经营战略的影响

在过去分工经营的时期，企业只需专注本地的市场，国外市场则委托代理商或贸易商经营即可。但是，网络跨越时空连接全球的功能，进行全球营销的成本低于地区营销，因此企业将不得不进入跨国经营的时代。网络时代的企业，不但要熟悉跨国市场顾客的特性以争取信任，并满足他们的需求，还要安排跨国生产、运输与今后服务等工作，并且这些跨国业务都是经由网络来联系与执行的。可见，尽管互联网为现在的跨国公司和新兴公司（或它们的消费者）提供了许多利益，但对于企业经营的冲击和挑战也是令人生畏的。任何渴望利用互联网的公司，都必须选择一种恰当的商业模式，还要明确这种新型媒体所传播的信息和进行的交易将会对其现存模式产生什么样的影响。

（四）对营销组织的影响

互联网（Internet）相继带动企业内部网（Intranet）的蓬勃发展，使得企业内外部沟通与经营管理均需要依赖网络作为主要的渠道与信息源。带来的影响包括：业务人员与直销人员减少，组织层次减少，经销代理商与分店门市数量减少，渠道缩短，虚拟经销商、虚拟门市和虚拟部门等企业内外部虚拟组织盛行。这些影响与变化，都将促使企业对于组织再造工程（reengineering）的需要变得更加迫切。企业内部网的兴起，改变了企业内部作业方式以及员工学习成长的方式，个人工作者的独立性与专业性将进一步提升。因此，个人工作室、在家上班、弹性上班、委托外包和分享业务资源等行为，在未来将会十分普遍，也使企业组织结构调整成为必要。

三、网络营销与传统营销整合

(一)网络营销与传统营销是互补关系

网络营销作为新的营销理念和策略，凭借互联网特性对传统经营方式产生了巨大的冲击，但这并不等于说网络营销将完全取代传统营销，网络营销与传统营销是一个整合的过程。这是因为，首先，互联网作为新兴的虚拟市场，它覆盖的群体只是整个市场中某一部分群体，许多的群体由于各种原因还不能或者不愿意使用互联网，如老人、落后国家和地区，因此传统的营销策略和手段则可以覆盖这部分群体。其次，互联网作为一种有效的渠道有着自己的特点和优势，但许多消费者由于个人生活方式等原因不愿意接受或者使用新的沟通方式和营销渠道，如许多消费者不愿意在网上购物，而习惯在商场上一边购物一边休闲。再次，互联网作为一种有效沟通方式，可以方便企业与用户之间直接双向沟通，但消费者有着自己的个人偏好和习惯，愿意选择传统方式进行沟通，如报纸有网上电子版本后，并没有冲击原来的纸张印刷出版业务，相反还起到相互促进的作用。最后，互联网只是一种工具，营销面对的是有灵性的人，因此传统的一些以人为主的营销策略所具有的独特的亲和力是网络营销没有办法替代的。随着技术的发展，互联网将逐步克服上述不足，在很长一段时间内，网络营销与传统营销是相互影响和相互促进的，最后实现融洽的内在统一。这样，在将来就没有必要再谈论网络营销了，因为营销的基础之一就是网络。

(二)网络营销与传统营销的整合

企业在进行营销时应根据企业的经营目标和细分市场，整合网络营销和传统营销策略，以最低成本达到最佳的营销目标。网络营销与传统营销的整合，就是利用整合营销策略实现以消费者为中心的传播统一和双向沟通，实现企业的营销目标。传播的统一性是指，企业以统一的传播资讯向消费者传达，即用一个声音来说话(speak with one voice)，消费者无论从哪种媒体所获得的信息都是统一的、一致的。其目的是运用和协调各种不同的传播手段，使其发挥出最佳、最集中的作用，最终实现在企业与消费者之间建立长期的、双向的和紧密的关系。与消费者的双向沟通，是指消费者可与公司展开富有意义的交流，可以迅速、准确、个性化地获得信息和反馈信息。如果说传统营销理论的座右铭是“消费者请注意”的话，那么整合营销所倡导的格言即是“请消费者注意”。虽然只是两个词之间位置的交换，但消费者在营销过程中的地位发生了根本的改变，营销策略已从消极、被动地适应消费者向积极、主动地与消费者沟通和交流转化。

(三)网络营销遵循基本营销理论

网络营销实践仍然遵循基本的营销理论，其目标是实现企业的商业目标，只是在方法和手段上力求创新，如运用整合营销理论。整合营销已从理论上离开了在传统营销理论中占中心地位的4P's理论，逐渐转向以4C's理论为基础和前提，其所主张的观念是：①先不急于制定产品策略(product)，而以研究消费者的需求和欲望(consumer wants and needs)为中心，不要再卖你所生产、制造的产品，而卖消费者想购买的产品；②暂时把定价策略

(price)放到一边，而研究消费者为满足其需求所愿付出的成本(cost)；③忘掉渠道策略(place)，着重考虑给消费者方便(convenience)以购买到商品；④抛开促销策略(promotion)，着重加强与消费者沟通和交流(communication)。四个因素之间的内在关系是围绕消费者为中心展开的。

(四)网络营销的整合应用阶段

目前，互联网正处在商业应用的第四个阶段。第一个阶段以文本、图像在网络上传送为特征，作为一种信息传输手段；第二个阶段，是互联网商务应用的正式开始，尽管当时成功的案例并不多；第三个阶段是占主导地位的营销者的广告、销售信息等与网络技术的结合，开始在网上进行销售；第四个阶段是营销者能利用并控制网络技术为公司的营销目标服务，运用网络测试技术来得出最大可能性的结果。最终将网络整合到整个公司营销计划的时代已经来临。虽然已有不少公司认识到了利用 Internet 的必要性，但是，只有很少一部分公司认识到将网络与传统营销整合起来的重要性。按照美国辛辛那提的 Matrix 营销公司的调查，大约有 60%的被调查公司没有将网络用于顾客服务体系当中。它们只将 Internet 看作一个销售工具。网络营销应该支持公司的整个营销体系，它不应该只存在于真空中，网络只是营销海洋的一个水域，它不是唯一的解决方案，而是整体方案的一部分。

第二章　网络营销的战略分析与策略制定

【传统零售苏宁的崛起】苏宁易购（http：//www. suning. cn/cms/）是中国领先的智慧零售服务商，在互联网零售时代，苏宁持续推进智慧零售、场景互联战略，全品类拓展、全渠道在线、全客群融合，并通过开放供应云、用户云、物流云、金融云、营销云，实现从线上到线下，从城市到县镇，从购物中心到社区，为消费者提供无处不在的1小时场景生活圈解决方案，全方位覆盖消费者的生活所需。2019年，苏宁易购再次位列《财富》全球500强，并且在2019年《中国500最具价值品牌》中，以2691.98亿元的品牌价值稳居零售业第一位。截至2019年，全场景苏宁易购线下网络覆盖全国，拥有苏宁广场、苏宁易购广场、家乐福社区中心、苏宁百货、苏宁小店、苏宁零售云、苏宁极物、苏宁红孩子、苏宁体育、苏宁影城、苏宁汽车超市等“一大两小多专”各类创新互联网门店13000多家，稳居国内线下网络前列；苏宁易购线上通过自营、开放和跨平台运营，跻身中国B2C行业前三。[①] 图为苏宁易购官网。

图2-1　苏宁易购官网

2016年前后，国内线上零售红利见顶，线下零售被重新寄予厚望，线上线下联动的

---

① 公司简介内容引自苏宁易购官网。

全场景式营销模式呼之欲出，这对于饱受互联网冲击的传统零售业来说是一个难得的机遇。根据中国互联网络信息中心发布的第 44 次《中国互联网络发展状况统计报告》，2016—2017 年度网络购物用户规模增长率为 14. 90%，而之后两年的用户规模增速放缓，分别为 10. 59%和 12. 29%。艾瑞咨询亦指出，2010—2016 年间国内网络购物市场呈现持续增长状态，但是2016 年后，网络购物市场增速呈现明显下滑，趋于饱和。

线下场景的特点一是产品和服务的提供能使消费者获得真实的体验感，二是与消费者距离更加接近。因此，线下场景的优势在于符合人们的生活习惯与生活品味，产品和服务易于被消费者获取和接受。当线上零售运营成本逐渐降低时，传统零售业完全可以将互联网优势为我所用，联合线上渠道打造全渠道销售场景。

在这样的背景下，苏宁启动智慧零售方案，围绕“商品经营、用户服务”的零售本质，落地“一体两翼三云多端”的商业模式：“一体”即打造线上线下一体化经营全场景；“两翼”即线上线下场景双向赋能，实现线下门店智慧化，线上运营开放化；“三云”是指物流云、数据云、金融云，通过人工智能、云计算、大数据等信息技术手段改造底层逻辑，优化业务流程，整合“云生态”资源，形成智慧化解决方案；“多端”即门店端、电脑端、手机端、电视端等全端渗透，在提升消费者体验的同时大幅提高服务的覆盖率和效率。

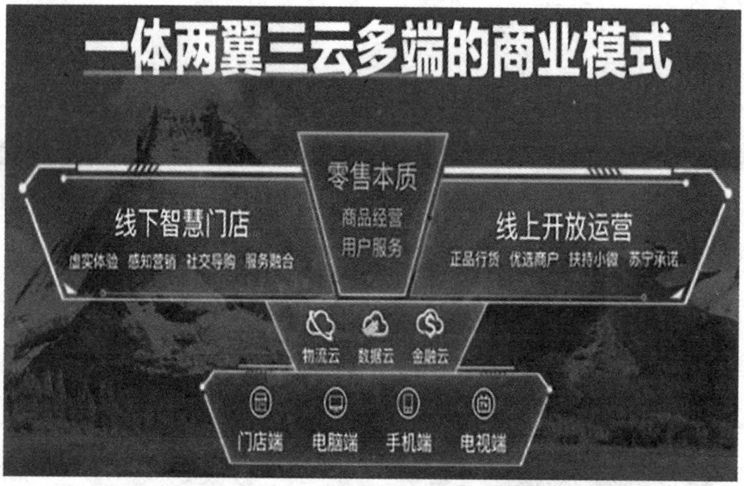

图 2-2　苏宁易购的全场景营销模式

“智慧零售就是运用互联网、物联网、大数据和人工智能等技术，构建商品、用户、支付等零售要素的数字化，采购、销售、服务等零售运营的智能化，以更高的效率、更好的体验为用户提供商品和服务。”苏宁控股集团董事长张近东如是说道。互联网的发展为传统零售变革提供了极大的想象空间，虽然智慧零售并非绝对正确的发展方向，但是苏宁的崛起证明了这确实是一条值得探索的道路。对于传统零售业来说，新零售既是可以把握的转型机遇，也是必须面对的时代考验，如何理解互联网背景下的消费者、如何建构线上线下场景互通的逻辑，这是所有企业都需要思考的问题。

第一节　网络营销战略分析

一、网络营销环境的变化

环境既能为企业提供机遇，也可能会对企业造成威胁。在进行网络营销战略分析之前，首先应该对环境有整体的洞察和评估，包括对微观环境和宏观环境的考察。

(一)微观环境变化

微观环境包括消费者市场、产业市场和组织市场环境。对于微观环境变化，企业能够通过构建合理的营销模式，结合互联网特点布局，迅速反应，主动出击。例如，随着信息技术的发展，买卖双方的交互模式由原先简单直接的一对多垂直模式向更加开放自由的多对多水平模式转变，在这个节点下，阿里巴巴等主导平台型经济的企业组织在市场中就占据了相当的强势地位。然而，由于顾客市场的竞争十分激烈，互联网时代下并不存在绝对的赢家，因为某种模式一旦被学习和推广，消费者就更容易转向替代产品或服务，企业从顾客市场获得竞争优势的难度也随之变大。

(二)宏观环境变化

根据经典的宏观环境分析 PEST 模型，宏观环境主要包括政治、经济、社会、技术环境。对于宏观环境变化，企业需要分析对其自身发展影响最大的因素，既要看到机遇，也要看到挑战，最后结合自身的优势和劣势谨慎应对。

在网络营销语境中，对企业影响较大的宏观环境因素可以概括为五个方面。第一，信息鸿沟和信息歧视问题。不同地区分布、不同收入水平和不同年龄层次的群体，在信息技术的接纳水平和运用能力方面都存在显著的差异，企业如何应对这种差异、减少不同群体可能存在的对信息技术的接收障碍，这是应当考虑的问题。第二，道德问题。大数据营销是网络营销的重要内容，基于庞大的用户信息库，企业能够做到精准对接用户，提供定制化服务。需要注意的是，这种营销方式也存在风险边界，主要是用户隐私问题。即便企业能够利用其已有的用户个人信息来优化、拓展其产品或服务内容，泄露、转售用户个人信息等触碰了道德高压线的行为也绝对不可取，否则行为必然造成反噬，企业在制定战略和实施策略时都必须三思而后行。第三，经济因素。互联网高度发展带来的影响之一即全球同步化，信息传递的滞后期大幅度缩减，甚至不存在信息滞后，企业需要提升对机会的嗅觉和对风险的警觉，以便及时反应，立即行动。第四，政治与法律因素。近年来我国就网络空间的立法和执法方面出台了诸多举措，违法违规行为通常也需要支付相当大的代价，企业应当给予足够的重视。第五，技术因素。技术变革在推进市场营销模式转变和发展方面扮演了举足轻重的角色，信息的技术迭代和升级推动了经济社会的发展，进而推动了消费习惯和消费方式的转变，如何将信息技术同市场营销结合起来，始终是一个值得探讨的命题。

二、网络营销的竞争优势

(一)成本费用控制

开展网络营销给企业带来的最直接的竞争优势是企业成本费用的控制。网络营销采取的是新的营销管理模式，它通过Internet改造传统的企业营销管理组织结构与运作模式，并通过整合其他相关业务部门如生产部门、采购部门，实现企业成本费用最大限度的控制。利用Internet开展网络营销可以从两个方面控制企业费用(有关互联网对企业成本的影响将在网络营销定价策略中全面分析)。

1. 降低营销管理成本

互联网通过开放的统一标准将不同类型的计算机连接在一起，可以实现最大限度的计算机资源和信息共享，同时还可以实现远程的信息交流和沟通，这一切都是互联网技术的发展和使用的结果。许多企业已经将互联网应用到企业管理中来，并且取得了很大的经济效益。利用互联网降低管理中的交通、通讯、人工、财务等成本费用，可最大限度地提高管理效益。许多在网上创办的企业也正是因为网上企业的管理成本比较低廉，才有可能独自创业和寻求发展机会。

首先，利用互联网可以降低交通和通讯费用。对于一些业务涉及全球的公司，业务人员和管理人员必须与各地业务相关者保持密切联系，许多跨国公司的总裁有1/3的时间是在飞机上度过的，因为他们必须不停地在世界各地周游以了解业务进展。现在利用互联网可以很好地解决这些问题，通过网上低廉的沟通工具如E-mail、网上电话、网上会议等方式就可以进行沟通。对于小公司而言，互联网更是给它们长了一个“翅膀”，不出家门就可以将业务在网上任意拓展。如美国一个小女孩早在1995年就在家里创办了一家网上花店，而且生意覆盖全美国，她所需要的只是一台上网的可以接受订单和提供产品信息的服务器，然后聘请几个小工负责按地址进行邮寄即可。后来，她与美国联邦快递联网后，只需要将订单信息处理转交给联邦快递，由它将花从花棚直接送给订花者，这一切都是在网上完成的。小女孩的生意现在非常红火。

其次，利用互联网可以降低人工费用。由于通过互联网，传统管理过程中许多由人处理的业务，现在都可以通过计算机和互联网自动完成。如美国的Dell公司，最开始的直销是通过电话和邮寄实行，后来通过互联网进行直销，由用户通过互联网在计算机的帮助下自动选择和下订单。这样做带来的效益是非常明显的，不但用户在网上可以方便自如地选择，Dell公司也无须雇佣大量的电话服务员来接收用户的电话订单，而且避免了电话订单中许多无法明确的因素，大大提高了效率，同时降低了大量的人工费用。因此，将互联网用于企业管理，不仅要用它提高工作效率，还要注意利用它减少工作中不必要的人员，减少人为因素造成的损失。

最后，利用互联网可以降低企业财务费用。借助互联网实现企业管理的信息化、网络化，可以大大降低企业对一般员工、固定资产的投入和日常运转费用的开支，企业可以节省大量资金和费用，因此企业财务费用大大减少。

通过互联网商业企业可以实现无店铺经营，工业企业可以实现无厂房经营。如Amazon网上书店就是典型例子，由于业务是通过网上来完成的，它无须在繁华地段租用昂贵的办公场所。目前，借助互联网许多企业都把办公室从城市繁华中心搬到安宁的郊区，既避免市区内的拥挤交通，又可以在幽雅、低廉的环境中工作，真是一举两得。

2. 降低销售成本

马克思曾经将销售描写成“惊险的一跳”，可见销售对企业的重要性，因此许多企业不惜花费巨额费用投入销售环节，也导致许多企业对销售成本不堪重负。销售成本主要有销售人员费用、运输费用、销售管理费用和广告等促销费用等。互联网的出现给企业带来了新的销售模式和管理方式，如网上直销(网上订货)和网上促销等新的销售模式大大降低了销售成本。

首先，利用网上直销可降低销售渠道费用。互联网的信息交换可以跨越时空和空间限制，能以低廉费用实现任何地点任何时间的一对一交流。借助互联网进行直销，一方面可以将其服务市场拓展到全球，另一方面借助互联网用户可以自由访问企业站点，查询产品信息和直接进行订购。企业借助自动的网上订货系统，可以自行组织生产和配送产品，同时提高销售效率，减少对销售人员的需求。过去，制造业与电子商务一直相对疏离，而目前许多企业都已制定了雄心勃勃的计划，要把网络发展成它们主要的交易平台。

其次，利用网上促销的高效性来降低促销费用。互联网作为第四类媒体，具有传统媒体无法具有的交互性和多媒体性，可以实现实时传送声音、图像和文字信息，同时可以直接为信息发布方和接收方架设沟通桥梁。如网上广告比同样效果的电视、报纸广告费用低廉，而且可以将广告直接转换为交易，吸引消费者通过广告直接产生购买行动。

最后，利用互联网可以降低销售管理费用。利用互联网进行网上直销，可以实现订货、结算和送货的自动化管理，减少管理人员需求，提高销售管理效率。如 Amazon 的销售管理部门其实只有一些信息处理员，主要工作是进行产品目录等信息的维护。

(二)创造市场机会

互联网没有时间和空间限制。因此，利用互联网从事市场营销活动可以远及过去靠人进行销售或者依靠传统销售方式所不能达到的市场。如，一个在大制造厂工作的塑料制品专家可以通过鼠标浏览来选择网上的工业塑料供应商。一个只有少许销售队伍的小供货商也可以找到这样一个大买主，它所要做的只是将公司的业务放到网上。同样，一个小商贩不可能接触到遍布全国的家庭公司和小公司，但通过在网上设立站点，营造一个为小公司服务的规范环境，它就能在全国甚至全世界范围内找到有钱可赚的新市场。利用互联网，企业可以吸引新顾客，开拓新市场，确实可以为企业创造更多的市场机会。

第一，利用网络企业可以突破时间限制。利用互联网可以实行 7/24(每周 7 天，每天 24 小时)营销模式，同时不需要增加额外的营销费用，因为利用互联网企业的顾客可以自助咨询、下订单和采购，无须人工干预，只需要利用计算机自动完成即可。

第二，互联网可以突破传统市场中地理位置分隔的限制。利用互联网美国著名的网上书店 Amazon. com 很轻松地将其市场拓展到世界任何一个地方。而全球第一大零售商 Wal-Mart 要想拓展全球市场，它就必须花费巨额资金进行选择店址、装修店面、建立网络，以及培训员工等准备工作，然后才可能正式营业，而且风险巨大，因为一旦市场开发不成功很难从市场中退出。但这对于网上商店来说都是不需要做的事情，需要做的只是将产品信息搬上网站，使顾客可以方便地在网上进行选择和订购就行了。

第三，利用互联网可以吸引新顾客。作为新的营销渠道，互联网对企业传统的营销渠道是一个重要补充，它可以吸引那些在传统营销渠道中无法吸引的顾客到网上订购。由于网上订购比较方便快捷，而且不受时间和地理位置的限制，对那些在传统营销渠道中受到限制，但又很喜欢公司产品的顾客无疑可以增加很大的吸引力。如从 Dell 公司站点购买计算机的80%的消费者和一半以上的小公司在以前从来没有购买过 Dell 公司的产品。根据调查，其中1/4的人认为，如果没有互联网站点，他们就不会有这样的消费行为。而且，这些在网上购物的消费者的平均消费价值量要高于一般客户的消费量。

第四，利用互联网可以开拓新产品市场。利用网络营销企业可以与顾客进行交互式沟通，顾客可以根据自身需要对企业提出新的要求和服务需求，企业可以及时根据自身情况针对消费者需求开发新产品或提供新服务。如著名的网上书店 Amazon. com 根据顾客的需求，很快将网上商店的商品从书籍扩展到音像制品和玩具等新的产品。

最后，利用互联网可以进一步细分和深化市场。前面提到的几种机会都是拓展市场的宽度和广度，利用网络营销企业可以为顾客提供大规模的定制营销和个性化营销，最大限度地细分市场，满足市场中每一个顾客的个性化需求。如 Dell 公司为最大限度满足顾客的特殊需要，它允许顾客根据自己偏好自行选择电脑配件，组装自己满意的电脑，顾客只需要根据网站上的提示选择电脑配置，然后确定后订单自动生成，顾客只需要付款而后等待送货上门即可。

(三)让顾客满意

在激烈的市场竞争中，没有比让顾客满意更重要的了。由于市场中顾客需求千差万别，而且顾客的情况又各不相同，因此要想采取有效的营销策略来满足每个顾客的需求比登天还难。互联网出现后改变了这种情况，利用互联网企业可以将其产品介绍、技术支持和订货情况等信息都放到网上，顾客可以随时随地根据自己的需要有选择性地了解有关信息，这样克服了为顾客提供服务时的时间和空间障碍。一般说来，利用互联网可以从下面几个方面让顾客更加满意。

首先，提供顾客满意的产品。由于不同客户有不同需求，为满足客户的差异性需求，企业应该能够及时了解客户的需求，并为客户的特定需求提供产品。利用互联网，企业可以很容易知道客户的特定需求，然后根据客户的个性化需求来生产，最大限度满足顾客的需要，从而保持顾客的品牌忠诚度。如全球著名的体育用品公司——NIIKE，允许顾客通过公司的网站定制自己满意的鞋子，从样式到鞋子各部分颜色，顾客都可以根据自己的喜好设计。

其次，为顾客提供满意的订单执行服务。对于一个客户来说，没有什么事情比不能确定订单是否有效到达更令人担心的了。经常是给供应商一个电话导致一系列的电话查询，一个部门问另一个部门，然后再把电话打回给客户。这种方式对买卖双方来说都是既费时又费钱的事。利用 Internet 客户可以自行查找订单的执行情况。如今国内各大快递公司均允许客户到公司网站查询订单执行情况。

最后，提高顾客服务效率。利用互联网公布企业有关信息和技术支持等信息，顾客可以根据情况自行寻求帮助，这样企业的客户服务部门可以有更多时间处理复杂问题和管理客户关系，而且能有针对性的解决顾客提出的问题，增加顾客的满意程度。如 Dell 公司将一些软件驱动程序和技术资料公布在其网站上，客户的电脑如果需要升级或者出现什么故障，客户首先可以从网站获取售后服务，如果再有问题才向客户服务部门寻求帮助，这样既提高了公司对客户的反应速度，又减少了公司需要应对的一些客户可以自行解决的问题。

(四)满足消费者个性化需求

首先，网络营销是一种以消费者为导向，强调个性化的营销方式。网络营销的最大特点在于以消费者为主导。消费者将拥有比过去更大的选择自由，他们可根据自己的个性特点和需求在全球范围内找寻满足品，不受地域限制。通过进入感兴趣的企业网站或虚拟商店，消费者可获取产品的更多的相关信息，使购物更显个性。这种个性消费的发展将促使企业重新考虑其营销战略，以消费者的个性需求作为提供产品及服务的出发点。此外，随着计算机辅助设计、人工智能、遥感和遥控技术的进步，现代企业将具备以较低成本进行多品种小批量生产的能力，这一能力的增强为个性化营销奠定了基础。但是，要真正实现个性化营销还必须解决庞大的促销费用问题。网络营销的出现则为这一难题提供了可行的解决途径。企业的各种销售信息在网络上将以数字化的形式存在，可以以极低成本发送并能随时根据需要进行修改，庞大的促销费用因而得以节省。企业也可以根据消费者反馈的信息和要求通过自动服务系统提供特别服务。

其次，网络营销具有极强的互动性，是实现全程营销的理想工具。传统的营销管理强调 4P's(产品、价格、渠道和促销)组合，现代营销管理则追求 4C's(顾客、成本、方便和沟通)，然而无论哪一种观念都必须基于这样一个前提：企业必须实行全程营销，即必须从产品的设计阶段就开始充分考虑消费者的需求和意愿。然而，在实际操作中这一点往往难以做到，原因在于消费者与企业之间缺乏合适的沟通渠道或沟通成本过高。消费者一般只能针对现有产品提出建议或批评，对尚处于开发阶段的产品则难以涉足。此外，大多数的中小企业也缺乏足够的资本用于了解消费者的各种潜在需求，它们只能凭自身能力或参照市场领导者的策略进行产品开发。而在网络环境下，这一状况将有所改观。即使是中小企业也可通过电子布告栏和电子邮件等方式，以极低成本在营销的全过程中对消费者进行实时的信息搜集，消费者则有机会对产品的设计、定价(对采用理解价值定价法的企业尤具意义)和服务等一系列问题发表意见。这种双向互动的沟通方式提高了消费者的参与性和积极性，更重要的是它能使企业的营销决策有的放矢，从根本上提高消费者满意度。

第三，网络营销能满足消费者对购物方便性的需求，提高消费者的购物效率。现代化的生活节奏已使消费者用于外出在商店购物的时间越来越少。在传统的购物方式中，从商品买卖过程来看，一般需要经过看样—选择商品—确定所需购买的商品—付款结算—包装商品—取货(或送货)等一系列过程。这个买卖过程大多数是在售货地点完成的，短则几分钟，长则数个小时，再加上购买者为购买商品去购物场所的在途时间、购买后的在途时间及在购买地的逗留时间，无疑是大大延长了商品的买卖过程，使消费者为购买商品而必须在时间和精力上作出很大的付出。同时，拥挤的交通和日益扩大的店面更额外耗费消费者的时间和精力。然而在现代社会，随着生活节奏的加快，人们越来越珍惜闲暇时间，越来越希望在闲暇时间内从事一些有益于身心的活动，并充分地享受生活。在这种情况下，人们用于外出购物的时间必然会越来越少。网络营销使购物的过程不再是一种负担，甚至有时还是一种休闲、一种娱乐。消费者可以在网上比较各种同类产品的性价比以后，作出购买决定。此外，消费者也无需驱车到很远的商场去购物，省去了许多麻烦。对在使用过程中发生的问题，消费者可以随时与厂家联系，得到来自卖方及时的技术支持和服务。互联网实验室 Chinalabs(互联网实验室)于 1999 年 9 月由一批著名 IT 评论家和研究者创建，是中国第一家以提供互联网战略咨询、互联网营销咨询与互联网监测服务的公司。研究发现：在驱动网民进行网络购物的众多因素中，方便与省时是排在最前面的两个因素。

最后，网络营销能满足价格重视型消费者的需求。网络营销能为企业节省巨额的促销和流通费用，使产品成本和价格的降低成为可能。而消费者则可在全球范围内寻找最优惠的价格，甚至可绕过中间商直接向生产者订货，因而能以更低的价格实现购买。

随着市场竞争的日益激烈化，为了在竞争中占优势，各企业都使出了浑身解数来想方设法地吸引顾客，很难说还有什么新颖独特的方法能出奇制胜。一些营销手段即使能在一段时间内吸引顾客，也不一定能使企业盈利增加。经营者迫切地去寻找变革，以尽可能地降低商品在从生产到销售的整个供应链上所耗费的成本和费用，缩短运作周期。而对于经营者求变的要求，网络营销可谓一举多得。开展网络营销，可以节约大量昂贵的店面租金，可以减少库存商品资金，可以使经营规模不受场地限制，可便于采集客户信息等，这些都使得企业经营的成本和费用降低，运作周期变短，从根本上增强企业的竞争优势，增加盈利。网络上蕴藏着无限的商机，正如时代华纳集团旗下的新媒体公司科技与行政副总裁诺尔顿所言："虽然目前我们还不知道该怎样赚钱，但必须现在就看好网络上的无限商机。"

三、网络营销竞争战略分析

网络营销作为一种竞争手段，具有很多竞争优势。要了解这些竞争优势如何给企业带来战略优势以及如何选择竞争战略，就必须分析网络营销对组织的业务提供的策略机会和威胁。哈佛大学商务学院的波特(Porter)教授指出企业竞争中面对五种力量(如图 2-3)。企业面临的一系列外部威胁和机会有：新进入者威胁、供应商要价能力、现有竞争者之间的对抗、消费者还价能力、替代产品或服务威胁。企业必须加强自身能力对付新的进入者、供应商、现有竞争者、消费者、替代产品或服务所带来的问题，改变企业与其他竞争者之间的竞争对比力量。要做到这些，企业可以采取以下几个竞争战略提高竞争力：

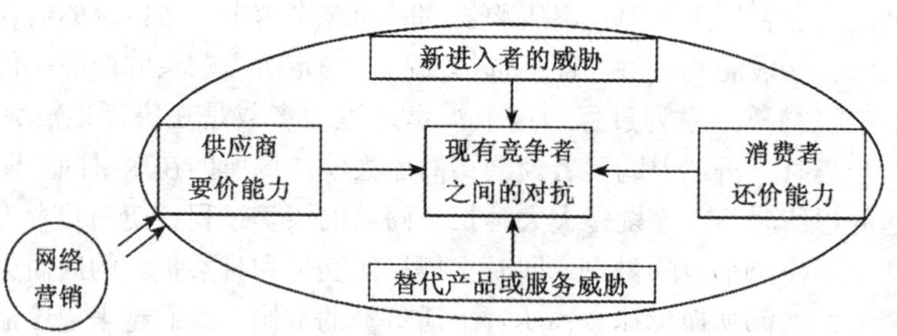

图 2-3　波特五种竞争力量模型

1. 成本领先战略。提供低成本的产品或服务，降低与购买者与供应者之间的交易成本。

2. 差异战略。提供与竞争者不同的产品和服务，定位于有差异的市场，保持竞争力。

3. 创新战略。开发新产品和服务，拓展新市场，建立新的商业联盟、新的分销网络等。

4. 目标聚集战略。采用前面的某一种战略优势占领某一细分市场。

其中，差异战略和创新战略属于同一类型，创新战略也属于差异战略。网络营销作为一种竞争战略，可以在上述几个方面加强企业在对抗某一股力量时的竞争优势。

(一)巩固公司现有竞争优势

市场经济要求公司的发展必须是市场导向的，公司制定的策略、计划都是为满足市场需求服务，这就要求公司对市场现在和未来的需求有较多信息和数据作为决策依据和基础，避免公司的营销决策过多依赖决策者的主观意愿，使公司丧失发展机会和处于竞争劣势。利用网络营销，公司可以对现有顾客的要求和潜在需求有较深了解，对公司的潜在顾客的需求也有一定了解，制定的营销策略和营销计划具有一定的针对性和科学性，便于实施和控制，顺利完成营销目标。如易居中国旗下克尔瑞信息集团于 2013 年初推出克尔瑞房价系统。该系统通过研究人员调研和代理团队信息反馈等方式，定期对全国在售房地产项目进行汇总分析，从大数据中发现趋势，为房地产市场提供专业支持。在 2014 年克尔瑞利用相关数据的积累，针对开发商实现了从数据应用到营销应用的大幅提升，进一步做到将市场数据与企业管理的结合。另外，面对海量数据，易居推出电商云数据平台。易居云数据通过线上数据、线下活动实名用户登记、合作媒体互动活动等三大渠道，在云数据平台实时更新，汇集成海量购房意向客户数据库，以呼叫中心、短信、EDM 三种形式实现对购房者房产信息精准传递，为开发商输出精准需求客户。易居中国正是依托于旗下的克尔瑞信息和易居电商云数据两大板块进行消费者数据库建设，在数据库的帮助下，各项策略均具有很强的针对性、客观性，使得公司保持在房地产互联网行业领先的竞争优势。

(二)加强与顾客的沟通

著名的 80∶20 公式指出公司 80%的利润来自于 20%的老顾客，公司与新顾客交易的费用是与老顾客的 5 倍，培养顾客的忠诚度是公司营销中最大的挑战。网络营销是以顾客为中心的，其中网络数据库中存储了大量现有消费者和潜在消费者的相关数据资料，公司可以根据顾客需求提供特定的产品和服务，具有很强的针对性和时效性，可极大地满足顾客需求。同时借助网络数据库可以对目前销售的产品满意度和购买情况作分析调查，及时发现问题，解决问题，确保顾客的满意，建立顾客的忠诚度。公司在改善顾客关系的同时，通过合理配置销售资源，可降低销售费用，增加公司收入，例如对高价值的顾客可以配置高成本销售渠道，对低价值顾客用低成本渠道销售。网络数据库营销是现在流行的关系营销的坚实基础，因为关系营销就是建立顾客忠诚和品牌忠诚，确保一对一营销，满足顾客的特定的需求和高质量的服务需求。顾客的理性和知识性，要求对产品的设计和生产进行参与，从而最大限度地满足自己需求。通过互联网和大型数据库，公司可以低成本为顾客提供个性化服务，例如美国的通用汽车公司允许顾客在 Internet 上利用智能化的数据库和先进的 CAD 辅助设计软件，辅助顾客自行设计出自己需要的汽车，而且可以在短短几天内将顾客设计的汽车送到顾客家里。

(三)为入侵者设置障碍

虽然信息技术使用成本日渐下降，但设计和建立一个有效和完善的网络营销是一个长期的系统工程，需要投入大量人力、物力和财力。因此，一旦某个公司已经实行了有效的网络营销系统，竞争者就很难进入公司的目标市场，因为竞争者要用相当多的成本建立一个类似的数据库，而且几乎是不可能的。从某种意义上说，网络营销系统成为公司难以模仿的核心竞争能力和可以获取收益的无形资产。这也正是为什么技术力量非常雄厚的Compaq公司没能建立起类似Dell公司的网上直销系统的原因，建立完善的网络营销系统还需要企业从组织、管理和生产上进行配合。

(四)提高新产品开发和服务能力

公司开展网络营销，可以从与顾客的交互过程中了解顾客需求，甚至由顾客直接提出需求，因此很容易确定顾客需求的特征、功能、应用、特点和收益。在许多工业品市场中，最成功的新产品开发往往是由那些与公司相联系的潜在顾客提出的，因此通过网络数据库营销更容易直接与顾客进行交互式沟通，更容易产生新产品概念，克服了传统市场调研中的滞后性、被动性和片面性以及很难有效识别市场需求而且成本高等缺陷。对于现有产品，通过网络营销容易获取顾客对产品的评价和意见，从而准确决定产品所需要改进的方面和换代产品的主要特征。目前，有很多大公司已经开始实行网络营销，数据库产品的开发研制和服务市场规模也越来越大。例如，上面提到的美国汽车通用公司在Internet上允许用户通过公司提供的辅助CAD软件设计自己所需要汽车，公司根据客户要求设计生产，一方面满足顾客不同层次需求，另一方面公司同时获得了许多市场上对新产品需求的新概念。在服务方面，美国联邦快递公司，通过互联网让用户查询了解其邮寄物品的运送情况，让用户不出门就可以获取公司服务，公司因此省去了许多接待咨询的费用，一举两得。

(五)稳定与供应商的关系

供应商是向公司及其竞争者提供产品和服务的公司或个人。公司在选择供应商时，一方面考虑生产的需要，另一方面考虑时间上的需要，即计划供应量要能依据市场需求，将满足要求的供应品在恰当时机送到指定地点进行生产，以最大限度地节约成本和控制质量。公司如果实行网络营销，就可以对市场销售进行预测，确定合理的计划供应量，确保满足公司的目标市场需求；另一方面，公司可以了解竞争者的供应量，制定合理的采购计划，在供应紧缺时能预先订购，确保竞争优势。如美国的大型零售商Wal-Mart公司通过其网络营销系统根据零售店的销售情况，制定其商品补充和采购计划，通过网络将采购计划立即送给供应商，供应商必须适时送货到指定零售店；供应商既不能送货过早，因为公司实行零库存管理，没有仓库进行库存，同时不能过晚，否则影响零售店的正常销售；在零售业竞争日益白热化的情况下，公司凭借其与供应商稳定协调的关系，使其库存成本降到最低；供应商也因公司销售额的稳定增长获益匪浅，因此都愿意与Wal-Mart公司建立稳定的紧密合作关系。

四、网络营销战略的实施与控制

网络营销作为信息技术的产物，具有很强的竞争优势，但并不是每家公司都能进行网络营销。公司实施网络营销必须考虑公司的业务需求和技术支持两个方面。业务方面需考虑的有公司的目标，公司的规模，顾客的数量和购买频率，产品的类型，产品的周期和竞争地位等；技术方面需要考虑的有公司是否能支持技术投资，决策时技术发展状况和应用情况等。互联网作为大众型的信息技术，它的发展非常迅猛，而网络营销技术作为专业性技术更依赖于公司的技术力量。

网络营销战略的制定要经历三个阶段：首先确定目标优势，分析网络营销是否可以通过促使市场增长，改进实施策略的效率来增加市场收入，同时分析是否能通过改进目前营销策略和措施，降低营销成本。其次是分析网络营销的成本和收益，须注意的是计算收益时要考虑战略性需要和未来收益。最后是综合评价网络营销战略，主要考虑的有三个方面：①成本效益问题，成本应小于预期收益；②能带来多大的新市场机会；③考虑公司的组织、文化和管理能否适应采取网络营销战略后的改变。

公司在决定采取网络营销战略后，要组织战略的规划和执行。网络营销不是一种简单的新营销方法，它是通过采取新技术来改造和改进目前营销的渠道和方法，涉及公司的组织、文化和管理各个方面。如果不进行有效规划和执行，该战略可能只是一种附加的营销方法，它不能体现战略的竞争优势，相反只会增加公司的营销成本和管理复杂性。策略规划分为下面几个阶段：①目标规划：在确定使用该战略的同时，识别与之相联系的营销渠道和组织，提出改进目标和方法；②技术规划：网络营销很重要的一点是要有强大的技术投入和支持，因此资金投入和系统购买安装，以及人员培训都应统筹安排；③组织规划：实行数据库营销后，公司的组织需进行调整以配合该策略实施，如增加技术支持部门、数据采集处理部门，同时调整原有的推销部门等；④管理规划：组织变化后必然要求管理的变化，公司的管理必须适应网络营销的需要，如销售人员在销售产品的同时，还应记录顾客购买情况，个人推销应严格控制以减少费用等。

网络营销战略在规划执行后还应注意控制，以适应公司业务变化和技术发展变化。网络营销战略的实施是一项系统工程，应加强对规划执行情况的评估。首先要评估是否充分发挥了该战略的竞争优势，评估是否有改进余地；其次是要对执行规划时的问题及时识别和加以改进；最后是对技术的评估和采用。目前的计算机技术发展迅速，成本不断降低的同时功能显著增强，如果不跟上技术发展步伐，很容易丧失网络营销的时效性和竞争优势。采取新技术可能改变原有的组织和管理规划，因此对技术控制也是网络营销中的一个显著特点。

网络营销是有别于传统市场营销的新营销手段，它可以在控制成本费用、市场开拓和与顾客保持关系等方面体现很大的竞争优势。但网络营销的实施不是简单的某一个技术方面的问题、某一个网站的建设问题，它还涉及从企业整个营销战略、营销部门管理和规划以及营销策略制定和实施等方面。本书首先介绍网络营销系统的组成和网络营销站点的建设，然后再结合市场营销的架构系统分析实施网络营销如何进行市场调查，如何分析网上市场消费者行为，如何培养网络顾客忠诚，如何制定网络营销策略，如何制定合适的网络营销产品策略和服务策略，如何选择有效的网络营销价格策略，如何建设和选择适应网络营销需要的网络营销渠道，如何充分利用网络实施促销策略和运用网络广告。最后，介绍网络营销中面临的问题，以及如何管理和控制网络营销的实施。

第二节　网络营销策略的制定

一、网络营销新法则

(一)SoLoMo

约翰·杜尔(John Doerr)在2011年提出了“SoLoMo”概念，即社会化(social)、本地化(local)、移动化(mobile)，三者合一即为互联网时代营销模式发展的新特点。社会化，即基于个体间的社交互动开展营销。随着社会化媒体和社交软件的普及，人们在互联网上关联、聚集，形成相互联系的群体，为产品或服务提供了数量庞大且细分明确的人群基础。本地化，即基于地理位置提供产品或服务，定位技术发展为这种基于地理位置的产品或服务兴起提供了技术基础。移动化，即基于移动场景下个体行为特征进行营销设计。移动设备的普及，使得任何个体都能够随时随地接入互联网，一方面为社交化与本地化的可持续发展提供可靠的保障，另一方面使得网民的“网上冲浪”时间更加碎片化，与互联网接触的时间总和大幅增加。

SoLoMo概念的提出对消费场景的构建具有启示意义。传统的“STP+4P”营销分析框架没有将场景(situation)纳入考虑，已经逐渐暴露出其适用的局限性。事实上，随着消费者生活与互联网联系更加密切，个体的社交互动更加频繁，地理因素与移动化场景也逐渐渗透于个体行为机制，营销对象由个体向群体演进，消费者行为更加复杂，营销方式应当由原先单一、静止的模式向灵活、能动的模式过渡。SoLoMo倡导营销实践应当有更高的追求，即如何基于时间和空间对营销策略进行重新整合，为企业发掘新的价值创造点、打通营销渠道、实现全景式战略布局提供了良好的思路。

(二)SURE法则

SURE网络营销理论，又称SURE互联网营销理论，来源于机械工业出版社2015年底的新书——《互联网营销：理念的颠覆与蜕变》。SURE分别代表口碑扩散(spreading)、关系融合(unification)、路径营销(route)和精准营销(exactness)四个营销推广策划准则。

口碑扩散是SURE理论主张的第一项策划准则。互联网时代，用户通过社交媒体连接起来，口碑的作用越来越重要，扩散品牌口碑成为网络营销策划的重点方向。SURE网络营销理论认为，企业应当从内容营销、病毒式营销、用户体验、真诚营销这些途径来扩散互联网口碑。

关系融合是SURE理论主张的第二项策划准则。企业可借助应用软件、社交媒体等形式与消费者在线连接、互动，加深企业与消费者之间的关系，帮助品牌赢得消费者的认同，培养品牌的“粉丝”。粉丝蕴意客户与企业间的紧密关系，粉丝不仅会在企业引导下深化和扩大消费，还可以为企业传播口碑，甚至借助意见参与、投票、众包等形式，帮助品牌自我完善。SURE网络营销理论认为，企业可以依照连接、互动和粉丝民主三个步骤循序渐进地推进与客户的关系融合。

路径营销是SURE理论主张的第三项策划准则。路径营销，即在于应对主动搜索的消费者，在其搜索的各个互联网环节向他们营销，让品牌信息在此更好地展示，更多更丰富地为消费者触及和感知。SURE 网络营销理论认为，企业可以从入口、搜索引擎和节点等三处策划路径营销。

精准营销是 SURE 理论主张的第四项策划准则。现实中有些产品，单价小而且天然地难以吸引消费者关注，其本身并没有流量基础或是短期内难以囤积大量流量的可能性，这种情况下，口碑扩散和关系融合的策略难以发挥主导性作用，网络营销还需依靠广告、软文这类强制性的推广手段。互联网的优势在于，能够自动识别个体消费者虚拟身份，并且记录、跟踪和分析他们个人的互联网行为数据。互联网崇尚自由，消费者本能地排斥一切不请自来的强制性广告和软文。因此，互联网上的单方面营销推广，应当遵循一对一的精准营销理念，向特定消费者定向推广其感兴趣的商业信息。只有这样，推广到消费者端的品牌信息才不会千篇一律，才能有效化解消费者对网络商业信息的抵触情绪。SURE 网络营销理论认为，互联网上的强制性推广应当基于数据乃至大数据技术，从推广对象、媒体投放和效果测量三个角度追求精准；努力做到以精准的内容、精准的媒介和投放规模，向精准的对象推广，并不断纠错以臻于更加精准。

二、企业性质与网络营销策略

在确定了网络营销的战略地位和作用后，企业须根据自己所在行业的特点和所处的市场环境，选择合适的网络营销策略来实施企业网络营销战略，最终达到企业的网络营销目标。网络营销的策略主要是在整合传统 4P’s 基础上的 4C’s 策略。新 4P’s 策略的理论基础是建立在互联网特点上的四大网络营销策略理论，根据这些理论来制定新的 4P’s 策略，实施企业营销目标。因此，从本质上看新的 4P’s 网络营销策略与传统营销策略的营销目标是一致的，只是面对的目标市场和消费者群体有所不同，因此针对网上虚拟市场所采取的营销策略必须进行相应的调整。不同的企业由于自身特点和目标市场不同，在选择网络营销策略时必须做出适当调整。下面分类型讨论不同性质的企业如何采用适合自己的网络营销策略。

(一)制造业

制造业作为工业经济时代的主要支柱产业，网络时代的到来给它带来的更多的是一种挑战。制造业根据目标市场不同，可以分为工业组织市场和一般消费者市场，前者主要是作为一种生产资料市场，面对的主要是企业，如飞机、车床制造公司等；后者面对的是一般消费者，是大众性市场，如家电、计算机企业等。对于前者，由于目标市场相对比较稳定，顾客群体比较少，网络营销的重点是通过密切顾客关系，建立长期的合作伙伴性的协作关系，主要目标是借助互联网为顾客提供更多服务和产品信息，通过互联网降低双方的交易费用，最大限度地控制营销费用，为双方创造更多的价值。

对于面对大众消费者市场的制造业企业，由于面对的消费者群体人数多而且差异性比较大，网络营销的出现带来更多的机遇。企业利用网络营销可以拓展新的市场和采用更有效的营销策略。这类企业利用网络营销时主要有这样几种模式：

一是通过加强顾客服务，增强与顾客的关系，达到留住顾客和增加销售的目标。这种模式的重点是加强网络营销服务，建立顾客忠诚度，有关详细内容将在网络营销服务策略中介绍。

二是通过提供有用信息来刺激消费者增加购买。这种方式主要是要求企业的网络营销站点建设完成后必须及时更新产品信息，提供最新的产品动态。网上群体由于年轻人居多而且文化程度较高，因此提供最新信息和动态容易刺激这些领导型消费者的消费欲望。有关这种方式的详细内容将在后面的网络营销系统和网络营销产品策略中进行介绍。

三是通过提供有效购买渠道，方便顾客购买。这种方式对于一些制造业来说可以大大简化销售渠道，利用网上直销可以减少渠道费用、管理费用和交易费用，同时可以将减少的费用以折扣形式让利给消费者，实现企业与消费者互利。有关这方面的策略将在网络营销渠道策略中详细介绍。

四是通过建立网上品牌形象来获取顾客忠诚，获取更高利润。这种方式可以帮助企业在网上虚拟市场通过建立新的品牌形象来拓展新的市场，但值得注意的是传统优势品牌在互联网上并不一定是优势品牌，不一定能够吸引访问者对网站的关注。有关这方面的内容将在网络营销产品品牌策略中详细分析。

五是通过建立交互渠道促进顾客参与企业营销活动，吸引顾客重复购买。目前许多企业的网络营销站点都建设有讨论区和反馈意见箱，消费者通过参与企业相关的虚拟社区来参与企业的营销活动，加强对企业的认同感。有关这方面的内容将在网络营销促销策略中详细介绍。

上面介绍的几种网络营销模式中应用到的网络营销策略并不是相互排斥的，它们是可以被企业进行整合使用的。当然，同时采取多个网络营销策略可能引起资源配置冲突和管理上的冲突，但是通过加强协调和管理，上述网络营销模式是可以相互配合的。

(二)信息类企业

这类企业的产品和服务主要是以信息方式表现出来的，如媒体、软件和音乐等行业。这类企业有一个共同的特征，就是它们的产品和服务都可以通过互联网直接进行传输，无须通过传统的实物配送网络来实现。互联网给信息类企业带来的既有机遇又有挑战。面对的机遇是通过互联网可以改变传统产品形式和销售方式，面对的挑战也是由于产品形式变化带来的营销策略整体变化的冲击，如传统音乐产品通过 CD 来销售比较容易控制和发行，现在则无须通过 CD，直接在网上下载使用，这势必会对传统音乐制作公司的营销策略和管理带来很大的冲击。信息类企业由于突破了传统商务中的实物配送限制，因此营销的关键是建立品牌和吸引消费者对产品的了解和关注，从而购买和使用产品。目前，信息类企业可以采用的策略是上面介绍的所有策略，只不过针对的对象不一样。如加强服务，对于属于有形产品的制造业企业来说，提供很好的服务需要很强的售后服务队伍和提供上门服务的条件，而对于属于无形产品的信息类企业来说，加强服务主要是对产品的功能和使用进行培训和说明，主要是一种信息的传播，因此与有形产品的服务相比，其形式更加简单，但服务内容的知识含量和技术要求则可能更高。有关信息类企业具体采用的营销策略将在后面网络营销产品策略和服务策略中详细介绍。

(三)服务业

服务的生产和消费一体化的特性，使得服务业受到时间和空间的限制。互联网作为一种跨越时空限制的信息沟通渠道，给服务业带来的更多的是机遇。服务业可以通过网络营销实现远程服务，如银行业开通的网上银行服务可以为顾客提供全天候而且不用出门即可享受的服务。同时，服务业还可以通过网络营销加强对顾客服务，减少顾客消费服务的不便。如北京医院开通了网上挂号服务，减少了病人看病时到医院做无谓等待的时间浪费。目前，许多服务行业如金融类的证券、银行、投资和保险等都开展网上服务，实施网络营销策略并且取得了巨大竞争优势。有关服务业的网络营销策略将在网络营销服务策略中详细介绍。

三、企业规模与网络营销策略

网络营销具有的虚拟特性，使得传统的以规模大小来划分企业强弱的标准已经过时。现在小企业也可以通过开展网络营销活动占领传统上只有大规模企业才可以进入的市场，因此不同规模的企业在制定网络营销策略时应结合企业特点来开展。对于中小型企业来说，开展网络营销对企业更多的是一种机遇，利用网络营销中小企业可以在网上虚拟市场开展营销活动，将企业目标市场拓展到以前在传统市场上无法涉及的市场。首先，中小企业由于规模较小，各方面资源都比较有限，因此在开拓目标市场时一般要受到企业规模和地理位置限制，无法同时跨多个地区经营，更谈不上开拓国外市场；但通过网络营销企业可以在无约束的网上虚拟市场同大企业展开竞争，因为网上市场竞争的是产品质量和服务，至于地理位置和企业规模大小则不是主要因素。其次，中小企业可以通过网络营销获取新的竞争优势。网上虚拟市场不同于传统市场，传统市场的优势力量在网上虚拟市场可能不再起作用，因此中小企业有机会在新的市场上利用全新网络营销策略占领市场，也可以迅速成为新的强大企业，如美国的 Amazon 网上商店利用网上虚拟市场空间迅速壮大，到最后连传统市场的巨头 Wal-Mart 也不敢小看。最后，中小企业可以通过网络营销加强企业的顾客服务和树立品牌形象。中小企业由于条件限制很难实现满意的顾客服务，利用网络营销企业可以突破时间和空间限制提供全天候服务，同时树立企业在网上市场的品牌形象。中小企业一般处在被动地位，因此应利用网络营销这种“十倍速”力量来冲击传统市场，壮大自己实力。在制定网络营销策略时可以充分利用互联网的虚拟特性，整合外部有效的资源为企业的营销目标实现提供有效的营销活动支持。如企业的产品生产方面力量不雄厚则可以借助互联网实现外包，企业只专注开发新产品和建立品牌，以及提供服务等高附加值的经营活动。

对于规模较大的企业来说，由于在传统市场中占有一定优势，因此容易忽视新兴的网上虚拟市场，有的企业虽然关注，但也总是在等待网上市场成熟后再进入。规模大的企业这些内在的稳健做法，很容易被一些新兴的成长型企业利用网络这一种“十倍速”力量发起挑战。如 20 世纪末的 Dell 公司，在 1994 年还处在亏损状态，但利用其超前的直销理念，整合互联网开展网上直销后迅速崛起，成为 2005 年全球最大的 PC 制造公司。传统的规模较大的企业必须重视网络营销的战略作用，虽然在市场上失去了先发优势，但凭借其实力整合传统营销策略优势与网络营销策略优势，完全可以在新兴市场上迅速后来居上。

四、市场地位与网络营销策略

与企业规模大小类似，企业的市场地位对网络营销策略也有很大影响。总的来说，网络营销对于弱者是一种机遇和成长机会，对于强者更多的是一种挑战，因为这些传统强势企业的传统营销策略优势可能在网络时代失去了竞争优势。根据市场地位不同，一般可以将企业分成领导者、挑战者、追随者和拾补遗者四个层次。

领导者在传统市场占有很大优势，是传统市场的强者，因此这类企业制定网络营销策略时，考虑的是分析竞争者网络营销策略对新兴市场和传统市场带来的威胁和冲击，然后根据时机选择合适的网络营销策略进行对抗和防御，以保持在传统市场和新兴市场上的竞争优势和领导地位。典型的例子是美国的 Wal-Mart 公司利用其先进的物流管理信息系统，将其全美 3 800 多家超市统一管理、统一采购、统一配送，最大限度降低销售费用，从而降低价格获取市场竞争优势。当它面对网上商店如 Amazon. com 和 eToy. com 等的挑战时，采取了积极的应对政策，在了解和把握网上市场特征后，Wal-Mart 也推出了它的网上商店服务，并且积极与 AOL. com 进行合作，扩大其网上虚拟市场的品牌知名度。

挑战者由于在传统市场上拥有一定实力，而且不断尝试成为市场领先者，因此一般都积极将网络营销看作是竞争的有力武器，制定网络营销策略时一般采取的是积极全力投入的方式，但要注意的是企业利用网络营销作为新的竞争手段，要控制网络营销投资的风险及其对原来的经营管理理念带来的冲击。

追随者和拾补遗者在市场上处在一种缝隙中求生存的地位，网络营销对企业的生存和发展既是机遇也是挑战。比如，在传统市场上利用地理位置和消费群体差异性而生存的拾补遗者，可能在网络营销时代难以维系，因为大企业凭借网络营销可以突破市场的地理位置限制，也可以通过其高效率的营销系统对过去难以覆盖的市场进行覆盖。因此，这类企业必须采取积极的网络营销策略，只有这样才能应对挑战，在新兴市场上挖掘机会并寻求成长和发展。这类企业采取网络营销策略时，由于企业规模一般较小，可以采用跟随挑战者的网络营销策略，在实施时应充分发挥网络营销给小企业带来的机遇，寻找机会迅速成长。

五、产品周期与网络营销策略

网络营销是一种直复营销，它可以通过可测试的交互式互联网渠道来设计、研制、生产和销售产品。由于企业在销售产品时可以与消费者及时进行沟通，企业的产品过了成熟期后，企业可以根据市场的及时反应来调整其产品策略，设计开发出新的产品来替代原来处在衰退期的产品，以免完全衰退时才设计开发新产品，延误市场机会，从而使企业的产品保持持续的竞争力。企业采用网络营销策略后的产品周期变化见图 2-4，图右边是采用网络营销策略后企业的产品周期新变化图。当企业的一个产品引入成功，步入市场成长期的时候，企业可以通过互联网及时了解市场需求变化和顾客新的需求和建议，在吸收顾客对产品的建议后，可以马上转入下一代更新换代产品的设计开发，并在上代产品的成熟期推出，当老产品步入衰退期时，新产品已经步入成长期，市场仍然保持持续增长。因此，企业采用网络营销策略后，要注意到产品周期会大大缩短，新产品设计和开发与老产品销售要同步进行。为保证下一代产品设计开发能顺利进行，必须详细了解和记录当前产品的销售状况和顾客需求情况，为制定下一代产品的营销策略提供详细的数据支持。

企业的网络营销实施除了要注意对产品周期产生影响外，还应该注意在产品不同周期

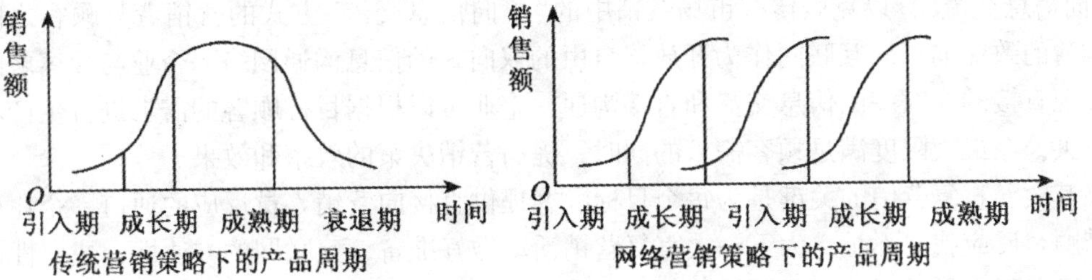

图 2-4　产品周期变化

采用适当的网络营销策略，以使该时期产品能顺利实现营销目标。根据产品周期，产品营销阶段一般分为：引入阶段、成长阶段、成熟阶段和衰退阶段。在引入阶段，产品是作为新产品上市，而互联网上的用户一般都是年轻人居多，而且在消费方面愿意进行新的尝试。因此，在引入阶段可以利用互联网市场的这一特性推广新产品，扩大新产品的知名度和影响力。在成长阶段，产品得到认可，产品的销售和利润都持续增长，在这一时期关键是充分利用营销渠道拓展市场以扩大销售数量。这时，可以利用互联网的全球性和自由开放性特点，充分拓展市场空间，将产品的销售以最快的速度和最经济的方式在不同市场进行销售，达到迅速占领市场的目的。在成熟阶段，产品销售增长率达到极限，企业这时候应利用各种营销策略特别是促销策略保持产品持续销售；在这一阶段，企业可以利用互联网拓展新市场空间，利用互联网了解顾客新需求，对产品进行适当调整，最大限度满足顾客的个性化需求，同时利用互联网渠道的效率来控制营销费用，获取最大利润。在产品的衰退阶段，产品的销售量持续下降，在这个阶段企业应利用互联网尽快销售完库存产品，为新产品销售铺平道路。这时应将营销重点转移到新产品上面，同时要尽量缩短衰退期的时间，避免市场份额的丢失。企业在不同阶段实现不同营销目标时，要注意整合网络营销策略，比如在衰退期可以利用互联网上的拍卖市场拍卖库存产品。如 HP 公司就在美国第一大网上拍卖公司 eBay. com 拍卖其库存旧产品，以求迅速处理完旧产品，对新产品则采用原来的营销策略。第三章网络营销信息系统第三章网络营销信息系统

第三节　网络营销策略理论

一、网络直复营销理论

根据美国直复营销协会(ADMA)为直复营销下的定义，直复营销是一种为了在任何地方产生可度量的反应和(或)达成交易而使用一种或多种广告媒体的相互作用的市场营销体系。网络作为一种交互式的可以双向沟通的渠道和媒体，它可以很方便地为企业与顾客之间架起桥梁，顾客可以直接通过网络订货和付款，企业可以通过网络接收订单，安排生产，直接将产品送给顾客。基于互联网的直复营销将更加吻合直复营销的理念。这表现在以下四个方面：

首先，直复营销作为一种相互作用的体系，特别强调直复营销者与目标顾客之间的“双向信息交流”，以克服传统市场营销中的“单向信息交流”方式的营销者与顾客之间无法沟通的致命弱点。互联网作为开放、自由的双向式的信息沟通网络，企业与顾客之间可以实现直接的一对一的信息交流和直接沟通，企业可以根据目标顾客的需求进行生产和营销决策，在最大限度满足顾客需求的同时，提高营销决策的效率和效果。

其次，直复营销的关键是为每个目标顾客提供直接向营销人员反应的通道，企业可以凭借顾客反应找出不足，为下一次直复营销活动做好准备。互联网的方便性、快捷性使得顾客可以很容易地通过互联网直接向企业提出建议和购买需求，也可以直接通过互联网获取售后服务。企业也可以从顾客的建议、需求和要求的服务中，找出企业的不足，按照顾客的需求进行经营管理，减少营销费用。

再次，直复营销活动，强调在任何时间、任何地点都可以实现企业与顾客的“信息双向交流”。互联网的全球性和持续性的特性，使得顾客可以在任何时间、任何地点直接向企业提出要求和反映问题，企业也可以利用互联网低成本地跨越空间和突破时间限制的特点与顾客进行双向交流，这是因为互联网本身就是全天候提供网上信息沟通交流的工具，顾客可以根据自己的时间任意安排上网获取信息。

最后，直复营销最重要的特性是直复营销的效果是可衡量的。互联网作为最直接的简单沟通工具，可以很方便地为企业与顾客进行交易时提供沟通支持和交易平台，通过数据库技术和网络控制技术，企业可以很方便地处理每一个顾客的订单和需求，而不用受限于顾客的规模大小、购买量的多少，这是因为互联网的沟通费用和信息处理成本非常低廉。因此，通过互联网可以最低成本最大限度地满足顾客需求，同时了解顾客需求，细分目标市场，提高营销效率和效果。

网络营销作为一种有效的直复营销策略，源于网络营销的可测试性、可度量性、可评价性和可控制性。因此，利用网络营销这一特性，可以大大改进营销决策的效率和营销执行的效用。有关网络直复营销理论的应用将在后面的网络营销渠道策略中进行详细介绍。

二、网络关系营销理论

关系营销是1990年以来受到重视的营销理论，它主要包括两个基本点：在宏观上认识到市场营销会对范围很广的一系列领域产生影响，包括顾客市场、劳动力市场、供应市场、内部市场、相关者市场，以及影响者市场(政府、金融市场)；在微观上认识到企业与顾客的关系不断变化，市场营销的核心应从过去简单的一次性的交易关系转变到注重保持长期的关系上来。企业是社会经济大系统中的一个子系统，企业的营销目标要受到众多外在因素的影响，企业的营销活动是一个与消费者、竞争者、供应商、分销商、政府机构和社会组织发生相互作用的过程，正确理解这些个人与组织的关系是企业营销的核心，也是企业成败的关键。

关系营销的核心是保持顾客，企业通过为顾客提供高度满意的产品和服务价值，通过加强与顾客的联系，提供有效的顾客服务，保持与顾客的长期关系，并在与顾客保持长期的关系的基础上开展营销活动，实现企业的营销目标。实施关系营销并不是以损伤企业利益为代价的。根据研究表明争取一个新顾客的营销费用是保持老顾客费用的5倍，因此加强与顾客关系并建立顾客的忠诚度，是可以为企业带来长远利益的，它提倡的是企业与顾客之间的双赢策略。互联网作为一种有效的双向沟通渠道，使企业与顾客之间可以实现低成本的沟通和交流，是企业与顾客建立长期关系的有效保障。这是因为，首先，利用互联网企业可以直接接收顾客的订单，顾客可以直接提出自己的个性化需求。企业根据顾客的个性化需求利用柔性化的生产技术最大限度满足顾客的需求，为顾客在消费产品和服务时创造更多的价值。企业也可以从顾客的需求中了解市场、细分市场和锁定市场，最大限度降低营销费用，提高对市场的反应速度。其次，利用互联网，企业还可以更好地为顾客提供服务和与顾客保持联系。互联网的不受时间和空间限制的特性能最大限度方便顾客与企业进行沟通，顾客可以借助互联网在最短时间内以简便方式获得企业的服务。同时，通过互联网交易，企业可以实现对产品质量、服务质量和交易、服务全程质量的控制。

另一方面，通过互联网企业还可以实现与企业相关的其他企业和组织建立关系，实现双赢发展。互联网作为最廉价的沟通渠道，它能以低廉成本帮助企业与企业的供应商、分销商等建立协作伙伴关系。如前面案例中的联想电脑公司，通过建立电子商务系统和管理信息系统实现与分销商的信息共享，降低库存成本和交易费用，同时密切双方的合作关系。有关网络关系理论的应用将在后面网络营销服务策略中进行详细介绍。

三、网络软营销理论

软营销理论是针对工业经济时代的以大规模生产为主要特征的“强式营销”提出的新理论，它强调企业进行市场营销活动的同时必须尊重消费者的感受和体验，让消费者舒服地主动接受企业的营销活动。传统营销活动中最能体现强势营销特征的是两种促销手段：传统广告和人员推销。在传统广告中，消费者常常是被动地接受广告信息的“轰炸”，它的目标是通过不断灌输信息的方式在消费者心中留下深刻的印象，至于消费者是否愿意接受、需要不需要则不考虑；在人员推销中，推销人员根本不考虑被推销对象是否愿意和需要，只是根据推销人员自己的判断强行展开推销活动。

在互联网上，由于信息交流是自由、平等、开放和交互的，强调的是相互尊重和沟通，网上使用者比较注重个人体验和隐私保护。因此，企业采用传统的强势营销手段在互联网上展开营销活动势必适得其反。如美国著名的 AOL 公司曾经对其用户强行发送 E-mail 广告，结果招致用户的一致反对，许多用户约定同时给 AOL 公司服务器发送 E-mail 进行报复，结果使得 AOL 的 E-mail 邮件服务器处于瘫痪状态，最后不得不道歉以平息众怒。网络软营销恰好是从消费者的体验和需求出发，采取拉式策略吸引消费者关注企业来达到营销效果。在互联网上开展网络营销活动，特别是促销活动一定要遵循特定的网络虚拟社区形成的规则，有的也称为“网络礼仪（Netiquette）”。网络软营销就是在遵循网络礼仪规则的基础上巧妙营销而达到一种微妙的营销效果。有关网络软营销理论的应用将在网络营销促销策略中进行具体详细介绍。

四、网络整合营销理论

在当前的后工业化社会中，第三产业中服务业的发展是经济主要的增长点，传统的以制造为主的经济正向服务型经济发展，新型的服务业如金融、通讯、交通等产业如日中天。后工业社会要求企业的发展必须以服务为主，必须以顾客为中心，为顾客提供适时、适地和适情的服务，最大程度满足顾客需求。互联网作为跨时空传输的“超导体”媒体，利用它企业可以在顾客所在地为其提供及时的服务，同时利用互联网的交互性企业可以了解顾客需求并提供针对性的响应，因此互联网可以说是消费者时代中最具魅力的营销工具。

互联网对市场营销的作用，可以通过与4P's(产品/服务、价格、分销、促销)结合发挥重要作用。利用互联网传统的4P's营销组合可以更好地与以顾客为中心的4C's(顾客、成本、方便、沟通)相结合。

(一)产品和服务以顾客为中心

由于互联网具有很好的互动性和引导性，用户通过互联网在企业的引导下对产品或服务进行选择或提出具体要求，企业可以根据顾客的选择和要求及时进行生产并提供及时服务，使得顾客跨时空得到满足其要求的产品和服务；企业还可以及时了解顾客需求，并根据顾客要求及时组织生产和销售，提高企业的生产效益和营销效率。目前处于PC销售领先地位的Dell公司，其迅速的扭亏为赢、争取到较高的市场份额，都是得益于互联网的应用。顾客通过互联网，在公司设计的主页上选择和组合电脑，公司的生产部门马上根据要求组织生产，并通过邮政公司寄送，因此公司可以实现零库存生产，特别是在电脑部件价格急剧下降的年代，零库存不但可以降低库存成本还可以避免因高价进货带来的损失，而这些都为Dell公司的成功奠定了坚实的基础。

(二)以顾客能接受的成本定价

传统的以生产成本为基准的定价在以市场为导向的营销中是必须摒弃的。新型的价格应是以顾客能接受的成本来制定的，并依据该成本来组织生产和销售。企业以顾客为中心定价，必须测定市场中顾客的需求以及对价格认同的标准，否则以顾客接受的成本来定价就是空中楼阁。企业在互联网上可以很容易实现这些要求，顾客可以通过互联网提出可接受的成本，企业根据顾客的成本提供柔性的产品设计和生产方案供用户选择，直到顾客认同确认后再组织生产和销售，所有这一切都是顾客在公司的服务器程序的引导下完成的，并不需要专门的服务人员，因此成本也极其低廉。目前，美国的通用汽车公司允许顾客在互联网上，通过公司的有关导引系统自己设计和组装满足自己需要的汽车，用户首先确定能接受的价格，然后系统根据价格的限定从中显示能满足要求式样的汽车，用户之后还可以进行适当的修改，最后确定下来，那么公司最终生产的产品恰好能满足顾客对价格和性能的要求。

(三)产品的分销以方便顾客为主

网络营销是一对一的分销渠道，是跨时空进行销售的，顾客可以随时随地利用互联网订货和购买产品。在这方面，青海省旅游业的网络分销措施为我们提供了一个很好的范例。根据青海省旅游产品主要针对传统的观光旅游和探险旅游团，而此类旅游产品对旅游者的吸引力有限的现状，在拓展网络分销渠道的时候，他们特意针对网民喜好，调整了现有产品形态及其提供的方式，制定了极具吸引力的佣金政策，充分调动了分销商的积极性，从而取得了很好的经济效益。

(四)压迫式促销转向加强与顾客沟通和联系

传统的促销是以企业为主体，通过一定的媒体或工具对顾客进行压迫式的灌输，以加强顾客对公司和产品的接受度和忠诚度，顾客是被动的，公司缺乏与顾客的沟通和联系，同时公司的促销成本很高。互联网上的营销是一对一和交互式的，顾客可以参与到公司的营销活动中来，因此借助互联网更能加强与顾客的沟通和联系，更能了解顾客及其需求，更易引起顾客的认同。

本书后面分析和介绍的4P's策略是按照整合营销理论架构进行的，在介绍传统4P's策略的同时按照4C's观点进行分析和讨论，并在有关策略中融入了前面介绍的直复营销理论、关系营销理论、软营销理论以及下面提到的体验营销理论。

五、网络体验营销理论

体验营销理论是20世纪在西方社会兴起的一种新的营销理论。这里所说的体验是指当一个人达到情绪、体力和智力甚至精神的某一特定水平时，他意识中所产生的美好感觉。美国体验营销专家施密特(Bernd H-Schmitt)教授从心理学的角度将体验划分为五种形态：感觉(sense)、感受(feel)、思维(think)、行动(act)、关联(relate)。施密特教授将这种不同的体验形态看作“战略经验模块”，而体验营销正是将具体的不同的经验模块和体验工具相结合而进行的。

与传统的营销理论相比，体验营销作为一种新的营销理论，有其自身显著的特征。首先，体验营销理论认为，人不仅仅是理性的，更是有情感的活生生的人，因此在营销过程中要更多地考虑消费者的情感需要，强调产品以外的其他因素，尤其是环境对消费者购买行为的影响。其次，体验营销更注重客户的体验，并把体验看成是顾客价值的组成部分。如果说传统营销突出的是产品的特色和功效的话，体验营销则重在考虑消费者感官、情感、认识上的体验及其行动和关系。最后，体验营销一个很重要的特征就是强调企业与顾客的互动，强调顾客的参与。

从以上的体验营销的特征可以看出，体验营销更注重环境、互动与情感的作用，而在网络营销的过程中，因特网独有的虚拟环境、超强的互动性以及情感忠诚对网络特有的意义，都使得其与体验营销的理论不谋而合。这主要表现在以下几点：

(一)互联网为体验营销提供了好的环境

体验的环境是指企业与顾客的互动活动进行的场所。顾客体验质量的好坏与环境有着很大的关系。环境作为体验发生的背景，其设备装置、格调风格都会极大地影响体验在顾客头脑中的真实反映，顾客的第一印象往往是由环境形成的，也就是说，环境为整个体验设定了基调。另外，有时候环境可以作为一种营销工具来利用，比如说，星巴克咖啡屋的店堂环境给予了消费者一种轻松、自在的体验，而对咖啡这种差异化不是很大的产品来说，环境无疑充当了营销工具的角色。网络是大家公认的最终的虚拟空间，是一种超媒体组合，其完美的导航设计、精美的图片、生动的动画、逼真的声音为消费者创造了一个很好的虚拟环境，而顾客也可通过自身技巧与网站设计带来的挑战性的匹配达到一种忘我的境界(Flow状态)，从而获得更多、更好的体验。如果说传统商业领域中，环境还不能算是真正意义上的营销工具，那么在网络环境中则完全可以肯定这一点。三维的、集视觉效果、触觉效果、听觉效果于一身的网络自诞生以来就被认为是一种强有力的营销工具，它对消费者体验的获得有着不可磨灭的作用。

（二）网络的互动性更适合体验营销的发展

体验营销强调互动的概念，这里的互动既包括企业与顾客间的双边互动，也包括顾客与顾客之间的互动。网络的一个突出的特点就是具有较高的互动性，网络的这一特点可以增强消费者与虚拟环境中所遇到的各种对象进行相互作用的能力，进而提高顾客的体验。虚拟现实就是一个很好的例子。通过将人的想象力与信息技术完美结合，计算机创造了一个虚拟的世界。在这里，人们的想象力和思想变成了仿真的虚拟境界或虚拟的存在，但对消费者的感官来说就像真的客观存在一样。人们既可以仿真各种游戏或冒险行动，获得一种娱乐体验，也可以仿真工作环境或教育环境，获得一种创作体验。此外，消费者还可以在网络环境中完成对某种商品的操作或试用，获得一种逼真的购物体验。

（三）网络对情感忠诚的重视可以使体验营销达到更高的层次

在网络环境中消费者只要轻轻地敲一下鼠标就可以从这个站点跑到那个站点，这就意味着在互联网背景下，顾客的转换成本变得更低了。这一现象使得电子商务企业更加重视忠诚顾客的作用，更加重视顾客的情感归属。如果说视觉、听觉等感觉上的体验是较低层次的体验话，那么情感体验无疑是一种更高层次的体验，而这种更高层次的体验显然对网络顾客忠诚的培养有着极大的促进作用。

对于电子商务企业来说，体验营销的理论对其网络营销战略的制定、网络顾客忠诚的培养都有着不可低估的作用。因此，企业应在实践中注重对体验营销精髓的把握，通过为顾客提供更好的体验来提高顾客的价值和企业的利润。

六、社群营销理论

社群营销是指利用社群的社会性、交互性和演化性实现系统化营销。社群拥有“涌现”的力量，“涌现”指一个系统中个体间预设的简单互动行为所造就的无法预知的复杂样态的现象，这一概念源自约翰·霍兰德（John Henry Holland）所著《涌现：从混沌到秩序》一书，“在复杂的自适应系统中，‘涌现’现象俯拾皆是：蚂蚁社群、神经网络、免疫系统、互联网乃至世界经济等。但凡一个过程的整体的行为远比构成它的部分复杂，皆可称为‘涌现’。”

与传统的营销理论相比，社群营销理论着眼于“群体”，实现了研究对象从个体到群体、研究方法从静态到动态、研究视角从“用户”到“群体+企业”的突破。根据社会化及自我表现理论，消费者通过与其他个体交流学习技巧、知识及态度进行社会化活动。互联网的发展无疑为这样的社会化活动提供了更多的方便。在社会化媒体的推动下，消费者之间交互更为频繁且更具创造力，人们乐意并能够更快速便捷地与拥有共同兴趣或话题的其他人建立联系，分享看法与感受。这一趋势带来的影响是，消费者的身份由原先被动接受企业宣传信息的“客户”转变为水平方向上存在信息互通的“用户”，由企业主导的垂直、单向、一对多的大众传媒的效用逐渐弱化。营销人员逐渐意识到了社会化媒体对于顾客关系管理的巨大价值，也开始考虑将水平、双向、一对一的交互方式融入品牌沟通中，基于社会化媒体而构建的两种交互关系并存的品牌社区应运而生。根据社会影响理论，个体受到群体的影响，体现出去个性化现象，社会化媒体的品牌社区具有很强的社会群体属性，因而消费者在社区中的认知过程也表现为群体性，而非独立的个体。

社群营销理论的基本框架是三元交互耦合与社区交互共振，共同推动价值传导，促成价值创造(如图2-5)。在企业全景式管理模式下，场景、产品、用户三元耦合，提升产品交互共鸣；场景、产品、用户交互中产生的大数据赋能社区，提升社会交互活跃性；社会交互刺激用户兴趣和社区认同感，最终推动用户价值共创。

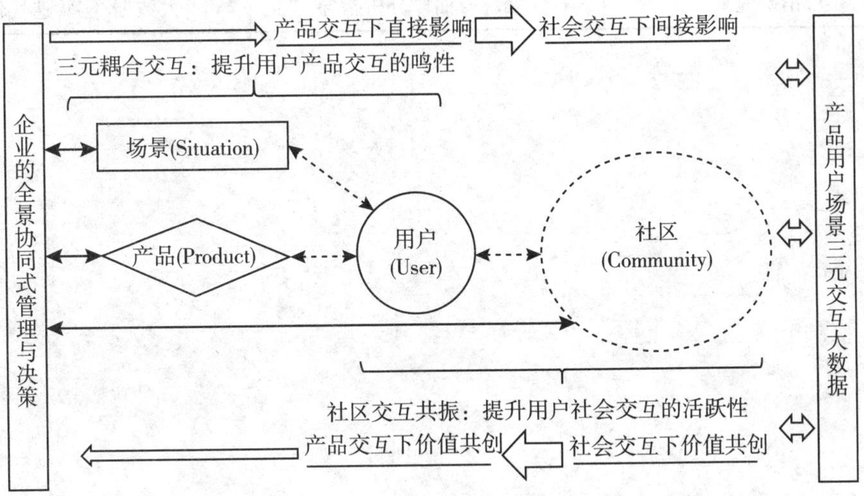

图2-5　三元交互耦合与社区交互共振

七、营销策略的新变化

在网络营销视角下，营销策略发生了有趣的转变。其核心内容是，营销模式由原先的“顾客思维”向“用户思维”转变，在战略层面上，关注与用户的协同和交融。在具体的策略层面上，一是产品或服务更强调消费者的体验和参与，挖掘消费者内在需求。二是定价坚持价值导向，通过他人来为产品或服务提供价值，使消费者感受到产品或服务的价值所在，进而投入价值共创。三是重视社会网络渠道，增强互动性，构建“圈子”，吸收“粉丝”。四是强调传播与分享，充分利用消费者之间的社交互动行为扩散口碑。在营销研究方面，与先前通过小数据抽样分析提供指导性意见的调研模式相比，现在的研究基于大数据分析，直接通过实验迭代优化，对营销策略的效果检验速度更快，精度更高。见表2-1。

表2-1　**营销策略的新变化**

比较内容	经典营销	移动互联网营销
关注重点	顾客思维/购买关系	用户思维/分享交互
营销战略	抢占心智/垂直聚集	生活交融/水平关系

续表

比较内容		经典营销	移动互联网营销
营销战略	产品策略	功能/质量	体验/痛点
	定价策略	博弈/成本	价值/尖叫
	渠道策略	网络/便利	圈子/粉丝
	促销策略	沟通/刺激	传播/分享
营销研究		小数据/抽样分析指导	大数据/实验迭代优化

第三章　网络营销信息系统

【良品铺子数字化营销】良品铺子股份有限公司(以下称“良品铺子”)作为一家从实体零售起家的休闲食品企业，深耕线下市场的同时，顺势拓展线上市场，通过服务商的介入，利用数字化技术完成单渠道、多渠道到全渠道的平台整合，优化自身供应链，提高了运营效率和用户体验，成为国内休闲食品行业数字化转型的佼佼者。

1. 公司概况

良品铺子是一家通过数字化技术融合供应链管理及全渠道销售体系，开展高品质休闲食品业务的品牌运营企业。截至 2018 年 6 月，良品铺子在湖北、江西、湖南、四川等地区共开设终端门店 2092 家，实现了从核心商圈到社区门店的多层次覆盖，成为国内知名的休闲食品(零食)企业。

2. 数字化背景与探索

良品铺子所在的为休闲食品行业，休闲食品指的是一类正餐以外、充饥性需求较弱、强调消费场景化、满足更多维度需求、单品或多品类创意融合、可散售的即食类食品。

良品铺子 2006 年 8 月 28 日在湖北省武汉市武汉广场对面开立第一家门店。作为线下起步的企业，信息化布局几乎与企业发展同步。2008 年门店数量达到 100 家，良品铺子就上线了门店信息化管理系统，实现所有门店在商品、价格、订单上的统一管理，并支撑良品铺子门店数量在接下来 4 年从 100 家扩张到 1000 家(见图 3-1)。

2012 年良品铺子天猫旗舰店上线，而后线上渠道扩展到京东、一号店、美团、大众点评、百度外卖等平台或渠道，同时还包括微信、微博等社交媒体以及自身官网和 App。线上销售业务发展迅速。此时新问题出现了：线上的库存空了，可商品仍在线下仓库里；线上和线下不同渠道反馈的消费者信息碎片化；不同渠道的客户服务质量难以保证；此外，物流仓储和购物体验也有待优化。当时良品铺子的困难与大部分食品零售业一样，最大问题是系统和流程无法有效地支撑新的业务板块。碎片化的渠道和系统，导致良品铺子存在许多消费者体验缝隙。

为了改变现状，良品铺子与 IBM、SAP 等服务商开始合作。2015 年良品铺子和 IBM 正式签合同，当年良品铺子把收银系统、POS 系统、物流系统、财务系统全部更换。通过 IBM 来帮助良品铺子打通前中后端，整合了 10 多个系统、30 多个线上线下平台，以及全渠道的交易信息和顾客数据，各渠道从以前割裂的状态，变成了一个信息互通的有机整体，形成了“六大中心”——商品中心、价格中心、营销中心、会员中心、订单中心和库存中心。

图 3-1　良品铺子线下门店

整合线上线下渠道后，会员数据得以统一，良品铺子能够在分析数据后进行会员管理和精准营销；同时从设计、生产到物流等环节，都有可预见和运行的计划，最终良品铺子库存成本得以降低，业务升级也推动了销售额增加。基于此，2015 年良品铺子启动了门店 O2O 业务，一年后就突破单月 3000 万元销售额。

第一节　网络营销信息系统概述

一、网络营销信息系统构成

企业开展网络营销是一项系统性工程，需要调动企业的人力、物力和财力进行系统的组织和开发。图 3-2 是一个基于 Internet 的企业网络营销信息系统的组成结构图。网络营销信息系统主要由基于 Intranet（企业内联网）的企业管理信息系统、网络营销站点、网络营销信息管理和企业经营管理人员组成。除此之外目前还出现了大数据、人工智能、云计算和区块链几种新兴的技术作为辅助。网络营销信息系统作为电子商务系统的重要组成部分，它的建设和开发一般要纳入电子商务系统的整体建设。下面主要从整体电子商务系统的架构来讨论网络营销信息系统的组成。

（一）企业内部网络系统

当今时代是信息时代，而信息的交流传播需要一定的媒介以跨越时空，计算机网络就充当了信息时代的“公路”。计算机网络是通过一定的媒介如电线、光缆等将单个计算机按照一定的拓扑结构（网络中各站点相互连接的方法和形式）连接起来的，在网络管理软件的统一协调管理下，实现资源共享的网络系统。根据网络覆盖范围，一般可分为局域网（local area network，LAN）和广域网（wide area network，WAN）。由于不同计算机的硬件不一样，为方便联网和信息共享，于是将 Internet 的联网技术应用到 LAN 中组建企业内联网

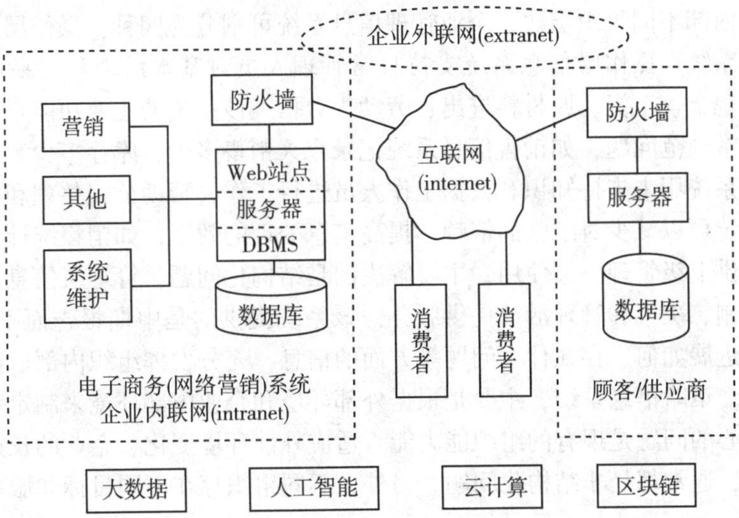

图 3-2　网络营销信息系统的构成

(intranet)，组网方式与 internet 一样，但使用范围局限在企业内部。为方便企业与业务紧密的合作伙伴进行信息资源共享，于是在 internet 上通过防火墙(fire wall)控制不相关的人员和非法人员进入企业网络系统，只有那些经过授权的成员才可以进入网络，一般将这种网称为企业外联网(extranet)。如果企业的信息可以对外界公开，企业就可以直接连接到 internet 上，实现信息资源最大限度的开放和共享。

企业在组建网络营销信息系统时，应该考虑企业的营销目标是谁，如何与这些客户通过网络进行联系。一般说来这一系统可以分为三个层次，对于特别重要的战略合作伙伴，企业应允许它们进入企业的 intranet 系统直接访问有关信息；对于与企业业务相关的合作企业，企业应该与它们共同建设 extranet 实现企业之间的信息共享；最后是对普通的大众市场，则可以直接连接到 internet。由于 internet 技术的开放、自由特性，因此在 internet 上很容易受到攻击，企业在建设网络营销系统时必须考虑营销目标的需要，以及如何保障企业网络营销系统的安全。否则，非法入侵可能会妨碍企业网络营销信息系统的正常运转，有时可能出现致命的后果。

(二)企业管理信息系统

一个功能完整的、具有网络营销功能的电子商务系统，它的基础是企业内部信息化，即企业建设有内部管理信息系统。企业管理信息系统是一些相关部分的有机整体，在组织中收集、处理、存储和传送信息，支持组织进行决策和控制。企业管理信息系统最基本的系统软件是数据库管理系统 DBMS(database management system)，它负责收集、整理和存储与企业经营相关的一切数据资料。

根据不同的功能，可以将企业管理信息系统划分为销售、制造、财务、会计和人力资源信息系统等。如果要使网络营销信息系统能有效运转，营销部门的信息化是基本要求。一般为营销部门服务的管理信息系统主要功能包括：客户管理、订货管理、库存管理、往来账款管理、产品信息管理和销售人员管理，以及市场有关信息的收集与处理。

根据组织内部不同组织层次，企业管理信息系统可划分为四种：操作层、知识层、管理层和策略层系统。操作层信息系统支持日常管理人员对基本活动和交易进行跟踪和记录，如销售、现金、工资、原材料进出、劳动等数据。该系统的主要功能是记录日常交易活动，解决日常规范问题，如销售信息系统记录今天销售多少、库存多少等基本信息。知识层管理信息系统用来支持知识和数据工作人员进行工作，帮助公司整理和提炼有用信息和知识。该系统可以减少对纸张的依赖，提高信息处理的效率，如销售统计人员分析和统计销售情况，供上级管理决策使用，主要解决的是结构化问题。管理层信息系统为中层经理的监督、控制、决策和管理活动提供服务，该系统提供的是中期报告而不是即时报告，主要提供业务进展如何、存在什么问题等方面的信息，充分发挥组织内部职能，主要解决半结构化问题。策略信息系统，主要是根据外部环境和企业内部环境来制定和规划长期的发展方向，关心的问题是现有的组织能力能否适应外部环境变化、企业的长期发展和行业发展趋势问题，通常都是非结构化问题。另外，不同组织存在不同目标和服务对象，因此具有不同功能。

(三)网络营销站点

网络营销站点是在企业 intranet 上建设的具有网络营销功能的，能连接到 internet 上的 WWW 站点。网络营销站点起着承上启下的作用，一方面它可以直接连接到 internet，企业的顾客或者供应商可以直接通过网站了解企业信息，并直接通过网站与企业进行交易。另一方面，它将市场信息和企业内部管理信息系统连接在一起，通过将市场需求信息传送到企业管理信息系统，让管理信息系统来根据市场变化组织经营管理活动；它还可以将企业有关经营管理信息在网站进行公布，与企业业务相关者和消费者可以直接了解企业经营情况。有关网络营销站点方面的内容将在下一节进行详细介绍。

(四)网上营销信息子系统

网上营销信息子系统是网络营销信息系统的重要组成部分，它负责为企业的营销管理活动提供营销决策信息，一是提供基于网络的网络营销交易及相关信息，二是为企业提供市场环境信息。网上营销信息子系统的主要功能有三部分：营销交易信息子系统、营销情报子系统、营销信息分析子系统。其中营销交易信息子系统与企业的管理信息系统是整合在一起的，主要负责获取企业的交易信息如客户订单、销售信息等；营销情报子系统主要通过互联网获取市场情报信息，包括一手资料和二手资料，有关内容将在第四节进行介绍；营销信息分析子系统主要借助数据挖掘等技术对掌握的营销资料进行分析，提高企业营销决策水平。

二、网络营销信息系统的功能

网络营销信息系统作为电子商务系统的有机组成部分，它应通过与其他系统进行配合实现企业经营管理目标。一个包括有营销功能的完整网络营销信息系统应包括这样几大功能：信息发布与沟通、电子单据的传输、网上支付与结算、货物配送以及完善网上售后服务。

1. 信息发布与沟通。主要是实现信息发布和与顾客进行沟通的功能。这也是大多数企业网络营销信息系统的初步形式，如网上产品目录与展示。由于信息是公开的，不涉及本质的交易，因此安全性和可靠性要求也不高。

2. 电子单据的传输。为保证交易的合法性，电子单据的传输一般要求保密、安全、可靠，而且可以作为法律凭证。目前许多国家已经立法承认电子单据的法律有效性和数字签名的合法性，我国也承认安全可靠的电子单据的有效性，如 1999 年 6 月底广州电信通过电子商务系统与美国的 CISCO 签订采购合同。该功能属于实现市场交易的功能。

3. 网上支付与结算、货物配送。它属于市场交易完成阶段的功能。企业一般都开设有银行账户，而且具有较好的信用，因此只要银行之间能实现网上清算，企业间电子商务活动的支付就非常容易，但这依赖于网上银行的发展。货物配送是另外一个完成交易的关键，如何实时地将货物送到指定的目的地，是完成交易最后的环节。目前有许多借助互联网络实现全球快递的公司，如美国的 FedEx 公司。借助这些公司可以很好地实现全球配送，如美国的 DELL 公司将其配送工作交给 FedEx，它们之间只需通过网络传输有关货物运送时间、目的地和所在地信息。

4. 网上售后服务。由于产品使用过程中可能出现很多问题，如果不能解决好网上售后服务问题，就可能影响到电子商务活动的正常开展，因为客户可能转为寻求更可靠的传统方式。一般网上售后服务，主要提供技术资料、网上咨询等服务。

5. 网上信息收集。网络已经成为一个信息海洋，企业可以充分利用网络信息的丰富性和与网民互动的便捷性来获取企业所需要的市场信息。

并不是每个企业的网络营销信息系统都要具备上述所有功能。企业可以根据自身情况，在规划时从长远考虑，可以分阶段实现上述功能。目前，我国企业的绝大部分网络营销信息系统主要是一个信息的发布和沟通渠道，还不具备完整的网上营销交易功能。

三、网络营销信息系统的开发

网络营销信息系统的开发和建设要涉及很多企业的很多部门和环节，因此系统的开发和建设必须遵循一定的开发方法和建设步骤。否则，可能像建筑物一样由于设计、施工和监督等方面问题导致推倒重来的严重现象。

（一）网络营销信息系统的开发方式

网络营销信息系统的开发方式可以根据企业自身的技术力量和资金情况进行选择，利用最少的资源，迅速建立起系统。根据目前的情况，开发方式有以下几种：

1. 购买通用商用系统。购买通用商用系统是实施的捷径。采用这种方式有以下优点：见效快、费用相对较低、系统质量较高、安全保密性较好、维护有保障。但是，这种商用系统也有其自身的局限性，主要有以下几方面：①不能一步到位地满足企业管理的需求。企业在购买后，往往要针对自身的特点进行某些设定或是增补开发；②学习难度较大；③系统维护具有较强的依赖性。由于上面提到的原因，用户对系统进行维护时要依赖开发商。对于本地没有商品化软件维护点的用户来说，软件维护将非常困难。对于小型企业、事业单位和业务比较规范而且特殊要求不多的大中型企业来说，采用购买通用商用系统的途径比较合适。目前，一些著名的 IT 企业如通用电气（GEIS）、IBM、HP、微软和国内的联想都推出了自行开发的系统。

2. 自行开发。如果企业本身具有一定的技术能力，有一批开发信息系统所需要的复合型人才，往往希望自行开发系统。这种方式具有以下优点：针对性强，能够最好地满足单位管理的需要；便于维护，不需要依赖他人；设计的系统易于使用。但采用这种方式也有其自身的缺陷：对单位的技术力量要求较高；系统的应变能力较弱。这种方式适用于有比较稳定的开发维护队伍的单位。

3. 委托开发。大多数单位不具备自行开发系统的能力，这时可以考虑委托外单位开发系统。这种方式的优点是：和自行开发系统一样，采用委托开发方式是针对本单位的业务特点和管理需求建立系统；可以弥补本单位技术力量不足的缺陷；由于是专用软件，比较容易为使用者接受。这种方式存在的缺陷是：开发费用较高；软件应变能力不强；维护费用高。这种方式比较适用于本单位开发力量不足而又希望使用专用系统的单位。

4. 合作开发。与外单位合作开发系统，同时具备上述第二、第三两种方式的优点。这种方式也存在开发费用高、软件应变能力较弱等缺陷，但从成本效益的角度考虑，不失为一种较好的开发方式，在实际工作中得到了普遍运用。

(二)网络营销信息系统开发步骤

跟一般信息系统开发方法一样，网络营销信息系统也可以采用经典有效的生命周期信息系统开发方法。它将系统比做一个生命周期，有开始、中间及结束等各个不同的阶段。每个阶段又可细分并都有特定的工作内容，完成上一阶段工作之后才能进入下一阶段。在开发过程中运用系统工程的方法，自顶向下进行系统的分析、设计和实施。这种方法至今仍在许多复杂的大中型项目开发中被广泛采用。生命周期法将系统生命周期分为六个阶段。

1. 项目定义。项目定义阶段的任务是论证建设一个新信息系统的必要性，并提出一个初步的设想。这个阶段要分析组织中是否存在问题，解决这些问题是否必须建立一个新的信息系统，还是只需对原有系统进行改造，还要提出新系统或改造后系统的目标、范围以及系统建设的初步计划。所有这些内容都以“项目建议书”的形式书面提交管理部门审批。若审批结论认为该项目值得开发，则应提出一种或数种候选方案，并制定项目初步实施计划，否则应提出终止开发该项目的建议。

2. 系统分析。又称需求分析，其任务是通过对原有系统存在问题的分析，找出解决这些问题的各种方案，评价每种方案的可行性，提出新系统的逻辑模型。

3. 系统设计。系统设计包含逻辑设计和程序设计，其任务是生成系统逻辑设计和程序设计的规格说明书。逻辑设计的任务是确定系统的总体结构，即对系统进行分解，由数据流图导出并优化成由模块组成的系统结构图。逻辑设计的文档是模块结构图及模块说明书。程序设计的任务是对每个模块进行算法设计，即确定模块内部的过程结构，详细描述实现该模块功能的算法和数据结构。

4. 编程。编程阶段的任务是把设计阶段完成的规格说明书转换成软件的程序代码。系统分析与设计人员要同程序员一道共同完成每个程序的程序说明书，根据这些说明书，程序员再写出相应的程序代码。程序说明书中要说明每个程序的功能、所使用的编程语言、输入输出的内容与格式、处理的过程与顺序以及必要的控制等。

5. 测试。测试细分为单元(模块)测试、集成测试和验收测试。测试不仅可以证明技术正确性，而且可以验证系统凝聚性。因此，测试是保证系统质量的重要手段。

6. 实施与评价。这包括培训、转换、使用、评价和维护等各项内容。通过测试后系统要进行一定时间的试运行验证系统的质量。当然，还须进行培训和转换。培训是对系统维护人员和最终使用该系统的直接用户分别进行相关内容的指导。转换是就将旧系统向新系统过渡的所有活动排出一个详尽的转换计划，确保转换的平稳性与安全性。在系统使用的过程中，为改正错误和提高系统的效率，需要不断对系统进行维护。经过一段时间的维护以后，会发现，如果要进一步提高效率，更好地满足用户的要求，就必须对系统做大量的改造。这时可能就快要达到这个系统生命周期的终点了。一旦到达生命周期的终点，就有再建立一个新的信息系统的必要，这时一个新的生命周期便重新开始。

第二节　企业网络营销站点概述

一、企业网络营销站点类型与功能

(一)企业网络营销站点类型

一般来讲，企业建立自己的网站总有其目的，根据侧重面的不同，可将企业网站分为5种类型：信息型、广告型、信息订阅型、在线销售型和技术支持服务型。这5种典型模式中的不同类型的站点，每一个都具有其独有的特性，也存在一定的差异，正是这些特性将它们与其他类型区分开来。此外，许多站点对这5种典型网络营销模式中的几个进行了组合，形成了综合型站点。下面简要说明一下各类网站的基本特点。

1. 信息型站点

信息型站点(也称作传单站点或是公告牌站点)的设计目的在于通过间接的途径获取经济效益，例如相关产品的销售和销售成本的降低。收益的根源在于通过网络建立起公众对其产品和服务的注意，从而增加现实当中的交易机会。与公路上的公告牌一样，这种站点的效果应当通过网民冲浪时的注目率以及他们受到的购买诱惑来衡量。

2. 广告型站点

网络电视、广播以及许多期刊性网站采取的是广告模式。所有的技术和信息内容编制所需的费用全都来源于广告收入。此时，消费者的注意力就成为网站价值的关键衡量标准。对于电子商贸来说，广告的形式一般可能是网页横幅、赞助商支持以及其他的促销手段。当有关消费者行为的认识得到进一步深化的时候，专家们就可以更有效地进行购买行为分析，以为广告客户提供足以支持其促销决策的完整数据。

3. 信息订阅型站点

在其他的媒体当中，订阅型模式已经相当完善了，因为它已经完全为出版商和订阅者所接受。在国际互联网上，订阅机制仍没有广泛地为消费者所接受。在那些接受了这种模式的消费者当中，订阅机制也仅仅是迎合了某些特定会员用户的特定需要。这些站点提供的往往是一些专业内容和定期的消息。订购者所交纳的费用用于支持网站的开发和维护。

4. 在线销售型站点

一个进行产品销售的网站实质上是一个电子版的产品目录。这些虚拟的店面通过精心编制的图片和文字来描述他们所提供的产品、进行促销活动、提供"网上购物车"系统，以及在线交易系统。一旦产品被购买了，该网络企业就必须安排产品销售的执行，包括运送和安装等。这一类型的站点的主要特征，在于它们能够进行一次结清的交易，而不需要太多后续纠葛。

5. 售后服务型

互联网作为一种有效沟通渠道，许多企业都利用互联网提供技术支持服务与售后服务。特别对于一些 IT 类企业，经常需要对许多产品进行技术上的说明，提供一些免费的升级软件，利用互联网他们可以让客户自己在网站上寻求技术支持和售后服务，只有遇到那些技术难度较大的问题和专业知识要求较高的服务时，才通过传统渠道进行解决。

（二）企业网络营销站点功能

一个结构完善、设计合理的网络营销站点可以方便客户通过企业营销站点获取信息、订购产品和寻求售后服务。在规划企业网络营销站点结构时，除具备一般站点应具有的站点结构位图（MAP）、站点导航、联系方式等基本功能外，还应该结合企业的网络营销目标进行综合设计。图 3-3 是一个具有网上销售、网上售后服务等功能的综合类型网站主页结构平面图（金山公司，http：//www. kingsoft. com）。下面分析一下该站点的规划。

图 3-3　金山公司站点结构图（主页）

1. 企业信息发布

这部分属于站点的基础内容，它主要包括企业新闻、企业经营活动、重大事件信息发布，以及企业的概况和企业产品信息等。如金山网站中的栏目：产品介绍、公司简介、文摘报道、新闻、搜索等栏目。

2. 信息交流沟通

互联网最大的特点是可以进行双向沟通，一个友好的人性化网站一般都要提供顾客直接与企业进行沟通的渠道。如金山网站中的栏目：新闻组、论坛、注册和反馈，这些都是金山公司的用户或者业务伙伴与金山公司进行交流和沟通的有效渠道，同时也是金山公司软件用户之间交流的虚拟社区。

3. 网上销售

利用互联网进行网上销售既可以减少交易费用，又可以直接与消费者进行沟通，有利于完善软件和产品功能。提供网上销售功能时，还要考虑提供功能的类型，如果只是有订货功能的，那么实现起来比较简单；如果是具有网上交易功能的，则网站还要提供网上支付功能。

4. 售后服务

售后服务是企业网站上经常提供的功能，设计时可以根据企业实际情况有选择性地提供网上售后服务。如金山公司的网站提供了很强的网上售后服务：技术支持和授权培训等栏目，为消费者提供有关的技术资料信息和操作培训信息。

5. 个性化服务

为方便和吸引更多网民访问公司网站，更好为企业的顾客服务，还可以建设一些子站点，为顾客提供更多差异化服务、满足顾客个性化需求的网站。如金山公司针对公司的产品文字处理软件、游戏软件、词霸等，分别设有专门的网站。

上述结构设置主要是针对生产类型企业，对于商贸型、服务型等其他类型企业的网络营销网站结构还需要根据实际情况进行调整。

二、企业网络营销站点规划

(一) 企业网络营销站点规划步骤

企业建设网络营销信息系统是一项系统性工程，它涉及企业管理各个层面，包括企业高层的战略决策、中层的业务管理和低层的业务执行。许多企业建设网站时经常低估了网站的战略影响，仅仅把网站当成是一个在线说明书，并且不由重要部门来管理。未来要成功地发展业务，网站应当被看成是非常重要的、决定性的因素之一。这是因为，网站带来了许多新型的发展业务的方式，如全球化经营、全天工作。人们在预测技术转变会带来的后果时，常犯两个错误：高估了它的短期效果和低估了它的长期影响。网站建设中就很容易出现这两种问题，人们总是高估了网站在建成后的一两年内所能做的事，事实上大多数网站不会很快就带来收益；或是低估了我们同每一个人，每一个地方都建立联系后会带来的巨大好处。网络的影响至少会以用户数目平方的速度增长，网站的真正价值只有当商业活动大大扩展之后才能显示出来。

在认识到企业网络营销站点建设中的战略影响后，要考虑的是，网站建设如何结合企业业务管理和执行来整合。

首先，考虑的问题是企业打算利用网站进行哪些活动，也就是考虑企业的网站目标。常见的网站目标有：①为用户提供了良好的用户服务渠道；②试图销售更多的产品和提供更多的服务；③向有兴趣的来访者展示一些信息。

其次，在确定站点的目标后，在规划的初始阶段，就应该尝试划定访问者范围，分析时要考虑的访问者因素有：①预期网站的主要目标受众在哪些地区，什么样的人口结构；②访问者接入互联网的带宽有多大，能否快速访问到网站内容；③网络页面的使用者。

再次，确定网站提供的信息和服务。在考虑站点的目标和服务对象后，要根据访问者的需求规划站点的结构和设计信息内容，规划设计时应考虑：①按照访问者的习惯规划站点的结构；②结合企业的经营目标和访问者的兴趣规划网站的信息内容和服务；③整合企业的形象来规划设计站点的主页风格。

最后，在分析站点的战略影响和规划好站点的经营目标和服务对象后，就要规划如何组织建设网站了。规划建设网站时，应该考虑这四方面的问题：①是否要建立自己的网站或网页空间，还是采取其他方式(如委托建设)；②为网上营销方案预计投入多少资金；③如何组织人员和有关部门参与网站建设；④如何维护管理企业网络营销网站。

(二)企业网络营销站点内容规划

企业网络营销站点建设的目的有很大不同，并非所有的企业都是直接靠网络营销站点赢利，绝大多数传统行业的企业只是把网络营销站点当作一种宣传、广告、公关和销售补充的工具而已。但也有一部分企业依靠建立网络营销站点，发展特殊的网络营销赢利业务。表 3-1 是通过一个具体例子来说明一家从事办公设备生产销售的跨国企业 CMD 公司是如何合理安排 WEB 内容来达成它的多方位营销策略的。

表 3-1　**网络营销站点内容规划**

内容分类	站点中常见称谓	CMD 办公设备公司
企业历史和现状简介	credential history	CMD 的企业发展沿革和现状
产品分类和介绍	products	CMD 生产的复印机、电话机、传真机和其他办公设备的各种型号规格介绍
跨国企业全球分支机构分布	world where are we location	CMD 在欧洲的总部、亚洲的生产工厂、遍布全球各大城市的办事处和销售子公司
OEM 厂商、经销代理商和其他合作企业介绍和链接	OEM Suppliers & retailers	CMD 在亚洲的 OEM 工厂介绍，并在网页上使用链接至它们的网站
技术问答页面	tech support support FAQ	CMD 关于它所有或部分产品常见技术问题的解决方案
接受用户反馈意见的页面	report feedback	CMD 接受用户对它所有产品和服务提出反馈意见，包括对产品设计的改进意见和售后服务投诉等
实用资料下载页面	downloads reference	CMD 提供给企业的办公自动化整体解决方案、设备配置建议和计算机用设备的驱动程序软件的免费下载
企业新闻	news top report	新近发生的企业事件和经营成果
用户论坛	user forum group	CMD 利用交互式页面为 CMD 用户提供的交流场所
股东信息	stock holder	CMD 作为上市公司的经营报告和对股东提供的股利信息等

合理安排网络营销站点的内容对企业至关重要，精心规划、及时更新的网络营销站点能让访问者忠诚地不断回访，提高站点知名度，使企业 WEB 在整个营销体系中真正发挥作用。

(三)企业移动端网络营销站点规划

近年来移动应用使用用户和启动次数持续增长，移动化已经成为一种必然。随着移动电子商务的兴起，人们除了继续使用台式电脑访问在线网络外，开始通过手机、掌上电脑、PDA 等移动终端设备访问互联网实现移动互联，使得移动办公、娱乐、消费成为现实。移动设备的普及和移动用户的增加使得许多企业开始考虑如何建立移动端网络站点。

移动化新趋势下，真正移动的并不是设备本身，而是使用它的人。所有与人的移动相关的概念都是移动化所研究的要素。在网站的移动应用化中，这些要素是“以用户为中心”的，用户的移动使得与完成一件事所包含的要素有所改变，包含场景、目的、任务等，由此可见网站的移动化尤其强调用户体验。2008 年国际标准化组织提出用户体验的定义：对用户使用或者假想使用产品、服务或系统时的感知和反馈。

一般移动端站点与 PC 端站点除了页面大小、展示形式、页面样式细微不同之外，其他方面基本无较大差异，因此主要关注移动端站点的页面设计问题。其中主要的注意问题包括：

①网站标识(title、logo)应该在不同的移动端设备上清晰显示。

②网页上下边框栏部分必须与手机屏幕宽窄适配。

③网页中文本部分的文字应该可以根据文字内容折行，实现自动适配。

④网页中的图片应根据所需要的宽度按照比例进行缩放。

⑤在页面中项目进行缩放时，界面中元素的高度与宽度最小值与最大值应该符合用户的主观适应的舒适值，不宜过小。

⑥不能完全使用分辨率的绝对比例来对界面布局进行缩放。

对于以上移动端网络营销站点存在的问题，可以通过三种方式进行处理。

1. 扁平化处理。网站的系统模块采取平铺处理，互相之间不进行堆叠。模块叠加最常用的例子就是浮动窗口的使用，有些网站的开发者希望让用户打开网站的第一眼就能注意到某些信息(例如广告)，将其写成浮动窗的样式在页面上来回运动，而这在只有 3、4 英寸的触屏界面显然不适用，将其平铺或者改为层级结构更为适合。

2. 边框处理。在系统模块搭建过程中每一层级的页面一般都有一个以上的功能区块，例如内容展示区域与选项框，通常在网站页面开发的时候程序员会做一些边框，一是为了明示不同功能点，二是为了使页面布局看起来更为清晰明朗。所以，若想页面大小布局跟随需要进行变化，页面中所设计的边框也需要随之进行变化，即：不限制固定大小的边框。

3. 改变模块层级结构。将能设计成层级关系的模块由同级平铺展现修改为向下钻取，这样在使用移动端进行查阅的时候可以尽量避免同一个页面上模块过多，看不清楚或者模块自动调整后使得页面变得过长。目前所面对的移动设备大部分都是触屏，用户可以用手指点击或滑动控制自己想要阅读的内容，这比在拥挤的 PC 端界面用鼠标放大界面查看内容有着绝对的优势，唯一需要注意的是向下钻取的页面也不要过多，需要注意能够方便地返回上一级页面或主页面。

（四）企业网络营销站点规划中的问题

1. 网站建设目标不明确。这是一个最基本的问题。有的企业建设网站是因为别人都在这么做，有的是希望有了自己的网站后可以被看成一个专业化的组织（没有自己的网站就像是没有自己的传真机一样，人们会认为你是一个落伍的组织）。基于这些考虑，许多企业只是建立一个类似“商业名片”的网站。然而，这样做实际上并没有达到对网站的最有效的利用。只有当公司明确地决定不会利用网站进行商务活动时，才可以建立这样的网站。大多数公司应该这样开始网站设计规划：即努力挖掘那些可以通过网站为客户带来真实价值的途径。当客户在网站上花费时间时，他们确实能得到所需的收益，并且可以通过网站做生意，这时就可以发挥网站的商业作用了。

2. 只考虑为上司设计网站。一些公司的网站过于以自己为中心，主页上满是宣传自己的文章、总经理的相片，还有公司的历史介绍（所有的这一切实际上都应该放在“关于公司”的那一页上，而不是全部放在主页上）。在设计网页时，应当将客户的需求牢记脑中，同时要注意将公司的位置摆正，不要过分宣扬自己。因为建立的网站不应该只是让上司感到满意的网站，他们并不是公司的客户。

3. 依据组织的结构来设计网站的结构。用户们不必关心你的公司是个什么样的组织结构，因此他们不需要从你的网站结构中推断出你的公司的组织结构。网站的结构应当取决于用户们想在网站上完成的任务，即使这意味着必须为来自两个毫无关系部门的信息建立单独的一页。常常发生这样的情况，即来自一个部门的信息需要在两个或更多的网页上同时使用，而且许多子网站必须由多个部门来协同管理。如，一个典型的管理失败的网站会为公司的每一个副总经理在主页的下方建立一个按钮，但副总经理不是客户。

4. 建设时使用多个代理公司。使用多个代理存在的问题是他们每一个都试图在你的网站上留下自己的印记。当用户在一个网站的不同网页上跳转时，如果发现每一次跳转遇见的都是非常不同的设计风格时，会很不满意。保持一致性是交互设计中的关键因素。如果所有的界面元素外观和功能都相同，用户们在使用这个网站时会更加有信心。要保持网站风格的一致性，最好的办法是让一个部门专门负责整个网站的设计工作。

5. 把网站仅仅当成一个辅助的媒体。人们极少会把品尝前一天的残汤剩菜当作享受一顿美食。与此类似，如果重新使用那些十分有价值但是他们不是网上的原创实时性的内容，访问者对此网站是不会有很大的兴趣的。网站是一种全新的媒体，它不同于电视，不同于印刷的报纸，也不同于那些通俗的说明书，因此无法利用最适合于上述这些老式媒体的内容来建立一个好的网站。获取最适合于网站的内容的唯一途径是专门为网站设计内容。

6. 同等对待互联网网站和内部网网站。管理公司内部网网站不同于管理互联网网站。二者的主要区别在于：每一个公司只有一个内部网，因此管理起来可以很容易地实现高度的一致性，而这一点在互联网上是无法实现的。员工们使用内部网是为了进行协同生产，任何时间的浪费都会直接影响到最底层的生产线。互联网网站面对的是客户和广大网民，在上面发布网络广告是非常必要的，但在内部网发布广告则可能影响到员工的工作。

7. 网站规划设计时忽略用户测试的重要性。顾客的需求在网站规划设计中非常重要，但单纯的依赖传统的诸如召开用户会议的市场调研手段来解决这个问题是无效的，它们并不能提供有关人们如何使用网站的详细信息。网站的设计结果是一个交互式的产品，在研究用户利用网站过程中所遇到的问题时，用户测试的诸多方法就变得非常有必要了。如果想要在某方面做出改进，必须先做出一个模型，然后让用户对它进行可用性测试，这样才能知道改进后的网站能否真正为用户服务。

第三节　网上市场调查

一、网上市场调查的概念

(一)网上市场调查的内涵

网上市场调查是指在互联网上针对特定营销环境进行简单调查设计、收集资料和初步分析的活动。市场调查有两种方式，一种是直接收集一手资料，如问卷调查、专家访谈、电话调查等；另一种是间接收集二手资料，如报纸、杂志、电台、调查报告等现成资料。因此，利用互联网进行市场调查(不妨称为网上市场调查，简称网上调查)，相应的也有两种方式。一种是利用互联网直接进行问卷调查等方式收集一手资料，这种方式不妨称为网上直接调查；另一种方式，是利用互联网的媒体功能，从互联网收集二手资料。由于越来越多的传统报纸、杂志、电台等媒体，还有政府机构、企业等也纷纷上网，因此网络成为信息的海洋，信息蕴藏量极其丰富，关键是如何发现和挖掘有价值的信息，而不再是过去苦于找不到信息，对于第二种方式一般称为网上间接调查。

网上市场调查是一个很广泛的概念，它有两方面的涵义，即在网上利用Internet的特性进行市场调查，以及专门针对Internet形成的、特殊的网上市场进行的调查。一般网上的市场调查主要是指利用Internet的特性进行市场调查，当然也包括针对Internet市场的调查，只不过对Internet虚拟市场的调查也可以采用一些传统市场调查方法来进行市场调查。

(二)网上市场调查的特点

网上市场调查实施时可以充分利用Internet作为信息沟通渠道的开放性、自由性、平等性、广泛性和直接性的特性，使其具有一些传统的市场调查手段和方法所不具备的独特特点和优势：

及时性和共享性。网上调查是开放的，任何网民都可以进行投票和查看结果，而且在投票信息经过统计分析软件初步自动处理后，可以马上查看到阶段性的调查结果。如CNNIC在对我国Internet进行调查时，从设计问卷到实施网上调查和发布统计结果，前后只需要一个月时间。

便捷性和低费用。实施网上调查节省了传统调查中耗费的大量人力和物力。实施网上调查时，只需要一台能上网的计算机即可，通过站点发布电子调查问卷，由网民自愿填写，然后通过统计分析软件进行信息整理和分析。

交互性和充分性。网络的最大好处是交互性，因此在网上调查时，被调查对象可以及时就问卷相关问题提出自己更多的看法和建议，可减少因问卷设计不合理导致的调查结论偏差。

可靠性和客观性。实施网上调查，被调查者是在完全自愿的原则下参与调查，调查的针对性更强，调查问卷的填写具有自愿性，不是传统调查中的强迫式，填写者一般对调查内容有一定兴趣，回答问题相对认真些，因此问卷填写信息的可靠性有助于调查结论的客观性。同时，网上调查还可以避免传统调查中访问调查时人为错误(如访问员缺乏技巧，诱导回答问卷问题)导致的调查结论偏差。网上被调查者在完全独立思考的环境下接受调查，不会受到调查员及其他外在因素的误导和干预，能最大限度地保证调查结果的客观性。

无时空、地域限制。网上市场调查是24小时全天候的调查，这就与受区域和时间制约的传统调研方式有很大不同。例如：某家用电器企业利用传统方式在全国范围内进行市场调研，需要各个区域代理的配合。而CNNIC.net做的半年一度的网上调查可以利用网络优势在半个月就完成数据的收集。

可检验性和控制性。利用Internet进行网上调查收集信息，可以有效地对采集信息的质量实施系统的检验和控制。这是因为，一是网上调查问卷上可以附加全面规范的指标解释，有利于消除因对指标理解不清或调查员解释口径不一而造成的调查偏差；二是问卷的复核检验由计算机依据设定的检验条件和控制措施自动实施，可以有效地保证对调查问卷100%的复核检验，并保持检验与控制的客观公正性；三是通过被调查者身份验证技术可以有效地防止信息采集过程中的舞弊行为。

二、网上直接调查方法概述

(一)网上直接调查分类

根据采用的调查方法不同，可以分为网上问卷调查法、网上实验法和网上观察法，常用的是网上问卷调查法，下面将详细介绍如何组织使用网上问卷进行调查。按照调查者组织调查样本的行为，网上调查可以分为主动调查法和被动调查法。主动调查法，即调查者主动组织调查样本完成统计调查的方法。被动调查法，即调查者被动地等待调查样本造访完成统计调查的方法，被动调查法的出现是统计调查的一种新情况。按网上调查采用的技术可以分为站点法、电子邮件法、随机IP法和视讯会议法等。

(二)网上问卷调查法

网上问卷法是将问卷在网上发布，被调查对象通过Internet完成问卷调查。网上问卷调查一般有两种途径：一种是将问卷放置在WWW站点上，等待访问者访问时填写问卷，如CNNIC每半年进行一次的“中国互联网络发展状况调查”就是采用这种方式。这种方式的好处是填写者一般是自愿性的，缺点是无法核对问卷填写者真实情况。为达到一定问卷数量，站点还必须进行适当宣传，以吸引大量访问者，如CNNIC在调查期间与国内一些著名的ISP(网络服务提供商)/ICP(网络媒体提供商)如：新浪、搜狐、网易等设置调查问卷的链接。

另一种是通过E-mail方式将问卷发送给被调查者，被调查者完成后将结果通过E-mail返回。这种方式的好处是，可以有选择性控制被调查者，缺点是容易遭到被访问者的反感，有侵犯个人隐私之嫌。因此，用该方式时首先应争取被访问者的同意，或者估计被访问者不会反感，并向被访问者提供一定补偿，如有奖回答或赠送小件东西，以降低被访问者的敌意。

(三)其他网上直接调查方法

前面讨论的是采用最多的问卷调查方法，它比较客观、直接，缺点是不能对某些问题进行深入调查和分析原因。因此，许多企业设立了 BBS 以供访问者对企业产品进行讨论，或者参与某些专题的新闻组进行讨论，以更多深入地调查获取有关资料，如 1995 年的 Intel 的奔腾芯片的缺陷就是在有关 Intel 的新闻组中传出的，Intel 在获得有关信息后不是积极应对，而采取掩盖办法，结果适得其反，事后花费巨额资金收回已销售芯片才挽回公众对公司的信心。及时跟踪和参与新闻组和公告栏，有助于企业获取一些问卷调查无法发现的问题，因为问卷调查是从企业的角度出发考虑问题，而新闻组和公告栏是用户自发的感受和体会，他们传达的信息也是最接近市场和最客观的，缺点是信息不够规范，需专业人员进行整理和挖掘。

(四)网上直接调查的方式

1. 利用自己的网站。网站本身就是宣传媒体，如果企业网站已经拥有固定的访问者，完全可以利用自己的网站开展网上调查。

2. 借用别人的网站。如果企业自己的网站还没有建好，可以利用别人的网站进行调查。这里包括访问者众多的网络媒体提供商(ICP)或直接查询需要的信息。如 HP 公司经常在一些 ICP 的站点上进行新产品调查。海尔可以在人民日报网站进行调查(该企业已经购买了广告位)。这种方式比较简单，企业不需要建设网站和进行技术准备，但必须花费一定费用。

3. 混合型。如果企业网站已经建设好但还没有固定的访问者，可以在自己的网站调查，同时与其他一些著名的 ISP/ICP 网站建立广告链接，以吸引访问者参与调查。如前面提到的 CNNIC 的调查就属于此类型。这种方式是目前常用的方式，调查研究表明，传统的优势品牌并不一定是网上的优势品牌，因此企业需要在网上重新发布广告吸引顾客访问网站。

4. e-mail 型。直接向企业的潜在客户发送调查问卷，这种方式比较简单直接，而且费用非常低廉。但要求企业必须积累有效的客户 e-mail 地址，而且顾客的反馈率一般不会非常高。采取该方式时要注意是否会引起被调查对象的反感，最好是能提供一些奖品作为对被调查对象的补偿。

5. 讨论组型。在相应的讨论组中发布问卷信息，或者发布调查题目，这种方式与 e-mail 型一样，成本费用比较低廉而且是主动型的。但在 Web 网站上的新闻组(usernet news)和公告栏(BBS)上发布问卷时，要注意网上行为规范，调查的内容应与讨论组的主题相关，否则可能会导致被调查对象的反感甚至是抗议。

【武汉大学互助调研平台】互助调研平台(见图 3-4)是集问卷调研、访员管理平台、问卷广场于一体的综合性数据收集、分析平台，主要解决科研机构、教育机构、政企部门等分析数据收集难、实验数据收集难、消费者跟踪数据难、各维度数据分析难等问题；平台为各类组织和个人提供市场调研、数据抓取和软件定制开发等信息化服务。互助调研平台以专业的技术背景，先进的技术框架和顶尖的研发团队为核心竞争力，提供一体化的数据收集与分析服务。与同类调研平台相比，武汉大学互助调研平台拥有多方面优势：

1. 服务科研：互助调研平台与市场调研科研工作者合作设计与开发，熟悉科研，定位科研，服务科研。

2. 精准推送：问卷可以根据样本属性(如年龄、性别、位置、标签等)精准推送。

3. 实时保存：问卷设计实时保存、自由拖曳、题库资源引用大幅提升问卷设计的效率。

4. 实名样本：样本信息审核，有偿问卷实现样本实名制，保证数据真实性。

5. 有偿问卷：采用有偿填答模式，自动重发问卷显著提升回收速度、回收比例和问卷质量。

6. 费用透明：问卷发放者自主设定问卷报酬，平台仅收取15%的服务费。

7. 答卷审核：问卷可配置数据审核，报酬在问卷审核后发放，节约调研费用，拒绝无效问卷。

8. 访员代填：线下市场跟踪调研，解决受访者不熟悉手机操作场景。

9. 场景实验：互助调研可实现样本随机分组，轻松完成场景实验。

10. 样本灵活：既可使用互助调研平台样本库，也可通过短信、微信、邮件发送至自由样本。

11. 闪电回收：通过问卷广场收集问卷，常规500份问卷收集仅需1天。

12. 在线分析：互助调研在线数据分析可助您在数据收集的同时快速进行对比分析和检验研究假设。

13. 数据定制：通过人工服务定制科研数据爬取等业务。

图 3-4　互助调研平台案例介绍

三、网上间接调查法与信息收集实务

(一)网上间接调查法

网上间接调查主要利用互联网收集与企业营销相关的市场、竞争者、消费者以及宏观环境等信息。企业用得最多的还是网上间接调查的方法，因为它的信息广泛，能满足企业管理决策需要，而网上直接调查一般只适合于针对特定问题进行的专项调查。网上间接调查渠道主要有 www、usernet news、bbs、e-mail，其中 www 是最主要的信息来源，根据统计目前全球有近 100 亿个 Web 网页，每个 Web 网页涵盖信息包罗万象，无所不有。

网上间接调查方法。一般通过搜索引擎搜索检索有关站点的网址，然后访问所想查找信息的网站或网页。在提供信息服务和查询的网站中，网站一般都提供有信息检索和查询的功能，如人民日报网站(http：//www. peopledaily. com)就可以检索出中国共产党召开的历届大会资料。

(二)收集竞争者信息的方法

商场如战场，“知己知彼，百战不殆”。互联网作为信息汇集点，在网上识别出竞争者、分析竞争者，对企业采用正确的营销战略来说是关键和好的起点。一般在市场竞争中，有三个层次竞争者：领导者、挑战追随者和补充者。领导者必须关注相关行业的威胁，利用互联网收集信息时，要扩大收集范围。挑战追随者利用互联网主要收集领导者的信息。补充者利用互联网主要收集被他们忽视或不重视的信息，从而寻找市场机会。

收集互联网上竞争者信息的途径，主要有：①访问竞争者的网站；②收集竞争者网上发布的信息，如产品信息、促销信息、电子出版物等；③从其他网上媒体获取竞争者信息，如通过网上电子版报纸人民日报(http：//www. peopledaily. com)等；④从有关新闻组和 BBS 中获取竞争者信息。

收集互联网上竞争者信息步骤：①识别竞争者。寻找网上竞争对手的最好方法是在全球最好的大导航网站中查找，如 yahoo 查找前的首要任务是确定查询用的关键词。确定关键词要考虑以下因素：在网上开展的业务的性质，一般的浏览者在网上查找这类业务时常用的关键词等。一般要确定 5~10 个关键词或关键词组。可以根据以下两个因素来选择：审看每条检索结果的描述和只审看前 10 名或前 20 名站点。当然，对于国内来说，上网企业还不是很多，通过搜索引擎可能只能搜索到部分竞争对手，这是要注意的；②选择收集信息的途径。由于互联网上的信息易于获取，因此收集信息时必须是有选择性的，领导者可选择一些公众性媒体收集信息，如网上报纸和参与 BBS 与新闻组讨论，便于发现潜在威胁者和最新竞争动态，然后有针对性地访问其挑战者的网站，了解其发展状况，以作好应战准备；挑战追随者主要是选择访问领导者的网站和扮作领导者的顾客收集其信息，同时以一些公众性网上媒体为辅助；补充者可能限于资金等因素，主要通过访问竞争者网站了解竞争动态；③建立有效的信息分析处理体系。收集信息后必须能有效处理收集来的信息，否则信息再多也就成了“垃圾”。信息的收集与处理最好是由专人完成，分类管理，并用数据库将信息组织管理，以备将来查询使用。

(三)收集市场行情信息的方法

企业收集市场行情资料，主要是收集产品的价格变动和供求变化。目前互联网上建设有许多信息网：①实时行情信息网，如股票和期货市场(如：中公网证券信息港，http：//www.cis.com.cn/)；②专业产品商情信息网(如：慧聪计算机商情网，http：//www.hc360.com/)；③综合类信息网(如：中国市场商情信息网，http：//www.bre392.com.cn)。收集信息时，应先通过搜索引擎找出所需要的商情信息网站点地址；然后访问该站点，登记注册，有的站点是收费的，可以根据所需信息的重要性和可靠性选择是否考虑收费信息网。一般说来，不同商情信息网的侧重点不一样，最好是能同时访问若干家相关但不完全相同的站点，以求找出最新、全面的市场行情。

(四)收集消费者信息的方法

通过互联网了解消费者的偏好，主要采用网上直接调查法来实现。了解消费者偏好也就是收集消费者的个性特征，为企业细分市场和寻求市场机会提供基础。由于网上的信息开放性，网上用户一般都比较注意保护个人的隐私信息，因此直接获取消费者涉及个人隐私的信息是非常困难的，必须注意一定技巧，从侧面通过关联或测试来了解。在进行网上问卷调查时，一定要注意网上礼仪，尊重消费者的个人隐私权，否则很难得到正确有效的调查结论，甚至招致报复和攻击。

利用互联网了解消费者偏好时，先要识别消费者的个人特征，如地址、年龄、e-mail、职业等，为避免重复统计，对已经统计过的访问者，一般会在其计算机上放置一个Cookie，它记录下访问者的编号和个性特征，这样既方便消费者下次接受调查时可以不用填写重复信息，也可以减少对同一访问者的重复调查；或者采用奖励或赠送礼物的办法，吸引访问者登记和填写个人情况表，以获取消费者的个性特征。另外，在对消费者调查一些敏感信息时，应注意技巧，如想知道消费者的个人收入情况，可以通过了解消费者所在地区的邮政编码和职业这些不敏感的信息来了解当地的收入水平，并根据其职业划分收入水平档次，同样达到了调查目的，但又不引起消费者的抵触。

有的公司还通过网页统计的方法了解消费者对企业站点的感兴趣内容，现在的统计软件可以如实记录下每个访问网页的IP地址、如何找到该页等信息。根据这些信息，可以判定消费者感兴趣的内容是什么，注意的问题是什么，当然仅仅根据这些信息还是不够的。

(五)收集市场环境信息方法

企业仅仅了解一些与其紧密关联的信息是不够的，特别是在做重大决策时，还必须了解一些政治、法律、文化、地理等环境的信息，有助于企业从全局高度综合考虑市场变化的因素，寻求市场商机。互联网作为信息的海洋，基本都可以了解到上述信息，关键是寻找到有用的信息。对于政治信息，一般可以从一些政府网站(以gov作为最高域名)和一些ICP站点的新闻中查找(如新浪http：//www.sina.com.cn)。对于属于知识性的法律、文化和地理环境等信息，可以通过查找一些图书馆中有关的电子版书籍获取信息，查找时先利用搜索引擎找出图书馆的站点，然后通过图书馆站点的搜索功能查找有关信息。

(六)间接调查的数据获取与处理：爬虫技术与文本分析

1. 爬虫技术

网络爬虫是一种按照一定的规则，自动地抓取万维网信息的程序或者脚本。它可用搜索引擎从万维网上下载网页。

传统爬虫从一个或若干初始网页的URL开始，获得初始网页上的URL，在抓取网页的过程中，不断从当前页面上抽取新的URL放入队列，直到满足系统的一定停止条件。聚焦爬虫的工作流程较为复杂，需要根据一定的网页分析算法过滤与主题无关的链接，保留有用的链接并将其放入等待抓取的URL队列。然后，它将根据一定的搜索策略从队列中选择下一步要抓取的网页URL，并重复上述过程，直到达到系统的某一条件时停止。另外，所有被爬虫抓取的网页将会被系统存贮，进行一定的分析、过滤，并建立索引，以便之后的查询和检索；对于聚焦爬虫来说，这一过程所得到的分析结果还可能对以后的抓取过程给出反馈和指导。

在网络爬虫的系统框架中，主过程由控制器、解析器、资源库三部分组成。控制器的主要工作是负责给多线程中的各个爬虫线程分配工作任务。解析器的主要工作是下载网页，进行页面的处理，主要是将一些JS脚本标签、CSS代码内容、空格字符、HTML标签等内容处理掉，爬虫的基本工作由解析器完成。资源库是用来存放下载的网页资源，一般都采用大型的数据库存储，如Oracle数据库，并对其建立索引。

(1)控制器。控制器是网络爬虫的中央控制器，它主要是负责根据系统传过来的URL链接，分配一线程，然后启动线程调用爬虫爬取网页的过程。

(2)解析器。解析器是负责网络爬虫的主要部分，其负责的工作主要有：下载网页的功能，对网页的文本进行处理，如过滤功能、抽取特殊HTML标签的功能、分析数据功能。

(3)资源库。主要是用来存储网页中下载下来的数据记录的容器，并提供生成索引的目标源。中大型的数据库产品有Oracle、Sql Server等。

Web网络爬虫系统一般会选择一些比较重要的、出度(网页中链出超链接数)较大的网站的URL作为种子URL集合。网络爬虫系统以这些种子集合作为初始URL，开始数据的抓取。因为网页中含有链接信息，通过已有网页的URL会得到一些新的URL，可以把网页之间的指向结构视为一个森林，每个种子URL对应的网页是森林中的一棵树的根节点。这样，Web网络爬虫系统就可以根据广度优先算法或者深度优先算法遍历所有的网页。由于深度优先搜索算法可能会使爬虫系统陷入一个网站内部，不利于搜索比较靠近网站首页的网页信息，因此一般采用广度优先搜索算法采集网页。Web网络爬虫系统首先将种子URL放入下载队列，然后简单地从队首取出一个URL下载其对应的网页。得到网页的内容将其存储后，再经过解析网页中的链接信息可以得到一些新的URL，将这些URL加入下载队列。然后再取出一个URL，对其对应的网页进行下载，然后再解析，如此反复进行，直到遍历了整个网络或者满足某种条件后才会停止下来。

2. 文本分析技术

文本分析是指对文本的表示及其特征项的选取。文本分析是文本挖掘、信息检索的一个基本问题，它把从文本中抽取出的特征词进行量化来表示文本信息。文本(text)与讯息(message)的意义大致相同，指的是由一定的符号或符码组成的信息结构体，这种结构体可采用不同的表现形态，如语言的、文字的、影像的等。文本是由特定的人制作的，文本的语义不可避免地会反映人的特定立场、观点、价值和利益。因此，由文本内容分析，可以推断文本提供者的意图和目的。

用于表示文本的基本单位通常称为文本的特征或特征项。特征项必须具备一定的特性：①特征项要能够确实标识文本内容；②特征项具有将目标文本与其他文本相区分的能力；③特征项的个数不能太多；④特征项分离要比较容易实现。在中文文本中可以采用字、词或短语作为表示文本的特征项。相比较而言，词比字具有更强的表达能力，而词和短语相比，词的切分难度比短语的切分难度小得多。因此，大多数中文文本分类系统都采用词作为特征项，称作特征词。这些特征词作为文档的中间表示形式，用来实现文档与文档、文档与用户目标之间的相似度计算。如果把所有的词都作为特征项，那么特征向量的维数将过于巨大，从而导致计算量太大，在这样的情况下，要完成文本分类几乎是不可能的。

特征抽取的主要功能是在不损伤文本核心信息的情况下尽量减少要处理的单词数，以此来降低向量空间维数，从而简化计算，提高文本处理的速度和效率。文本特征选择对文本内容的过滤和分类、聚类处理、自动摘要以及用户兴趣模式发现、知识发现等有关方面的研究都有非常重要的影响。通常根据某个特征评估函数计算各个特征的评分值，然后按评分值对这些特征进行排序，选取若干个评分值最高的作为特征词，这就是特征选择。

常见的特征选取方式常有 4 种：①用映射或变换的方法把原始特征变换为较少的新特征；②从原始特征中挑选出一些最具代表性的特征；③根据专家的知识挑选最有影响的特征；④用数学的方法进行选取，找出最具分类信息的特征，这种方法是一种比较精确的方法，人为因素的干扰较少，尤其适合于文本自动分类挖掘系统的应用。

第四节　新技术下的数据处理与社会网络分析

一、大数据概述

(一)大数据的概念

大数据(big data)，指的是所涉及的资料量规模巨大到无法通过目前主流软件工具，在合理时间内达到撷取、管理、处理并整理成为帮助企业经营决策的资讯。在维克托·迈尔-舍恩伯格及肯尼斯·库克耶编写的《大数据时代》中大数据指不用随机分析法(抽样调查)这样的捷径，而采用所有数据的方法。

(二)大数据的特征

大数据的特点有 4 个层面，即 4 个“V”——volume(大量)、velocity(高速)、variety(多样)、value(价值)。

1. 规模性(volume)。volume 指的是巨大的数据量以及其规模的完整性。数据的存储由 TB 扩大到 ZB。这与数据存储和网络技术的发展密切相关。数据的加工处理技术的提高，网络宽带的成倍增加，以及社交网络技术的迅速发展，使得数据产生量和存储量成倍增长。实质上，在某种程度上来说，数据的数量级的大小并不重要，重要的是数据具有完整性。数据规模性的应用有如下的体现，比如对每天 12TB 的 tweets 进行分析，了解人们的心理状态，可以用于情感性产品的研究和开发；基于 Facebook 上成千上万条信息的分析，可以帮助人们处理现实中的朋友圈的利益关系。

2. 高速性(Velocity)。velocity主要表现为数据流和大数据的移动性，现实中则体现在对数据的实时性需求上。随着移动网络的发展，人们对数据的实时应用需求更加普遍，比如通过手持终端设备关注天气、交通、物流等信息。高速性要求具有时间敏感性和决策性的分析，能在第一时间抓住重要事件发生的信息，比如当有大量的数据输入时(需要排除一些无用的数据)或者需要马上做出决定的情况(比如：一天之内需要审查500万起潜在的贸易欺诈案件；每日需要分析5亿条实时呼叫的详细记录，以预测客户的流失率)。

3. 多样性(variety)。variety指有多种途径来源的关系型和非关系型数据。这也意味着要在海量、种类繁多的数据间发现其内在关联。互联网时代，各种设备通过网络连成了一个整体。进入以互动为特征的Web2.0时代，个人计算机用户不仅可以通过网络获取信息，还成为了信息的制造者和传播者。这个阶段，不仅是数据量开始了爆炸式增长，数据种类也开始变得繁多。除了简单的文本分析外，还可以对传感器数据、音频、视频、日志文件、点击流以及其他任何可用的信息进行分析。比如，在客户数据库中不仅要关注名称和地址，还包括客户所从事的职业、兴趣爱好、社会关系等。利用大数据多样性的原理就是：保留一切你需要的对你有用的信息，舍弃那些你不需要的；发现那些有关联的数据，加以收集、分析、加工，使得其变为可用的信息。

4. 价值性(value)。value体现出的是大数据运用的真实意义所在。其价值具有稀缺性、不确定性和多样性。“互联网女皇”Mary Meeker在2012年互联网发展趋势中，用两幅生动的图像来描述大数据。一张是整整齐齐的稻草堆，另外一张是稻草中缝衣针的特写。寓意通过大数据技术的帮助，可以在稻草堆中找到你所需要的东西，哪怕是一枚小小的缝衣针。这两幅图揭示了大数据技术一个很重要的特点：价值的稀疏性。

(三)营销大数据类型与处理方法

1. 结构化数据：能够用数据或统一的结构加以表示，如数字、符号。传统的关系数据模型、行数据，存储于数据库，可用二维表结构表示。对于结构化数据的处理，大量描述性、诊断性、预测性和预见性的分析方法在许多营销领域都存在。这包括贝叶斯方法、数据融合和数据压缩方法、抽样和变量选择方法、近似和模型简化、高效的马尔可夫链蒙特卡洛算法以及并行计算；现场模拟实验、工具变量(IV)、内生性的仪器方法和断点回归方法。

2. 非结构化数据：指其字段长度可变，并且每个字段的记录又可以由可重复或不可重复的子字段构成的数据库，用它不仅可以处理结构化数据(如数字、符号等信息)，而且更适合处理非结构化数据(全文文本、图像、声音、影视、超媒体等信息)。目前处理非结构化数据的方法主要是描述性和诊断性分析方法，预测性和预见性方法仍然在发展之中。它们包括文本挖掘与机器学习方法；通过对文本、音频、图像和视频数据的度量集成结构；眼球追踪、面部识别和其他神经数据。

二、大数据的分析处理

(一)大数据分析的内容

大数据的数据集通常是万亿或EB的大小。这些数据集收集自各种各样的来源：传感器、气候信息、公开的信息(如杂志、报纸、文章)。大数据产生的其他例子包括购买交易记录、网络日志、病历、监控、视频和图像档案及大型电子商务企业。大数据分析是在研究大量的数据的过程中寻找模式、相关性和其他有用的信息，可以帮助企业更好地适应变化，并做出更明智的决策。

1. 预测性分析能力。数据挖掘可以让分析员更好地理解数据，而预测性分析可以让分析员根据可视化分析和数据挖掘的结果做出一些预测性的判断。

2. 数据质量和数据管理。数据质量和数据管理是一些管理方面的最佳实践。通过标准化的流程和工具对数据进行处理可以保证一个预先定义好的高质量的分析结果。

3. 可视化分析。不管是对数据分析专家还是普通用户，数据可视化是数据分析工具最基本的要求。可视化可以直观的展示数据，让数据自己说话，让观众看到结果。

4. 语义引擎。我们知道由于非结构化数据的多样性带来了数据分析的新的挑战，我们需要一系列的工具去解析、提取、分析数据。语义引擎需要被设计成能够从“文档”中智能提取信息。

5. 数据挖掘算法。可视化是给人看的，数据挖掘就是给机器看的。集群、分割、孤立点分析还有其他的算法让我们深入数据内部，挖掘价值。这些算法不仅要处理大数据的量，也要处理大数据的速度。

(二)大数据处理的过程

大数据时代处理数据理念的三大转变：要全体不要抽样，要效率不要绝对精确，要相关不要因果。具体的大数据处理方法其实有很多，但整个处理流程可以概括为四步，分别是采集、统计/分析、导入/预处理，以及挖掘。

1. 采集。大数据的采集是指利用多个数据库来接收发自客户端的数据，并且用户可以通过这些数据库来进行简单的查询和处理工作。比如，电商会使用传统的关系型数据库MySQL和Oracle等来存储每一笔事务数据，除此之外，Redis和MongoDB这样的NoSQL数据库也常用于数据的采集。在大数据的采集过程中，其主要特点和挑战是并发数高，因为同时有可能会有成千上万的用户来进行访问和操作，比如火车票售票网站和淘宝，它们并发的访问量在峰值时达到上百万，所以需要在采集端部署大量数据库才能支撑，并且如何在这些数据库之间进行负载均衡和分片的确需要深入的思考和设计。

2. 统计/分析。统计与分析主要利用分布式数据库，或者分布式计算集群来对存储于其内的海量数据进行普通的分析和分类汇总等，以满足大多数常见的分析需求。在这方面，一些实时性需求会用到EMC的GreenPlum、Oracle的Exadata，以及基于MySQL的列式存储Infobright等，而一些批处理，或者基于半结构化数据的需求可以使用Hadoop。统计与分析这部分的主要特点和挑战是分析涉及的数据量大，其对系统资源，特别是I/O会有极大的占用。

3. 导入/预处理。虽然采集端本身会有很多数据库，但是如果要对这些海量数据进行有效的分析，还是应该将这些来自前端的数据导入一个集中的大型分布式数据库，或者分布式存储集群，并且可以在导入基础上做一些简单的清洗和预处理工作。也有一些用户会在导入时使用来自Twitter的Storm来对数据进行流式计算，来满足部分业务的实时计算需求。导入与预处理过程的特点和挑战主要是导入的数据量大，每秒钟的导入量经常会达到百兆，甚至千兆级别。

4. 挖掘。与前面统计和分析过程不同的是，数据挖掘一般没有什么预先设定好的主题，主要是在现有数据上面进行基于各种算法的计算，从而起到预测的效果，从而实现一些高级别数据分析的需求。比较典型的算法有用于聚类的K-Means、用于统计学习的SVM和用于分类的Naive Bayes，主要使用的工具有Hadoop的Mahout等。该过程的特点和挑战主要是用于挖掘的算法很复杂，并且计算涉及的数据量和计算量都很大，还有，常用数据挖掘算法都以单线程为主。

三、人工智能概述

(一)概念

人工智能(artificial intelligence)，英文缩写为AI。它是研究、开发用于模拟、延伸和扩展人的智能的理论、方法、技术及应用系统的一门新的技术科学。它企图了解智能的实质，并生产出一种新的能以人类智能相似的方式做出反应的智能机器，该领域的研究包括机器人、语言识别、图像识别、自然语音处理和专家系统等。人工智能是对人的意识、思维的信息过程的模拟。人工智能不是人的智能，但能像人那样思考，也可能超过人的智能。人工智能的分类有三种：弱人工智能，面向基础的、特定场景下角色型的任务，如Siri等聊天机器人；通用人工智能，当人类智力水平相当的智能活动，涉及机器的持续学习；强人工智能，指比人类更聪明的机器。

(二)人工智能分析内容

1. 机器学习(machine learning)。它研究如何使用计算机模拟或实现人类的学习活动。它是人工智能的重要应用领域，是使计算机具有智能的根本途径，也是人工智能研究的核心课题之一，它的应用遍及人工智能的各个领域。机器学习的核心是学习，即让计算机通过识别和利用现有数据，模拟人的学习过程以获得对研究者有意义的知识。

2. 人工神经网络(artificial neural network)。它也简称为神经网络或类神经网络。人工神经网络是一种由大量的节点(或称神经元)和之间相互连接构成的运算模型，是对人脑或自然神经网络一些基本特性的抽象和模拟，其目的在于模拟大脑的某些机理与机制，从而实现某些方面的功能。通俗地讲，人工神经网络是仿真研究生物神经网络的结果。详细地说，人工神经网络是为获得某个特定问题的解，根据所掌握的生物神经网络机理，按照控制工程的思路及数学描述方法，建立相应的数学模型并采用适当的算法，而有针对性地确定数学模型参数的技术。

3. 深度学习(deep learning)。深度学习是机器学习领域中一个新的研究方向，其概念源于人工神经网络的研究，是新兴的多层神经网络结构的学习算法。深度学习通过建立类似于人脑的分层模型结构，对输入数据逐级提取从底层到高层的特征，从而能很好地建立从底层信号到高层语义的映射关系。研究深度学习的动机在于建立模拟人脑进行分析学习的神经网络，让机器能够像人一样具有分析学习能力，能够识别文字、图像和声音等数据。深度学习在语音识别、图像识别、自然语言处理、推荐和个性化技术，以及其他相关领域都取得了很多成果。大数据提供的海量信息为深度学习提供了条件，基于大数据深度学习的阿尔法狗(AlphaGo)，不仅仅在围棋领域战胜了人类顶尖高手，向医疗健康领域的拓展更是速度惊人，基于深度学习技术的皮肤癌诊断、眼疾诊断和心脏病预测等已经达到或超过普通医生的水平。

四、云计算与区块链

(一)云计算的概念

云计算(cloud computing)指的是通过网络“云”将巨大的数据计算处理程序分解成无数个小程序，然后，通过多部服务器组成的系统进行处理和分析这些小程序得到结果并返回给用户。云计算将计算任务分布在大量计算机构成的资源池上，各种应用系统能够根据需要获取计算力、存储空间和各种软件服务。

云计算的“云”就是存在于互联网上的服务器集群上的资源，它包括硬件资源(服务器、存储器、CPU 等)和软件资源(如应用软件、集成开发环境等)。本地计算机只需要通过互联网发送一个需求信息，远端就会有成千上万的计算机为你提供需要的资源并将结果返回本地计算机。

(二)云计算的服务类型

通常，云计算的服务类型分为三类，即基础设施即服务(IaaS)、平台即服务(PaaS)和软件即服务(SaaS)①。这 3 种云计算服务有时称为云计算堆栈，因为它们构建堆栈，它们位于彼此之上，以下是这三种服务的概述：

1. 基础设施即服务(IaaS)。它指把 IT 基础设施作为一种服务通过网络对外提供，并根据用户对资源的实际使用量或占用量进行计费的一种服务模式。在这种服务模型中，普通用户不用自己构建一个数据中心等硬件设施，而是通过租用的方式，利用 Internet 从 IaaS 服务提供商获得计算机基础设施服务，包括服务器、存储和网络等服务。

2. 平台即服务(PaaS)。平台即服务是一种服务类别，为开发人员提供通过全球互联网构建应用程序和服务的平台。Paas 为开发、测试和管理软件应用程序提供按需开发环境。

3. 软件即服务(SaaS)。SaaS 平台供应商将应用软件统一部署在自己的服务器上，客户可以根据工作实际需求，通过互联网向厂商定购所需的应用软件服务，按定购的服务多少和时间长短向厂商支付费用，并通过互联网获得 Saas 平台供应商提供的服务。SaaS 应用软件有免费、付费和增值三种模式。付费通常为“全包”费用，囊括了通常的应用软件许可证费、软件维护费以及技术支持费，将其统一为每个用户的月度租用费。SaaS 不仅适用于中小型企业，所有规模企业都可以从 SaaS 中获利。

(三)云计算的应用

1. 存储云。它又称云存储，是在云计算技术上发展起来的一个新的存储技术。云存储是一个以数据存储和管理为核心的云计算系统。用户可以将本地的资源上传至云端上，可以在任何地方连入互联网来获取云上的资源。大家所熟知的谷歌、微软等大型网络公司均有云存储的服务，在国内，百度云和微云则是市场占有量最大的存储云。存储云向用户

① 艾瑞咨询. 2019 年中国营销云市场研究报告。

提供了存储容器服务、备份服务、归档服务和记录管理服务等，大大方便了使用者对资源的管理。

2. 医疗云。它是指在云计算、移动技术、多媒体、4G 通信、大数据以及物联网等新技术基础上，结合医疗技术，使用“云计算”来创建医疗健康服务云平台，实现医疗资源的共享和医疗范围的扩大。医疗云提高医疗机构的效率，方便居民就医。像现在医院的预约挂号、电子病历、医保等都是云计算与医疗领域结合的产物，医疗云还具有数据安全、信息共享、动态扩展、布局全国的优势。

3. 金融云。它是指利用云计算的模型，将信息、金融和服务等功能分散到庞大分支机构构成的互联网“云”中，旨在为银行、保险和基金等金融机构提供互联网处理和运行服务，同时共享互联网资源，从而解决现有问题并且达到高效、低成本的目标。2013 年 11 月 27 日，阿里云整合阿里巴巴旗下资源并推出阿里金融云服务。金融与云计算的结合，使得只需要在手机上简单操作，就可以完成银行存款、购买保险和基金买卖。现在，不仅仅阿里巴巴推出了金融云服务，像苏宁金融、腾讯等企业均推出了自己的金融云服务。

4. 教育云。它实质上是指教育信息化的一种发展。教育云可以将所需要的任何教育硬件资源虚拟化，然后将其传入互联网中，以向教育机构和学生老师提供一个方便快捷的平台。现在流行的慕课就是教育云的一种应用。慕课 MOOC，指的是大规模开放的在线课程。现阶段慕课的三大优秀平台为 Coursera、edX 以及 Udacity；在国内，中国大学 MOOC 也是非常好的平台。在 2013 年 10 月 10 日，清华大学推出 MOOC 平台——学堂在线，许多大学现已使用学堂在线开设了一些课程的 MOOC。

(四)数据挖掘与分析方法

数据挖掘是从大量的、不完全的、有噪声的、模糊的、随机的数据中，提取隐含在其中的、人们事先不知道的，但潜在有用的信息和知识的过程。现阶段，大数据、人工智能技术以及云端储存技术的快速发展使得数据挖掘技术被广泛应用到网络营销等方面。数据挖掘的基本方法有以下几种：

1. 预测建模：用已有数据和模型对未知变量的关系进行构建和预测：①分类，就是构造一个分类函数(分类模型)，把具有某些特征的数据项映射到某个给定的类别上。该过程由两步构成：模型创建和模型使用。模型创建是指通过对训练数据集的学习来建立分类模型；模型使用是指使用分类模型对测试数据和新的数据进行分类。通常分类模型是以分类规则、决策树或数学表达式的形式给出的，用于预测离散的目标变量。②回归，研究的是因变量(目标)和自变量(预测器，自变量数量可以是单个也可以是多个)之间的关系。它通常用于预测分析、时间序列模型以及发现变量之间的因果关系，用于预测连续的目标变量。

2. 关联分析：它是指通过云端存储的大量数据进行统计以及分析，从而得到这些数据之间的相互联系，反映一个事物与其他事物之间的相互依存性和关联性。用来发现描述数据中强关联特征的模式。在电子商务平台及网络营销的实际应用中，关联分析以其对信息处理的高效性和明确性被广泛应用。

3. 聚类分析：就是将数据项分组成多个类或簇，发现紧密相关的观测值组群，使得与属于不同簇的观测值相比，属于同一簇的观测值相互之间尽可能类似。实践中，簇之间的数据差别应尽可能大，簇内的数据差别应尽可能小。

4. 异常检测：识别其特征显著不同于其他数据的观测值。

【阿里巴巴大数据实践】①“我们将迈入大数据的一个新时代，敏捷、准确、低成本的数据分析和预测将成为现实。”阿里巴巴首席技术官（CTO）王坚在云栖大会上表示。2016年，阿里云发布大数据平台数加，集合了计算引擎、开发套件、可视化工具和行业解决方案，这是全球首个囊括前、中、后台的大数据一站式开发平台，可让数据分析和预测成本降至原有的10%左右。

这次阿里云发布的大数据开发平台，囊括了阿里巴巴十余年来的大数据技术，这些技术正在阿里系的各个商业场景中发挥作用，例如淘宝首页给你推荐什么样的商品、你的芝麻信用分是多少、谁可以获得更大的花呗额度，或者谁可以直接获得贷款。

“过去6年来，阿里巴巴巨大的战略投资就是放在云计算和大数据服务上。我们相信人类已经从IT时代在步入DT（data techonology）时代。”马云在2015年致投资者公开信中表示，“我们必须在数据技术的投入和发展上不惜一切的投入发展，我们正在努力让数据和计算能力成为普惠经济的基础。”

马云的DT技术正在变现，集成了人工智能、机器学习、智能语音等前沿技术的阿里云大数据平台数加，让没有足够技术实力的公司，也能实现从数据中提炼“石油”。权威研究机构IDC数据显示，2014年中国企业投入了约14亿美元购买商业分析软件和服务，这个数字在未来5年内将呈几何式增长。

（五）区块链的概念

从科技层面来看，区块链涉及数学、密码学、互联网和计算机编程等很多科学技术问题。从应用视角来看，区块链是一个分布式的共享账本和数据库，具有去中心化、不可篡改、全程留痕、可以追溯、集体维护、公开透明等特点。这些特点保证了区块链的“诚实”与“透明”，为区块链创造信任奠定基础。区块链丰富的应用场景，基本上都基于区块链能够解决信息不对称问题，实现多个主体之间的协作信任与一致行动。

（六）区块链的类型

1. 公有区块链（public block chains）。这是指世界上任何个体或者团体都可以发送交易，且交易能够获得该区块链的有效确认，任何人都可以参与其共识过程。公有区块链是最早的区块链，也是应用最广泛的区块链，各大bitcoins系列的虚拟数字货币均基于公有区块链，世界上有且仅有一条该币种对应的区块链。

2. 行业区块链（consortium block chains）。由某个群体内部指定多个预选的节点为记账人，每个块的生成由所有的预选节点共同决定（预选节点参与共识过程），其他接入节点

① 行者武松．阿里巴巴如何玩转大数据．https://yg.aliyun.com/articles/149477.

可以参与交易，但不过问记账过程(本质上还是托管记账，只是变成分布式记账，预选节点的多少、如何决定每个块的记账者成为该区块链的主要风险点)，其他任何人可以通过该区块链开放的API进行限定查询。

3. 私有区块链(private block chains)。它仅仅使用区块链的总账技术进行记账，可以是一个公司，也可以是个人，独享该区块链的写入权限，本链与其他的分布式存储方案没有太大区别。传统金融都想尝试私有区块链，而公链的应用例如bitcoin已经工业化，私链的应用产品还在摸索当中。

(七)区块链的特征

1. 去中心化。区块链技术不依赖额外的第三方管理机构或硬件设施，没有中心管制，除了自成一体的区块链本身，通过分布式核算和存储，各个节点实现了信息自我验证、传递和管理。去中心化是区块链最突出最本质的特征。

2. 开放性。区块链技术基础是开源的，除了交易各方的私有信息被加密外，区块链的数据对所有人开放，任何人都可以通过公开的接口查询区块链数据和开发相关应用，因此整个系统信息高度透明。

3. 独立性。基于协商一致的规范和协议(类似比特币采用的哈希算法等各种数学算法)，整个区块链系统不依赖其他第三方，所有节点能够在系统内自动安全地验证、交换数据，不需要任何人为的干预。

4. 安全性。独特的遗传式链状数据结构从本质上保证数据不会被更改。数据块不会被以追溯方式更改以前的时间戳，一旦数据写入不可更改，而且这样的数据链均匀分布在点对点的节点网络。

5. 匿名性。除非有法律规范要求，单从技术上来讲，各区块节点的身份信息不需要公开或验证，信息传递可以匿名进行。

五、数字化营销技术下的社会网络分析

(一)社会网络分析概述

大数据使得我们能够更好地利用网络科学观察到人类社会的复杂行为模式。近十年来，社会网络分析已经成为在大数据环境下一种比较普遍的研究社会过程和问题的研究方法(Wasserman & Faust, 1994)。简单来说，事物以及事物之间的某种关系构成一个网络，网络不依赖于节点的具体位置和边的具体形态就能表现出来的性质叫作网络的拓扑性质，相应的结构叫作网络的拓扑结构。

社会网络分析是研究一组行动者的关系的研究方法。一组行动者可以是人、社区、群体、企业、组织、国家等，他们的关系的拓扑结构反映出的现象或数据是网络分析的焦点。社会网络概念强调如下事实：每个行动者都与其他行动者有或多或少的关系。社会网络分析者建立这些关系的模型，描述群里关系的结构，研究这种结构对于群体或个体的影响。从社会网络的角度出发，人在社会环境中的相互作用可以表达为基于关系的一种模式或规则，而基于这种关系的有规律模式反映了社会结构，这种结构的量化分析是社会网络分析的出发点。

(二)社会网络的统计指标

为了更好地理解社会网络，了解网络的特性以及区分不同的网络，研究者们提出了多种指标来刻画这种社会网络，本节介绍了几种主要的统计指标。

1. 度(degree)。度是节点属性中简单但很重要的概念。节点 i 的度 ki 定义为与该节点连接的其他节点的数目。在有向网络中，节点的出度(out-degree)是指从该节点指向其他节点的边的数量；入度(in degree)是指从其他节点指向该节点的边数。从直观上看，一个节点的度越大意味着这个节点在某种意义上越重要。节点度值可用于说明此节点的联通程度，度值越高，则其联通性越好。

2. 中心度(centrality)。中心度是一个重要的个人结构位置指标，评价一个人重要与否、衡量他的职务地位优越性或特权性，以及社会声望等常用这一指标。一个顶点的中心度越高，说明其能通过相对短的路径到达其他人。中心性大小代表在网络中有的行动者处于中心位置，有的处于边缘位置，因此他们之间在拥有的资源与信息等社会分层上存在差别，这些差别主要表现在权力等级、声望等方面。

中心度分为三种形式：节点中心度(degree centrality)，测量的是行动者在网络中所处的位置，节点中心度高的行动者居于中心地位，在该网络中拥有较大的“权力”，表明其有能力通过控制其行动者对其行为产生重要制约性影响；紧密中心度(closeness centrality)，表明一个行动者跟其他行动者之间的联系密切度，一个行动者跟其他所有行动者的距离之和小，表明他处于中心位置，即这位行动者能接近网络中大量的其他行动者；中介中心度(betweenness centrality)，表明一个点在多大程度上是图中其他点的“中介”，这个行动者为那些并不直接连接的行动者充当中间人，测量的是行动者对关系属性的控制程度，较高的中介中心度，表明该行动者在整个关系网络中是其他行动者产生关系的桥梁，若是 1 意味着完全控制其他行动者，处于网络中心位置。

3. 度分布。节点 i 的度 k 为节点连接的边的总数目，所有节点 i 的度 k 的平均值称为网络的平均度，定义为<k>。网络中节点的度分布用分布函数(pk)来表示，其含义为一个任意选择的节点恰好有 k 条边的概率，也等于网络中度数为 k 的节点的个数占网络节点总个数的比值。

4. 平均路径长度(average path length)。网络研究中，一般定义两节点间的距离为连接两者的最短路径的边的数目；网络的直径为任意两点间的最大距离；网络的平均路径长度则是所有节点对之间距离的平均值，它描述了网络中节点间的分离程度，即网络有多小。复杂网络研究中一个重要的发现是绝大多数大规模真实网络的平均路径长度比想象的小得多，称之为小世界效应，这一提法来源于著名的 Milgram“小世界效应”。试验要求参与者把一封信传给他们熟悉的人之一，使这封信最终传到指定的人，借此来探明熟人网络中路径长度的分布，结果表明平均传过人数仅为 6，这一试验也正是流行的“六度分离”概念的起源。

5. 平均聚集系数(average clustering coefficient)。聚集系数是网络的一个局部参数，用来描述网络中节点的聚集情况，表明网络集团化的程度，即网络有多紧密。比如在社会网络中，你朋友的朋友可能也是你的朋友或者你的两个朋友可能彼此也是朋友。网络的聚集系数就是整个网络中所有节点聚集系数的平均。显然，只有在全连通网络(每个节点都与其余所有的节点相连接)中，聚集系数才能等于1，一般均小于1。

6. 边缘密度(edge density)。边缘密度指的是一个网络图中实际存在的边(edge)与可能数量的边的比例。对于一个规模确定的网络而言，节点之间的连线越多表明节点之间关系越多，即密度越大。密度反映的是网络中节点之间关系的紧密联系程度，网络密度越大，表明网络行动者之间的关系越密切，那么该网络对其中行动者的态度、行为等产生的影响越大。

7. 度和聚集系数之间的相关性。网络中度和聚集系数之间的相关性被用来描述不同网络结构之间的差异，它包括两个方面：不同度数节点之间的相关性和节点度分布与其聚集系数之间的相关性。前者指的是网络中与高度数(或低度数)节点相连接的节点的度数偏向于高还是低。后者指的是高度数节点的聚集系数偏向高还是低。实证表明：在社会网络中，如演员合作网络、公司董事网络、电子邮箱网络中，节点具有正的度的相关性，而节点度分布与其聚集系数之间却具有负的相关性。其他类型的网络如信息网络、技术网络、生物网络则相反。正因为如此，这两种相关性被认为是社会网络区别于其他类型网络的重要特征。

(三)社会网络分析工具

1. 社会网络分析工具简介

随着社会网络分析的兴起，社会网络分析工具也逐渐受到研究者的重视。近年来，出现了多种可视化的软件处理工具，如UCINET、NetDraw、NetMiner、Gephi和Pajek等，这些具有很强可视化功能的社会网络分析软件极大地提高了直观分析效果，促进了社会网络分析在多个领域中的应用。本书主要介绍一种大型复杂网络分析工具——Pajek。

大型复杂网络的结构比一般的计算机图的结构要复杂得多，需要一种快速有效的软件来分析和仿真复杂网络，Pajek就是其中一种使用较为普遍和典型的大型网络分析工具，可用于分析节点数以万计的复杂网络。它是一款自由软件，可以免费下载使用。这个软件不仅为用户提供了一整套快速有效的用来分析复杂网络的算法，而且还提供了一个可视化的界面。让用户可以从视觉的角度更加直观地了解复杂网络的结构特性。

2. Pajek的主要特点

Pajek的特点主要表现在三个方面，即计算的快速性、可视化和抽象化。

(1)计算的快速性。Pajek为用户提供了一整套快速有效的算法，也是其可用于分析大型网络的原因。一个算法的复杂度主要表现在时间复杂度和存储空间复杂度两个方面。随着存储技术的快速发展，空间复杂度已经不是非常重要的问题。相反地，当复杂网络的节点数目非常庞大时，计算机运算速度的快慢对于解决问题的时间来说已经无足轻重。此时，算法的时间复杂度就起着至关重要的作用。在Pajek中，所有的算法时间复杂度都低于O(n2)，Pajek的这一算法特点就是使Pajek有别于其他算法，可以快速处理大型复杂网络的原因，也就是Pajek的魅力所在。

(2)可视化。Pajek的第二个特点，就是它为用户提供了一个非常人性化的可视化平台，只要在Pajek里执行Draw/Draw的菜单命令，就可以绘制网络图。而且，用户可以根据需要自动或者手动调整网络图，从而允许用户从视觉的角度更加直观的分析复杂网络特性。

(3)抽象化。Pajek 还为分析复杂网络的全局结构提供了一种抽象的方法。如图 3-4 所示。

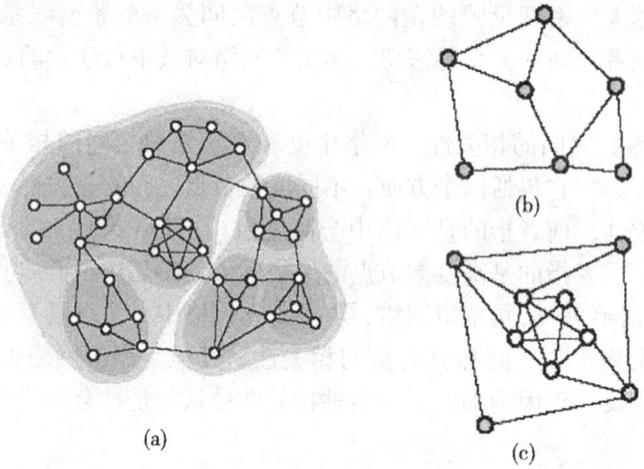

图 3-4　Pajek 的抽象化

其中图 3-4(a)表示的是某个网络的整体分布图。其中的阴影部分就是各个不同的“类”。这些类是若干个节点的集合，在这些类的内部，各个节点之间联系紧密，而各类之间则仅仅通过少数的几条边相连接。从这幅图中，我们可以看到各个点之间的联系，但是很难一眼看出网络的整体结构，因此，我们将每个类看成一个整体，将它作为一个新的节点得到一个新的网络图。在 Pajek 中利用菜单命令 Operations/Shrink Network/Partitions 缩减类，其中，每一个点代表的就是原网络中的一个类。这样，从该(b)中我们可以很容易的从全局的角度看出整个网络的整体结构。

利用上述的方法，Pajek 提供了一种分析复杂网络结构的抽象方法，有利于从全局的角度分析复杂网络的结构，而它提供的一整套算法，又可以方便的计算复杂网络结构的各个特性，使用户同时还可以具体的分析复杂网络中各个节点和各条边的特点。因此，Pajek 从具体和抽象两方面综合分析复杂网络，为我们更好的理解复杂网络的结构特性提供了有效的工具。

(四)社会网络分析与机器学习

社会网络分析作为一个新兴的研究领域，涉及数据挖掘、机器学习、信息抽取与检索等不同领域。传统机器学习处理的数据往往由多个属性值的向量来表示，而且属性之间具有独立性；而社会网络数据中的节点并非统计上独立的采样点，而是相互之间存在依赖性。因此，使用机器学习技术，需要考虑数据实例之间的关系，由此产生了一个新兴的研究方向——链路挖掘。常见的链路挖掘任务包括对象排序(object ranking)、群体发现(group detection)、集群分类(collective classification)、链路预测(link prediction)和子图发掘(subgraph discovery)等。

随着信息网络数据的规模越来越大，单个网络可能包含数十亿个节点和关系，传统的社会网络分析方法和技术难以处理如此庞大而复杂的网络推理过程。因此，必须解决网络表示学习(network representation learning)的问题，其中网络嵌入(network embedding)是学习网络中节点低维表示的一种重要方法，其中心思想就是找到一种映射函数，使得网络中的每个节点转换为低维度的潜在表示。目前流行的方法为无监督的深度学习算法，主要包括 Deep Walk、LINE、PTE 和 Node2vec 等。deep walk(即深度游走)是第一个被提出来的网络表示学习方法，本质上是随机游走(random walk)和神经语言模型中的 skip-gram 的算法组合；Node2vec 则是 deep walk 的扩展，它引入了一个偏向的随机游走程序，是结合广度优先搜索(BFS)和深度优先搜索(DFS)的领域搜索算法①。

① 巢乃鹏．人工智能与计算传播学．人民论坛·学术前沿，2019：20-31.

第四章　网上消费行为

【网络购物市场现状】 2019 年 8 月 30 日，中国互联网络信息中心（CNNIC）发布第 44 次《中国互联网络发展状况统计报告》（以下简称《报告》）。报告显示，截至 2019 年 6 月，我国网民规模达 8.54 亿，较 2018 年底增长 2598 万人，互联网普及率达 61.2%。我国域名总数为 4800 万个，其中“.CN”域名总数为 2185 万个，占中国域名总数比例达到 45.5%；“.中国”域名数量为 171 万个，占我国域名总数的 3.6%。另外，网站总数为 518 万个，“.CN”下网站数量为 337 万个。网民上网设备中，我国手机网民规模达 8.47 亿，较 2018 年底增长 2984 万人，网民中使用手机上网的比例为 99.1%。见图 4-1。

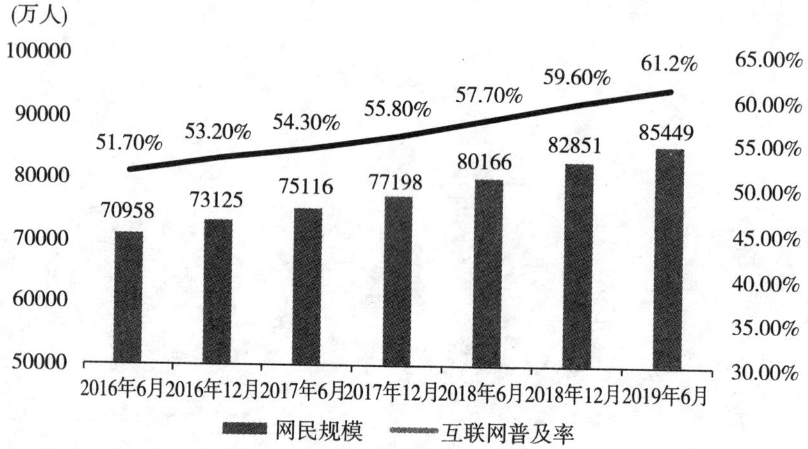

数据来源：CNNIC 中国互联网络发展状况统计调查

图 4-1　2016 年 6 月至 2019 年 6 月中国网民规模与互联网普及率

截至 2019 年 6 月，我国网络购物用户规模达 6.39 亿人，较 2018 年底增长 2871 万人，占网民整体的 74.8%；手机网络购物用户规模达 6.22 亿人，较 2018 年底增长 2989 万人，占手机网民的 73.4%。2019 年上半年，网络购物市场保持较快发展，下沉市场、跨境电商、模式创新为网络购物市场提供了新的增长动能。

在地域方面，以中小城市及农村地区为代表的下沉市场拓展了网络消费增长空间，电商平台加速渠道下沉。一是下沉市场网络消费交易额增速正逐步赶超一二线大城市，例如在“6·18”活动期间，主要电商平台美妆、数码等产品在下沉市场的成交额增速高于一二线城市；二是下沉市场用户规模增长仍有很大空间，截至 2019 年 3 月底，淘宝天猫 1.04 亿移动月活跃新增用户的 77%来自三线城市及以下地区。

在业态方面，跨境电商零售进口额持续增长，利好政策进一步推动行业发展。上半年，我国跨境电商零售进口商品货值456.5亿元，同比增长24.3%。同时，跨境电商利好政策持续释放，有力推动行业持续健康发展。

在模式方面，直播带货、工厂电商、社区零售等新模式蓬勃发展，成为网络消费增长新亮点。一是营销创新持续加速。电商与直播、短视频开展深度融合，如淘宝上线独立直播平台、拼多多联合快手进行直播推广、京东购物车接入抖音、网易考拉上线短视频购物推荐频道。二是产业链整合不断深化。主要电商平台着力推动工厂电商模式，如网易考拉开设线下全球工厂店、拼多多推出"新品牌计划"、苏宁拼购签约数百家工厂。三是产业生态日益完善。阿里巴巴、京东、苏宁易购等电商平台通过自营、投资等方式，加快进入社区零售领域，推动社区拼团、社区买菜等新模式快速发展。

艾媒网2019年11月发布《2019中国网购市场发展规模与用户行为分析》。从中国网购用户的年龄分布来看，约33.3%的用户年龄分布在31~40岁，25.3%的用户为26~30岁，11.9%的用户在19到25岁之间。因此，中国网购用户总体来说偏向年轻化，19岁到40岁的网购用户占比70.5%。见图4-2。

从网购用户发生网购行为的影响因素来看，中国用户进行网购的最主要原因是电商节或者电商平台带来的促销活动，其次是品牌本身的促销，再者是受到网红、明星带货，或者是社交圈的影响。因此，电商平台或者是品牌的促销对消费者的诱惑力是最大的。

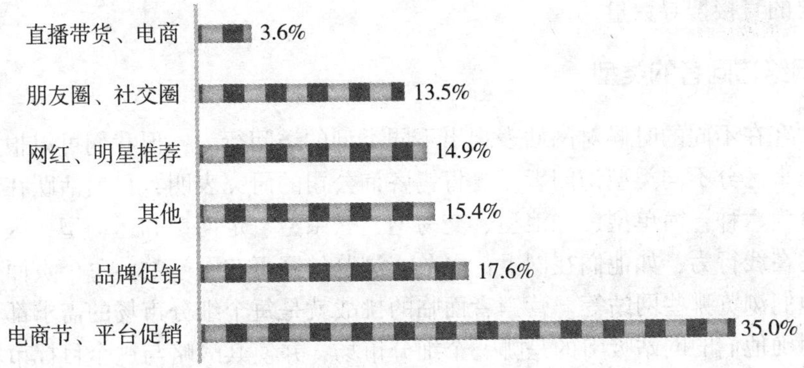

数据来源：艾媒数据中心(data.iimedia.cn)

图4-2　2019年中国网购用户网购行为主要影响因素

第一节　网络顾客的访问行为

一、网络顾客访问行为概述

不同于传统环境的是，网络环境下顾客在购买产品前，首先要访问浏览网站，然后才有可能购买产品，因此了解顾客的网上访问行为是了解网上消费者行为的基础。而网络顾客的网上访问行为是复杂的，每种不同类型的用户在不同的时间对于不同网站有着不同的访问目的：如用户访问当当网，有的时候是搜索信息、有的时候是浏览信息、有的时候是为了购买。根据访问的目的不同，可以把访问分为四种类型：

有购买目的的访问。许多访问主要是被目标所驱动，是为了即时购买的目的。当市场中这种访问是主导型时，访问和购买紧密地联系起来，转化率就会非常高，就像消费者在逛商场和食品杂货店一样。在这种访问类型中，访问一般都能导致即时购买。

搜寻、考虑性访问。访问常常不伴随有购买行为，甚至连购买计划也没有。搜寻、考虑性访问被一个计划的购买但不必要是一个立即的计划购买的直接搜寻所驱动。相反，消费者可能正在考虑未来的购买，访问的目的是获取和积累产品的相关信息来帮助自己做一个更优的选择。在这种情况下，访问的效果积累到购买的开始，就是当达到效果时，将导致实际的购买。

观赏性的浏览访问。观赏性的浏览访问指的是消费者体验观赏功能所进行的访问。许多消费者访问商店是为了娱乐或高兴。因此，这些访问更多地趋向于刺激驱动，有时导致凭借所面对的刺激种类的即兴购买。因此，观赏性浏览访问在购买上的效果在访问中会有所变化，但是一般情况下不会影响未来购买。

知识积累型访问。搜寻在本质上是一种探索，从体验中获得的效用不是观赏而是实用。例如，正在进行的搜索常常被积累产品知识的愿望所驱动，而这种知识在未来可能非常有用。这种访问增加了消费者的产品或市场的知识。消费者并不一定考虑任何具体的购买，但是从访问中增加的知识可能影响长期的购买行为，特别地，它减少了未来做购买决策时所需要的直接搜寻数量。

二、网络访问者的类型

虽然顾客在不同的时候对网站表现出不同类型的访问行为，但我们可以根据这些顾客的总体特征来区分不同类型访问者。麦肯锡咨询公司的研究表明，目前活跃在互联网上的顾客可以分为六种：简单型、冲浪型、交易型、联系型、定期型和运动型，区分的依据主要是顾客的在线行为，如他们在网上待多久，浏览的网页和网站数，每个页面他们浏览多长时间，他们浏览哪些网站等。营销者面临的挑战就是每个细分市场的需求都不同，所以他们必须明确他们的网站吸引的是哪一个细分市场，并使其战略与这个目标市场的需求一致。不然，营销者就会冒着吸引不盈利的顾客、而将盈利的顾客赶到一边的风险。

简单型。由于营销者的收益取决于其网站的交易量，简单型是最具吸引力的顾客。因为他们完成了50%的在线交易。但是简单型很难取悦，而且极易失去，他们需要的是站点容易访问和终端到终端的便捷服务。简单型喜欢容易获取的产品信息，可靠的顾客服务和方便的意见反馈，而且他们对任何信息——通过广告和网站新闻的形式传达的信息——都积极给予回应，这样在线进行商务活动就比离线进行要快捷和方便得多。他们不喜欢主动提供的邮件广告，无聊的聊天室，旨在鼓励购买的弹出式广告，以及其他烦扰他们在线和离线商务的东西。几乎没有网站可以满足简单型的所有需求。另一项研究表明，即便是经常上网购买的消费者，他们也认为离线的顾客服务比相应的在线服务要好。亚马逊书店的点击即可订购的流程是为简单型设计的一个很好的实例。

冲浪型。网上冲浪者只占总体用户数量的8%，但他们的上网时间却占了整个上网时间的32%——这比其他的细分市场要大得多——而且他们浏览的网页也是一般用户的四倍。网上冲浪者使用网络是有很多原因的(比如说研究，购物，找资料或是娱乐)，但他们在网站间跳转得很快，不断尝试网络新体验。为了吸引冲浪者，更重要的是留住冲浪者，站点必须具备强大的在线品牌，独特的设计，经常的更新和丰富的产品/服务。

交易型。网上交易者最关心的是交易是否划算。虽然他们构成了在线活跃人数的8%，比一般的用户花在网上的时间短，但他们却构成了e-Bay这个最繁忙的拍卖站点52%的访客。他们最喜欢的站点还包括uBid. com，Priceline. com(其他两个拍卖站点)，以及财务信息站点Quote. com。网上交易者喜欢搜寻便宜的价格，对交易的控制和一些站点提供的交流。64%的网上交易者都在网上购买过常规商品，如书籍、CD和软件。要让交易者重复购买，站点必须满足他们的理性和非理性的需求。比如，e-Bay专门开辟了一块区域来提供时事通讯，聊天组，图书馆以及给慈善机构捐款的机会。

联系型。网上联系者使用网络是为了通过聊天服务，如通过QQ或Blue Moutain Arts这类允许传送免费电子贺卡的站点来与别人联系。网上联系者一般是新手：40%的联系者上网不到两年，仅有42%的联系者在网上购过物(所有网民中有62%在网上购过物)。网上联系者正在努力找出他们可利用的和对他们有价值的东西。营销者必须重点关注联系者习惯形成的方式，形成习惯后他们才能成为有吸引力的细分市场，如简单型。关注联系者习惯形成方式的一个方法是在网上给联系者提供帮助，逐步取得他们的信任。Readersdigest. com就特别擅长于此，它给50岁以上的浏览者提供帮助。这个站点教用户如何在网上保护自己，如何使用电子邮件和解释技术，教授网络礼仪的功能，还有诸如“在个人电脑上建立家庭时事通讯”的功能。

定期型。定期型使用网络是因为内容——通常是一些新闻和财务信息——而且把80%的上网时间花在他们最喜欢的十大网站上。《华尔街月刊》的网上版以及MSNBC的在线站点是这十大网站中最热门的。这些站点的权威和出色的内容让定期型有权威人士的感觉。

运动型。运动型的行为与定期型类似，但他们喜欢体育和娱乐站点。他们观看娱乐信息，因此网站必须新鲜、有趣和互动才能吸引他们。例如，热门的体育主页ESPN. com包含体育新闻、聊天室、好玩的游戏、每日更新的新闻和广播。

要从运动型和定期型的身上赚取收入是很难的。来迎接这个挑战的最直接的办法——尽管可能很难——就是把浏览免费信息的客户变成收费用户。例如，Quote. com虽然提供一些免费信息，但给它的付费用户提供更多的信息。ESPN. com的大部分收入来自其运动联合会的会费。还有一些办法，例如建立与交易型站点的链接，运用目标广告和促销来影响浏览者的离线购买行为。

三、网络顾客访问的虚拟体验

有学者将经济历史的演变分为几个阶段：农业经济、工业经济、服务经济、体验经济。目前，体验经济正在融入我们生活的每一个方面。在体验经济时代，人们的消费不再仅仅是为了获得某种物质上的东西，而更多地是为了寻求一种难忘的、愉快的体验或经历。在互联网环境下，这种趋势更加明显。无论是网上冲浪还是在线购物，人们更多地是追求一种体验。因此，在研究网络消费者行为的过程中，尤其要重视体验的作用。人们通常将顾客在网络环境中所获得的体验统称为虚拟体验，那么到底什么是虚拟体验呢？

如果将互联网定义为一种媒介，那么虚拟体验就可以被定义为一种基于媒介的对环境享有的感知，在那里用户体验到的网络环境的作用要比它实际上的影响小得多。目前网络已经不再仅仅是一种媒体，因此，虚拟体验应该是指在网络环境中产生的与产品和网站相关的整体感受。以网络购物为例，虚拟体验就类似于消费者在传统的商店购物时，由于受到有关商品、促销人员和商店的整体设施与布局的刺激，而在购物过程中形成的一种整体的感觉。虚拟体验包含的内容很多，既包括对网络环境中产品的体验，也包括对网站环境的体验；既包括网民间交流的体验，也包括顾客与计算机间的互动体验。

四、网络顾客访问的 Flow 体验

(一)Flow 体验的内涵

在网络环境中，被描述为“最理想的体验”的是 Flow(有的建议翻译为“爽”或者“巅峰”)体验。具体表现在网络环境下的访问者：(1)感知到在环境中的互动的控制感觉；(2)将他们的注意力集中在互动上；(3)寻找认知乐趣。这种积极状态也被称为“最佳体验”或“内部愉悦”。Flow 包含“参与者用行动表现的完全参与”“由某些事件、目标和行动的深入参与产生的体验——他们完全地、全部浸入，进一步说，时间可能看作静止不动的，没有其他任何事情与消费时间的参与匹配”。在 Flow 状态下，不相关的思想和感知会被过滤掉，消费者注意力完全集中在互动上。在 Flow 状态下的消费者行为是这样一种经历，“作为一个统一的滑动，从一个时刻到另一个时刻，在这个过程中，他控制他的行为，而且很少区别自我和环境，刺激和反应，过去、现在和将来。自我意识消失了，消费者对于时间的感觉受到扭曲，这样的精神状态是非常令人愉悦的”。

Flow 体验被誉为是网络环境中拥有消费者的“胶水”，其对网络顾客忠诚度的作用可想而知。事实证明，一方面，在网络环境中拥有 Flow 体验的消费者将比那些没有 Flow 体验的消费者进行更多的探索行为，会在网站中停留更多的时间，而顾客停留的时间越长就越有可能经常光顾企业网站，就越有可能成为忠诚的顾客。另一方面，在网络环境中拥有 Flow 体验的顾客比那些没有 Flow 体验的顾客更容易对网站及其出售的产品产生积极的态度，而这种积极的态度经过长时间的积累就会形成一种情感上的偏好或归属感，这对网络顾客忠诚的培养起着至关重要的作用。由此可见，Flow 体验对建立网络顾客忠诚来说，是必不可少的一个要素，因此，接下来将重点介绍 Flow 体验及其应用。

(二)Flow 体验的决定因素

根据美国学者 Hoffman 和 Novak① 的研究，网络访问者的 Flow 体验构建是受一定的因素影响的，如图 4-3 所示。

---

① HOFFMAN D, NOVAK T. Marketing in Hypermedia computer-mediated environments: conceptual foundations. Journal of Marketing, 1996, 60: 50-68.

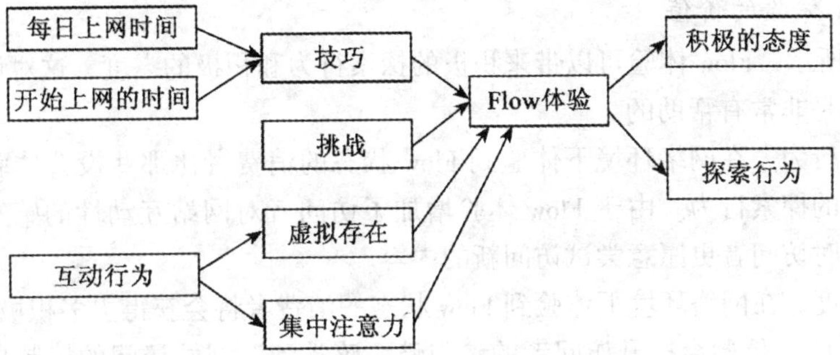

图 4-3　Flow 模型

从图 4-3 中可以看出，Flow 体验的出现需要几个要素的共同作用：

1. 可感知的技巧与挑战的匹配。这是说，在网络环境中，只有当消费者感知到网站提供了足够多的挑战(这里指网站操作使用的困难度，网站的访问操作越难，表示挑战性越高)，而且这种挑战必须与消费者自身的技巧(这里指访问者访问或使用网络的能力和技术水平)相匹配时，Flow 体验才可能出现。而且，并不是所有的挑战与技巧的匹配都可以，只有较高的技巧与较高的挑战相匹配才是最佳的组合，才可能产生 Flow 体验。在图 4-4 中可以清楚地了解到，高水平的挑战与低水平的技巧只能让人感到焦急，让一个刚刚学会上网的人来操作一个很复杂的网页就会产生这种情况；而让一个熟练的网民重复地去执行一个简单的操作，他就会感到厌倦，这正是低水平的挑战与高水平的技巧相匹配的结果。

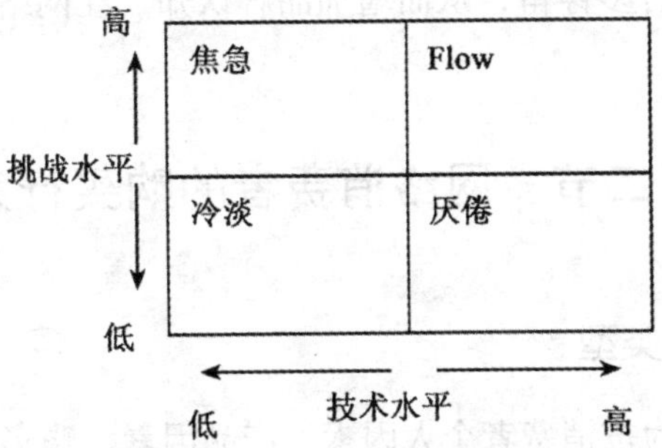

图 4-4　挑战与技巧的匹配

2. 注意力的集中。注意力的集中同样是 Flow 体验所必需的。只有消费者的注意力被高度集中，他才能忘却周围所有的事物，才可能进入 Flow 状态。一般来说，网页的生动性与互动行为能很好地吸引消费者的注意力。

3. 高水平的互动与虚拟存在。这两个因素不是产生 Flow 状态的充分条件，但是它们可以增加 Flow 体验。如果网站能与用户进行高水平的互动，用户的注意力就很容易被吸引，也就很容易达到那种忘我的 Flow 状态。有关网站的互动性将在网络广告一章中进行详细介绍。

（三）Flow 体验的价值

如图 4-3 所示，Flow 体验可以带来积极的探索行为和积极的态度，这对访问者进一步产生购买动机是非常有帮助的。

积极探索行为。在网络环境下体验到 Flow 状态的消费者比那些没有体验到的消费者将表现出更多的探索行为。由于 Flow 体验增加了访问者对网站互动性的感知，体验水平得到提升，这时访问者更愿意尝试访问新的内容。

积极的态度。在网络环境下体验到 Flow 状态的消费者将会获得更多积极的主观体验。由于高水平的 Flow 体验会提升访问者的参与性，感觉到对网站访问的控制自如性会相应地引发诸如积极的情绪与满意之类的主观体验。这些都可能增加访问次数和延长访问时间。

Flow 的消极后果。由于 Flow 体验能够自我强化，访问者可以按照自己的兴趣来探索网站，而不是有目的地去搜索一些特定的信息。因此，过多的 Flow 可能使消费者转移到与购买不相关的行为上。一个极端的例子就是用户太沉醉于玩乐的状态以至于忽视了其他的任务。如果网站的营销目标是鼓励消费者将在网站中的时间花在体验与产品相关的信息上，那么 Flow 就不是问题了。

因此，企业必须结合本身的营销目标，以及访问者的使用网络能力来设计开发网站。一般来说，对于以购买为目的的网站，网站设计应该尽量简洁直观，让访问者直接将注意力集中到产品信息中来，如 Dell 网站目标是为了销售产品，因此网站的设计信息简洁明了，让访问者容易操作控制；对于以访问搜索产品信息为目的的网站，网站设计应该富有趣味性，增加访问者的 Flow 体验，如可口可乐的网站目标是提升品牌形象，因此设计得非常有趣，以此吸引访问者多停留，从而增加品牌认知。在网络营销信息系统中，将对相关内容做进一步介绍。

第二节　网络消费者的购买行为

一、网络购买行为的类型

消费者的网络购买行为按消费者个人因素、产品因素、购买过程中的心理因素等可划分为不同的类型。具体来说，主要有以下四种分类依据：

（一）根据购买者特点分类

1. 冲动型购买者。这类消费者迅速购买商品，购买决策主要依靠情感驱动。

2. 有耐心购买者。这类消费者会对产品进行某些比较后进行购买，重点比较关心的产品属性。

3. 分析型购买者。这类消费者在做出购买决策前要进行大量的调查及理性的分析，购买决策的制定过程很严谨。

（二）根据购买目的分类

1. 功利型购买行为。这类行为通常与合理推理和相关任务联系在一起，其购买行为具有针对性并讲求效率。

2. 快乐型购买行为。这类行为表现为追求购物的娱乐性、购物过程的刺激性，享受高度参与感和快乐满足感，体会购物过程的自由度和对于现实的逃避，而购买是整个购物过程的附带品。

（三）根据购买决策过程分类

1. 专门计划型购买行为。消费者的购买需求在进入网上商店前已经确定，消费者购买预计的商品。

2. 一般计划型购买行为。消费者的购买需求在进入网上商店前已经确定，但是购物者在店内根据商品的制造商，选择满意的商品进行购买。

3. 提醒购物购买行为。网上商店的影响带来了顾客的需求，如网上广告、促销活动会带来消费者的需求。

4. 完全无计划购买行为。消费者进入网上商店前毫无目的，消费者的需求由情感驱动。

（四）根据对购买对象的差异关注和重视分类

1. 习惯性购买：低度差异，低度重视。此类购买的对象是成本较低、有重复性购买需要的产品，顾客很少花时间对不同品牌的产品进行衡量。这类消费者一般没有明确的选择原因，只是出于习惯重复购买同一品牌。调查研究显示，人们在 Amazon. com 等网站之间的选择主要是出于习惯。人们不愿到处寻找低价，而宁愿登录熟悉的网站。

2. 多样化购买：低度重视，高度差异。多样化购买的消费者改换购买品牌并非出于对产品不满，而只是想换换口味，因此很容易受到各种优惠条件的影响。面对竞争对手使用打折、免费券和样品等手段吸引顾客，领先企业的关键任务是培养人们对品牌的忠诚度。

3. 复杂式购买：高度差异，高度重视。产品通常是比较复杂、昂贵、非经常购买的商品，而且不同品牌之间差异明显，诸如汽车、旅游计划和高级音响设备等。消费者在做出购买决定之前会花费大量时间和精力来收集信息、反复权衡。这时，营销人员应展开充分的信息服务，宣传产品的质量、性能和其他对顾客决策具有影响力的因素。

4. 单一式购买：低度差异，高度重视。产品同样比较复杂、昂贵和不经常购买，比如地毯和家用电器等，但是消费者对于品牌的选择并不明显。价格在购买决策中成为主要因素。这类顾客很容易受到“限时折扣”等促销手段的影响。售后交流和服务非常有助于保持顾客的满意度，最终形成对这一品牌的习惯性购买。Epinions. com 等网站就专门针对这种特点开展业务，任何在线用户都可以在网站上对所购产品提供详细的反馈意见。

二、网络消费者购买动机概述

人们的行为都是由一定的动机引起的。动机是推动和维持一个人进行活动的动因和动力。动机的实质是需求，是在需求基础上产生的。但需求不等于动机，只有当需求指向具有某种特点的目标时，也就是当人的个体与具体的对象建立了心理联系时，才变成了行动的动机，才具有实际的动力的意义。

在高度发展的商业环境下，消费者得到了极大的便利和实惠。然而，当电子商务出现之后，许多人疏远了这种传统的商店购物方式，转而倾向于上网购物。消费者网上购买和消费的动机是什么，这是研究网络营销首先碰到的问题。了解、分析和掌握网络消费者真实的购买动机，才能够恰当地选择和使用促销手段。

网络消费者的购买动机是指在网络购买活动中，能使网络消费者产生购买行为的某些内在的驱动力。动机是一种内在的心理状态，不容易被直接观察到或被直接测量出来，但它可根据人们的长期行为表现或自我陈述加以了解和归纳。对于企业营销部门来说，通过了解消费者的动机，就能有依据地说明和预测消费者的行为，采取相应的促销手段。而对于网络促销来说，动机研究更为重要。因为网络促销是一种不见面的销售，网络消费者的复杂的、多层次的、交织的和多变的购买行为不能直接观察到，只能够通过文字或语言的交流加以想象和体会。网络消费者的购买动机基本上可以分为两大类：需求动机和心理动机。前者是指人们由于各种需求，包括低级的和高级的需求而引起的购买动机，而后者则是由于人们的认知、感情、意志等心理过程而引起的购买动机。下面将对这两类动机进行详细讨论。

三、网络消费者的需求动机和心理动机

（一）网络消费者的需求动机

人们在生存过程中必然产生各种各样的需求。需求是人类从事一切活动的基本动力，是消费者产生购买想法、从事购买行为的直接原因。一个人的购买行为总是直接或间接地、自觉或不自觉地为了实现某种需求的满足。由需求产生购买动机，再由购买动机导致购买行为。因此，研究人们的网络购买行为，首先要研究人们的网络购买需求。

1. 传统需求层次理论在网络需求分析中的应用。在传统的营销过程中，需求层次理论被广泛应用。需求层次理论是研究人的需求结构的理论，它是由美国心理学家马斯洛在1943年出版的《人类动机的理论》一书中提出来的。这种理论的构成依据三个基本的假设：一是人们在生活过程中有着不同的需求，只有未满足的需求能够影响人们的行为；二是人的需求按重要性可排成一定的层次，包括从基本的生理需求到复杂的自我实现的需求；三是当人的某一级需求得到最低限度的满足之后，才会追求高一级的需求。根据这三个基本的假设，马斯洛把人的需求划分为五个层次：生理的需求、安全的需求、社交的需求、尊重的需求和自我实现的需求。马斯洛的需求层次理论对网络消费的需求层次分析也有重要的指导作用。在五个层次的需求中，第一、第二、第三层次是属于低级需求，而第四、第五层次则属于高级需求。应当指出的是，对多数人来说，实际生活中的需求不是单一层次的，而是多层次的，即在每一个需求层次上都有需求，但由于条件的限制，这些需求只能部分地得到满足。如不同收入的阶层，对不同层次需求的渴望程度是不同的。

2. 现代虚拟社会中消费者的新需求。马斯洛的需求层次理论可以解释虚拟市场中消费者的许多购买行为，但是，虚拟社会与现实社会毕竟有很大的差别，马斯洛的需求层次理论也面临着不断补充的要求。信息网络的发展构成了一个虚拟的社会。从表面上看，这个社会一直在聚集信息以及其他媒体的资源，而实质上，这个社会是在聚集人，因为这个虚拟的社会提供了一种吸引人的环境。这种环境的维系依靠的是人们的互相联系。从局部看，人与人之间的联系很多时候都只有一次，但从整体来看，单一的联系包含在一系列的

广泛联系之中，并由此引导出一种相互信任和彼此了解的氛围。

进一步的问题是，这种联系的基础是什么？是基本的物质生活的追求吗？不是。是对于安全环境的追求吗？也不是。这种追求是人们在虚拟社会中建立的信息关系和信息交易。所以，虚拟社会中人们联系的实质是希望满足虚拟环境下三种基本的需要：兴趣、聚集和交流。

(1)兴趣

在现实社会中，可以发现许多人都有自己的兴趣。有的人热爱音乐，有的人热衷于体育，有的人则喜欢收藏。从心理学的角度讲，兴趣有很大的动机成分。社会上的许多人就是为了兴趣的需求而进行某些活动的。如果同时有几种供人们选择的目标可以满足人们的需求，人们总是根据自己的兴趣而决定被选择的对象。

分析畅游在虚拟社会的网民，我们可以发现，每个网民之所以热衷于网络漫游，是因为对网络活动抱有极大的兴趣。这种兴趣的产生，主要出自于两种内在驱动力。一是探索的内在驱动力。网络世界给人们展示了一个前所未有的广阔世界，从每日的新闻报道，各种各样的科学文化知识，到千奇百怪的娱乐活动，可以说几乎囊括了人类几十万年以来的所有知识的精华。人们出于好奇心理探究秘密，驱动自己沿着网络提供的线索不断地向下查询，希望能够找出符合自己预想的结果，有时甚至到了不能自拔的境地。二是成功的内在驱动力。当人们在网络上找到自己需要的资料、软件、游戏，或者打入某个重要机关的信息库时，自然产生一种成功的满足感。随着这种成功的个人满足感的不断加强，对网络的接受程度也在不断增强。新知识的吸引力和创造性思维的愉快感，使网民无需外力推动，不必嘉奖刺激，完全出于内在的追求而久久停留在网络上。

(2)聚集

人类是以聚集而生存的动物。虽然我们也曾看到类似于鲁滨逊似的人物的报道，但对于绝大多数人来说，孤独是一种极为可怕的情况。在现代社会中，由于工作强度的提高和工作范围的扩大，人们常常没有整块的时间在一起聚集。特别是退休之后，远离了同事和专业，家里孩子又都有工作，没有相互交流的机会，人们衰老的速度大大加快。

虚拟社会提供了具有相似经历的人们聚集的机会，这种聚集不受时间和空间的限制，并形成富有意义的个人关系。例如，在网络上开辟“癌症论坛”，为癌症病人及其家属提供支持。参加者谈论他们如何对待这种疾病，并交换关于治疗方法、治疗效果以及有关研究动向的信息。在过去，他们能够从图书馆中得到这方面的资料，但现在，这种信息的来源是建立在能够使人们聚集在一起分享个人经历的基础上。类似的虚拟社会还有很多，如经理沙龙、妇女天地等。

在美国，发展最快的虚拟社会之一是老年人网络，它的成员已超过 20 000 人。老年人网络是一个非营利组织，它谋求建立一个由使用计算机的老年人组成的虚拟社会。玛丽·弗朗博士于 1986 年在旧金山大学开始研究并于 1990 年创办老年人网络。弗朗在她的网址上叙述她创办老年人网络受到的启发时说：“我祖母的生活为老年人网络提供了模型。她是一位普通的妇女，她有每日与之交谈的朋友。人们在那里，坐在公园的长凳上，了解彼此的姓名。正是这种社会感受，促使我真正感受到，在我们的现代世界里，缺少什么东西。”

还有一点也是需要引起注意的。通过网络而聚集起来的群体是一个极为民主性的群体。在这样一个群体中，所有成员都是平等的。每个成员都可独立发表自己意见的气氛使得在现实社会中经常处于紧张状态的人们渴望在虚拟社会中寻求解脱。约翰·哈格尔基于人们对于交易、关系、兴趣和幻想的需求对虚拟社区进行划分，交易类网上社区中的成员对某些特定产品和服务有浓厚兴趣，旨在收集有关购买的交换信息和经验；关系类网上社区使得具有相似经历的人们摆脱时间和空间的限制聚集在一起，形成一段紧密的人际关系；兴趣类网上社区使一群有着共同爱好、关注点的人聚集在一起，他们一起交流爱好和一些专业知识；幻想类网上社区为人们提供了聚在一起并探索幻想和娱乐的新世界的机会，让参与者自由地"尝试"新人物角色并参与各种角色扮演游戏。表 4-1 为四种类型社区虚拟的对比。

表 4-1　**四种虚拟社区对比**

社区类型	焦点	关系强度	互动性	营销模式	社区特征
交易类	产品或服务买卖	弱 中	弱	利益模式	增加产品或服务知识或寻找买卖机会
关系类	交际 交流	强 中	强	情感模式	维持相互之间的关系
兴趣类	特定主题的互动	弱 中	强	兴趣模式	因兴趣而于网络聚集
幻想类	角色扮演	弱 中	弱	娱乐模式	交互、角色扮演以及社会游戏

(3)交流

聚集起来的网民，自然产生一种交流的需求。例如，对于一个癌症病人组成的小的虚拟社会来说，开始时，参加者可能都是免费为别人提供信息的。在这里，信息处于一种沟通的过程中，而不是一种交易。当这个虚拟社会进一步扩大，加入了大量的药品制造商和销售商之后，原有的"原始共产主义"的状况就被打破。此时，单纯的信息沟通变成了信息的有价交换。这种信息的交换对于癌症病人和药品制造商或销售商来说都有益处。后两者通过这种交流，希望更多地销售自己的产品。信息的交流由沟通演变为交易，成为人们确确实实的需求。

随着这种信息交流频率的增加，交流的范围也在不断地扩大，从而产生示范效应，带动对某些种类的产品和服务有相同兴趣的成员聚集在一起，形成商品信息交易的网络，即网络商品交易市场。这是一个虚拟社会而且是高一级的虚拟社会。在这个虚拟社会中，参加者大多是有目的的，所谈论的问题集中于商品质量的好坏、价格的高低、库存量的多少、新产品的种类等。他们交流的是买卖的信息和经验，以便最大限度地占领市场，降低生产成本，提高劳动生产率。对于这方面信息的需求人们永远是无止境的。这就是电子商务出现之后迅速发展的根本原因。

从事电子商务活动的网络营销人员要想成功地在因特网上行销，他所构思的网络营销计划除了需要考虑传统市场中顾客的各种需求外，还必须要照顾到网民对兴趣、聚集和交流的新需求。所设计的网站要从调动顾客的兴趣入手，利用和谐的气氛和丰富的信息资源聚集顾客群体，通过完善的检索手段和通信设计充分交流信息，最后达到扩大销售的目的。

(二)网络消费者的心理动机

网络消费者购买行为的心理动机主要体现在三个方面。

1. 理智动机。这时的购买动机是建立在人们对于在线商场推销的商品的客观认识基础上的。众多的网络购物者中大多是中青年，具有较高的分析判断能力。他们的购买动机是在反复比较各个在线商场的商品之后才产生的，对所要购买的商品的特点、性能和使用方法，早已心中有数。理智购买动机具有客观性、周密性和控制性的特点。在理智购买动机驱使下的网络消费购买动机，首先注意的是商品的先进性、科学性和质量高低，其次才注意商品的经济性。这种购买动机的形成，基本上受控于理智，而较少受到外界气氛的影响。

2. 感情动机。感情动机是由于人的情绪和感情所引起的购买动机。这种购买动机还可以分为两种形态。一种是低级形态的感情购买动机，它是由于喜欢、满意、快乐、好奇而引起的。这种购买动机一般具有冲动性、不稳定性的特点。例如，在网络上突然发现一本好书、一个好的游戏软件、一件新产品，很容易产生冲动性的感情购买动机。还有一种是高级形态的感情购买动机，它是由于人们的道德感、美感、群体感所引起的，具有较大的稳定性、深刻性的特点。而且，由于在线商场提供异地买卖送货的业务，大大促进了这类购买动机的形成。例如，为网上所交的朋友而通过在线商场购买馈赠礼品，为外地父母通过网络商场购买老人用品等，都属于这种情况。

3. 惠顾动机。这是基于理智经验和感情之上的，对特定的网站、图标广告、商品产生特殊的信任与偏好而重复地、习惯性地前往访问并购买的一种动机。惠顾动机的形成，经历了人的意志过程。从它的产生来说，或者是由于搜索引擎的便利、图标广告的醒目、站点内容的吸引；或者是由于某一驰名商标具有相当的地位和权威性；或者是因为产品质量在网络消费者心目中树立了可靠的信誉。这样，网络消费者在为自己确立购买目标时，心目中首先确立了购买目标，并在各次购买活动中克服和排除其他的同类产品的吸引和干扰，按照事先确定的计划进行购买。具有惠顾动机的网络消费者，往往是某一站点的忠实浏览者。他们不仅自己经常光顾这一站点，而且对众多网民也具有较大的宣传和影响功能，甚至在企业的商品或服务一时出现某种过失的时候，也能予以谅解。

四、网络消费需求的特征

由于互联网商务的出现，消费观念、消费方式和消费者的地位正在发生着重要的变化，可以说是一场革命。首先，消费者主权时代到来。互联网商用发展使商品生产者、供给者与消费者之间的距离消失了，不同商店等距离，加之消费的信息极为丰富和极易传播，促进了消费者主权地位的提高。其次，基于信息的消费开始出现。在互联网上，消费者极易掌握丰富的信息，并且快速、低成本，类比和旁比极为方便，这使得消费行为有充分的信息依据，消费质量大大提高。最后，资源节俭型消费。工业化时期物质产品极大丰富或物欲横流的消费特征，必将过渡到后工业文明时期的按需供给——资源节俭型消费，或者叫做合理消费。在工业化社会，物质极度丰富的另一面是极易出现生产过剩和消费不足。而合理消费是符合可持续发展要求的。造成这个转变的主要原因是在互联网商用发展推动下，企业对市场和消费者的反应极为快速，虚拟商店的无库存或低库存经营，以及中间环节的减少，消费者与生产者的直接交流与互动。这种消费观念、消费方式和消费者的地位的变化，使得当今的企业面临前所未有的激烈竞争，市场正由卖方垄断向买方垄断演变，消费者主导的营销时代已经来临。在买方市场上，消费者将面对更为纷繁复杂的商品和品牌选择，这一变化使当代消费者心理与以往相比呈现出新的特点和趋势：

(一)个性消费的回归

在过去相当长的一个历史时期内，工商业都是将消费者作为单独个体进行服务的。在这一时期内，个性消费是主流。只是到了近代，工业化和标准化的生产方式才使消费者的个性被淹没于大量低成本、单一化的产品洪流之中。另外，在短缺经济或近乎垄断的市场中，消费者可以挑选的产品本来就很少，因而个性不得不被压抑。但当市场经济发展到今天，多数产品无论在数量还是品种上都已极为丰富，消费者能够以个人心理愿望为基础挑选和购买商品或服务。更进一步，他们不仅能作出选择，而且还渴望选择。他们的需求更多了，需求的变化也更多了。从理论上看，没有一个消费者的心理是完全一样的，每一个消费者都是一个细分市场。心理上的认同感已成为消费者作出购买品牌和产品决策的先决条件，个性化消费正在也必将再度成为消费的主流。

(二)消费需求的差异性

不仅仅是消费者的个性化消费使网络消费需求呈现出差异性，不同的网络消费者因所处的时代、环境不同也会产生不同的需求，不同的网络消费者在同一需求层次上的需求也会有所不同。这是因为网络消费者来自世界各地，来自四面八方，国别不同，民族不同，信仰不同，生活习惯也不同，因而产生了明显的需求差异性。这种差异性导致商务活动的差异。所以，从事网络营销的厂商要想取得成功，必须在整个生产过程中，从产品的构思、设计、制造，到产品的包装、运输、销售，都要认真思考这种差异性，并针对不同消费者的特点，采取有针对性的方法和措施。

(三)消费主动性增强

在社会分工日益细分化和专业化的趋势下，消费者对购买的风险感随选择的增多而上升，而且对单向的“填鸭式”营销沟通感到厌倦和不信任。在许多日常生活用品的购买中，尤其在一些大件耐用消费品(如电脑)的购买上，消费者会主动通过各种可能的途径获取与商品有关的信息并进行分析比较。这些分析也许不够充分和准确，但消费者却可从中获得心理上的平衡，以减轻风险感或减少购后产生后悔感的可能，增加对产品的信任和心理上的满足感。消费主动性的增强来源于现代社会不确定性的增加和人类追求心理稳定和平衡的欲望。

(四)对购买方便性的需求与购物乐趣的追求并存

一部分工作压力较大，紧张度高的消费者会以购物的方便性为目标，追求时间和劳动成本的尽量节省，特别是对于需求和品牌选择都相对稳定的日常消费者，这点尤为突出。然而另一些消费者则恰好相反，由于劳动生产率的提高，人们可供支配的时间增加，一些自由职业者或家庭主妇希望购物能为他们带来乐趣，能满足心理需求。这两种相反的心理将会在今后较长时间内并存和发展。

(五)价格仍然是影响消费心理的重要因素

虽然营销工作者倾向于以各种差别化来减弱消费者对价格的敏感度，避免恶性削价竞争，但价格始终对消费心理有重要影响。例如最近的微波炉降价战，虽然作为市场领导者的格兰仕拥有技术、质量和服务等多方面的优势，但到最后却也被迫宣布重返降价竞争行列，为市场占有率而战。这说明即使在当代发达的营销技术面前，价格的作用仍旧不可忽视。只要价格降幅超过消费者的心理界限，消费者就难免会怦然心动而改变既定的购物原则。另外，消费者可以通过网络联合起来向厂商讨价还价，使消费者也具有过去单独个体无法企及的要价能力，从企业定价转为消费者引导定价。

(六)网络消费仍然具有层次性

网络消费本身是一种高级的消费形式，但就其消费内容来说，仍然可以分为由低级到高级的不同层次。需要注意的是，在传统的商业模式下，人们的需求一般是由低层次向高层次逐步延伸发展的，只有当低层次的需求满足之后，才会产生高一层次的需求。而在网络消费中，人们的需求是由高层次向低层次扩展的。在网络消费的开始阶段，消费者侧重于精神产品的消费，如通过网络书店购书，通过网络光盘商店购买光盘。到了网络消费的成熟阶段，消费者在完全掌握了网络消费的规律，并且对网络购物有了一定的信任感后，消费者才会从侧重于精神消费品的购买转向日用消费品的购买。

(七)网络消费需求的超前性和可诱导性

网络消费者的主流是具有一定超前意识的中青年，他们对新事物的反应灵敏，没有旧框框，接受速度很快。网络营销构造了一个世界性的虚拟大市场，在这个市场中，最先进的产品和最时髦的商品会以最快的速度与消费者见面。具有创新意识的网络消费者必然很快接受这些新的商品(包括国内的和国外的)，从而带动周围消费者新的一轮消费热潮。从事网络营销的厂商应当充分发挥自身的优势，采用多种营销方法，启发、刺激网络消费者的新的需求，唤起他们的购买兴趣，诱导网络消费者将潜在的需求转变为现实的需求。

(八)手机网购成为网购市场重要补充方式

据CNNIC调查数据显示，截至2019年6月，我国手机网民规模达8.47亿人，较2018年底增长2984万人，网民使用手机上网的比例达99.1%，较2018年底提升0.5个百分点；我国网络购物用户规模达6.39亿人，较2018年底增长2871万人，占网民整体的74.8%；手机网络购物用户规模达6.22亿人，较2018年底增长2989万人，占手机网民的73.4%，占网络购物用户的97.3%。手机网购已超越PC端网络购物，成为网购市场的重要方式。

(九)社会化网购为网络消费新模式

据中国产业信息网调查数据显示，直播已经成为一种新的带货方式，渗透消费者的日常生活。约三成直播电商受访用户称，每周会观看电商直播四到六次。有观看电商直播习惯的用户每天利用碎片时间参与直播带货的活动，在消遣的同时，用户也减少了为选择商品而花费的信息搜寻成本和时间成本。超过一半的受访用户认为，直播带货能引起他们比较大的消费欲望。直播带货的形式通过主播有趣的表现手段对产品的性能进行讲解和展示，在这个过程中，消费者可以充分地融入到购物场景中。同时，在直播中消费者可以和主播实时沟通，通过情感互动，更易激发其购买欲望。

第三节　网络消费者的购买过程

网络消费者的购买过程，也就是网络消费者购买行为形成和实现的过程。传统消费者行为模式 AIDMA 认为，消费者从最初的了解商品，到最终购买，会经历 5 个阶段：引起关注 A（attention）；激发兴趣 I(interest)；产生欲望 D(desire)；形成记忆 M(memory)；实现购买 A(action)。AIDMA 很好地反映了传统媒体环境下的营销关系：电视、广播、报纸、杂志这些大众媒体声色并茂地为人们提供大量的新闻、娱乐、消费信息，这些信息经过统一编辑后，被传递给消费者。AIDMA 模式下的营销策略以“引起注意”为主，企业的广告形式具有内容刺激性强、传播范围广、多次重复的特征，最典型的案例有“脑白金”品牌广告。

在社会化媒体时代，消费者不仅可以通过网络主动获取信息，还可以作为发布信息的主体，传统的 AIDMA 模式已不能很好地解释消费者的购买行为。根据电通公司的调查数据，在商品认知阶段，消费者的信息来源以电视、报纸、杂志、户外、互联网等媒体广告为主；在理解商品及比较探讨和决定购买的阶段，除了亲临店面之外，互联网及口碑相传是其主要信息来源与决策依据。2005 年，日本电通集团提出了基于网络购买消费者行为的 AISAS 模型(见图 4-5)：

1. 引起注意(attention)：创意引发受众注意。

2. 引起兴趣(interest)：创意的互动性让受众产生参与的兴趣。

3. 进行搜索(search)：用户开始思考/搜索/寻找与诉求相关的信息，包括搜索引擎、品牌官网、购物网站站内搜索，如在淘宝、京东、一淘(购物搜索、比价)上搜索，还可从导购媒体等途径搜索。

4. 购买行动(action)：在对品牌/诉求有足够了解后，产生互动参与行为/购买行动。

5. 人人分享(share)：最后分享产品的消费体验，形成口碑。

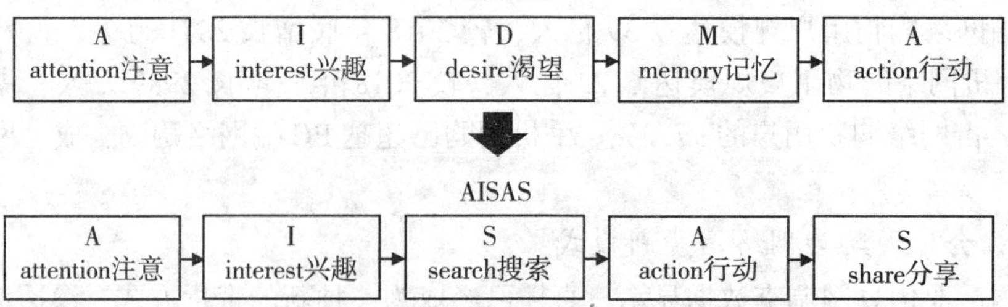

图 4-5　AIDMA 购买模式向 AISAS 购买模式转变

A-I 属于消费者的心理变化过程，而 S-A-S 则是行为互动的过程。A-I 部分的内容将会影响到 S-A-S 的每一个行为，而最后 S(share 分享)行为所产生的内容又将进行多次加工与传播，成为 A-I 的内容，产生口碑，形成整个消费者行为的闭合循环。见图 4-6。

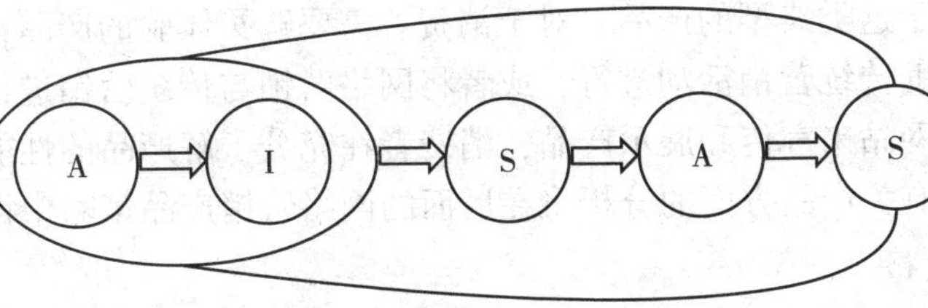

图 4-6　消费者行为的闭合循环

因此，企业在不同的阶段营销的主要任务会有所不同。在 A-I 阶段，企业通过多种渠道传递有价值、有娱乐性的产品或品牌信息，以引发顾客参与并在互动过程中建立和完善品牌。借助内容营销手段，向大众树立自身的价值主张，从而吸引到认同自己的消费者，获得第一批价值顾客。在 S-A-S 阶段，企业的任务主要是引导消费者并建立价值网络。因为，消费者不再是企业品牌传播的被动接受者，而是逐渐成为信息主体。价值网络的产生依赖于社交型 CRM 的建立。传统的 CRM 主要集中在收集客户信息并传递到销售代表手中去，而社交型 CRM 聚焦于从客户(和客户社区)创造的信息中获得洞察力，这些信息通常是客户与他们所购买产品和服务的各个公司进行交流互动以及客户之间相互交流时产生的。因此，企业必须建立一个良好的消费者之间，以及消费者与企业之间的沟通平台——品牌社群①。

第四节　影响网络消费者购买的主要因素

一、产品的影响

(一)产品的特性

由于网上市场不同于传统市场，网上消费者有着区别于传统市场的消费需求特征，因此并不是所有的产品都适合在网上销售和开展网上营销活动。根据网上消费者的特征，网上销售的产品首先要考虑产品的新颖性，即产品是新产品或者是时尚类产品，比较能吸引人的注意。追求商品的时尚和新颖是许多消费者，特别是青年消费者重要的购买动机。这类消费者特别重视商品新的款式、格调和社会流行趋势，而对商品的使用程度和价格高低不大计较。这类消费者一般经济条件比较好，男、女青年居多，他们是新式高档消费品、新式家具、时髦服装的主要消费者。网络营销通过具有双向交互渠道功能的互联网，跟踪

① 王江坤．基于 AISAS 模型的社会化媒体营销研究——以小米公司网络营销为例．商业时代，2014(34)：83-84.

最新的消费潮流，适时地提供给消费者最直接的购买渠道，加上最新产品全方位的文字、图片和声音介绍，吸引这类消费者的购买。

其次，要考虑产品的购买参与程度。一些产品要求消费者参与程度比较高，消费者一般需要现场购物体验，而且需要很多人提供参考意见，这些产品不太适合于网上销售，目前国内家电产品属于这类典型的产品。对于消费者需要购买体验的产品，可以采用网络营销的推广功能，辅助传统营销活动进行，或者将网络营销与传统营销进行整合。如对于家电产品，可以通过网站来宣传和展示产品，消费者在充分了解产品的性能后，可以到相关商场再进行选购。有关产品方面的分析将在后面的网络营销产品策略中详细分析。

（二）产品的价格

从消费者的角度来说，价格不是决定消费者购买的唯一因素，但却是消费者购买商品时肯定要考虑的因素，而且是一个非常重要的因素。对一般商品来讲，价格与需求量之间经常表现为反比关系，同样的商品，价格越低，销售量越大。网上购物之所以具有生命力，重要的原因之一是网上销售的商品价格普遍低廉。如当当网图书 100%正版 2 折起，有时甚至低至一折，最高一般也不超过 7 折，更有满 200 送 100、满 100 送 50 等优惠活动。国内几家领先的在线旅行服务提供商竞争激烈，价格优惠成为普遍现象。如艺龙网提供全球 20 万家酒店预订服务：订酒店返现金高达 20%；万家酒店团购一折起；6000 家预付酒店 5 折起；2 000 家酒店限时抢低折优惠；国际酒店在 Expedia 优惠价上再打九折。另外，酒店预订会员注册送 800 元，老会员送 100 元酒店预订消费券。

此外，消费者对于互联网有一个免费的价格心理预期，那就是即使网上商品是要付费的，那价格也应该比传统渠道的价格要低。这一方面，是因为互联网的起步和发展都依托了免费策略，因此互联网的免费策略深入人心，而且免费策略也得到了成功的商业运作。另一方面，互联网作为新兴市场可以减少传统营销中的中间费用和一些额外的信息费用，可以大大削减产品的成本和销售费用，这也是互联网商业应用的巨大增长潜力所在。

二、购物环境的影响

（一）购物的便捷性

购物便捷性是消费者选择购物渠道的首要考虑因素之一。一般而言，消费者选择网上购物，考虑的便捷性，一是时间上的便捷性，可以不受时间的限制并节省时间；另一方面，是可以足不出户，在很大范围内选择商品。

1. 购物时间

这里所说的购物时间包含两方面的内容：购物时间的限制和购物时间的节约。传统的商店，即使是夫妻小店，每天也只能营业 10~14 个小时，许多商店还有公休日。商店停业的日子里，顾客买不到需要的东西，商店也失去了购物的顾客。网上购物的情况就不一样了。网络虚拟商店一天 24 小时开业，随时准备接待顾客，没有任何时间的限制。顾客早上 5 点或晚上 12 点购物都没有问题。电子商务为人们上班前和下班后购物提供了极大的方便。

现代社会大大加快了人们的生活节奏，时间对于每一个人来说都变得十分宝贵，人们用于外出购物的时间越来越少。拥挤的交通、日益扩大的商店门面，增加了购物所消耗的时间和精力；商品的多样化使得消费者眼花缭乱；而层出不穷的假冒伪劣商品又使消费者应接不暇。人们已没有时间像过去一样去逛商场，从楼上到楼下、从一个商店到另一个商店反复挑选商品。他们迫切需求新的快速且方便的购物方式和服务。网络购物适应了人们的这种愿望。人们可以坐在家中与厂商沟通，及时获得上门服务或收到邮寄的商品。不仅是计算机制造商和信息服务商看准了这个方向，加大了电子商务研究的力度和步伐，就是普通产品的销售商也看到建设网上商店是一项高利润的投资，纷纷采取各种方式跻身于这一新兴行业，提供高信誉的全方位服务。在人们对网络商店和网上购物的安全性、可靠性有了充分的认识之后，将会越来越多地选择新型的网上购物形式。

2. 商品挑选范围

“货比三家”是人们在购物时常常使用的方法。在网络购物中，“货比三家”已不足为奇。人们可以“货比百家”“货比千家”，甚至“货比万家”，商品挑选的余地大大扩展。而且，消费者可以从两个方面进行商品的挑选，这是传统的购物方式难以做到的。一方面，网络为消费者提供了众多的检索途径，消费者可以通过网络，方便快速地搜寻全国乃至全世界相关的商品信息，挑选满意的厂商和满意的产品。另一方面，消费者也可以通过公告板，告诉千万个商家自己所需求的产品，吸引千万个商家与自己联系，从中筛选符合自己要求的商品或服务。在这样大的选择余地下，精明的消费者自然倾向于在网上选购价廉物美的商品了。

（二）安全可靠性

网络购买另外一个必须考虑的是网上购买的安全性和可靠性问题。由于在网上消费，消费者一般需要先付款后送货，从而过去购物的一手交钱一手交货的现场购买方式发生了变化，网上购物的时空发生了分离，消费者有失去控制的离心感。因此，为降低网上购物的这种失落感，在网上购物各个环节必须加强安全措施和控制措施，保护消费者购物过程的信息传输安全和个人隐私保护，以及树立消费者对网站的信心。

由于购物一般要在网上支付，因此确保消费者在网上支付的安全性是非常重要的，目前有许多技术如加密技术和认证技术来保证交易的顺利进行。在商品配送时，也要通过有效的渠道送货。如 FedEx 提供的网上查询货物投递情况就受到网上购买者的欢迎，网上购买者可以实时查询货物邮寄情况。总之，购物的安全可靠性是消费者是否下决心实施网上购买的重要因素之一。有关这方面的分析，将在后面网络营销渠道策略中详细介绍。

三、社会化影响

在网络购买中，消费者购买决策的制定不是独立的，他们会考虑其他人的信息作为参考，这就是网络购买中的社会化影响。社会化影响包括信息性社会化（informative social influence）影响和规范性社会化影响（normative social influence）。信息性社会化影响是指为了获取正确的信息参考他人的信息；规范性社会化影响是指为了与他人保持一致参考他人的信息。

在 Web 2.0 时代，信息传播是扩散的，如搜索引擎、Wiki、百度知道、BBS、贴吧等为受众获取信息提供了多维的通道，形成了很强的网络口碑传播。网络口碑是一种社会化信息，许多消费者在购买产品之前会上网搜索一下其他消费者对该产品或服务的口碑，消费者的信息获取越来越依赖于网络口碑交流。网络口碑的效价、来源以及发送方与接收方之间的关系强度等会对消费者产生不同的影响。

（一）口碑效价

口碑信息一般根据其偏向分为正面（positive）、负面（negative）和双面信息（two-sidedness）。一般而言，正面口碑信息一般会产生积极的影响，如提高购买意愿、品牌评价。负面信息通常会降低消费者对品牌的评价和购买意愿。但是，在没有先前品牌评价的情况下，负面口碑对购买意愿的降低程度要显著高于正面口碑对购买意愿的提高程度。

对于双面信息来说，其有效性取决于多种因素，如消费者的先前态度和信息的结构安排等。比如说，当消费者对品牌的先前态度是积极的时候，双面信息的有效性取决于消费者对双面信息中所含的负面信息的先前认知：如果消费者先前没有意识到双面信息中所含的负面评价的话，抗辩就会增加，双面信息的有效性就会低于单面信息；如果消费者先前已经意识到了有关该产品的负面评价的话，双面信息将会与单面信息一样有效。

（二）传播者角色

消费者从外界寻求信息时，一个基本前提是信息发送方具有提供信息的知识和能力，而专业知识经常当作判断一个人是否具有提供相关信息能力的指标。

一般来讲，来自意见领袖（opinion leader）的口碑对消费者的购买决策具有更大的影响力。意见领袖被定位为社会网络中，鉴于其他人的承认对产品和技术的扩散有着很大影响力的人。相比于一般消费者，意见领袖具备更多的专业知识，专业知识高的人一般会知晓和掌握更多产品知识（比如市场上的替代产品、品牌等），这些产品知识使得口碑发送方可以更准确地对产品的功能或属性进行评价，从而帮助消费者更有效地做出购买决策。此外，个体的专业知识水平越高，所具有的权威性越高，权威的信息对于消费者的决策影响更大。

（三）关系强度

Brown & Reingen（1987）把口碑信息发送者与信息接收者的熟悉程度称作关系强度。按照社会网络理论的观点，具有强关系的个体在价值观、生活方式、产品偏好、社会规范等方面比较一致。消费者在购买决策时更易向与自己具有相似价值观、生活方式和产品偏好的人寻求建议，且具有相似性的个体间的沟通更具说服性。从信任的角度出发，关系强度会显著影响信任，消费者会更加信赖来自强关系群体的信息。所以，当消费者在购买决策时，对来自强关系口碑信息会赋予更大的权重①。

四、网络的影响

网络外部性是互联网经济的显著特征，它是指连接到一个网络的价值，取决于已经连接到该网络的其他人的数量。网络外部性的概念最早是由 Rohfs（1974）提出的，他指出网络外部性是需求方规模经济的源泉。Katz 和 Shapiro 在 1985 年对网络外部性进行了较为正

① 程鹏飞．关系强度、发送方专业知识与口碑影响力——信任的中介效应．软科学，2013，27（05）：66-69，74.

式的定义：它是指产品的价值(效用)随着消费该产品的消费者数量的增加而增加。这种在特定消费行为方面的“映射性”被称为“网络外部性”。

经济学家所关心的是这种网络结构“映射性”的经济含义。他们发现，在这种情况下，消费者的消费行为是相互影响的。某一消费者是否购买或使用这些产品或服务，在很大程度上取决于其他消费者是否已经购买或使用了这些产品或服务，例如销量高说明该款产品映射范围广，使用该产品或服务的人多，从而这也将驱动新消费者购买，并且历史销量越高，这种驱动力就越强。

网络外部性分为直接网络外部性和间接网络外部性。直接网络外部性指一种产品的价值与使用相同产品或兼容产品的消费者的数量相关。例如，随着使用office软件的用户增多，该产品对原有用户的价值也随之增大，因为消费者可以与更多的使用office产品的用户实现信息兼容与共享，从而提高办事效率。间接网络外部性指一种产品的一类用户的数量影响该产品对于另一类用户的价值。双边市场中则存在交叉的间接网络外部性——市场中一方的用户数量和交易量将会影响另一方用户的数量和交易量，比如随着淘宝网卖家数量的增多，消费者更多地选择在淘宝网上进行购物。

第五节　网络虚拟品牌社区

一、虚拟品牌社区的体验维度

虚拟品牌社区是指“基于某个品牌的消费者之间的社会关系和社会关联的、不受地理范围限制的网上社区”。传统的品牌社区主要是消费者自发形成的，然而随着社会化媒体的发展，企业逐渐注意到虚拟品牌社区是增强品牌与消费者之间联系的重要工具，越来越多的企业已经开始主动构建虚拟品牌社区。企业构建虚拟品牌社区的主要目标是通过为消费者活动搭建平台，加强品牌与消费者之间的联系、创造品牌忠诚。消费者在社区的不同活动中获得的不同体验，主要包括以下三个维度：信息体验、娱乐体验和互动体验①。

信息体验是指消费者在获取或共享内容时，认为这些信息内容有用和有价值而产生的体验。由于在社会化媒体时代，消费者不再被动接受企业传播的信息，而是更加依赖其他消费者对产品的意见，更加愿意向其他消费者寻求产品的技术问题解决方式。虚拟品牌社区是围绕某一品牌的平台，这一平台能有效聚集品牌的大量相关信息，消费者在社区中的信息体验能让他们降低对购买产品的感知风险和再次购买的门槛。

娱乐体验是指消费者通过参与社区获得的愉快和轻松的感觉。寻求娱乐成为当前消费者参与社会化媒体的重要动机。有研究表明，企业经常性提供娱乐性内容能获得消费者的关注和好感。

互动体验是指消费者在社区中与其他成员进行交流和沟通获得的体验。消费者在社会互动之中能寻找到相同志趣的成员，建立与其他消费者较为密切的关系，并且在社区之中

---

① 黄敏学，廖俊云，周南．社区体验能提升消费者的品牌忠诚吗——不同体验成分的作用与影响机制研究. 南开管理评论，2015，18(03)：151-160.

形成社会地位，获得归属感等。

二、虚拟品牌社区的维系

研究表明，68%的社区成员首次加入某个社区就永久离开该社区，大多数虚拟品牌社区因为成员的流失、内容匮乏和互动不足而失败。虚拟品牌社区是一种虚拟组织，如同现实组织一样，具有共同的任务(使用和分享品牌体验)、目标和价值，还存在组织的社会等级、社会规范、社会价值等组织特征。对虚拟品牌社区而言，企业作为虚拟品牌社区的组织方，需要将社区成员社会化，接受社区品牌的价值观念，和其他社区成员建立良好的社交关系，从而融入社区之中，社区成员社会化的结果是社区成员对社区的认同。

认同有两层含义：其一是鉴别、辨别的意思，也就是把某人或某物从众多人或物中辨别出来。社会认同论采纳了这个含义，将认同定义为可以将个人与他人分辨开来的个人和社会特征，因此依据个人特征而建构的身份被称为个人身份，而依据社会群体成员资格即社会特征来建构的身份称为社会身份。认同的含义之二是等同。在社会认同论中，当人们采纳了某社会群体的成员身份资格来建立自己的社会身份时，会将符合群体的特征赋予自我。

认同包括四个维度：

①认知认同：成员与组织或者社区的认识和观点保持一致。

②情感认同：成员与组织或者社区在情感上有共鸣。

③理性认同：成员与组织或者社区的分析逻辑保持一致。

④行为认同：成员与组织的行为规范保持一致。

那么，虚拟品牌社区如何才能建立消费者对于虚拟品牌社区的认同，将他们转化为社区的内部成员，长期使其活跃在社区中，成为社区积极的贡献者呢？虚拟品牌社区有三种典型的社会化策略：信息反馈，互动支持和用户教育①。

1. 信息反馈。信息反馈是组织为成员提供反馈，加速成员建立角色认知、融入组织的重要方式。在虚拟品牌社区中，如果新成员的内容贡献和社交互动得到反馈，将促进其理解社区的运行规范；如果得到的反馈是积极的，成员就会认为自己的贡献是有价值的，值得持续投入精力。这些反馈信息可能帮助消费者提高参与能力并使其角色清晰，从而更好地融入社区。比如：当成员为社区贡献有价值的内容、社交比较活跃时，社区往往就会为成员提供虚拟的勋章，甚至是物质激励。

2. 互动支持。互动支持是指社区组织成员举办互动活动，促进社区成员之间的沟通交流。在虚拟品牌社区中，社区组织者通过组织和促进成员之间的互动活动，帮助社区成员获得社区中的角色反馈及组织归属感，明确在人际交往中的准则，自觉遵守组织的规范和纪律。比如：华为花粉俱乐部组织手机摄影竞赛，鼓励成员用华为手机拍摄最美的照片来参加竞赛活动。

3. 用户教育。用户教育是指公司对实际和潜在的顾客开展教育活动，以提高顾客的

① 廖俊云，黄敏学，彭捷．虚拟品牌社区成员社会化策略及其影响．南开管理评论，2016，19(05)：171-181，192.

产品知识素养和使用相关的技巧。虚拟品牌社区将消费者信息需求与企业产品知识介绍相结合，是进行消费者教育的重要渠道。企业通过在社区中的用户教育活动，能够满足消费者对产品知识的需求，使消费者正确使用产品，实现产品价值。比如：国内小米、华为虚拟品牌社区都开辟了专门的教育消费者板块，为消费者提供手机系统更新指南、手机常见问题解决等服务与指导。

虚拟品牌社区社会化的重要方面是促进成员培养共同的兴趣，形成品牌社区强调的“仪式和传统”“共同的责任感”和“共有意识”。因此，虚拟品牌社区的社会化策略更强调建立成员与社区深刻的情感联系，而非强调发展社区成员知识贡献动机和知识贡献能力。

第五章　网络顾客忠诚管理

【亚马逊网络书店的顾客忠诚策略】互联网上有这样一家书店，如果按照传统商店所需的营业面积来计算的话，它的规模约占好几平方英里，它有1300多万种图书可供选购，此外，公司还销售电影、电子产品、软件、玩具、健康和美容产品等，顾客超过1700万人，这就是亚马逊网络书店(www. amazon. com)(以下称亚马逊)，其主页如图5-1所示。

图5-1　亚马逊中国站点主页

亚马逊网络书店是Jeff Bezos于1995年7月创立的。Bezos以世界上最大的河流之一亚马逊来命名他的公司，希望他的公司像这条世界最大的河流一样，成为全球网络时代零售业的巨头，而事实上他确实做到了。目前，亚马逊已成为世界上最知名的电子商店品牌，同时也成为零售业成功地进行在线销售的重要标志。

从管理的角度来看，亚马逊网络书店的成功应归因于它在控制成本和走向整体赢利的同时开辟了在新业务领域中经营的能力，而这种能力集中表现为在网络环境中提供了高水平的客户服务，并获得了高度的顾客忠诚。“从第一天开始，Bezos就知道Amazon. Com必须建立顾客忠诚”，为了在网络环境中建立高度的顾客忠诚，亚马逊做了以下几个方面的努力：

(一)方便顾客

亚马逊网络书店最大的特色之一就是将顾客奉为上帝。为了方便顾客，更好地服务于顾客，亚马逊公司在购物、送货和其他一些细节上对顾客给予了无微不至的关怀，为顾客提供较高的让渡价值。这在亚马逊高水平的产品与服务中可见一斑。

1. 高质量的综合书目数据库和检索系统。通过网络，顾客可以任意检索、预览、购买任何书籍。这些检索手段不仅包括书名、作者、出版日期在内的出版信息，而且还有书的内容信息；在技术上，用户可以从4个界面检索亚马逊数据库。多种方式的查询与检索，包括关键词快速检索、作者检索、书名查询、出版社和出版日期查询等。

2. 灵活多样的订购方式。亚马逊有两种订购操作方式。一种是常规方式，这一方式分为以下几步：把选择的书放入“购物篮”；按“proceed to check out”查看购物篮中商品；选择服务方式；提交订单。一本书在这几步之后就可以买到了。另一种是当读者在亚马逊上消费过一次之后，亚马逊将提供一种更为便捷的服务。因为此时读者所有的与订购有关的个人信息已被存入个人账户中，不用填写任何文字，只需按一个键就可完成以上所有操作。

3. 快捷的配送服务。亚马逊的网下服务也非常高效，它给顾客送货的时间等于找到订货商品的时间加上装运的时间，中间没有任何滞留。亚马逊实行24小时全天购物，购物者在网上下了订单以后，只要5~8天，就能收到所购的货物了。

4. 售后服务。亚马逊的退书政策非常值得一提。读者在拿到订货30天内，可以将完好的书或没有开封的CD退回亚马逊，它将按原价退款。如果属于亚马逊的操作错误而造成退货，它会将运费也退还。

5. 便捷的购买过程。亚马逊公司的“1-click”技术，也是基于“客户是上帝”的精神而发展起来的。通过一次性地保留用户资料，亚马逊得以在其后的所有服务中，只要用户提供一个独特的个人号码就可以帮助用户完成需要填写的各种表格，从而大大减少了用户的重复劳动。由于这种对用户的关怀，绝大部分用户将亚马逊公司作为自己购物的首选网站，并对亚马逊公司的购物过程给予了极高的评价。

6. 充分考虑顾客的需要。亚马逊公司为了方便不同类型顾客的需要，除了提供新书销售外，还提供二手书的销售信息，甚至提供平台让其他的网上书店商也显示出同样的书在其他网站的价格。这样网上顾客，不用离开亚马逊的网站，就可以了解到新书、旧书以及同一本书在其他网站的价格。

(二)了解顾客

亚马逊公司通过跟踪顾客的购物历史，提供一系列个性化的服务来吸引回头客，培育顾客忠诚。比如说，当顾客再次光临亚马逊网站时，一个cookie文件将识别用户身份，并显示类似“欢迎再次光临，汤姆·格林”这样的欢迎语，同时会根据该顾客以前购买的书籍种类推荐新书。当顾客浏览某本书或某个音乐专辑时，基于Web的数据库将提供其他顾客的评论，并告诉该顾客“购买该作者作品的顾客还购买了这些作者写的书——”。浏览者可以在线注册，建立一个用户档案，并提交一份需求表。顾客可以定制他们的账号，并利用亚马逊公司获得专利的“1-click”设置功能在线管理订单。另外，这种个性化的服务还允许顾客做以下工作，包括：查询他们的订单处理情况；撤销或合并还没有进入送货阶段的订单；编辑未装运订单的送货选项和地址；修改未装运订单的支付方式；订阅商品；更新个人提示服务等。

（三）员工忠诚

亚马逊公司为了能够深入了解消费者的需要与愿望，要求每个员工都能够充分了解顾客心态，并将这一标准应用到员工的招聘过程中。在《华尔街日报》曾刊登过的一篇文章中，亚马逊的副总裁 David Risher 讲述了 Jeff Bezos 将会和潜在的管理层员工面试时讨论什么："他不盘问申请人先前的工作经验，他谈论的是价值观、个人兴趣以及解决工作问题的方法，比如'你怎么给聋哑人设计轿车'。"最好的申请者会说他们要把自己的耳朵塞起来，然后开车出去体会聋哑人开车的感觉。他们把自己放在了顾客的角度，来发现他们需要什么。另外，亚马逊公司还用"对公司的信仰"以及"未来的股票利润分享制"建立起了高度的员工忠诚，因为在网络这个互动的世界里，只有拥有了高度忠诚的员工才能建立起顾客忠诚。正是因为有了这样一批具有能力又能为顾客着想的忠诚员工，才使得亚马逊公司的顾客忠诚度一直保持较高的水平。

据统计，亚马逊公司重复购物的顾客占到了整个订单的 64%，而之所以能取得这样显著的成效主要是由于它运用了一个屡试不爽的公式——为顾客提供优异的价值并培育网络顾客的忠诚度。

在今天的商业环境中，网络零售商不仅要与许多网络上的竞争对手竞争，还要与许多现实中的竞争对手竞争。在这种情况下，只有通过以消费者为中心的忠诚营销策略来获得更高的顾客忠诚度，才能使顾客持续地购买企业的产品，才能树立起品牌形象，才能在竞争激烈的网络商业环境中立于不败之地。

第一节　网络顾客忠诚管理概述

一、网络顾客忠诚的重要性

近年来，随着卖方市场逐渐转变为买方市场，顾客也取代企业成为商业活动的主导者。与之相随的技术、信息的加速扩散导致企业在产品和服务提供上差别甚微，而越来越多地表现出对顾客选择的依赖性，顾客成为企业经营成败的决定因素。相应地，企业重心从"产品中心（product-center）"转化为"顾客中心（customer-center）"。但是，不同顾客对企业的意义是不同的，著名的"80/20/30"原则早已揭示出真正能为企业带来利润的只有 20%的顾客（基本上都是企业的忠诚顾客）。基于此，企业对顾客，特别是忠诚顾客重要性的认识日益提高。在传统商务领域，对于顾客忠诚作用的研究已经甚多，比如美国学者雷奇汉（Frederick F. Reichheld）和赛塞（W. Earl Sasser. Jr）的研究结果表明，顾客忠诚率提高 5%，企业的利润就能增加 25%至 85%。电子商务出现后，大多数网上企业将大部分精力放在了吸引新顾客上，而忽视了对顾客忠诚的培育。事实证明，电子商务中顾客忠诚的重要性比在传统经济下是"有过之而无不及"。网络环境下，忠诚顾客的作用主要表现在以下几个方面：

（一）忠诚顾客的利润创造作用

首先，顾客参与企业价值的创造。在网络环境中，顾客不再是各种活动的被动接受者，顾客在与企业的交往中已经由被动转为主动，特别是那些忠诚的顾客，他们积极参与企业价值的创造和竞争活动，逐渐成为了价值的共同创造者。他们与企业的关系更加紧密，已经成为企业新的竞争力资源。例如，微软在Windows2000改进版的测试中，花费5亿美元邀请65万多名顾客参加，共同探讨改进产品性能的方法。在这项活动中，有些顾客甚至自己掏钱参与。通过这次尝试，许多顾客充分认识到Windows2000新版本可以给他们的工作带来更大的便利；同样，通过这样的测试，微软公司也改进了产品的性能，克服了产品早期版本的诸多缺点，赢得了顾客的认可，从而也增加了用户对微软公司的进一步忠诚。

其次，忠诚顾客会产生更多的利润回报。顾客购买时所支付的超过商品成本的那部分价格就是顾客提供给公司的利润回报。很明显，顾客保留的时间越长，购买的次数越多，企业从该顾客身上获得的回报也就越多。而且，顾客单次购买的消费量会随时间变长而增加，这在电子商务中表现得尤为明显：网站的初次登录者可能是有目的地前来搜寻某种商品，而随着对网页熟悉程度的提高，他对公司网站上销售的产品也有了更多的了解，在选购裙子的同时可能就会顺带着购买一双皮鞋。当顾客对该网站的信赖程度进一步提高后，他可能在以后的网上购物活动中都将这一家网站作为首选，这样一来，公司就可以在这名顾客身上实现更多的向上销售和交叉销售，获得更多的利润回报。

最后，忠诚顾客的利润率会更高。忠诚顾客对价格并不敏感，大多数情况下他们支付的价格实际上比新顾客要高。忠诚顾客不像新顾客那样喜欢优惠券等折价措施，在商店对部分商品降价时，老顾客的购物筐中的降价商品所占的比重要远远低于新顾客。网上购物时，大多数购买者往往因为购物的方便而愿意支付一定程度的溢价。这主要是因为忠诚顾客在维系同企业的关系的过程中常常能获得较高的价值(譬如，独特的产品与情感需求的满足)，因而，他们不像新顾客那样十分在意价格。因此，忠诚顾客的利润率相对较高。

(二)忠诚顾客的成本降低作用

第一，培养忠诚顾客能降低企业的顾客获取成本。企业在获取顾客时要付出较大成本，争取一个新顾客的成本是维系一个老顾客的成本的六倍。研究发现，电子商务中新顾客的获取成本要大大高于传统方式下的获取成本(如网上零售比传统零售的成本高20%~40%)，这就意味着网上争取新顾客的成本将更高，获取一名新顾客的成本可能超过100美元，即使对亚马逊这样成功的电子零售商而言，这一成本也在15美元以上，而相比之下，亚马逊书店留住一名现有顾客的成本仅为2~4美元。这主要是由于网络巨大的包容性所带来的“信息爆炸”使消费者难以抉择而易于叛离。但是，如果企业能将首次购买者维系下来，他们带给企业的利润将随交易量的增多而大幅度的增加，网上消费者在第20~30个月的购买量是最初6个月的两倍多。Bain & Company(http://www.bain.com/)和Mainspring(http://www.mainspring.com/home)最近的报道也显示，顾客平均要在一个网上商店购物四次，商店才能收回为获得这些顾客所付出的成本。可见，如果忽视对网上顾客忠诚的培育，企业花费在吸引顾客上的高额成本就会付之东流，因而只有建立顾客忠诚才能使企业获益。

第二，培养忠诚顾客能够降低营业成本。由于新顾客在首次交易中不熟悉网站的布局与业务流程，企业需要提供较多的服务。而忠诚顾客则在持续的购买活动中积累了丰富的知识，他们几乎不再需要业务流程方面的指导，产品知识的逐渐增多也将减少相关的咨询服务，顾客与服务人员的交往还会使双方合作的默契程度提高，从而提高经营效率。忠诚顾客因熟悉业务流程而需要较少的服务时间，从而使网站能接纳更多的在线购物者，服务人员也可以为更多的顾客提供服务。这些都将直接导致营业成本降低，经营效率提高，并进而提升企业的竞争能力。

（三）忠诚顾客的口碑效应

顾客的口碑效应在传统经济中早已引起重视。而根据 Reichheld 和 Schefter① 的调查，口碑效应在电子商务中具有更大的影响：超过半数的网上忠诚顾客都是口碑效应的产物。作为公司与消费者之外的第三方，忠诚顾客的宣传作用大大强于广告，能对消费者产生更大的影响。而且，“物以类聚、人以群分”，推荐而来的顾客与老顾客往往在需求上具有某些相似点，他们常具有明确的购买目的，不像其他网上浏览者那样频繁地更换购物站点。因此，忠诚顾客推荐来的顾客往往比通过广告、降价等方式吸引来的顾客质量更高。并且，网络巨大的覆盖面与便捷的信息传递能力使顾客之间的信息传递更为方便，网上“口碑”的作用范围更深更广，能吸引更多人成为企业的顾客乃至忠诚顾客。值得注意的是，口碑对提升企业形象也具有积极的作用。

（四）消除网络信息透明化带来的负面影响

网络技术的发展使得信息高度透明化，卖方在信息的获取上不再占有优势，顾客可以在网络经济提供的“颠倒的市场”中获得很大的权力，他们利用互联网提供的各种信息，为自己寻求更大的价值。他们在信息基础上，与卖方进行讨价还价，将多个卖方进行比较，从中找出满足自己需要的、质量和价格结合更好的产品和服务。而顾客忠诚的建立，可以有效地抑制顾客对其他企业信息需求的欲望，排斥其比较心理，使企业获得终身顾客，从而排除了网络信息透明化对企业的不良影响。

（五）顾客忠诚对企业的整体价值

事实上，忠诚是一种原则，它是企业据以长期服务于所有成员的各项原则的总和。顾客的忠诚与员工和投资者的忠诚紧密相关。忠诚顾客的产生离不开忠诚员工的努力，而忠诚顾客带来的价值又会保留更多的员工、吸引更多的长期投资者。员工、顾客和投资者这三者作为“忠诚的力量”，将会形成一种难以估量的“忠诚效应”，使企业的整体竞争优势大幅度提升，帮助企业在竞争中处于领先地位。

较低的维系与服务成本、重复购买与交叉购买的利润贡献、更高的利润率及网上口碑带来的新顾客都将直接促进利润的增长，而这些优势若能得以长期保持，就能赢得员工与投资者的忠诚，提高企业的竞争能力，而竞争能力的提高反过来又会吸引更多的顾客保留在企业内部并成为忠诚客户，三方面忠诚的相互作用就形成了一种螺旋上升的良性循环。如果再考虑到忠诚客户在提供市场需求信息、竞争对手信息等方面的作用，那么，顾客忠诚就足以被视为一种宝贵的资源，它是电子商务中企业制胜的竞争法宝。

---

① REICHHELD F F，SCHEFTER P. E-Loyalty：Your Secret Weapon On the Web. Harvard Business Review，2000：7-8.

二、网络顾客忠诚的内涵与分类

(一)广义的网络顾客忠诚的内涵与分类

从广义上说，在传统的商业环境中，顾客忠诚(customer loyalty)被定义为顾客行为的持续性，即重复购买。与此相对应的网络顾客的忠诚则是指顾客持续地访问某个网站或在某个电子零售商处进行持续的重复购买。这一定义没有涉及顾客的心理层面，只是以行为的持续性为依据来判断一个顾客是否属于忠诚顾客的范畴。然而，不同顾客的忠诚差别很大，不同行业的顾客忠诚也各不相同。从这一定义出发，根据产生持续性行为的不同原因及顾客的依恋程度，可以将顾客忠诚分为以下几种类型：

1. 垄断忠诚。指顾客因别无选择而形成的持续性访问与购买。因为只有一个供应商，所以顾客就只有一种选择，这些顾客通常是低依恋、高重复的购买者。在传统的商业环境中，我国的邮政系统就是垄断忠诚的一个很好的实例。此外，微软公司的某些产品也具有垄断忠诚的性质，用户所需要的某个程序只有在微软的网站才能够下载到，那么用户就别无选择，只有经常访问微软的网站了。

2. 惰性忠诚。指顾客由于惰性而不愿意去寻找其他的供应商而形成的重复购买。这些顾客是低依恋、高重复的购买者，他们对公司并不满意。如果其他的公司能够让他们得到更多的实惠，这些顾客便很容易被其他企业挖走。一位制造商总是从同一家卖主那里订购某一零部件，而他之所以总是选择那家特定的卖主就是因为他对订货程序比较熟悉，而懒得去寻找新的供应商，这就是一种典型的惰性忠诚。一个网民总是在新浪网看天气预报，不是因为别的，只因为那已经成了一种习惯，他不想再花时间到别的网站去寻找了。

3. 潜在忠诚。指低依恋、低重复购买的顾客。顾客希望不断地购买产品或服务，但是公司的一些内部规定或是其他的环境因素限制了他们。比如说，某一顾客原本希望再来购买，但是卖主只对消费额超过150元的消费者提供免费送货，这时这一顾客就成为了企业的潜在忠诚顾客。再比如说，某个网民想登录某个网站，但他只有花一个多小时的时间下载一个浏览器才能登录，而这个网民偏偏又无法下载那个浏览器，此时，这个网民就成了该网站的潜在忠诚顾客。

4. 方便忠诚。某个顾客的重复购买是由于地理位置比较方便，这就形成方便忠诚。方便忠诚的顾客类似于惰性忠诚的顾客，是低依恋、高重复购买者，也是很容易被竞争对手挖走的。

5. 价格忠诚。对于价格敏感的购买者总是忠诚于提供最低价格的零售商，这是一群低依恋、低重复购买的顾客，只要竞争对手提供更低的价格，他们就会离开。在网络环境中，有好多提供价格比较的网站，为了买一件商品而光顾几个网站以比较价格的顾客，往往都是价格忠诚型的购买者。

6. 激励忠诚。在激励忠诚中，顾客的重复购买是由公司提供的奖励活动带来的。当公司有奖励活动的时候，顾客们就会前来购买；当活动结束时，顾客们就会转向其他有奖励的或是奖励更多的公司。比如说，经常选择美国航空公司的旅行者是为获得其所提供的免费飞行里程，这就是激励忠诚的表现。此外，经常光顾QQ商城活动的网民是为了获得更多的Q币，这也是一种激励忠诚的表现。

7. 超值忠诚。这是一种典型的品牌忠诚。超值忠诚的顾客是高依恋、高重复购买的顾客。顾客对于那些使其从中受益的产品和服务情有独钟，不仅乐此不疲地宣传它们的好处，而且还热心地向他人推荐。因此，这种忠诚对很多行业来说都是最有价值的。一位摄影爱好者总是购买柯达的胶卷，而对其他品牌的胶卷从不问津，这就是一种超值忠诚。一位经常光顾亚马逊书店，购买其出售的多种商品，并极力向朋友推荐该网上书店的用户显然是一位超值忠诚的顾客。

(二)狭义的网络顾客忠诚的内涵与分类

在传统领域中，狭义的顾客忠诚通常被定义为：一种深沉的、在未来将重复购买产品或服务的责任感，这种责任感会使顾客在可能会导致其转换品牌的环境及营销因素影响下，仍会重复购买相同的品牌。忠诚实际上是一种渴望重复购买某一品牌或产品的热忱状态，它使顾客在竞争者提供了更快捷的服务、更好的质量、更低的价格等诱因的情况下，仍然认为自己所做的是最好的选择。这一定义可以从以下几个方面来理解：首先，这里的忠诚包括两方面的内容，既有心理的忠诚(奉献的责任感)，也有行为的忠诚(重复的购买)；其次，这种顾客忠诚是在和竞争对手相比较的营销环境中产生的，没有竞争对手的垄断忠诚不能算是真正的忠诚；最后，这种忠诚更重视消费者的心理层面，强调的是顾客对品牌的积极态度、偏爱乃至对重复购买的责任感和热忱的状态，正是这种心理的偏爱才使得顾客在即使竞争对手提供更优越的条件时仍然坚持自己的选择。

在网络商业环境下，顾客忠诚的内涵没有发生实质性的改变，只是忠诚的对象变成了某个电子零售商或者某一个网站而已。本书中采用的是狭义的顾客忠诚的概念。从上面的定义可以看出，从某种程度上说，顾客忠诚是非理性的。顾客忠诚依其程度深浅，可以分为 4 个不同的层次，依次是：

1. 认知忠诚。这是忠诚的初始阶段，消费者获得的品牌属性信息显示，一个品牌比它的竞争品牌要优越得多，这个阶段被称为认知忠诚或者仅仅基于品牌信念的忠诚。认知可能来自于他人先前的经历或者近期亲身的经历。这一阶段的忠诚直接指向品牌，这种忠诚状态是一个浅层状态。如果这种交易是例行的，满意就不可能向前发展，这种忠诚的深度就不可能比纯粹的绩效深。如果满意能向前发展，它就变成消费者体验的一部分，并开始在情感上产生作用。

2. 情感忠诚。在忠诚发展的第二阶段，顾客由于多次的消费和使用而形成了对某一品牌的喜欢。情感忠诚表现为对品牌的喜欢，与认知忠诚相似，它也可能转换。实证研究证实很多先前声称满意的顾客在随后的购买中发生了品牌转换行为。

3. 意念忠诚。意念忠诚(行为导向)阶段的顾客受其对品牌的积极情感因素所影响。意念忠诚表现为重复购买某个特定品牌的奉献意识。然而，这种奉献更多的是重复购买这一品牌的一种意向，更多的是与刺激相类似的情感。在效果上，消费者想要去购买，但与任何“好的意向”相似，这种愿望可能仅仅是一种思想上的参与而没有转化为行动。

4. 行动忠诚。当意向上的忠诚转化为行动时，行动忠诚就出现了。在行动控制顺序中，早先的忠诚形成的激励意向转化为行动意愿。行动控制范式主张这是与附加的愿望一起来战胜阻止购买行为的各种障碍。在所有这些状态中，行动是一个必然的结果。如果这种过程被重复，行动的惯性就形成了，重复购买也就产生了。

三、影响网络顾客忠诚的因素

(一)顾客让渡价值因素

顾客让渡价值是指总顾客价值与顾客成本之差。顾客与企业之间是一种价值交换的关系，顾客通过顾客让渡价值来选择特定的某家企业。可以说企业让渡给顾客的价值对其忠诚的产生发挥着重要作用，同时 Blackwell 等人在其提出的价值——忠诚度模型中也表明，感知价值对顾客的再购买意愿起决定性作用，情境因素在直接影响顾客忠诚度的同时，还通过作用于顾客感知价值的构成而间接地影响顾客忠诚①。

(二)顾客满意因素

菲利普·科特勒大师认为，顾客满意是指“一个人通过对一个产品的可感知效果(或结果)与他的期望值相比较后，所形成的愉悦或失望的感觉状态。”顾客的满意程度较高，则该顾客会购买更多，对公司及其品牌的忠诚更久。大量的有关顾客满意和顾客忠诚的研究也认为，无论行业竞争情况如何，顾客忠诚都会随着顾客满意度的提高而提高。可以说，顾客满意是推动顾客忠诚的最重要因素之一。

(三)转换成本因素

在与企业的交往中，老顾客通常会发现，如果自己想要更换品牌或卖方时，会受到转换成本和只能从当前的供应方那里获得的延迟利益的限制。在网络信息环境下，虽然顾客有着主动的地位，但是随着顾客不断地融入特定企业，转换成本也会随之提高。例如著名的 Dell 公司开发出一种软件，将其网上服务系统连接到顾客自身的企业资源计划软件中。这样，当某个顾客向 Dell 订货时，不仅能使戴尔的内部及其供应商做出反应，同时还启动了自身的经营系统，如审批、预算、库存等，从而使自身的盈利能力大增。这时，如果顾客再想转向另一家公司，其转移成本就非常高，在这种情况下，顾客便会做出忠诚于 Dell 的决策。一般来讲，企业构建转移壁垒，使顾客在更换品牌和卖方时感到转移成本太高，原来所获得的利益会因为转换品牌或卖方而流失，这样可以使顾客进行重复的购买。

(四)其他相关因素

Barbara Bund Jackson 认为顾客的重复购买行为必然处于两个极端的行为模式(忠诚型和机会型行为模式)之间，顾客的具体购买行为模式主要由产品或服务对顾客的重要性、顾客购买时所面临的风险、需花费的金钱和时间精力投入等所决定②。在网络信息环境下，虽然顾客购买投入的时间大量地减少，但是购买时的风险还是一直存在的。如果所购买的产品或服务对客户的重要性低，购买选择面临的风险小，金钱和时间精力的花费投入少，顾客会觉得没有必要刻意回到有满意感体验的企业，选择哪家都无所谓，顾客因而会随意进行选择，或者依据眼前的条件是否更有利这样单纯的标准来选择重复购买的目标企业，因而极易投入其他竞争企业的怀抱，特别是当竞争企业提供了价格优惠等刺激手

---

① BLACKWELL S A, SZEINBACH S L, BARNES J H, GARNERD. W, BUSH V. The Antecedents of Customer Loyalty. Journal of Service Research, 1999, 1(4): 362-375.

② JACKSON B B. Build Customer Relationship That Last. Harvard Business Review, 1985, 63(12): 120-128.

段时。

当然，除了以上的一些因素外，社会规范与情景因素对顾客的忠诚也有一定的影响。有许多情境因素会影响顾客忠诚度，包括影响态度与行为一致性的实际和感知的机会(如面对首选的品牌缺货的情况，竞争企业降低价格的诱惑或在同一购物环境下，竞争企业的有效促销会增加其产品对顾客的影响力)。这些情景因素作为外部事件会对态度——行为的一致性带来影响。①

四、网络顾客满意与网络顾客忠诚

(一)顾客满意及其决定因素

菲利普·科特勒认为，顾客满意是“一种人的感觉水平，它来源于对一种产品所设想的绩效(performance)与人们的期望所进行的比较”。这一定义实际上描述的是广为流行的一种顾客满意模型。这种模型认为，顾客在进行消费之前，心中就持有产品应达到的一定标准，从而形成期望；在购买产品之后，顾客会将产品的实际表现同自己的标准相比较，从比较中判断自己的满意程度。这种判断有 3 种可能的结果：如果产品表现与顾客的标准相符，顾客就会感到适度的满意；如果产品表现优异，超过了顾客的标准，顾客则会十分满意；相反，如果产品表现达不到标准，顾客就会产生不满。

(二)顾客满意与顾客忠诚的关系

一般而言，顾客满意是顾客忠诚的一个必要因素，满意的顾客更有可能成为忠诚顾客，忠诚顾客通常对产品也是极为满意的。但是，满意并不会必然地导致忠诚的产生，即满意的顾客并不一定会忠诚，并不一定会进行重复的购买。美国贝恩公司的一次调查显示，在声称对公司产品满意甚至十分满意的顾客中，有 65%到 85%的人会转向其他产品；在汽车业中，尽管有 85%到 95%的顾客对产品感到满意，但是只有 30%到 40%的人会再次购买相同厂家生产的产品或相同产品的同一型号；在餐饮业中，“你的晚餐如何”之类的满意度调查基本上无法测出顾客的真实感受，而且，即使顾客的真实感受是满意或非常满意，他们之中仍会有 60%到 80%的人成为“叛离顾客”。由此可见，仅仅有满意是不够的，企业只有努力将满意的顾客转变成忠诚的顾客才能够防止顾客的流失，获得长期的丰厚利润。

第二节　网络顾客忠诚的建立

一、网络顾客忠诚的建立步骤

赢得网络顾客的忠诚是每一个电子商务企业都希望的，但是目前大多数网络企业拥有的网民并不多，而首次购买者更少(不足网民的 3%)，更不用说重复购买者了(不足网民的 1%)。在这种情况下，网络企业必须采取某些措施“感动”顾客，使他们愿意留下来。

---

① SMITH R E, SWINYARD W R. Attitude Behavior Consistency: The Impact of Product Trial Versus Advertising. Journal of Marketing Research, 1983, 20(8): 257-267.

成功地保持顾客对网站的忠诚应包括下列步骤（见图 5-2）：1. 逐步了解和理解顾客；2. 实施针对性的营销策略；3. 为顾客构建虚拟体验；4. 促进顾客社区的发展。下面将对各个步骤进行详细的介绍。

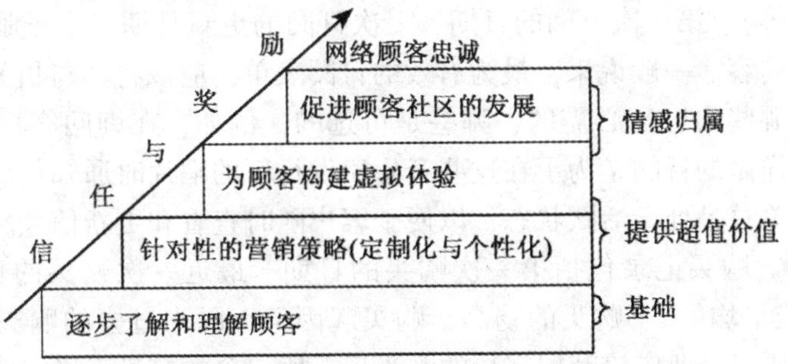

图 5-2　网络顾客忠诚构建模型

二、逐步了解和理解顾客

逐步了解和理解顾客的过程就是在网络环境中搜集顾客数据、了解顾客信息，并根据所获的信息对潜在顾客进行筛选，从而选择合适顾客的过程。这一过程是从搜集网络顾客的数据信息开始的。

（一）搜集数据，建立网络顾客数据库

所有的网民都有可能成为企业的潜在顾客，因此，这里要搜集的数据资料主要包括两大类：综合性数据与具体数据。

综合性数据。综合性数据主要包括以下的信息：网络用户的一般信息（如网民的性别比例、网民的平均受教育程度、网络用户的平均收入、网民的年龄结构等）、特定时间内旗帜广告的数量、电子邮件或网页中链接的点击次数、有多少人对网页发表感想等。这种数据有助于确保业务运作总体上的成功，能提供关于客户和来访者对什么感兴趣的总体感觉。

具体数据。具体数据包含了每一个客户与企业之间单独的交往过程。综合数据涉及总体趋势和一般性问题，而具体数据则涉及非常具体的细节：来访者对什么感兴趣，他们收到了哪些电子邮件，他们点击了哪些链接，他们购买了什么商品以及他们的地址、联系方式、购买习惯等。具体数据所包含的信息使得网站的定制化和个性化营销成为了可能。

在网络背景下，顾客的数据是无所不在的。通常，企业可以从以下几种途径获取潜在顾客的数据：

1. 网民亲自提供的个人信息。这种类型的信息包括用户的姓名、电子邮件地址、家庭住址、邮政编码、性别、出生日期、第一语言、职业、婚姻状况、子女情况等。这类数据是最具个性化的信息，也是最难获得的一类信息。一般来说，最好在网民第一次访问网站时就说服他们把相关的信息资料留下，但是如果没有具体的回报，顾客往往不愿意提供任何信息。因此，对顾客入网登记采取一定的激励措施是十分奏效的，如让顾客参与竞赛、提供与众不同的免费礼品等。比如，询问登记用户子女的名字和生日可能会冒犯他们，但是邀请客户为其朋友或家人(当然包括他们的子女)登记提醒或礼物建议服务就比较随和，也更有可能达到目的。

2. 订阅信息。这种类型的信息包括依赖于目标网民的兴趣(如音乐的风格、喜欢的艺术家、股票行情等)、第一次订阅的日期、上次订阅的更新日期、电子邮件信息类型、希望的接触频度等内容。一般说来，最为有效的订阅表单，应该将其与相关的价值紧密联系起来，明确指出哪些内容是必需的、哪些是可选的。例如，在询问客户最喜欢的音乐家时，告诉他们这样做的目的是为了在这些音乐家发行新的唱片时通知他们。此外，企业应该使在线订阅表单总是处于活跃状态，以便于客户随时查看和更新信息。

3. 购买记录。购买记录包括第一次购买的日期、最近一次购买的日期、购买频度、购买值(实际值或平均值)、购买的物品、购买起因等。因为过去的购买行为可以预示将来的购买兴趣，所以企业应该利用客户的购买记录所包含的信息来确定营销计划、建议和进行有针对性的个性化服务。例如，一位顾客从当当网买了一本《红楼梦》，那么他可能是对古代名著感兴趣的人，这就意味着他很可能对《三国演义》也感兴趣。在许多情况下，完整的记录购物历史是没有必要的，简单的累计一下顾客花了多少钱、上次购买的日期就够了。但是如果过去的实际购买行为与将来的联络非常相关，就需要保留这些信息并据此采取行动了。

4. 网络行为信息。这里所说的网络行为信息是指第一次访问日期、上一次访问日期、停留时间、浏览的主题等内容。值得注意的是，网络行为信息不能只是简单地用来通知营销和IT部门在一定时间内网页有多少访问量。关于特殊的来访者和回头客等信息，网络营销人员应该对集成和利用顾客网络行为给予更多的关注。eBay公司就是利用网络行为报告来估计潜在客户、注册会员和顾客的兴趣的。

5. 外部活动。所谓的外部活动是指其他渠道的接触记录(邮件、电话)、需要解决的支持问题、第一次和最近一次打电话或发邮件寻求支持的时间、支持日志/事件记录、产品退回记录等。在投递邮件、电话推销、客户支持、产品退回事件等活动中产生的数据可能成为衡量真正的客户价值、服务成本、用户接触和转变成本等的重要依据。将这些外部数据与企业的网络营销信息系统结合起来，可以发现并避免潜在的问题。例如，假设有一客户来信说他买的产品有缺陷，如果客户服务部门没有将这一问题告诉营销部门，营销部门可能还会给这位已经很生气的客户发送有关他正在抱怨的产品的最新信息的电子邮件。

6. 外界增补信息。这里所讲的外界增补信息是指从外部来源获得，然后添加到顾客数据库中的信息，如人口信息、家庭信息等。例如，如果不知道顾客开什么类型的车，但又认为这个信息很重要，从理论上讲企业是可以从第三方提供商处获取的。

总之，企业应该将利用通过上述方式所获得的所有信息为每一个顾客建立一个综合的数据库，确保记录下与顾客每一次接触的信息：每一次送货、每一次访问、每一次购买、每一次抱怨。同时也要让顾客能够获得网站所储存的信息，顾客应该能随时了解自己的购物史，许多顾客在看见自己的档案后，往往很愿意向网站提供更多的信息。

(二)对数据库进行分析，选择合适的顾客

并非所有的网民都能成为对企业有吸引力的顾客，并非所有的早期顾客都有很高的终身价值。电子商务企业应该从开业之初就努力判断哪些顾客对企业具有更高的价值。企业应将绝大部分的精力用于建立与高价值顾客群体的直接关系，并给他们以特殊的待遇。在早期阶段，企业可以求助于过去企业与顾客交往所获得的经验。然而，过不了多久，企业就需要根据互联网上所收集的顾客信息，来进一步评价哪些顾客具有更高的价值。在虚拟的世界中，忠诚不仅意味着愿意把企业的产品或服务推荐给其他人，而且意味着大量的购买以及对网站定期的、经常性的访问。比如，一位在一个月内每天访问某汽车网站的顾客比一位不经常访问的顾客购买的可能性要大。据此，我们可以利用新近性、经常性和资金价值这三个维度来对在线顾客进行细分，从而分辨哪些是最好的顾客。

新近性。新近性用于衡量顾客最后一次访问网站或购买产品距今有多长时间。统计数据显示，最近买过东西的顾客有可能进行重复购买。与经常性和资金价值两个指标相比，新近性对预测将来的购买行为更有优势。

经常性。经常性是指顾客访问或购买的频率。重复购买者可能在将来继续进行购买。一般来说，经常性对于不同的网站有不同的含义。对于零售网站而言，一位一年买了 4 次鲜花的顾客与另一位一年买了 2 次鲜花的顾客相比，可以被认为是忠诚的顾客。而对于一个销售大件商品的网站而言，访问次数的增加只能表示该顾客准备进行购买。

资金价值。资金价值说明的是顾客的总支出与电子商务企业的赢利性之间的关系。顾客的收入情况、消费偏好等都会影响到顾客的资金价值。一般说来，挥金如土的顾客更可能进行大金额的购买，当然也有例外，一位顾客即使并不经常进行大金额的购买，也可能是高价值的顾客。比如说，一位家庭主妇去某个网站购买了家人的内衣，感到非常满意，把这个网站介绍给了很多熟人，她虽然没有进行经常性的购买，也没有大金额的消费，但是对于网站来说，这个家庭主妇无疑是一个有价值的顾客。

三、采取具有针对性的营销策略

在充分收集了顾客的综合性信息和具体信息，选择了合适的顾客，并对顾客有了一定的了解之后，赢得网络顾客忠诚的接力棒就传到了实施具有针对性的营销者的手里。这里所说的针对性，一方面是指营销策略的选择要针对企业自身网站的特点，根据企业网站的特性来选择合适的营销策略；另一方面是指企业营销策略的选择要针对企业的合适顾客的特性。如果企业的营销策略不能满足顾客的需求，那么所有的策略选择都是惘然。在网络环境中实施具有针对性的营销，有两种可以选择的措施，即网络定制化营销与网络个性化营销。

(一)定制化/个性化营销的重要性

首先，网络的定制化/个性化营销能够增加网站的回应率。比如说，网站的个性化使得微软公司 Carpoint(www. carpoint. com. au)网站的回应率比以前提高了两倍。其次，网络的定制化/个性化营销可以增加在线收益。网络定制化/个性化营销通过迎合网络顾客的兴趣来鼓励升级销售和交叉销售，一次又一次地把橱窗前的看客变成了实际的买主，从而增加了在线收益。最后，最重要的是，网络的定制化/个性化营销能够增加顾客的忠诚。网络的定制化/个性化营销通过对恰当的购买者提供适当的产品、网站内容和报价，不但可以使电子商务公司顺利地建立与顾客之间的关系和积累网站的经验，而且可以增加客户的忠诚。实施网络定制化/个性化营销的重要性由此可见一斑，但是要真正实施网络的定制化/个性化，先要区分定制化与个性化这两个相近的概念。

(二)区分定制化与个性化

在很多读者眼中，定制化与个性化是没有什么区别的，定制化就是个性化，个性化所指的也就是定制化。诚然，定制化与个性化是有一些相似之处，但是两者之间同时也存在着很多不同之处。

首先，在网络空间中，定制化通常被定义为网络在用户的直接控制之下，用户拥有控制权，而与此相反，在线个性化的内容则通常处于电子商务公司的管理之下，网站享有控制权。由于网页的定制化，用户可以跳过他们没有时间浏览的部分或者将注意力集中在那些他们感兴趣的部分。比如在 Schwab(www.schwab.com)网站上，如果你对投资组合的兴趣比对当天的财经新闻的兴趣高，你便可以设计你的定制化网页，使其先显示出有关投资组合的信息。而对于个性化的网页来说，则不存在这种选择，因为个性化的网页在出现的时候就是根据个人的不同需求而设定的。

其次，定制化的网页以某种形式的模型为基础，这些模型基本上概括了顾客的所有需求，顾客可以根据个人的不同需求在其中进行选择。而在网页的个性化过程中，个性化软件必须去“猜”顾客需要什么，如果计算机“猜”错了，网络用户就可能会变得“愤怒”起来。

再次，定制化与个性化应用的条件不同。如果一个网站能够提供顾客想要的和需要的所有东西，定制化是最佳的方法。但是，如果你的网页中没有包括那些顾客特别感兴趣的东西，那么顾客就不会选择你的网页了。如果一个网站的用户需求稳定而且很容易用计算机语言进行描述，那么个性化就是最好的选择了。

最后，应该注意到的就是，无论是网页的定制化还是网页的个性化，都是为了增加企业与顾客之间的交流，进一步发展与顾客间的对话，建立顾客忠诚。两者的最终目的是一致的，只是实施的方法不同而已。下面分别进行详细的介绍。

(三)网络定制化营销

当今商业竞争的最大挑战之一就是能否把顾客作为重点。公司一方面必须了解和满足每个顾客的不同需求与愿望，另一方面又要使成本尽可能地降低。而网络的大规模定制化营销恰恰能很好地解决这一矛盾。它既能应用于庞大、复杂的市场，又能对单个顾客的需求做出积极的反应。运用大规模定制化的战略可以使公司与顾客进行对话，从而发现他们对产品和服务的需求，建立关系，强化顾客忠诚的纽带。大规模定制化可以帮助顾客选择理想的产品和服务，而且随着时间的推移，如果顾客需求发生变化，公司也能适时地调整产品和服务。其实产品和服务并非是个性化的，换言之，大规模定制化仅仅是以定制化的服务包装了标准化的产品。为了避免增加不必要的成本和复杂的经营过程，公司可以采用约瑟夫·培恩提出的四种大规模定制化的方法，利用网络信息科技的力量来帮助公司有效地满足顾客的独特需求：

1. 合作的定制化。即与顾客合作，共同确定顾客的需求。让顾客详细描述出自己的需求往往是件困难的事情，而顾客们又往往没有耐心认真地填写调查问卷。所以，与顾客合作，共同确定顾客的需求是一种很好的方法。比如，公司可以采用多种方式与顾客交流，确定开具发票的方式。Pitney Bowes 公司的服务之一就是通过电子邮件、在线和传真方式来传送发票，而该公司也正是利用这种方式来进行忠诚营销的。

2. 可调整的定制化。公司为顾客提供一种标准，这种标准是根据顾客对于产品和服务的需求设计的，顾客可以自己对它进行适当的调整。这种方法非常适用于那些在不同条件下生产出不同产品的公司。大家熟知的摩托罗拉公司采用的就是这种定制化方法。

3. 装饰性的定制化。即对不同的顾客提供不同的产品包装，突出顾客的独特需求和特征。如在衬衫上印上顾客的名字，在手提袋上印上公司或者会议标志等。

4. 透明的定制化。向顾客提供让他们感觉不出定制痕迹的独特的产品和服务。如房地产公司对其服务进行拆分，并为顾客列出了一份特定服务与特定价格的菜单。顾客们常常会对房屋的营销、广告费等方面提出特殊的要求，房地产公司会在不知不觉中按照顾客的需求提供定制服务，通过提供标准的一揽子服务使他们心满意足。

进行大规模定制化并不需要彻底改变公司的产品和服务，只是以尊重每位顾客的态度为其量体裁衣，从而让顾客感觉好像得到了个性化的服务。其实，无论是在网络环境中还是在现实环境中，无论是销售还是服务，企业都在不知不觉中实施了定制化的营销策略。

大规模定制化的努力方向是缩小产品和服务与顾客的真正需求之间的差距，两者之间的差距越小，顾客的满意度就越高。因此说，定制化就意味着顾客以较少的付出获得较多的满足，从而提高顾客的忠诚度，确保其进行重复的购买。

(四)网络个性化营销

1. 设定个性化营销的目标。所谓网络个性化营销是指在网络环境下进行的以满足消费者的个性化需求为目的而开展的各种营销活动。在充分了解公司的合适顾客之后，实施网络个性化营销就有了可能，但是要真正地开展网络个性化营销，首要的任务就是确定一个合理的营销目标，包括：

首先，确定公司实施个性化营销的目的。比如，是为了增加品牌的知名度还是为了销售更多的产品或服务，是为了创造市场领先地位还是为了减少经营成本，是为了促进销售还是为了创立一个知识库。

其次，要确定衡量网络个性化营销成功的标准。这里所说的成功的标准可以很简单也可以很复杂。可以把1%~2%的网络用户变成顾客作为成功的标准，也可以把增加重复访问的数量作为成功的标准。比如，Excite(www. excite. com)公司宣称个性化营销使其网站的重复访问量提高了5倍，显然，该公司就是将重复访问量的提高作为衡量成功的标准。

最后，确定网络个性化营销目标时要充分考虑企业的实际经营状况。一方面，如果企业已经有了一个规模巨大的网站，那么将整个网站立刻都实现个性化是不明智的，也是不太可能的。另外一方面，要成功地实施个性化需要花费很多精力，因此，在开始个性化建设之前就要考虑企业是否有足够的技术资源和人力资源。

2. 充分考虑影响网络个性化营销的因素。网络个性化营销是一项系统的工程，受到很多不同方面因素的影响，因此，企业在实施个性化营销时就要仔细分析这些影响因素，并想出相应的对策。

3. 选择网络个性化营销的方法与工具。个性化对建立网络顾客的忠诚是很有效的，但是实施个性化营销也同时意味着公司必须了解顾客的很多相关情况。这会给顾客增加负担，顾客对此并不欢迎。因此，网络企业通常采用一种叫做“无声个性化”的技术，这样网络用户就不需要做额外的工作(比如在从网站获取信息之前，必须填写一些顾客的概况)。

进行网络个性化营销，还需要有一些相应的计算机应用方案(即那些可以将企业网站个性化的软件产品)与之相匹配。有关这部分的内容将在“顾客忠诚自动化”部分中做详细的介绍。

四、为消费者构建网上虚拟体验

上一章网上消费行为指出，消费者在网上的最佳体验是 Flow 体验。但是 Flow 状态只是消费者的一种感觉，是其陶醉在网络环境中的一个过程，因此，Flow 状态并非是不变的。但是消费者无论是进入还是跳出 Flow 状态，都是在企业网站设计好的既定的控制水平、既定的背景下完成的，因此消费者的 Flow 体验是可以受到企业网站设计和其营销活动影响的。具体地说，企业可以从以下几个方面来帮助消费者构建 Flow 体验：

(一)改进网站设计

从上一章介绍可以知道，顾客技巧与网站所提供的挑战之间的匹配是达到 Flow 状态的一个先决条件。因此，企业可以通过改变界面设计来使这种匹配变得更加便利。例如，企业可以为不同水平的使用者设计不同的界面，从而避免新手感到焦虑而熟练者却感到无聊的情况发生。如果消费者能有机会灵活地选择其所需要的页面并进行合适的匹配，那么他们退出网站的可能性就会大大降低，进入 Flow 状态的可能性也就会相应地提高。

(二)提高网站生动性

注意力的高度集中是消费者进入 Flow 状态的另外一个条件，因此网站如果能够设计得生动有趣，就很容易吸引消费者的注意力。网站的生动性既包括内容的生动性，也包括表现形式上的生动性。以产品展示为例，网站既要简明、生动地说明产品的用途与特性，又要采用图片、声音甚至虚拟的操作来进行多角度、多侧面地展示。只有这样，消费者才愿意停下其转动的眼球，集中注意力。由此可见，企业在提高网站生动性时要注意内容和表现形式并重。

(三)提高网站互动性

体验营销强调的是互动和鼓励顾客参与，Flow 体验也不例外。没有好的互动水平，消费者的注意力、对虚拟存在的感知都会大打折扣。要提高网站的互动性，一个很好的方法就是鼓励顾客的积极参与。让顾客参与虚拟产品的操作、让顾客参与企业组织的某项网上活动、让顾客参与其感兴趣的社区，都是鼓励顾客参与的很好的方法。

总之，在网络环境中，体验是影响忠诚的一个重要因素，也是企业可以利用的一个有效方法。企业可以在为顾客创造完美体验的同时留住顾客，提高顾客忠诚度。

五、促进顾客社区的发展

(一)社区的含义

国外的研究表明，相对于所消费的物质实体来说，21 世纪的消费者更偏爱由这些消费所带来的社会联系与身份。人们喜欢聚集在某个群体中，而这种由具有共同兴趣、任务的人所组成的团体比营销机制和其他形式的文化权威对人们的行为更有影响力。互联网对于将具有类似兴趣和任务的人们或员工的集合无疑是最理想的工具了。在网络环境下，这些具有共同兴趣、任务的人群即被称为虚拟社区。

消费者社区形成于网站中的聊天室、公告牌和抄送的电子邮件(distributed e-mail)名录中。国内比较有名的社区如天涯社区、搜狐社区、猫扑、豆瓣等。

(二)社区对建立网络顾客忠诚的作用

第一，社区可以帮助企业吸引和留住更多顾客。

顾客的情感体验并不仅仅来自于与公司或网站的双边互动关系，在有些时候，这种双边关系所创造的情感体验对消费者来说可能是微不足道的，他们真正关心的是与关系中的其他顾客之间在相互认同的基础上产生的情感分享。这就意味着，在网络环境下，顾客关注的不仅仅是虚拟的体验，而且还有与其他顾客间的沟通与交流。如果说虚拟体验强调的是顾客"自助"，那么社区强调的则是顾客间的"互助"。社区无疑为顾客之间的这种互助与情感分享提供了最好的环境。而企业如果能够在网站中为这些具有共同兴趣、经历的人建立一个虚拟的小社区来讨论话题，并使这一方小天地得以保持，那么吸引越来越多的顾客将不是问题。而如果企业能将这一社区不断扩大并办得有特色，信息、社会聚合力和长期的情感联系所带来的价值也必然会使他们不断地光顾企业的网站。而被企业提供的更多情感价值所留住的顾客自然不会轻易地被竞争对手吸引，也就具有了更高的忠诚度。

第二，通过社区企业可以更好地了解顾客、服务顾客。

在社区中，企业既是管理者又是参与者。在参与的过程中，企业可以近距离地倾听，从而获得更多关于顾客的有用信息，如顾客某方面的偏好即对产品的改进意见等。而对所有的交流方式(聊天室、公告牌和抄送的电子邮件)的分析结果都可用于从总体上设计营销组合以满足顾客的需求，提供专为适应共同兴趣而客户化的产品和信息。比如，若有很多用户加入网站上的桂林聊天室，企业就可以在下周登载出到桂林旅游的特价旅游线路。顾客在公司的网站上得到了符合其需求的产品或及时的信息，就会对公司的网站产生一定的偏好，当他/她再有类似需求的时候就自然会想到企业的网站，而这正是企业培养忠诚顾客的目的所在。

(三)建立社区的原则

建立成功的虚拟社区并非简单地将链接置于网站上，坐等人们前来询问即万事大吉。同许多电子商务战略一样，社区的建设只有坚持一定的原则、采取一定的方法才能最大限度地满足消费者的需求，才能最终取得成功。下面列举了一些建立虚拟社区的原则。

第一，让顾客产生归属感。顾客很喜欢那种归属于一个社区的感觉，这也是为什么对有些顾客来说，他所参加的部落比他所属的社会阶层对其行为更有影响力的原因。广域网刚刚产生的时候，就是以虚拟社区的形式存在的，通常是一些科学家或技术人员在那里交流经验和兴趣。这种网上的信息交流正体现了当时那些科学家们对归属于某一社区的重视程度。为了培养顾客的归属感，企业应该利用有吸引力的内容促进顾客间的沟通，有效地鼓励顾客加入社区活动，并充分发挥"顾客代言人"和"贵宾"的作用。此外，企业应该为兴趣相投的顾客提供便利的沟通渠道。亚马逊网上书店的顾客评论专栏之所以非常受欢迎，就是因为顾客感觉到他们能够在聊天室里面尽情地交流各自的经验。而亚马逊公司不但在这一过程中获得了大量有关顾客行为的珍贵信息，而且进一步提高了信誉。这也是亚马逊网上书店可以获得很高顾客忠诚度的最重要的原因之一。

第二，促进企业与顾客共同利益的发展。顾客加入社区是为了获得更多的物质和情感利益，而企业关心的是自身的利润。但是如果让顾客感觉到社区仅是一个订货机构，那么社区就走到了失败的边缘。因此，企业应该建立一个包括企业和顾客共同利益在内的明晰的价值组合，为社区成员间的情感联系提供更多的鼓励与支持，并在这一过程中实现企业的目的。Golfweb. com 就是这样的一个社区网站。高尔夫球爱好者可以在这一网站上找到虚拟的第 19 洞，并且可以交流各种信息。顾客还可以通过网站向企业提出各种批评和建议，还能参与高尔夫球器具的有关讨论。Golfweb. com 使顾客能立刻订购到其正在讨论的产品并建立了巨大的在线产品目录清单。目前，这一网站已经成为互联网上最热门的高尔夫球网站，而 Golfweb. com 也已经成为在互联网上销售高尔夫球器具的领先企业。

第三，鼓励顾客间的互助。顾客通过加入某个社区来实现与某个具有共同任务、共同兴趣的人之间的交流。如果企业能够鼓励顾客之间相互提供帮助，不仅能节省很多服务成本，而且可以加强顾客间的情感联系，提高其对网站、对企业的忠诚度。Dell 公司和 Cisco 公司的一部分顾客服务就是通过实现顾客到顾客的沟通来完成的。要实现顾客到顾客的沟通，网站应该在建立初期就努力寻找可能加入社区的潜在顾客，以这些顾客作为企业的目标公众，并确保社区加入者不断增加。

总之，企业应该结合顾客与企业的共同利益创建一个活跃的社区，并通过对社区成员间联系的支持与利用来增强顾客的归属感、提高顾客忠诚度，进而为企业本身创造更多的利润。

第三节 网络顾客忠诚的持续

一、建立网络顾客对网站的信任

(一)信任的意义

从图 5-2 中可以看出，信任是贯穿网络顾客忠诚培养过程始终的一件事情。这是因为在网络交易中，顾客无法亲眼看到网站所销售的商品，也无法丈量一个实体仓库或办公室的尺寸大小，不能看也不能触摸商品，他们只能依赖于图像和公司的承诺。如果他们对公司提供的图像和承诺不信任，他们就会选择到其他的地方去购买，那顾客忠诚就无从谈起了。事实也正是如此，亚马逊公司是目前在线书籍市场的主导者，拥有较多的忠诚顾客。数以万计的消费者都乐意让亚马逊公司在系统中存储他们的名字、地址和信用卡账号，如果顾客不信任亚马逊，如果他们担心信用卡账号的安全无法保障或者会被淹没到大量的垃圾邮件中，他们就不会再提供他们的个人信息，公司也将很快失去其竞争优势。由此可见，亚马逊公司正是因为很好地理解了信任的价值，才获得了较高的顾客忠诚度，才能在竞争中占有优势地位。

(二)信任的获得

在网络背景下，信任受多方面因素的影响。要想让顾客信赖企业、信赖网络购物，需要做多方面的努力。其中一个有效的方法就是通过电子商务的安全机制来巩固信任。电子商务的安全问题包括两个方面，即交易安全与隐私安全。企业在利用安全机制来巩固信任的过程中，也可以从这两个方面着手。

1. 保护顾客交易的安全性。在网络交易的过程中，企业既要让授权用户的数据进入，又要防止非授权用户取走私人的信息，这就产生了交易安全的问题。使用加密技术可以有效地解决这一问题。加密技术具有扰频功能，一旦数据被非当事人截获则无法识别，而当正确的当事人收到加密数据后，加密信息可以被转化为可读数据。到目前为止，应用最广泛的是 SSL(security socket layer，加密套接字协议层)和 SET(secure electronic transactions)这两种加密技术，此外还有 RSA 和 ECC(elliptic curve cryptosystem)等，这里就不详述了。

企业向潜在顾客宣布最新的经营状况，并把交易过程集成到系统中，还应保证对各种渠道的信息交流实施保护。过去，对信任和欺骗行为的担心阻碍了陌生人之间已有的商品交易发展成为大宗交易的机会，但 e-Bay 运用网络的独特能力建立并加强了合约规则，买者和卖者在每笔交易后都会进行评定，评定的结果就张贴在网站上，这样一来，每个成员的声誉就成为了一种公众记录。e-Bay 还通过为每笔交易投保 200 美元来降低客户的风险，这样就使卖方与不道德的买主绝缘，e-Bay 还将以由第三者保存附带条件的电子委托契约的形式保存电子货币，直到买者对收到的商品满意为止。在某种意义上来说，e-Bay 通过互联网将小市场中的信任规则带入到了一个最具挑战性的市场——全球性的聚集陌生人的网络市场。而 e-Bay 也正是由于其成员的忠诚而获得了丰厚的回报。

2. 保护顾客的隐私权。在培育网络顾客忠诚的过程中，企业会采用很多新技术进行支持，吸引顾客的软件已经成为了网站的必备品。这些软件的应用在使得企业能够很好地搜集顾客信息、预测其没有说明的需求、为顾客提供更好的产品和服务的同时，也使得消费者对个人隐私权的担心与日俱增。研究显示，如果企业缺乏对隐私问题的注意，那么它们将失去 42%的潜在市场。由此可见，顾客对隐私权的关心在某种程度上已经超过了对交易安全性的担心。在当前的环境下，企业可以采取以下措施来消除顾客对隐私权的担忧：

提供一个易于理解、易于接受的保护隐私条款的声明。企业应当旗帜鲜明地表示，不管网站是否收集顾客的信息，企业都对顾客隐私负责。下面是耐克网站有关隐私保护的声明。

耐克网站有关隐私保护的声明
(自 2014 年 4 月生效)

本耐克网络隐私政策(中国)(“隐私政策”)描述了我们如何利用多种数字方式收集和使用您的信息。通过在电脑、手机、笔记本、控制台或其他设备(以下统称“设备”)上访问或使用本网站、手机应用或其他耐克产品或服务(“本平台”)，即表明您同意本隐私政策。耐克有权在任何时间修改本隐私政策，并于公布之时起生效。您对我们产品和服务的继续使用构成您对本隐私政策及其更新的接受。本隐私政策构成使用条款的一部分并受其约束。

本隐私政策旨在描述耐克普遍的隐私政策，我们的目标是要在对您最具影响的时刻，提供更详细的信息给您。请在我们的服务中注意该等通知。

一、收集信息

1. 您提供给我们的信息

我们收集并存储任何您提供给我们或允许我们使用的信息。该等信息可能包括但不限于，您的姓名、肖像、生日、身高和体重、电子邮箱地址和实体地址，手机号码、性别、联系人信息、社交媒体信息和个人资料、位置(GPS)信息、活动和运动信息、体育喜好、产品评论、信用卡和支付平台相关信息(如必要)。

2. 我们自动向您收集的信息

无论您何时与我们进行互动，或使用我们的产品和服务，我们都可能自动收集信息。例如，当您的浏览器访问 Nike. com/cn 或广告及其他内容时，"cookies"或其他方法将被用于获取您的信息，包括但不限于硬件信息、IP 地址、浏览器类型和语言、cookie 信息、系统类型、是否适用软件访问特定的功能、访问时间、引用的网站统一资源定址器(URL)、关于您购买产品的信息和其他关于您与我们互动的信息。当您下载或使用耐克创建或推广的手机应用时，我们可能接收到您的手机号码、设备识别符和关于您位置的信息。

3. 我们从其他耐克互动和第三方处收集的信息

我们还从其他耐克互动和第三方处获得信息。我们可能将您提供给我们的或我们收集的信息与来自于耐克渠道、交易和通信的其他信息相结合，可能包括但不限于，来自耐克店铺、直邮、产品目录、活动、产品和应用或其他耐克互动的信息。我们还可能将该等信息与公开资料和来自第三方的数据相结合。我们还收集礼物给予者提供的关于礼物接受者的信息。如果我们将您提供给我们的或来自耐克互动或第三方的信息相结合，该等相结合的信息将会被视为个人信息，只要该等信息保持相结合的状态。

4. 儿童隐私权

我们不会故意收集或征集小于 13 岁儿童的个人信息。如果您系 13 岁至 18 岁之间的未成年人，您声明并保证您已取得您监护人的同意使用本平台并同意本隐私政策。

二、使用信息

我们会将您的信息用于如下：

1. 使您正常使用本网站

提高、定做和个性化您的耐克体验和沟通。

使用耐克功能，例如跑步路线、比赛报名、订购产品和其他活动。

2. 操作、改进和分析

操作、提供、改进和维护耐克的产品和服务，包括分析用户行为和趋势。

发送给您管理信息和其他关于耐克的信息。就您的订单、账户信息或客户服务与您沟通。

3. 提供和进行市场营销和促销

就我们的产品、服务和活动以及其他促销目的而与您沟通。

竞赛管理、促销、活动、问卷调查和其他功能。

向您展示相关的市场营销，例如代表其他实体展示给您要约或第三方广告和其他网站的链接。

三、共享信息

1. 耐克集团

我们可能将您的信息提供给 Nike Inc 及其关联公司，包括匡威和 Hurley(“耐克集团”)，其中一些公司可能不在中国。

2. 服务提供商

我们可能将您的信息传输至耐克集团的服务提供商以便开展我们的业务。例如，他们可能处理信用卡流程、送货、数据管理、发送电子邮件、市场调研、信息分析和促销管理。我们也可能提供您的信息以实现管理功能(例如音乐下载、比赛报名或日常锻炼)。他们仅可访问他们完成其功能所必需的个人信息，且不能为其他目的而使用之。

3. 根据法律或为保护权利之目的

我们可能会根据政府部门的要求、针对法院命令、根据法律要求、为执行我们的政策或为保护我们或其他人的权利、财产或安全而披露信息。我们可能共享信息以阻止非法使用耐克产品和服务、违反使用条款的行为，或针对第三方诉讼进行法律抗辩。我们也可能与其他帮助我们进行反欺诈或调查的公司共享信息。

4. 业务转让

您的信息可能作为耐克全部或部分资产的一部分出售转移至第三方。如果发生这种情况，我们将通过在本平台上公布通知或其他的通信方式通知您。

四、公开共享

1. 默认共享

当您参与或使用特定的服务时，您同意公开分享一些基本的信息，可能包括您的用户名、所在城市和头像图片。

2. 选择您的共享

您可以选择共享特定的信息。为了使用特定的功能，您可能需要调整您的隐私设置并且分享更多的信息。您也可以选择将您的活动于其他平台上共享，例如微博和微信。请阅读该等平台的隐私政策，因为您在该等平台上公开的耐克活动将不再适用耐克的隐私政策。

3. 耐克分享

公开共享的信息可能会被耐克用于推广目的。

4. 信息保护

(1)保护措施

我们使用多种保护措施，包括加密和验证工具来帮助保护您的信息。对于您的产品订单，我们使用安全的服务器。所有您提供的信用卡信息和支付相关信息，将被通过安全套接字层(SSL)技术传输并在我们的数据库中加密。

(2)无担保

但是，同其他公司一样，耐克无法保证您提供给我们的信息百分之百安全或保密。

五、收集工具

1. 我们如何收集信息

耐克自动自我们的产品和服务中收集信息或收集您存储于浏览器或设备中的信息。我们使用多种方法来收集信息，包括但不限于 cookies 和像素标签/网络信标(“收集工具”)。

2. 关闭信息收集工具

如果您关闭特定的信息收集工具，您可能无法使用使您拥有更高效体验的一些功能，或者我们的一些服务和功能可能无法正常工作。但是，您仍可以通过拨打我们的客服电话【联系电话】订购产品。请注意，我们的网站可能无法识别或响应互联网浏览器上的“请勿追踪头信息”(Do Not Track Headers)。

3. 第三方追踪

我们还与其他代表我们在整个互联网上使用追踪技术来投放广告的公司合作。这些公司可能收集您与我们的互动信息，包括广告。这些公司可能无法识别或响应互联网浏览器上的“请勿追踪头信息”(Do Not Track Headers)。如果您希望选择退出接收与本网站相关的第三方追踪技术制作的广告，请点击这里。请注意，如果您选择退出这些第三方追踪技术，您可能仍会看到其他网站上我们的广告，但是该等广告并非与本网站相关的第三方利用追踪技术制作的广告。

六、选择

1. 更改或删除您的信息

您可以在某些耐克服务中通过您的账户更改或删除您的个人资料。您以前发布的信息可能仍然是公开可见的。耐克可在其备份文件或档案中保存信息和内容。

2. 通信/取消订阅/选择退出

不论您选择的设置如何，耐克可能将发送给您与服务相关的通信。要取消订阅、停止接收消息，请更改您的设置或按照电子邮件、短信、通知或其他消息类型的指示进行。如您取消订阅任何耐克的通信，由于通信制作周期的原因，您仍可能接收到已在制作中的通信。

3. 国际用户

我们全部或部分的数字化运营将在美国完成。不论您居住在哪里，您同意我们将您的个人资料转移、处理和储存在美国，并允许耐克根据本隐私政策收集并使用个人信息。

使用条款

您使用我们的产品和服务，以及由此产生的任何争议，均受本隐私政策以及使用条款的约束。请参见我们的使用条款，该使用条款规定了其他关于使用我们产品和服务的条款。

如有问题或疑虑，请联系消费者服务/隐私权：

800-820-8865(固话用户)400-880-6453(手机用户)

从耐克的案例中可以看出，保护顾客的隐私权应该从以下几个方面着手：

第一，向顾客保证企业的隐私条款是有约束力的，即使企业被合并和收购也是一样。同时，企业应该使顾客确信他们的购物信息不会被出卖给第三方，因为这种行为可能会使顾客收到非情愿的电子邮件、促销电话或顾客身份被窃。

第二，允许顾客表明对个人隐私的关心。网站可以向用户提供电子邮件联系信息以及提供关于顾客隐私问题的个人反馈。

第三，教育顾客树立隐私意识。企业应该帮助顾客树立起他们的隐私意识，将原本含糊的隐私问题明晰化，告诉顾客他们应该在哪些地方注意在线隐私问题。

第四，加强企业在保护隐私方面的工作。应该让顾客知道企业是如何保护他们隐私的，将保护隐私的措施、方法告诉顾客，将更有助于建立起信任与忠诚。

总之，为顾客提供足够的安全保护，将会使顾客对企业、网站的信任程度大增，从而会更愿意与企业建立起长期的伙伴式的关系。

二、为网络忠诚顾客提供奖励

这里所说的奖励是指在线顾客因购买(在线购买商品或服务)、光顾网站(在某一站点停留，在互联网上冲浪或看某个广告的资料)、参加网络互动活动(完成调查表、接收电子邮件通知，下载软件，参加聊天室的讨论或其他以网络为基础的互动活动)、推荐别人等而获得的奖励。从图5-2中同样可以看到，奖励与信任一样，也是一个贯穿忠诚培育始终的因素。这是因为恰当的奖励是提高顾客保留度的一个强有力的工具。调查显示，如果一些零售网站上能有一些激励和奖励的话，53%的在线顾客会买更多的东西；而有47%的顾客表示，如果他们知道在某一商务或零售网站上可以获得积分点或其他奖励的话，就会定期光顾。这些数据很好地说明了在线奖励措施对留住顾客的作用。下面列举了一些目前流行的在线奖励措施。

随着网络的普及与电子商务的发展，在线奖励措施的花样也越来越多。目前，对企业留住在线顾客，提高顾客保留率很有效的是以下几类奖励措施：

①现金：指现金反馈、现金折扣或参与某些活动而获得的现金。

②旅行：免费飞行里程，免费或打折的运输以及假日套餐。

③折扣：低于全价购买产品或服务。

④免费品：由于参加某项活动，积分点超过一定数额或拥有一定量的网上货币而得到一个免费礼物、产品或服务。

⑤慈善事业：一项奖励或赢得的商品可被捐赠给特定的慈善机构。

企业的奖励政策也可以针对其合作伙伴来实行。亚马逊公司就是这方面的一个典范。亚马逊把内容网站作为自己的会员，会员网站只需展示亚马逊的宣传标语(同时也是进入亚马逊网站的链接)就可以了。会员每引进一名客户，亚马逊将支付15%的佣金，同时亚马逊还会向内容网站提供客户所购书目的报告，而对内容网站来说，每一份亚马逊的报告都是价值不菲的营销资源。亚马逊就是利用这种对会员的奖励措施在15个月内发展了15 000个销售点，此举曾一度令世人叹为观止。今天，它已经拥有了十几万个会员，这些内容网站完全忠实于亚马逊品牌，已经不太可能与别的电子零售商再建立这种关系。

需要注意的是，奖励只是一种辅助性的措施，企业在运用时应该注意和其他措施相结合，只有这样，才能取得事半功倍的效果。

三、网络顾客忠诚的自动化

如果说在网络环境中建立顾客忠诚的原则与指导思想和在传统领域中没有什么本质区别的话，那么网络顾客忠诚区别于传统顾客忠诚的一点就是在网络背景下，顾客忠诚的建立很大程度上依赖于忠诚程序的运用。在网络中，由于顾客忠诚管理软件的应用，已经在很大程度上实现了自动化。从潜在客户的搜寻到数据的收集，从个性化营销到顾客的服务，都可以通过不同的软件来执行。下面的资料是对国外相关软件的简单介绍①，供读者参考。

潜在顾客搜寻管理软件

要建立网络顾客忠诚，首要的任务就是寻找潜在顾客、收集顾客数据。目前，已经有多种技术产品能帮助网络企业开发潜在顾客搜寻管理的程序。这些程序可以使企业在寻找潜在顾客方面节省大量的人力、物力。以下是一些例子：

Gold Mine(www. goldmine. com)软件

该软件可以阅读电子邮件、检查彼此的联系、创建新的联系记录、提醒企业里合适的顾客，以及根据不同的要求提供不同的答复和解决办法。利用该软件，企业可以将那些对某种产品有潜在需求的顾客引导到出售这种产品的销售代表处，对另外一种产品有潜在需求的顾客则被引荐给企业中另外的销售代表处，并且以不同的方式对待不同的潜在顾客。

Market First23(www. marketfirst. com)软件

该软件包括一个联系管理软件，可以监督数据管理工作，比如列表管理、重复数据的删除、合并与清除。Market First 软件可以自动对调查情况进行收集和分析，并且可以将多种列表与多种媒介相结合。该软件具有的营销活动管理这一特点，可以让软件的用户采用多种程序(这些程序支持一个重要的功能，比如直接营销)，并且可以将多种程序融入到营销活动管理软件中去(营销管理软件允许网络企业判断某项活动是否成功)。Market First2. 3 软件能实时地提供关于潜在顾客搜寻软件的有效性、潜在顾客的收益成本比率、软件和媒介的有效性、调查反应结果、顾客特征以及其他情况的报告。

---

① 凯瑟琳·辛德尔. 忠诚营销. 北京：中国三峡出版社，2001.

网络个性化软件

在网络环境下实施有针对性的个性化营销是建立网络顾客忠诚的一个行之有效的措施，更为重要的是，在网络背景下，个性化甚至使一对一的营销不再是一件不可思议的事情。这主要是因为网络个性化软件的应用使得个性化的实施变得更加容易和有效起来。同样，目前存在的网络个性化软件也很多，企业可以根据自身的实际情况予以选择运用。

Open Sesame 软件

Open Sesame 是 Allaire(www. allaire. com)公司开发的一个以 Cookie 技术为基础的软件。它提供的顾客特征数据库和个性化技术具有高度个性化的顾客交互能力，有利于获得用户和用户群体的兴趣和趋势方面的准确信息，以便为顾客提供有效的服务和信息。Open Sesame 软件向最终用户提供适当的网站内容，这些内容包括推荐产品和有目标的商品促销，这样就可以使用户在浏览网站时获得满意感。Open Sesame 就是用这样一种个性化十足的方法将顾客与信息联系起来，以创造并保留与顾客之间的在线关系，进而赢得顾客的忠诚。

LikeMinds 软件

LikeMinds 软件是 Macromedia(www. andromedia. com)公司开发的一种个性化软件。该软件把网站与用户的每一次交流变成网站与用户之间交互性销售过程中的每一步，它利用个人点击情况、购买历史数据、明显的偏好和产品的相似性向网站的访问者推荐能十分准确满足他们需要的产品，从而帮助访问者来尝试和购买产品。另外，该软件还能向企业提供关于顾客偏好的报告和向顾客推荐产品的有效性。通过这一系列个性化的操作，LikeMinds 软件不仅可以为在线购物者提供更多的方便，建立起企业作为在线商家的信誉，而且可以使网站的浏览者变成企业忠诚的顾客。

LikeMinds 软件之所以能帮助企业建立起顾客的忠诚，原因还在于其精确性。Macromedia 公司开发了一种合作过滤技术的专利产品——“点击一次即结束”的个性化技术。这种合作过滤技术能够检查用户的行为(消极的或积极的)，寻找有类似行为的其他用户，从而为每位用户创建一个关系群(一个关系群是指与该用户非常相似的一群用户的集合)。这样，企业就可以利用为每位访问者建立起的独有的关系群进行实时的产品推荐，从而更好地满足顾客的个性化口味。

客户服务中心软件

网络的虚拟性使得计算机与顾客之间的联系增多了，而销售人员与顾客之间的联系却减少了，但很多消费者对这种非人性化的联系方式的信任程度不是很高。因此，要建立网络顾客的忠诚，让在线顾客与企业的顾客服务代表直接联系是很有必要的。这就需要企业为顾客提供一种真实的顾客交互服务，基于网络的顾客支持软件可以帮助企业完成这项工作。请看下面的例子：

CyberCall(www. ation. com)软件

该软件向用户提供一个回叫按钮，点击该按钮后会出现一个表格，要求用户填写自己的姓名和电话号码。用户键入相应的信息，网站的服务器就将信息送入企业的电话系统，该系统将信息进行排列以供后面的代表在屏幕上浏览。当企业与用户联系时就可知道其姓名和电话号码。服务代表在顾客浏览网页时会收到一个屏幕提示(即计算机化的顾客历史数据或产品信息，这些信息会出现在顾客服务代表的计算机屏幕上)，这样，顾客服务代表就可将符合顾客需要的信息准备好。

eFrontOffice 软件

eFrontOffice 软件是 Clarify(www. clarify. com)公司提供的一个集成的客户服务中心解决方案，该软件允许一个顾客服务代表自始至终地为一位顾客提供服务。比如，过去服务代表接到顾客的电话后，必须先挂断电话，然后寻找企业中的相关记录，最后再给顾客回电话。现在，该软件可以把顾客转给最合适的服务代表，并且可以创建一个有恰当信息的屏幕。

以上涉及的是一些网络顾客忠诚自动化的程序软件，这些软件的采用可以对网络顾客忠诚的建立起到事半功倍的效果，企业可以根据自身的条件(财力、人力、技术)选择使用。

当然，网络顾客忠诚自动化的关键是企业要了解顾客，要将顾客数据转换成顾客知识，只有为顾客提供了所需要的服务和支持后，顾客忠诚才会水到渠成。如果提供的忠诚激励不符合顾客的需求，这时的忠诚激励行动就可能失败。而且，要提升网络顾客忠诚，根据已有的忠诚研究来看，企业内部员工的忠诚对企业提升顾客忠诚率也很重要。

第六章　网络营销产品策略

【**字节跳动产品矩阵**】字节跳动成立于2012年3月，是最早把人工智能技术大规模应用于信息分发的公司之一。目前字节跳动已经推出多种类型的APP，涵盖聚合类咨询、短视频、垂直类咨询、内容社区等多个领域，在业界被称为“APP工厂”。目前字节系APP的使用总时长超过百度，仅次于腾讯系应用。图6-1为字节跳动产品展示。

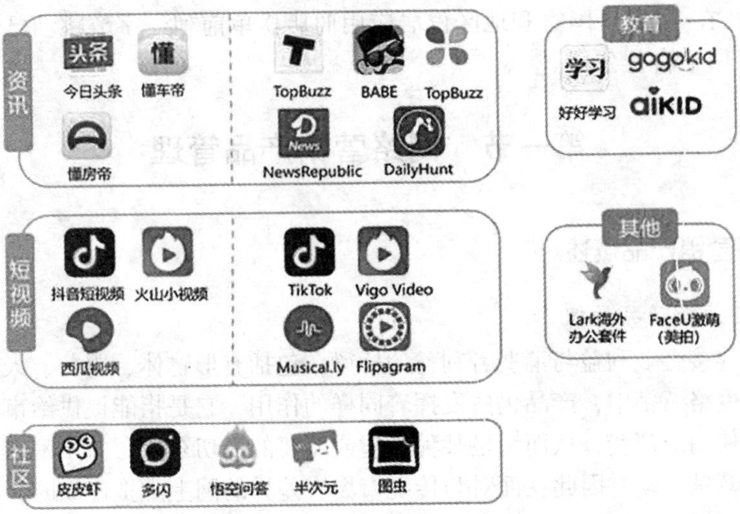

图6-1　字节跳动产品展示

字节跳动产品系主要拥有“资讯产品”和“短视频”两大流量入口。其中，资讯类代表产品“今日头条”，是国内最早一批把人工智能结合到移动应用场景中而推出的个性化资讯信息推荐引擎产品，自2012年8月上线后，凭借算法编辑和智能分发，在资讯类APP中异军突起。艾媒北极星系统监测显示，今日头条APP 2018年日活和月活用户仅次于腾讯新闻，2018年12月月活跃用户达到1.65亿，俨然成为互联网流量的新入口。根据今日头条的日活和月活用户数来看，今日头条的发展可以分为三个阶段：(1)初创期。头条在这个阶段重点完善用户数据、推荐算法和推荐策略，提升产品亮点。同时不断完善产品功能和形态。(2)成长期。关注产品功能多样性，更加关注用户体验，大量推出全新内容呈现和分发模式，上线汽车频道(后独立为懂车帝APP)、头条问答(升级为悟空问答)。(3)成熟期。产品迭代节奏变慢，大多数为功能优化；并且完善产品矩阵，上线西瓜视频、火山小视频。

在字节跳动产品短视频产品矩阵内，三款短视频产品处于行业领跑地位，分别是抖音短视频、火山小视频和西瓜视频。三款产品对准短视频细分市场进行差异化定位，防止用户重合。其中抖音短视频目标群体是有个性化表达的年轻群体，平台内容有洗脑音乐搭配炫酷特技，带有“酷”“时尚”等元素；火山小视频目标群体为三四线城市的小镇青年，对标“快手”，记录并展现乡镇日常生活；西瓜视频目标群体为中老年用户，内容涵盖范围广，短视频和小视频共存，PGC（professionally-produced content 专业生产内容）和 UGC（user-produced content 用户生产内容）兼顾。

字节跳动产品其他业务布局呈现多元化发展，推动流量变现。目前涉足的领域有社交软件、教育、游戏、金融等业务。通过自有资讯和短视频产品两大流量入口进行引流，不断完善其业务体系。同时，字节跳动正在加速国际化，主要聚焦中国、日本、韩国、巴西、美国、欧洲、东南亚和印度等主要市场。复制国内的主要产品，涵盖新闻资讯、短视频、内容社区等领域。“自产+收购+投资”三路并驾齐驱，迅速适应海外市场。其中 TikTok、TopBuzz、News Republic 等产品已经遍布 150 多个国家和地区，覆盖 75 个语种，在 40 多个国家和地区位居应用商店榜单前列，字节跳动已然成为一家面向全球的互联网平台型公司。

第一节　网络营销产品管理

一、网络营销产品概述

（一）网络营销产品的概念

产品作为连接企业利益与消费者利益的桥梁，包括有形物体、服务、人员、地点、组织和构思。在网络营销中，产品仍然发挥着同样的作用，它是指能提供给市场以引起人们注意、获取、使用或消费，从而满足某种欲望或需要的一切东西。由于网络营销是在网上虚拟市场开展营销活动，因此在面对与传统市场有差异的网上虚拟市场时，必须注意网上消费者一些特有的需求特征。

在网络整合营销理论中，强调营销的产品策略要转为以顾客为中心，顾客提出需求，企业辅助顾客来设计和开发产品满足顾客个性化需求，因此有的人将这种策略称为“生产-消费的连接”（prosumption，它是 production 和 consumption 的合成）。图 6-2 是网络营销产品的层次关系，它与传统产品的层次是一样的，只是顾客期望产品层次和潜在产品层次的重要性更加突出，以满足顾客的个性化需求特征。

下面是网络营销产品的整体概念说明及例证。

网络营销产品的整体概念

1. 核心利益层次，是指产品能够提供给消费者的基本效用或益处，是消费者真正想要购买的基本效用或益处。如消费者购买软件是为了压缩磁盘空间，播放 MP3 格式的音乐或上网冲浪等。

2. 有形产品层次，是产品在市场上出现时的具体物质形态，主要表现在品质、特征、式样、商标、包装等方面，是核心利益的物质载体。对于物质产品来说，首先必须保障产品的品质。其次，必须注重产品的品牌。再次，注意产品的包装。最后，在式样和特征方

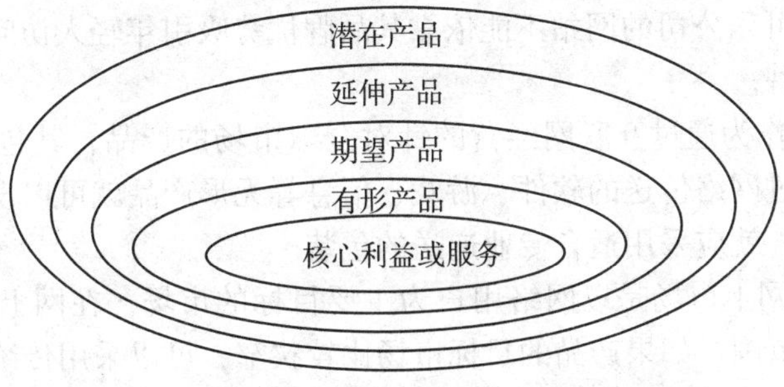

图 6-2　网络营销产品层次

面要根据不同地区的亚文化来进行有针对性的加工。

3. 期望产品层次。在网络营销中，消费呈现出个性化的特征，不同的消费者可能对产品要求不一样，因此产品的设计和开发必须满足顾客的个性化消费需求。顾客在购买产品前对所购产品的质量、使用方便程度、特点等方面的期望值，就是期望产品。为满足这种需求，对于物质类产品，要求企业必须对设计、生产和供应等环节实行柔性化的生产和管理。对于无形产品如服务、软件等，要求企业能根据顾客的需要来提供所需服务。

4. 延伸产品层次，是指由产品的生产者或经营者提供的购买者有需求的产品层次，主要是帮助用户更好地使用核心利益和服务。在网络营销中，对于物质产品来说，对延伸产品层次要注意提供满意的售后服务、送货、质量保证等。

5. 潜在产品层次，是在延伸产品层次之外，由企业提供能满足顾客潜在需求的产品层次，它主要是产品的一种增值服务。它与延伸产品的主要区别是顾客没有潜在产品层次的需要时仍然可以很好地使用顾客需要的产品的核心利益和服务。

(二)网络营销产品特点

网络营销产品与传统营销产品相比在现阶段呈现出一定独特性。

1. 产品性质。用户上网大多与网络等技术相关，因此网上销售的产品最好是与高技术或与电脑、网络有关，这些产品容易引起网上用户的认同和关注，目前在网上销售最多的企业大多是信息技术类企业，如美国的 Intel 公司、Cisco 公司、Dell 公司。另外，一些信息类产品如图书、音乐等，以及一些无形产品如服务也比较适合网上销售。

2. 产品质量。由于网络购买无法像亲临现场购物那样亲身体验，因此顾客对产品的质量尤为重视，许多购买者只愿意购买那些标准化的产品，如图书等小件商品。

3. 产品式样。产品在网上销售面对的是全球性市场。因此，通过互联网对全世界国家和地区进行营销的产品要符合该国家或地区的风俗习惯、宗教信仰和教育水平。但在注意全球性的同时也要注意产品的本地化。另外，由于网上消费者的个性化需求，网络营销产品的式样还必须满足购买者的个性化需求。

4. 产品品牌。在网络营销中，生产商与经营商的品牌同样重要。一方面要获得浏览者的注意，必须拥有明确、醒目的品牌；另一方面，网上购买者由于可以面对很多选择，又无法进行购物体验，因此对品牌比较关注。根据研究发现，传统的优势品牌不一定在网上占优势，如可口可乐公司的网站不能依靠其品牌优势吸引年轻人访问它的网站，在网上须重新建立网上品牌。

5. 产品包装。作为通过互联网经营的针对全球市场的产品，其包装必须适合网络营销的要求。例如通过网络传送的软件、游戏、信息等无形产品就可以没有任何包装；而其他的实体性的产品，就应采用适合专业递送的包装。

6. 目标市场。网上市场是以网络用户为主要目标的市场，在网上销售的产品要适合能覆盖广大的地理范围。如果产品的目标市场比较狭窄，可以采用传统的营销策略。

7. 产品价格。互联网作为信息传递工具，在发展初期采用共享和免费的策略，网上用户比较认同网上产品价格低廉的特性；另外，由于通过互联网络进行销售的成本低于其他渠道的产品，在网上销售产品一般采用低价位定价。

(三)不同种类商品的互联网适应性

由于网络信息传播本身具有特定的属性，故而不是所有的产品都适合进行网络营销。信息丰富程度越高、体验性需求越高的产品，越适合在网络上进行销售，比如保险金融服务、计算机软硬件、旅游等。相比较之下，如香烟这种规范程度较高、信息丰富度和体验性需求较低的产品更适合在线下进行销售(如图 6-3 所示)。

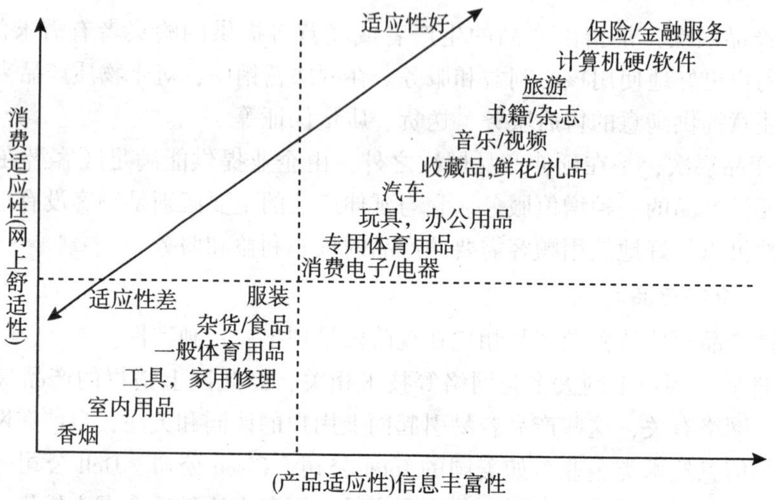

图 6-3　不同种类商品的互联网适应性

二、网络营销产品分类

上述网络营销产品的特点其实是由于网络的限制，导致只有部分产品适合在网上销售而形成的。随着网络技术的发展和其他科学技术的进步，将有越来越多的产品在网上销售。在网络上销售的产品(表 6-1)，按照产品性质的不同，可以分为两大类：实体产品和虚体产品。

表 6-1　　　　　　　　　　　　**网络营销产品分类**

产品形态	产品品种	产品	
实体产品	普通产品	消费品、工业品、旧货等实体产品	
虚体产品（更适合网上销售）	软件	电脑软件、电子游戏等	
	服务	普通服务	远程医疗、法律救助航空、火车订票、入场券预定、饭店、旅游服务预约、医院预约挂号、网络交友、电脑游戏
		信息咨询服务	法律咨询、医药咨询、股市行情分析、金融咨询、资料库检索、电子新闻、电子报刊、研究报告、论文等

（一）实体产品

将网上销售的产品分为实体和虚体两大类，主要是根据产品的形态来区分的。实体产品是指有具体物理形状的物质形态产品，我们大多数使用的产品属于这个形态。按照著名的未来学家尼葛洛庞帝的观点，实体产品的形式为“原子”形式，也就是说实体产品是可以触摸的。在网络上交易实体产品的过程与传统的购物方式有所不同。没有传统的面对面的买卖方式，网络上的交互式交流成为买卖双方交流的主要形式。消费者或客户通过卖方的主页考察其产品，通过填写表格表达自己对品种、质量、价格、数量的选择；而卖方则将面对面的交货改为邮寄产品或送货上门，这一点与邮购产品颇为相似。因此，网络销售也是直销方式的一种。但也有许多产品并不适合网络销售。例如，衣料的手感是难以通过文字和图片的描述体会的，而且每个人对同种衣料的感觉也有所不同。首饰等贵重物品的网络销售也有问题，许多人对如此昂贵的产品总是心存疑虑，而不愿仅通过网络就简单草率地做出购买决定。

图书是一种非常适合于网络营销的品种。这一方面是与上网用户具有较高的文化水平有关，另一方面则是与图书本身的性质有关。图书本身就是传播信息的。购书者可以在任何时候上网查阅新书目，可以了解到各种与图书相关的十分详细的信息，查找起来也十分方便快捷。邮寄方便也是原因之一。这种产品邮寄时不易丢失，也不容易破碎或损耗。长期以来，人们已习惯了图书的邮寄购买，因而，网上书店的出现很快被人们所接受。类似于图书的产品有很多，如音像制品、家用电子产品、玩具、计算机硬件、农产品、食品、大部分的工业用品都可以通过网络营销开展业务。

最近几年，互联网上出现了很多实体产品销售成功的实例，如世界最大的网络虚拟书店亚马逊书店（Amazon，网址：http：//www. amazon. com），顾客可以管理和跟踪货物的联邦快递公司（Federal Express，网址：http：//www. fedex. com），网上外卖食品店（Pizza Hut，网址：http：//www. pizzahut. com）等。国内比较成功的：卓越网，网上拍卖市场雅宝网站 Yabuy. com。

(二)虚体产品

虚体产品与实体产品的本质区别在于虚体产品一般是无形的，即使表现出一定形态也是通过其载体体现出来的，但产品本身的性质和性能必须通过其他方式才能表现出来。如计算机软件是一些数字编码，这些有规则的数字编码存储在磁盘上，磁盘是软件的载体，用户购买磁盘是为了购买磁盘上保存的软件。在网络上销售的虚体产品可以分为两大类：软件和服务。软件包括计算机系统软件和应用软件。假如计算机软件通过传统的渠道销售，首先需要存到磁盘中或刻到光盘上，然后加以包装，通过批发商、零售商到达顾客手中。这个过程使成本大大增加，而直接通过网络传送软件，可以省去一切包装，而且迅速、方便。网上软件销售商常常可以提供一段时间的试用期，允许用户尝试使用并提出意见。既方便了客户，又大大增加了软件的销售量，从而实现软件销售商的网络营销目标。

服务可以分为普通服务和信息咨询服务两大类。普通服务包括远程医疗，法律救助，航空、火车订票，入场券预定，饭店、旅游服务预约，医院预约挂号，网络交友，电脑游戏等；而信息咨询服务包括法律咨询，医药咨询，股市行情分析，金融咨询，资料库检索，电子新闻，电子报刊等。

对于普通服务来说，顾客不仅注重所能够得到的收益，还关心自身付出的成本。通过网络这种媒体，顾客能够尽快地得到所需要的服务，免除等候的时间成本。同时，消费者利用浏览软件，能够得到更多更快的信息，提高信息传递过程中的效率，增强促销的效果。以旅游服务为例，实现这种服务要具备3个条件：人们对旅游景点的了解，人们对饮食居住条件的了解，以及人们对价格的认可。利用互联网进行旅游促销，可以完全克服其他广告形式的缺陷。一方面，网络多媒体可以提供生动的图文和声像，另一方面，网上报价又可以为顾客提供多种选择，在大大方便了顾客的同时，也为旅行社提供了准确的旅游人数等数据。

对于信息咨询服务来说，网络是一种最好的媒体选择。通过计算机互联网络，消费者可以得到包括法律咨询、医药咨询、金融咨询、股市行情分析在内的咨询服务和包括资料库检索、电子新闻、电子报刊在内的信息服务。

三、网络营销产品策略与产品展示

(一)网络营销产品策略

对于网上虚拟市场，企业可以有两种策略，一是将现有的传统产品延伸到网上市场，二是开发专门定位于网上的产品。

1. 延伸到网上市场的传统产品

作为有效的通信媒介，Internet可以用来实现商业团体的营销、广告、订货和顾客服务的功能，从而减少对传统媒介的依赖。数字货币的发展，付款结算程序也大大改变，尤其是单位交易费用和交易速度。这些营销、支付和客户服务等过程的改变也影响了传统产品市场。许多的传统产品纷纷延伸到网上市场，如书籍、鲜花礼品、消费电子电器、办公用品、汽车玩具、服装、体育用品等。企业通过网络进行宣传、订货、付款结算、顾客服务等，这大大地方便了消费者，同时也促进了商品的销售。网上成本、效率与交互模式的不同使得市场的时空局限消失殆尽，商业组织和关系也会受到影响。

2. 专门定位于网上的产品

传统环境中，无形商品总是与某些实物手段连在一起。随着网络的普及，以后的音乐、书籍、各类数据库以及各种多媒体影片将主要通过网络传递给消费者，而不再通过某些实物的载体。现在出现了许多专门定位于网上的商品，它们并不以实物的形式存在，其进行交易时，整个商业循环包括发价谈判、订购、交货以及付款都可以通过网络进行，而且消费也能在网络上进行，它包括各种在线报刊、杂志、音乐、教育、软件、可检索数据库、咨询及专门的知识与意见以及各种虚拟社区的虚拟商品等。这些商品具有的特点有：①不可破坏性/非损耗性，同一网上交付品可由同一消费者或不同消费者反复使用；②易变性。网上交付的产品易于修改，从而导致巨大的产品变异与定做数量；③可再生性。快速低廉的再生能力引起规模经济与版权保护的问题。

对于这类产品的销售，重要的是塑造网站、企业的品牌声誉、或者是提供摘要、样本文本或评论来促使消费者购买。其强大的互动性潜力可以提供更精确的定做以满足顾客需求，顾客的期望可以在很大程度上被包含到需求所引导的开发中来。顾客会要求更多的格外价值，譬如对于在线书籍报刊等，客户希望得到更多的效用(如，最新数据，从任何地点登录数据)，版式(如音像剪辑与音讯等多媒体)，透明性与互动性(如用户的善意下载与搜索功能)，以及更新的内容。这些产品的销售同时涉及版权保护和禁止再销售的问题。

(二)网络营销产品展示

利用网络来销售产品时，一个最主要的问题是如何有效地展示产品给购买者，传统购买中消费者可以通过亲身体验如看、摸、闻、试等方式来了解产品性能和特点，但在网上消费者只能通过虚拟体验来获取产品信息，这就要求网络营销企业必须根据不同产品的特性提供有效的网络营销产品展示，给购买者创造出良好的产品体验。

一般来说，产品的特性根据顾客了解获取信息的方式可以分为两种。一种是搜索特性，如颜色、形状等，对于这类特性的信息，顾客通过观察就可以了解这些信息，而且这类信息很容易通过网络传播；另一种是体验性特性，如性能、味道、舒服感等，对于这类特性顾客需要亲自对产品接触试用后才可能了解。一般说来，任何产品都有这两种特性，只是不同的产品中这两种特性的重要性不一样而已。对于图书来说，搜索性特性更重要，而对于服装来说，体验性特性则更重要。

目前，网络上发展的新技术可以在一定程度上解决体验性特性的问题，如三维技术、虚拟现实技术。其中，Lee 服装为解决服装的网上销售问题，专门开发了网络服装试穿软件，顾客可以在网络上为自己的虚拟身体试穿各种服装，还可以进行全方位的旋转和观察。

(三)网络营销产品展示技术——虚拟现实

目前，网络上发展的新技术可以在一定程度上解决消费者体验性特性的问题，如三维技术、虚拟现实技术。

虚拟现实(virtual reality，VR)通常是指用立体眼镜、传感手套等一系列传感辅助设施来实现的一种三维现实，人们通过这些设施以自然的方式(如头的转动、身体的运动等)向计算机输入各种动作信息，并且通过视觉、听觉以及触觉设施使人们得到三维的视觉、听觉及触觉等感觉世界。随着人们不同的动作信息，这些感觉也随之改变。

虚拟现实具有以下三个特点：①沉浸感(immersion)。沉浸性是虚拟现实技术最主要的特征，就是让用户成为并感受到自己是计算机系统所创造环境中的一部分。虚拟现实技术的沉浸性取决于用户的感知系统，当使用者感知到虚拟世界的刺激时，包括触觉、味觉、嗅觉、运动感知等，便会产生思维共鸣，造成心理沉浸，感觉如同进入真实世界。②交互性(interaction)是指用户对虚拟环境内的物体的可操作程度和从环境得到反馈的自然程度(包括实时性)。例如，用户可以用手直接抓取虚拟环境中的物体，这时手有触摸感，并可以感觉物体的重量，场景中被抓的物体也立刻随着手的移动而移动。③想象力(imagination)是指用户沉浸在多维信息空间中，依靠自己的感知和认知能力全方位地获取知识，发挥主观能动性，寻求解答，形成新的概念。

四、网络营销产品定制化管理策略

(一)大规模定制概念

在网络营销市场环境中，人们更加追求差异化定制，想要表现与众不同。但是差异化定制往往意味着更高的价格和更低的效率。为了解决这个问题，本节引入了大规模定制概念。

大规模定制(mass customization)基本思想在于通过产品结构和制造流程的重构，运用现代化的信息技术、新材料技术、柔性制造技术等一系列高新技术，把产品的定制生产问题全部或者部分转化为批量生产，以大规模生产的成本和速度，为单个客户或小批量多品种市场定制任意数量的产品。

(二)大规模定制策略应用

为了实现大规模定制，确保个性化定制产品和服务的低成本生产，大规模生产的企业可根据自身的情况，在企业价值链的重要环节(如开发、生产、销售、交付等环节)选择以下一种或多种策略加以应用。

1. 围绕标准化的产品和服务来定制服务

完全标准化的产品在被销售或交货人员送到客户那里以前，仍然可以被定制。因为这种方法是在企业价值链的最后两个环节完成，并不影响开发和生产，所以它是最简单、最常用的着眼点。销售和分销可以改变产品，增加其特征，与其他的产品(包括与其他企业生产的产品)组合在一起，并提供大量的服务，使每一个客户都能得到他所期望的和应当得到的个别关注。如 HP 在分销环节根据客户对象配置不同类型说明书(中文简体)。

2. 创建可定制的产品和服务

虽然大多数定制化服务可以在价值链的交付环节完成，但是改变产品以适应客户确切需要和特殊需要的定制不仅是服务收入的来源，还是使企业产品得以扩展并进一步加强定制化的源泉。创建可定制产品或服务一般不需要对公司的价值链做剧烈的变革，如Windows可以自己设置风格和样式。

3. 提供交货点定制

在销售或交货点生产产品，或至少在当时当地完成最后的定制生产工序。

4. 提供整个价值链的快速响应能力

缩短周期时间，增加产品多样性，在客户需要时向他们提供任何想要的产品或服务。

五、网络时代的品牌发展策略

(一)网络时代品牌发展的必要性

网络为品牌打造提供了条件。网络的双向沟通性可以使企业实现更加精确的品牌定位，真正实现消费者对影响的指导作用，逐渐把品牌管理变成“企业-顾客共同体”管理，使品牌更加具有生命力。同时，网络可以实现信息的低成本、高速度、大范围的传播，有助于企业进行低成本、大范围的品牌宣传。

网络虚拟市场的发展需要建立网络品牌。众多网站内容和服务的同质化激化了企业之间的竞争，网络企业需要打造网络品牌来形成自己的差异化优势。另一方面，免费以及低价策略的盛行，大大压缩了企业的利润空间，要获得支撑企业进一步发展壮大的高额利润，也依赖于网络品牌的打造。并且消费者需要网络品牌识别不同的网络企业，更需要具有高度知名度和美誉度的网络品牌以降低在网络虚拟市场购买的高风险。

传统品牌不能简单地应用于网络市场。网络市场与传统市场的差异以及其中消费者对品牌的认知态度的不同，使得传统市场中的强势品牌不能简单地延伸到网络市场。美国著名咨询公司Forrester Research公司在1999年11月份发表了题为*Branding for a Net Generation*的调查报告，该报告指出：“知名品牌与网站访问量之间没有必然的联系。”在调查报告中指出“通过对年龄在16至22岁之间的青年人的品牌选择倾向和他们的上网行为进行比较，研究人员发现了一个似是而非的现象。尽管可口可乐、耐克等品牌仍然受到广大青少年的青睐，但是这些公司网站的访问量却并不高。既然知名品牌与网站访问量之间没有必然的联系，那么公司到底要不要建设网站就是一个值得考虑的问题。从另一角度看，这个结果也意味着公司要在网上取得成功，绝不能指望依赖传统的品牌优势。”

打造网络品牌不仅是必要的，而且也是可行的。网络市场是一个新兴的市场，网络消费者的兴趣、爱好以及购物的习惯等各个方面都呈现出新的特征，呼唤网络品牌的诞生。

(二)网络时代品牌打造方法

Pine II和Gilmore(哈佛商业评论，1995)将网络经济时代消费者的特点修正为审美体验、学习体验、自我实现体验和寻求归属体验，如图6-4所示。不同类型的消费者对于产品有着不同的期待，对应的，他们也希望得到不同的品牌的体验。比如有些消费者希望在品牌上得到个人形象的展现，从而与品牌建立关系，寻求归属感等。总而言之，企业应当积极打造品牌对于不同层次消费者的体验感受。

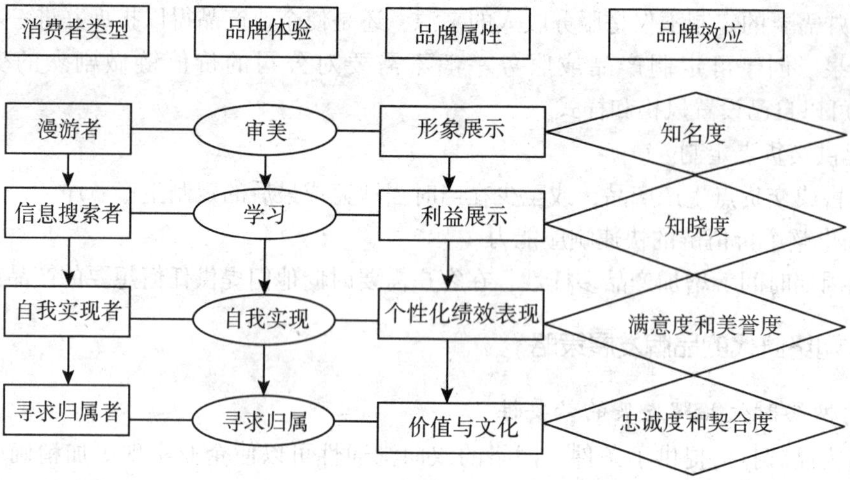

图 6-4　网络时代品牌打造方法

第二节　网络营销新产品开发

一、产品服务生态系统化

(一)产品服务生态系统概念

生态系统的概念最先是来自大自然的生态系统。第一个重要概念是“相互作用”，强调系统内部不同的要素之间的连接关系；第二个重要概念是“生物群落”，广义的含义就是系统的边界(boundary)。产品服务生态系统就如同自然界生态系统一般，包含用户或者用户的行为，以此体现用户与产品之间的关系。系统可以包含多个产品，以及产品与产品之间的关系，也可以包含与产品强相关的关键人或物。但是这个系统不可能无限大，存在着边界限制。

(二)产品服务生态系统的构成

自然界的生态系统包含了三个角色：生产者(producer)、消费者(consumer)和分解者(decomposer)。它们之间互相依靠，形成了闭环效应。在互联网和信息类产品里这三者之间的连接非常紧密。在这个新兴的由产品服务生态连接的世界里，生产者和消费者之间的区别越来越模糊。生产者、消费者和分解者形成了一个紧密连接的整体。以微信的朋友圈为例，当人们在朋友圈发送图片和文字的时候，微信的后台就将这些信息进行分解和解析，最终呈现给了消费者。在这个信息制造和分享的过程中，消费者不仅仅是信息的消费者，也成为了信息的制造者。这个时候，消费者并不是被隔离出来的一个独立存在的群体，而是和产品、平台紧密连接的整体。互联网公司设计和发布了某款 APP，调研人员通过用户访谈、分析数据、问卷调查、实地考察等方式去分析用户的使用情况，进而引导产品的迭代设计。在这里用户调研人员就成为了生态系统里面的分解者。

二、网络营销新产品开发概述

（一）网络时代新产品开发面临挑战

新产品开发是许多企业市场取胜的法宝。在网络时代，由于信息和知识的共享，科学技术扩散的速度加快，企业的竞争从原来简单依靠产品的竞争转为拥有不断开发新产品能力的竞争。而且互联网的发展，使得企业在今后获得新产品开发成功的难度增大，其原因如下：

1. 在某些领域内缺乏重要的新产品构思。一些科学家认为，随着时间的推移，在汽车、电视机、计算机、静电印刷和特效药等领域内值得投资并切实可行的新技术微乎其微。目前许多的传统优势企业正面临着严峻的挑战。Cisco公司在短短的15年就成为美国市场价值第三的大公司，超过了Intel公司。Intel公司正准备从“计算机产业的建筑模块供应商”向“互联网建筑模块供应商”转移。未来的产品构思开发必须适应网络时代的需要。

2. 不断分裂的市场。激烈的竞争正在导致市场不断分裂。各个公司不得不将新产品的目标对准较小的细分市场，而不是整个市场，这就意味着每一个产品只能获得较低的销售额和利润额。互联网的发展加剧了这种趋势，市场的主导地位正从企业转向消费者，个性化消费成为主流，未来的细分市场必将是以个体为基础的。

3. 社会和政府的限制。网络时代强调的是绿色发展，新产品必须以满足公众利益为准则，诸如消费者安全和生态平衡。政府的一些要求已使得医药行业的创新进度减慢，并使工业设备、化工产品、汽车和玩具等行业的产品设计和广告决策工作难以开展。

4. 新产品开发过程中的昂贵代价。网络时代竞争加剧，公司为了最终找出少数几个良好的构思，通常需要形成许多新产品构思。因此，公司就得面对日益上升的研究开发费用、生产费用和市场营销费用。

5. 新产品开发完成的时间缩短。许多公司很可能同时得到同样的新产品构思，而最终胜利往往属于行动迅速的人。反应灵敏的公司必须压缩产品开发的时间，其方法是采用计算机辅助设计和生产技术、合作开发，加快进行产品概念试验及先进的市场营销规划等。

6. 成功产品的生命周期缩短。当一种新产品成功后，竞争对手立即就会对之进行模仿，从而使新产品的生命周期大为缩短。

网络时代，特别是互联网的发展带来的新产品开发的困难，对企业来说既是机遇也是挑战。企业开发的新产品如果能适应市场的需要，可以在很短时间内占领市场，打败其他的竞争对手。如果企业的新产品开发跟不上，企业很可能马上陷入困境。

（二）网络时代新产品的开发策略

与传统新产品开发一样，网络营销新产品开发策略也有下面几种类型，但策略制定的环境和操作方法不一样。下面分别予以分析：

1. 新问世的产品。即开创了一个全新市场的产品。这种策略主要由创新公司采用。网络时代使得市场需求发生了根本性的变化，消费者的需求和消费心理也发生了重大变化。因此，如果有很好的产品构思和服务概念，即使没有资本也可以凭借其获得成功，因为许多风险投资资金愿意投入互联网市场。如我国专门为商人服务的网站阿里巴巴网站

(http://www.Alibaba.com)，凭借其提出的独到的为商人提供网上免费中介服务的概念，迅速成长起来。这种策略是网络时代最有效的策略，因为网络市场中只有第一没有第二，以及“the winner take all”(赢者通吃)。

2. 新产品线。即公司首次进入现有市场的新产品。互联网技术的扩散速度非常快，利用互联网迅速模仿和研制开发出已有产品是一条捷径，但在互联网竞争中一招领先招招领先，因为新产品开发的速度非常快。这种策略只能作为一种对抗性的防御策略。

3. 现有产品线外新增加的产品。即补充公司现有产品线的新产品。由于市场不断细分，市场需求差异性增大，这种新产品策略是比较有效的策略。一方面它能满足不同层次的差异性需求；另一方面，它能以较低风险进行新产品开发，因为它是在已经成功的产品上再进行开发。

4. 现有产品的改良品或更新。即提供改善了的功能或较大感知价值并且替换现有产品的新产品。在网络营销市场中，消费者可以在很大范围内挑选商品，具有很大的选择权利。企业在面对消费者需求层次日益提高的推动下，必须不断改进现有产品和进行升级换代，否则很容易被市场抛弃。目前，产品的信息化、智能化和网络化是必须考虑的，如电视机的数字化和上网功能。

5. 降低成本的产品。即提供同样功能但成本较低的新产品。网络时代的消费者虽然注重个性化消费，但个性化消费不等于是高档消费。个性化消费意味着消费者根据自己的个人情况包括收入、地位、家庭以及爱好等来确定自己的需要，因此消费者的消费意识更趋向于理性化，消费者更强调产品带来的价值，同时包括所花费的代价。在网络营销中，产品的价格总体呈下降趋势，因此提供相同功能的但成本更低的产品更能满足日益成熟的市场需求。

6. 重定位产品。即以新的市场或细分市场为目标市场的现有产品。这种策略是网络营销初期可以考虑的，因为网络营销面对的是更加广泛的市场空间，企业可以突破时空限制以有限的营销费用去占领更多的市场。在全球的广大市场上，企业重新定位产品，可以取得更多的市场机会。如在国内的中档家电产品通过互联网进入国际其他发展地区市场，可以将产品重新定位为高档产品。

企业网络营销产品策略中采取哪一种具体的新产品开发方式，可以根据企业的实际情况决定。但结合网络营销市场的特点和互联网的特点，开发新市场的新产品是企业竞争的核心。相对成熟的企业采用后面几种新产品策略也是一种短期较稳妥的策略，但不能作为企业长期的新产品开发策略。下面具体分析一下新产品开发策略的具体实施措施。

三、用户参与的协同开发

(一)新产品的构思来源

新产品的构思可以有多种来源，可以是顾客、科学家、竞争者、公司销售人员、中间商和高层管理者，但最主要的还是依靠顾客来引导产品的构思。网络营销一个最重要的特性是与顾客的交互性，它通过信息技术和网络技术来记录、评价和控制营销活动，掌握市场需求情况。本书第三章介绍了网络营销信息系统，网络营销通过其网络数据库系统处理营销活动中的数据，并用来指导企业营销策略的制定和营销活动的开展。

(二) 网络营销大数据

网络营销数据库系统一般具有以下特点：①在营销数据库中每个现在或潜在顾客都要作为一个单独记录存储起来，只有了解每个个体的信息才能细分市场，并可通过汇总数据发现市场的总体特征。②每个顾客的记录不但要包含顾客的一般信息如姓名、地址、电话等，还要包含一定范围的市场营销信息，即顾客的需求和需求特点，以及有关的人口统计和心理测试统计信息。③每个顾客的记录还要包含有顾客是否能接触到针对特定市场开展的营销活动的信息，以及顾客与公司或竞争对手的交易信息。④数据库中应包含顾客对公司采取的营销沟通或销售活动所作反应的信息。⑤存储的信息有助于营销策略制定者制定营销政策，如针对目标市场或细分市场提供何种合适的产品或服务，针对每个产品在目标市场中采用何种营销策略组合。⑥在对顾客推销产品时，数据库可以用来保证与顾客进行协调一致的业务关系。⑦数据库建设好后可以代替市场研究，无须通过专门的市场调研来测试顾客对所进行的营销活动的响应程度。⑧随着大型数据库可以自动记录顾客信息和自动控制与顾客的交易，自动营销管理也成为可能。

利用网络营销数据库，企业可以很快发现顾客的现实需求和潜在需求，从而形成产品构思。通过对数据库进行分析，可以对产品构思进行筛选，并形成产品的概念。利用网络数据库来发现需求、形成概念是比较有效的方法，但对于快速发展的网络技术，许多需求是顾客无法感知到的，是需要企业自行构思和发展的，这时依赖一些科研单位和专家就显得特别重要了。在筛选构思和形成概念时，要注意与传统营销策略中有所区别，网络时代的新产品看重的是产品的创新性和市场发展潜力，对于产品的赢利和风险则要放在其次。因为，目前有许多风险投资者愿意在新产品开发方面进行投入，愿意承担一定风险，相应要求的回报也相对比较高。

(三) 顾客参与

与过去新产品的研制与试销不一样，在网络营销中顾客可以全程参加概念形成后的产品研制和开发工作。顾客参与新产品的研制与开发不再是简单被动地接受测试和表达感受，而是主动参与和协助产品的研制开发工作。与此同时，与企业关联的供应商和经销商也可以直接参与新产品的研制与开发，因为网络时代企业之间的关系主流是合作，只有通过合作才可能增强企业的竞争能力，才能在激烈的市场竞争中站稳脚跟。通过互联网，企业可以与供应商、经销商和顾客进行双向沟通和交流，可以最大限度地提高新产品的研制与开发速度。如美国的波音公司为加快新产品波音 777 的研制与开发，通过其内部的网络 CAD 系统将所有的零件供应商联系在一起，波音在设计波音 777 飞机系统时，他们的零件商就可以按照规格协助设计和开发相应配套的零件，结果波音 777 飞机的研制缩短了 2 年多时间，在激烈竞争的航空市场中占据了有利的竞争地位。

(四) 企业协作

值得关注的是，许多产品并不能直接提供给顾客使用，它需要许多企业共同配合才有可能满足顾客的最终需要，这就更需要在新产品开发的同时加强与以产品为纽带的协作企业的合作。如计算机的硬件和软件是需要许多公司配合才能满足市场需要的，为提高新产品的研究开发速度，提供 CPU 的 Intel 公司在研究新产品的同时就将其技术指标向协作企业公开，使其能配套开发新产品；提供操作系统的微软公司，也是在开发新操作系统的同时就将操作系统的标准和规范公开，在产品上市前先与硬件制造商合作测试操作系统的稳定性，以及配合硬件制造商的硬件设计和制造，使得电脑上市时能保持同步。这些相互协作和支持都可以很容易通过互联网实现，而且费用非常低廉。

（五）网络试销与上市

网络市场作为新兴市场，消费群体一般具有很强的好奇性和消费领导性，比较愿意尝试新的产品。因此，通过网络营销来推动新产品试销与上市，是比较好的策略和方式。但要注意的是，网上市场群体还有一定的局限性，目前的消费意向比较单一，所以并不是任何一种新产品都适合在网上试销和推广的。一般对于与技术相关的新产品，在网上试销和推广的效果比较理想。这种方式一方面可以比较有效地覆盖目标市场，另一方面可以利用网络与顾客直接进行沟通和交互，有利于顾客了解新产品的性能，还可以帮助企业对新产品进行改进。

利用互联网作为新产品的营销渠道时，要注意新产品能满足顾客的个性化需求的特性，即能针对网上市场的不同顾客需求生产出功能相同但又能满足个性化需求的产品，这要求在新产品开发和设计时就考虑到产品式样和顾客需求的差异性。如 Dell 公司在推出电脑新产品时，允许顾客根据自己的需要自行设计和挑选配件来组装自己满意的产品，Dell 公司可以通过互联网直接将顾客订单送给生产部门，生产部门根据个性化需求组装电脑。因此，网络营销产品的设计和开发要能体现产品的个性化特征，适合进行柔性化的大规模生产，否则概念再好的产品也很难在市场上让消费者满意。

四、互联网时代的产品迭代升级

（一）产品迭代

迭代是指产品与服务要快速地适应不断变化的需求，不断推出新的版本满足或引领需求。快速迭代最大的优点是及时的用户反馈，这样可以快速调整产品的方向，避免在无用的功能上浪费时间和精力，减少风险，更灵敏地适应和满足用户的需求，增强用户的持续使用黏性。如火狐自 2015 年开始每隔 6 周发布一次新的浏览器版本，亚马逊云服务平台 AWS 仅 2013 年以来就开发 280 多个新功能，并以惊人的速度进行功能更新。

快速的产品迭代开发具有很多优点。它能够降低风险，得到早期用户的反馈之后，不断推出新的版本更加贴合市场的需求。并且持续的更新测试能够增强用户的持续使用，增加用户的参与感，提高用户的复用性。

（二）网络营销新产品升级迭代与传统迭代异同

移动互联网的发展为消费者提供诸多可选择、切换的移动消费场景，即由不同时间、空间、人物和事件组成的价值交换过程。传统的创新强调营销 4P 的组合策略，消费者是产品策略的接受者；而在移动互联网时代，渠道基本打通，价格体现信任，促销依赖消费者交互，产品的价值更多由消费者最终决定，而特定场景因素传递了特定的消费者价值诉求。

传统的创新注重满足消费者需求，对应着企业对消费者满意度、忠诚度的建设，而在迭代式创新的模式中，消费者价值诉求与具体的场景因素高度关联，场景的切换和组合反过来也会孕育全新的产品市场，在技术饱和和竞争激烈的市场环境下，产品一方面要达到消费者满意度、忠诚度的目标，另一方面可依赖于场景不断激活潜在市场。与消费者场景依赖性对应，基于产品线的创新，传统跃迁式创新更加专注于垂直产品线的设计和开发，而迭代性创新模式强调对场景的适应性，因而将更加注重产品线的生态性、平台性。

技术和经济的发展使人们的物质生活得到了满足，消费者开始追求产品作为一种精神或符号的价值，传统的产品创新是对产品作为一种“物”的创新，更加重视产品的功能设计；而在技术趋于成熟、知识逐渐共享、竞争日益激烈的万物互联时代，产品的创新更加凸显产品作为一种精神、文化和符号的重要性，如表6-2所示。

表6-2 新产品升级迭代与传统迭代异同

比较维度	传统跃迁式创新	互联网时代迭代性创新
创新驱动	组织驱动	消费者驱动+组织驱动
对市场的认知	满足市场：创新与消费者诉求对应	借力市场：消费者诉求高度场景化，借力这一特征将场景的切换与组合和创新对应
市场目标	消费者满意度、忠诚度	消费者满意度、忠诚度、激活潜在市场
创新周期	漫长、不可控	短周期、灵活可控
创新价值交付	一次性交付	SoLoMo 动态迭代交付
创新模式	突破式创新(高风险)	渐进式-突破式创新(低风险)
消费者沟通	离散间断式沟通：产品-消费者；消费者-产品	同步连续式沟通：产品-消费者-产品
产品线	垂直化	生态化、平台化
产品认可	物	精神、价值、符号

然而迭代性创新模式也有其弊端。企业创新过程中与消费者高频交互，一方面，企业创新更可能被消费者主导，过于顺应消费者反而会抑制企业突破性创新的可能；另一方面，相对于传统创新模式，迭代性创新更加重视消费者对企业创新的参与和赋能，然而消费者对技术和创新的了解有限，并且不一定能准确表达自身的需求，使得消费者的赋能效果更多停留在产品设计的表层，无法深入技术的本质，因此迭代性创新模式并不利于企业开发出通用性的、满足广大消费者本质需求的突破性产品。

五、网络时代的新产品扩散模型

在众多的新产品扩散模型中，巴斯扩散模型(Bass，1969)最为经典，后续研究大多基于该模型演化而来。它能够很精确地描绘新产品和科技创新的采用曲线，并且在实践应用和理论研究领域都很有影响力(Bass，2004；Bass，Krishnan，and Jain，1994)。

一种新产品上市，它首先会影响头部创新用户的使用，紧接着才会引起大众口碑增强模仿效应，得以传播。Bass模型将新产品的采用看作“社会传染”过程(social contagion)，随着采用者人数的增加，未采用者的采用几率(被传染)也不断增大。在 Δt 时间内，潜在消费者受外部力量和内部力量的驱动而采用一个未曾采用的新产品。前者与广告等大众传播的强度有关，将其对个体的影响记为创新系数 p；后者与未采用者受到的已采用者的口碑效应有关，记其强度为模仿系数 q。那么，时刻 t 未采用者的购买概率的风险函数等于 $p+qN(t)/m$。其中，m 为新产品的潜在总的采用者，$N(t)$ 为截至时刻 t 的采用者总量。则时刻 t 的采用者数量 $n(t)$ 满足如下一阶微分方程：

$$n(t)=\frac{\mathrm{d}N(t)}{\mathrm{d}t}=[m-N(t)]\left[p+q\frac{N(t)}{m}\right] \tag{6.1}$$

其中：$m-N(t)$ 表示尚未采用的潜在消费者总量；p、q、m 为待估计的未知参数；初值条件为 $N(0)=0$。

假定产品的渗透率 $F(t)=N(t)/m$，则上述微分方程等价于：

$$f(t)=\frac{\mathrm{d}F}{\mathrm{d}t}=[1-F(t)]\,[p+qF(t)] \tag{6.2}$$

求解下述微分方程组：

$$\begin{cases}\mathrm{d}t=\mathrm{d}F/(p+(q-p)F-qF^2)\\ F(0)=0\end{cases} \tag{6.3}$$

得时刻 t 的渗透率等于：

$$F(t)=\frac{1-\mathrm{e}^{-(p+q)t}}{1+q/p\mathrm{e}^{-(p+q)t}}\,t\geqslant 0 \tag{6.4}$$

因此，时刻 t 的采用量等于：

$$n(t)=\frac{m\,(p+q)^2\mathrm{e}^{-(p+q)t}}{p\,(1+q/p\mathrm{e}^{-(p+q)t})^2} \tag{6.5}$$

巴斯扩散模型简明易了，且足以适用于初次评估，初次评估的时候，往往没有必要运用那些复杂的市场模型。当然，需要注意的是，巴斯扩散模型仅仅是扩散技术模型中的一种，而且，巴斯扩散模型的许多变形业已被开发出来，用以满足某些特殊情形的精确需求。

第三节　开放式创新与用户创造

一、开放式创新

开放式创新是将企业传统封闭式的创新模式开放，引入外部的创新能力。在开放式创新下，企业发展技术和产品时，能够也应该像使用内部研究能力一样借用外部的研究能力，能够也应该使用自身渠道和外部渠道来共同拓展市场。开放式创新强调外部知识的重要性，视它为必要的创新来源，认为创新流程必须开放，才能有效利用外部知识，并且认为经营模式必须同时开放，才能有效实现开放式创新。

在传统企业研发流程中，企业产生若干个最初的想法，并且在随后的过程中不断过滤掉不符合企业目标的想法，整个过程中企业流程与外界是不相通的。在开放式创新企业研发流程中，企业在最初会产生若干个想法，这些想法无论是在研究阶段还是在发展阶段，均被尽可能地传递到公司以外，整个研发过程中也会不断引入外部的新想法(如图 6-5 所示)。

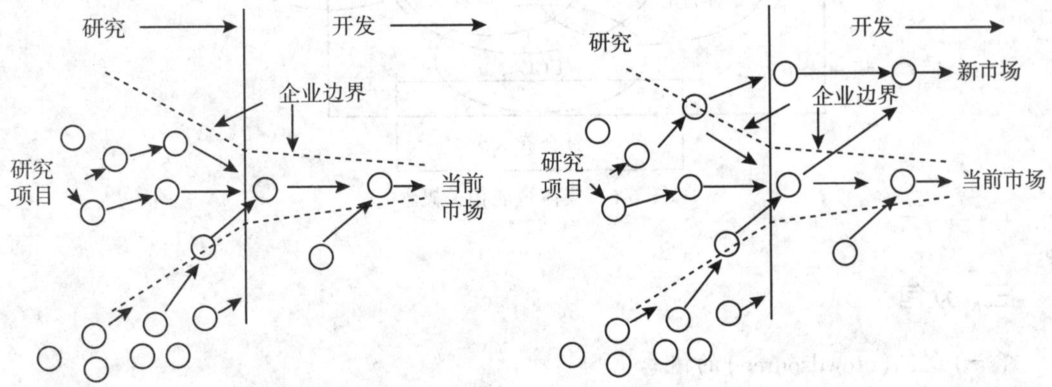

图 6-5 封闭式创新(左)与开放式创新(右)

IBM 一直实施的开放式创新模式是扶植技术社区(technology community)。在 20 世纪 90 年代初期，变革前的 IBM 在 UNIX 和微软 NT 视窗的打击下节节败退。它意识到这两种操作系统对企业 IT 的发展方向具有深远的影响力。于是，IBM 开始支持围绕 Linux 操作系统的技术社区(Open Source Development Labs)。虽然 Linux 是一个开放式免费软件系统，IBM 无法从中直接赢利，但它知道通过影响 Linux 系统才会对企业 IT 的发展方向产生一定程度的掌控力。于是多年来，IBM 一直投入大量人力财力不断完善 Linux 系统。在 IBM 的带领下，围绕 Linux 的技术开发社区发展状况良好，有助于 IBM 将自身的众多产品和其他相关企业的硬软件产品实现深度整合，并让 IBM 对企业 IT 技术的宏观发展方向具有发言权。

二、集体智能与社会化生产

在通常情况下，集体智能(collective intelligence)指的是在综合一群人的行为、喜好和意见的基础上创造出的新观点。换句话说，这种共享的或群体的智能，是从许多个体的合作与竞争中涌现出来的。需要指出的是，集体智能中的“智能”是知识、智慧这个层面，而不是数据层面。集体智能可以克服团体迷失和个人认知偏差，使群体在流程中进行合作成为可能，同时还能大大提高群体的智力表现。集体智能等相关概念见图 6-6。

社会化生产就是集体智能的应用之一，它是指利用集体智能和盈余资源进行公益性协同，生产出相关的产品服务，核心的观点就是融入了群体的智慧指导生产，如开源软件的开发和维基百科。维基百科是一个开放的在线百科全书，其创建完全通过用户的贡献。任何人都可以创建和编辑任何一个网页和词条。目前，维基百科已收录了超过 3000 万篇条目，全世界总共有近 3.65 亿名用户使用维基百科。

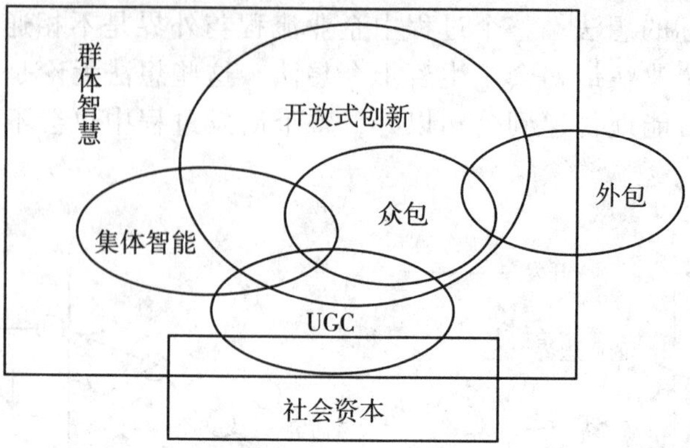

图 6-6　集体智能相关概念

三、众包

（一）众包（crowdsource）的概念

众包是一种分布式的问题解决和生产模式。问题以公开招标的方式传播给未知的解决方案提供者群体。众包的概念如图 6-7 所示。首先，一个完整的项目交给分发者，分发者通过平台交给技术提供者进行处理。比较典型的有众包翻译、美团外卖众包、乐高 LEGO Ideas。

众包和普通意义上的外包不同点在于，前者的任务和问题是外派给不确定的群体，而后者是外派给确定的个体。

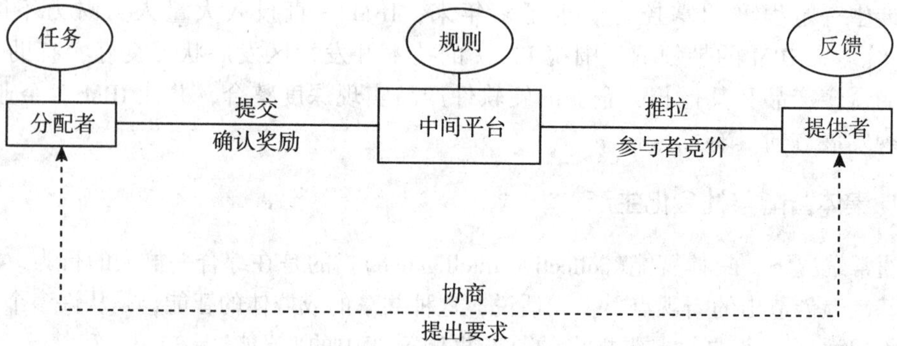

图 6-7　众包概念

（二）众包的优势

①问题可以在花费较少的情况下得到探究和讨论，通常时间上也很快。

②有了结果才付费，有时甚至不用付费。

③组织可以依靠比自己组织内部更广泛的人才。

④通过聆听用户的声音，组织可以获得第一手的客户需求信息。

⑤通过众包组织社区会感到一种品牌建设般的血缘关系，这也是一种通过分享和合作得到的所有权。

(三)众包的劣势

①为完成项目可能会带来新增的成本。

②一个众包项目将可能因为缺少资金激励、参与者太少、工作质量低下、个人对项目缺乏兴趣、全球性的语言障碍或难以管理大型的众包项目而失败的可能性将增加。

③低于市场工资或没有工资，众包通常以以物易物的方式来进行。

④与众包雇员没有书面合同、保密协议或雇员协议。

⑤在整个众包项目实施期间很难与众包工作者保持工作关系。

⑥对于有目的、恶意的工作造成的失误容易产生情绪上的波动。尽管一些批评者认为众包剥削和滥用了个体的劳动，但人群的动机研究显示参与众包的人没有感到被剥削。相反，许多人认为他们在参与众包项目的过程中受益良多。

四、用户创造内容

(一)用户创造内容(user generated content)概念

用户创造内容(user generated content)指网站或其他开放性介质的内容由其用户贡献原创。UGC具有三个特征：(1)网络出版为前提；(2)具有一定程度的创新性；(3)非专业人员或权威创作。表6-3为UGC类型、实例和平台概述。

(二)UGC的盈利模式

①内容创造者支付费用给提供服务的网站，内容一经使用，用户支付的费用有一部分将返还给内容创造者。

②用户创作的内容免费，主要从其他用户处获得捐赠。

③广告通常被视为最有可能的收入来源，基于广告的盈利模式可以使创作者和运营商免费获得内容，同时获得收入。

表6-3 **UGC实例**

内容类型	描　述	发布平台	实例
文学创作	原创型文学作品，或是在已有作品的基础上进行二次创作，或是针对某一次作品展开的讨论。	博客或一些专属网站	Fanfiction. net；Writely；Quizilla. com；“榕树下”等
图像/图片	由用户拍摄并上传，可公开获得(部分公开)的数字图像资源，或是在已有作品的基础上进行二次创作的图像内容。	图片博客，SNS，或一些专属网站	Ofoto；Flickr；Photoblogging；Remixed images；“图客网”等

续表

内容类型	描　述	发布平台	实例
音频	由用户录制、编辑并上传，可公开获得（部分公开）的数字音频资源。	播客，P2P，或一些专属网站	Audio mash-ups；remixes；Podcasting；“豆瓣”等
视频	由用户录制或编辑并上传，可公开获得（部分公开）的数字视频资源，包括原创型内容、剪辑混搭型内容等。	播客，P2P，流媒体，或一些专属网站	YouTube；Google Video；Revver. com；“土豆网”“我乐网”“青娱乐”等

④将许可授予第三方，根据大多数站点的服务条款，用户同意许可站点使用其内容而不需付费，有时站点还会保留商业开发的权利。

⑤利用庞大的客户群，营销自己或是第三方的产品。

（三）UGC 的参与动机

1. 技术驱动：感知的易用性、感知的有用性、技术任务适配性、技术可靠性、隐私与安全。

2. 社会驱动：主观规范、信任、认同感、共同语言、共同愿景、互动性、线下活动、感知的响应、以往的经验或体验。

3. 个体驱动：好奇心和兴趣、感知的乐趣、利他主义、外部奖励、预期互惠性、编辑的投入、自我形象、认可。

五、互联网时代的制造创新

随着人工智能、大数据、云计算等新技术的不断发展与成熟，以及物联网时代的开启，互联网正在改变我们生活的各个领域，同时也带领着这个社会在加速向前迈进。于是，德国率先提出了工业 4.0 时代，美国则向工业互联网吹响了冲锋号，而中国也不甘落后，迎来了产业互联网时代。

尽管各自的叫法不同，但是都是借助于互联网新技术来实现更加智能化、数字化的生产方式，为用户提供更加优质的服务。

在发展步伐上，纵观德国的工业 4.0、美国的工业互联网和我国的产业互联网，德国在重领域上聚焦于高端产业和高端环节，做智能工厂，立志要实现互联网+制造业的目标；而美国则更注重软领域上新技术优势的利用，尤其是将大数据分析技术的优势运用到企业的生产、制造上，能够为企业提供更科学、智能化的生产方式；而中国的产业互联网，目前依旧只是起步阶段，但是也不乏很多技术企业利用自身的技术优势在企业级服务上为企业转型提供更优质的服务。

在研发力量的投入上，德国是世界制造业强国和全球领先的工业制成品出口大国，在制造业上的资本研发投入也超过了美国和日本；而美国由于政府的大力支持，在金融危机之后也投入了更多的研发力量来鼓励美国企业进行产品研发和技术创新；中国相对于两国来说，科技研发投入的力量还比较薄弱，国家的资金投入有限，很多企业也存在着科技投入资金不足的情况，因此，中国还要在技术研发上，发掘更优秀的技术人才，投入更多研发资本和研发团队。

在技术力量上，德国在汽车、机械、电机等方面拥有世界领先的技术水平，因此产品品牌和形象都已打造出来了；美国在大数据、云计算和人工智能等新技术方面处于全球领先的地位，也在各个方面投入新技术运用，取得了一定的成就；而中国也不甘落后，国内的互联网巨头也拥有较强的技术优势，并慢慢走出国门，在一定程度上能够与全球科技巨头进行竞争。

由此看来，我国的产业互联网发展，尽管不如德国工业 4.0 与美国工业互联网起步早，但是由于国内产业互联网借着互联网+这股东风与国家政策的支持，同时在一些企业级服务能力非常强的平台支持下，国内多个传统产业的企业都开始脱胎换骨，未来中国借助产业互联网实现全面超越工业强国完全有可能。

第四节　网络服务营销管理

一、网络营销服务层次与顾客满意

营销大师科特勒将服务定义为：服务是一方能够向另一方提供的基本上无形的任何功效或礼仪，并且不导致任何所有权的产生，它的产生可能与某种有形产品密切联系在一起，也可能毫无联系。网络营销服务也是同样内涵，只是网络营销服务通过互联网来实现服务，互联网的虚拟性使得网络营销服务可以突破时空限制。因此，网络营销服务的重要性日渐突显，也势必成为企业竞争中新的热点。如计算机制造商 IBM 公司在 1993 年出现亏损后，改变经营战略，从最大的计算机制造商转变成最大的计算机软件与服务商，而且及时抓住互联网的发展机遇，开发和提供一系列的电子商务系统平台，成为电子商务最大软件供应商，公司的盈利直线上升。

随着技术进步，市场进入“选择型需求”时代，顾客满意已经成为市场营销成功的标尺和营销的最终目标。服务是企业围绕顾客需求提供的功效和礼仪，网络营销服务的本质也就是让顾客满意，顾客是否满意是网络营销服务质量的唯一标准。要让顾客满意就是要满足顾客的需求。顾客的需求一般是有层次性的，图 6-8 是顾客需求的层次关系，从最基本的单向接受产品信息，到主动寻求解决问题，再到双向交流沟通，到全面深入了解全过程。如果企业能够提供满足顾客更高层次需求的服务，顾客的满意程度就更高。

(一)产品信息了解

网络时代，顾客需求呈现出个性化和差异化特征，顾客为满足自己个性化的需求，需要全面、详细地了解产品和服务信息，寻求出最能满足自己个性化需求的产品和服务，传统营销很难满足顾客对产品和服务的这类信息需求。互联网作为廉价的、自由的信息交互平台，为顾客与企业之间的沟通建立了良好的基础，顾客可以自由了解产品信息，而不受时间和空间限制。

(二)解决问题

顾客在购买产品或服务后，可能面临许多问题，需要企业提供服务来解决。而许多问题是重复和简单的，顾客通过自我学习完全可以自行解决。在企业网络营销站点上，许多

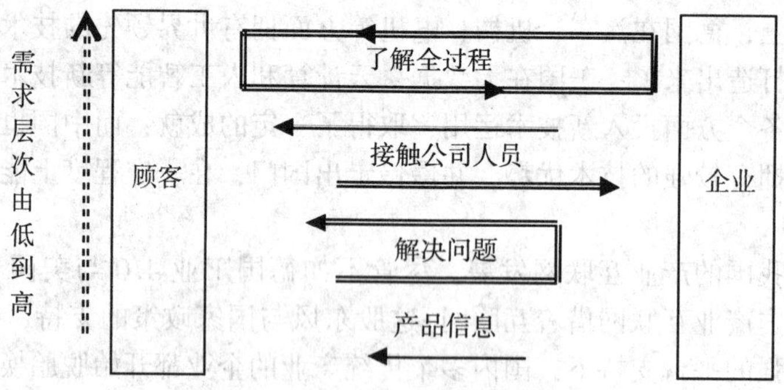

图 6-8　顾客需求层次图

企业的站点提供技术支持和产品服务，以及常见的问题释疑(FAQ)。有的还建设有顾客虚拟社区，顾客可以通过互联网从其他顾客得到帮助。对于一些简单重复问题，可以通过 FAQ 和虚拟社区，由顾客通过自己学习，自己解决。

(三)接触公司人员

对于有些比较难以解决的问题，或者顾客难以通过网络营销站点获得解决方法的问题，顾客也希望公司提供直接支援和服务。互联网的出现，一方面可以大大减少顾客对直接接触公司人员的需求，另一方面可以更加有效地为要求进行直接接触的顾客提供更高水平的服务。

(四)了解全过程

顾客为满足个性化需求，不仅仅是通过掌握信息来选择产品和服务，还要求直接参与产品的设计、制造、运送的整个过程，意味着企业与顾客需要建立一种“一对一”的关系。互联网可以帮助企业更好改造业务流程适应对顾客的“一对一”营销服务。如 Cisco 公司利用互联网获取用户订单，然后利用互联网通知与 Cisco 有业务关系的企业生产，并直接将产品按照顾客要求准时送达，对于顾客碰到的售后问题，由 Cisco 公司的技术服务中心全权负责。顾客可以直接通过 Cisco 公司的网站获取有关技术资料，也可以要求技术服务中心上门提供服务。为满足中国顾客对技术支持服务的需求，Cisco 公司专门在北京成立了技术服务中心。

上述几个层次的需求之间是一种相互促进的关系。只有低层次的满足才可能促进更高层次的需求，顾客的需求越得到满足，企业与顾客的关系也越密切。网络营销服务借助互联网技术可以更好地适应顾客的个性化需求，满足顾客更高层次的需求，提高顾客满意的程度，培养顾客对企业的忠诚。企业也可通过网络营销服务最大限度地满足顾客需求，以求减少企业的营销成本，因为争取一个新顾客的费用是维系一个老顾客的费用的 5 倍。

二、网络营销服务的分类与特点

(一)网络营销服务的分类

从国外情况来看，比较成熟的网络营销服务项目(具有一定的产品形式和定价模式)

有：虚拟主机、网站设计、SEO(search engine optimization，搜索引擎优化)、邮件列表、网络广告、咨询服务和网上市场调查等几个方面。

关于网络公司常用的顾客服务方式，调查公司 Jupiter Media Metrix 在 2000 年的一项研究表明，按重要性排序，最重要的顾客关系管理工具依次为：电子邮件(76%)、顾客服务电话(65%)、FAQ(常见问题解答)(53%)、聊天工具(21%)。可见，除了电话以外，其它三种手段都是互联网环境中特有的，成为网络公司尤其是电子商务公司的优势。

根据服务在业务中的比例，企业提供的服务可以分为四类：纯有形货物的较少服务；伴随服务的有形货物；主要服务伴随小物品和小服务；纯服务(如下面的网上购物服务类型)。对于网络营销服务，则可以简单划分为网上产品服务营销和服务产品营销。网上产品服务营销主要是指前面两类服务，服务是产品营销的一个有机组成部分。根据网络营销交易的时间间隔，可以将服务划分成销售前的服务、销售中的服务和销售后的服务。服务产品营销是指可以直接通过互联网直接进行传输和消费的服务产品的营销活动。对于服务产品营销，除了关注服务销售过程的服务外，还要针对服务产品的特点开展营销活动。

下面简要介绍网上购物中所涉及的服务类型。

网上购物服务类型

调查表明，消费者现阶段上网上购物的主要原因依次是：便利(足不出户就可以随时购物，而且能方便检索自己所需要的商品)；商品选择余地大(可以买到平时难以买到的东西)；特殊的服务(如商品订制、充分的信息等)；时髦；价格便宜。

与传统购物方式相比，网上购物直观性差，可靠性低，从付款到得到商品的间隔时间长。所以，若要让人们愿意上网购物，就必须充分发挥网上购物的优势，克服其不足。比如，采用三维图像软件，让消费者可以从各个角度观看商品，增加商品的直观性。或者通过加密、身份认证、消费者评判等手段，增强网上购物的可靠性。

同样的商品，同样的价格，消费者选择你而非其的网址，差别就在于服务。成功的网上商务站点的经验显示，良好的服务应包括以下几个方面：

基本服务：

包括充分介绍产品信息、及时送货上门、订货方便、保护顾客隐私及顾客支持等。

无条件退货：

顶尖的网上商店都声称无条件退货或者换成其他商品，这对顾客来说无疑是提供了最大程度的承诺，确实令人放心。

网上商品检索功能：

这对于让顾客在网上商店里快速找到自己所需要的商品是必不可少的，此外，一个分类浏览的商品目录也是必须具备的。

网上促销：

这些促销活动，既有传统的方法，如折扣优惠，包括批量优惠折扣及热销商品、廉价商品和专家精选商品推销；也有利用网络技术促销的方法，如 Amazon 公司与其他网站进行联合销售，双方共享利润等。

信息服务：

这是指围绕商品提供的附加信息，比如，化妆品商店提供美容建议、销售体育运动服装的公司提供有关的室外运动课程等。

(二)网络营销服务的特点

服务区别于有形产品的主要特点是无形性、同时并发性、易逝性和不均衡性。同样，网络营销服务也具有上述特点，但其内涵却发生了很大变化，具体体现在下面几个方面：

1. 网站服务的标准化。大多传统服务讲究个性，不愿意使服务标准化，网站却以尽可能统一和可以预知的方式提供服务。在一家现实银行中，顾客可能会遇到各种各样的服务，而在网上银行，服务的标准化和统一化减少了顾客的不公平心理。企业利用数据库和标准化的程序，可以剔除服务中的可变因素。亚马逊、戴尔以及许多公司都运用电子邮件、FAQ 以及其他技术来将自己的服务标准化，这种方式也得到了很多客户的认同。

2. 增强顾客对服务的感性认识。服务的最大局限在于服务的无形性和不可触摸性，因此在进行服务营销时，经常需要对服务进行有形化，以增强顾客的体验和感受。网络营销服务通过互联网提高服务的有形程度。如服务业的银行，借助网络让顾客通过服务试验系统免费体验银行提供的服务，增强对银行服务的感性认识。再如对于网上培训和教育，提供服务的机构可以让用户先试学一段时间，然后再决定是否继续学习。因此，借助互联网企业可以低成本的对顾客提供服务体验，减少顾客对服务的陌生感。

3. 突破时空不可分离性。服务的最大特点是生产和消费的同时性，因此服务往往受到时间和空间限制。基于互联网的远程服务则可以突破服务的时空限制。如现在的远程医疗、远程教育、远程培训、远程订票等，这些服务通过互联网都可以实现消费方和供给方的空间分离。同时互联网技术和计算机技术的结合，使得一些服务可以自动化，用户通过辅助系统可以自行寻求服务。如用户可以通过互联网的自动订票系统实现远程自动订票。

4. 顾客寻求服务的主动性增强。网络营销服务一个最大特点就是，改变了过去主要由供给方提供服务，由顾客需求方选择的被动接受服务的局面。顾客通过互联网可以直接向企业提出要求，企业必须针对顾客的要求提供特定的一对一服务。

5. 服务的成本效益提高。一方面，企业通过互联网实现远程服务，扩大服务市场范围，创造了新的市场机会；另一方面，企业通过互联网提供服务，可以增强企业与顾客之间的关系，培养顾客忠诚度，减少企业的营销成本费用。

6. 服务的自动控制能力。公司可以建立公告板来鼓励来自内部顾客的交流，通过监听这些对话发现问题，并在恰当的时候做出反应。除此之外，企业还可以收集和分析顾客的言谈，收集更多关于自己产品、服务甚至与竞争对手比较优劣的信息反馈。在网上商店的范围内追踪顾客的“行踪”，可以使网站获得大量顾客行为的资料信息。在芭比公司的网站上，不管是年轻人还是老年人，都能组装他们自己的芭比娃娃。芭比公司通过在网上追踪顾客的网上行为并分析研究，实时向顾客提供适合胃口的产品信息，更好地引导顾客购买，最终为顾客提供愉快的购物体验。

三、网络营销服务管理

网络营销服务管理具有以下四个特点：

(一)管理不可见性

服务在网络购物当中具有一定的不可见性。此时管理者可以利用互联网提供服务证据，让顾客确实感受到他能够获得的服务，使无形变有形。比如增加售后评价，添加商品售后联系方式等。管理好无形的网络营销服务，可利用庞大的网络放大记忆，让更多的潜在顾客进行购买。

(二)管理同时性

网络营销中生产和消费是同时进行的，具有一定的冲突性。所以，为了更好地使生产服务于消费，企业可以进行定制化服务，为个人量体裁衣满足需求；还可以让顾客成为兼职雇员，参与产品的服务创新，创造企业和消费者的友好和谐的关系，让顾客参与在竞争市场上有优势的服务创造过程。同时可以标准化工业化网络服务，重新设计服务系统，以更少的投入，提供更多的服务。

(三)管理非均衡性

网络服务具有一定的不均衡性，即每位消费者收到的服务质量数量不一致。为了解决这个问题，企业可以把网站的服务标准化，以一种尽可能统一和可以预知的方式提供服务，决定什么应该标准化，什么不该标准化。其次可以对顾客对话实施网上监听，倾听不同顾客群的意见，倾听他们的抱怨和建议。其中三类顾客的意见比较重要：外部顾客、竞争对手的顾客以及内部顾客(雇员)，听取建议之后及时改正。最后企业也应当对服务质量进行测量，反思是否有效解决了管理非均衡问题。

(四)管理易逝性

网络营销服务具有不可存储特点，故企业可以利用网络进行资源的合理调配，比如在网上管理供给并且引导需求。可以避开诸如营业起止时间、雇员数量以及确定在何时有多少顾客接受服务这类问题，同时利用服务营销矩阵的各个元素(促销、定价和服务捆绑定价)来刺激或抑制对服务的需求。

四、服务驱动逻辑

传统的营销理念中，企业强调“产品”，着重生产符合质量品质要求的产品。但是随着生产能力的不断提高，卖方市场逐渐转化为买方市场，消费者的需求层次提高，服务就成为了企业提升竞争力的突破口。在企业标准化增强、差异逐渐消失、附加值较小的情况下，企业唯有通过加入服务要素寻求更大差异化。所以在网络营销时代，企业生产的逻辑慢慢由销售模式转向服务驱动模式。

例如，苹果公司早期通过创新生产硬件发家，但是现在慢慢转向以硬件为平台出售服务的公司，它通过 iTunes 提供平台服务，并且收回服务租金。iTune 是供 Mac 和 PC 用户使用的一款免费应用软件，能管理和播放你的数字音乐和视频。它可以将新购买的应用软件自动下载到所有的设备和电脑上。它还是虚拟商店，随时随地满足消费者一切娱乐所需。但是在平台上下载，要对于某些 APP 收取一定的服务费。这种生产逻辑的转变表明，目前人类社会的经济形态已逐步进入“后工业化社会”，服务业已经从制造业的附属物开始走向前台，逐渐成为引领制造业发展的主导力量。

第五节　网络服务质量

一、网上个性化服务概述

个性化服务(customized service)，也叫定制服务，就是按照顾客特别是一般消费者的要求提供的特定服务。在拉斯维加斯电脑展中，1997 年、1998 年的主题是“贴近生活，贴近人性”，而 1999 年的主题则是“走进生活，人性化”。比尔·盖茨的主题演讲中反复提到的一个词是“personal web”，指的是为个人服务、收集和保存个人所需信息的个人专用网页。20 世纪末，中国海尔集团提出了“您来设计我实现”的新口号，由消费者向海尔提出自己对家电产品的需求，包括性能、款式、色彩、大小等。可见个性化服务已经成为营销中重要的竞争手段，受到企业的重视。

个性化服务是许多网络公司促进重复购买的一个重要的策略，互联网提供了记忆交易双方的详细个人信息的手段，许多电子商务公司利用个性化的服务和交互技术去培养和顾客(个人和公共团体)的关系，从而促进了顾客忠诚。亚马逊公司的“眼睛”计划就是一个个性化通知服务，在这里消费者能够在一个特别的主题里登记自己的爱好，一旦登记，他们就被告之其最喜欢的作家的书或最感兴趣的话题将被出版。个性化的服务增加了转向最近的竞争者的转移成本，这样就为公司创造了顾客忠诚，从而进一步降低了顾客的获得成本并使公司拥有更好的赢利前景。

个性化服务包括三个方面：服务时空的个性化，即在人们希望的时间和希望的地点得到服务；服务方式的个性化，即能根据个人爱好或特色来进行服务；服务内容个性化，服务内容不再是千篇一律，千人一面，而是各取所需，各得其所。互联网可以在上述三个方面给用户提供个性化的服务。

1. 服务时空的个性方面。互联网的虚拟性，使得服务可以突破传统的时间和空间限制。在时间上，互联网可以提供全天候的服务，用户可以根据自己的时间安排需要服务。如对于网上的订票服务，用户可以在任何时候上网订票。在服务地点上，互联网技术可以实现远程服务和移动服务，如远程医疗可以让病人就近看病。

2. 服务方式的个性化方面。互联网使得市场广度扩大，用户可以有更多选择余地。另一方面，企业也可以通过互联网提供更具特色的服务。如在教育服务选择上，通过互联网的学习者可以选择远程培训的方式，一边工作一边学习，也可以选择集中培训学习。

3. 服务内容的个性化方面。利用互联网技术和计算机技术，企业可以通过一些智能软件技术为用户自动服务。用户可以根据自己的爱好选择自己需要的信息和服务。目前，在信息服务方面，个性化服务是最典型的，下面将进行详细介绍。

伴随个性化服务的发展，会出现相应的问题。首先是隐私问题。个人提交的需求、信息提供者掌握的个人偏好和倾向，都是一笔巨大的财富。大多数人不愿公开自己的“绝对隐私”。因此，企业在提供个性化服务时，必须注意保护用户的一些隐私信息，更不能将这些隐私信息进行公开或者出卖。侵犯用户的隐私信息，不但会招致用户的反对，还可能导致用户的起诉甚至报复。其次，提供的个性化服务应该是用户真正需要的。最后，个性化服务还涉及许多技术问题，用户需要做到不论何时、不论何地都可以接收信息，而且接收的信息是用户需要的和自行选择的。

二、网上个性化的信息服务

网站是一种影响面广、受众数量巨大的市场营销工具。但是，伴随着受众范围和数量的“无限”增大，受众在语言、文化背景、消费水平、经济环境和意识形态，直至每个消费者具体的需求水平等方面存在的差异就变成一个非常突出的问题了。于是，怎样充分发挥互联网在动态交互方面的优势，尽量满足不同消费者的不同需求，就成为定制服务产生的市场动因。

(一) 网上个性化的信息服务方式

目前网上提供的定制服务，一般是网站的经营者根据受众在需求上存在的差异，将信息或服务化整为零或提供定时定量服务，让受众根据自己的喜好去选择和组配，从而使网站在为大多数受众服务的同时，变成能够一对一地满足受众的特殊需求的市场营销工具。个性化服务，改变了信息服务“我提供什么，用户接受什么”的传统方式，变成了“用户需要什么，我提供什么”的个性化方式。信息的个性化服务，主要有下面一些方案：

1. 页面定制。Web 定制使预订者获得自己选择的多媒体信息，而且要获得这种服务只需标准的 Web 浏览器。但 Web 页面定制方案在会话时必须与服务器保持链接，使得响应耗时。许多网站都推出了个性化页面服务，如“雅虎”推出了“我的雅虎”，可让用户定制个性化主页。用户根据自己的喜好定制显示结构和显示内容，定制的内容包括新闻、政治、财经、体育等多个栏目，还提供了搜索引擎、股市行情、天气预报、常去的网址导航等。用户定制以后，个人信息被服务器保存下来，以后访问“我的雅虎”，用户看到的就是自己定制的内容。

2. 电子邮件定制方案。目前中报联与上海热线正在合作推出产业新闻邮件定制服务；专用客户机软件，如股票软件、天气软件等可以推送广泛的待售品、多媒体信息，客户机不需保持与 Internet 的永久链接，这样企业就有机会保持顾客的忠诚、更好地响应时间和不受干扰。但目前电子邮件的定制信息只能定制文本方式的信息(随着越来越多的用户安装了支持 MIME 的软件包，多媒体电子邮件越来越普遍了)。

3. 需要客户端软件支持的定制服务。如 Quote. com 的股票报价服务，还可以结合 MicroQuest 公司的客户端软件包对投资组合进行评估，而 http：//www. PointCast. com 则更为典型，它通过运行在读者计算机上特制的软件包来接收新闻信息，这种软件以类似屏幕保护的形式出现在计算机上，而接收哪些信息是需要读者事先选择和定制的。这种方式与上述方式最大的不同在于，信息并不是驻留在服务器端的，而是通过网络实时推送到客户端，传输速度更快，让您察觉不出下载的时间。但客户端软件方式对计算机的配置有较高的要求，在信息流动过程中可以借用客户端计算机的空间和系统资源，但是让客户下载是一件麻烦事。

（二）网上个性化信息服务应注意的问题

网上个性化服务是一种非常有效的网络营销策略，但网上个性化服务是一项系统性工作，需要从方式上、内容上、技术上和资金上进行系统规划和配合，否则个性化服务是很难实现的。对于一般网站提供的个性化服务要注意下面几个问题：

①个性化服务是众多网站经营手段中的一种，是否适合于您的网站，应用在网站的哪个环节上，是需要具体情况具体分析的。

②应用个性化服务首先要做的是细分市场，细分目标群体，同时准确地确定不同群体的需求特点。这几个方面的因素决定着个性化服务的具体方式，也决定着个性化服务的信息内容。

③市场细分的程度越高，需要投入到个性化服务中的成本也会相应提高，而且对网站的技术要求、用户大数据管理要求也更高，网站经营者要量力而行。

④考虑消费者所处场景。在考虑消费者的个性化差异的基础上，还要关注消费者的场景差异性来提供个性化的服务，比如基于位置关联的信息流服务。

⑤人工智能对消费者个性化信息服务存在影响。能够与用户进行实时交互性智能服务，比如小爱音箱。小爱同学支持语音交互，可以完成内容收听、智慧家居控制、技术中心三方面功能。用户可以根据自己的需求与其交流沟通。

三、网站服务质量的特点

相比于传统服务质量，网络营销时代的服务质量特点有所变化。

在反应性方面，网站服务不需要太长时间的等待，能够更快更好更多地解决问题。在保证性方面，传统服务多数与企业职员、销售人员建立信任关系，这种信任的起点要求比较高，需要较高的成本维护，而在网站服务中，消费者与网站本身建立信任关系，网站保护了消费者隐私，提供了交易安全措施和购后补救措施。在情感方面，网站通过个性化设计服务，推动了企业和顾客之间的交流。具体如表 6-4 所示。

四、网站服务质量的构成

经过 20 多年的发展，尽管服务质量评价研究成果众多，但在服务管理界影响最大的顾客感知服务质量评价框架还是 SERVQUAL 提出的 5 类 22 项，其评价对象是市场营销的服务质量。但是由于网站服务具有服务主体的虚拟性、服务手段的技术化和服务内容的信息化等特点，所以网站服务质量评价的指标如表 6-5 所示。

表 6-4　**传统服务质量与网站服务质量比较**

	传统服务质量	网站服务质量
可靠性（reliability）	可靠和准确地履行服务承诺的能力	网站的产品和服务信息准确可靠； 网站对交易的履行能力。

续表

	传统服务质量	网站服务质量
反应/响应性（responsiveness）	愿意帮助顾客并提供即刻的服务	顾客不需要太长时间来等待对所需要求做出反应，包括信息搜索、问题咨询和解答； 利用网络比传真、电话或信件更好地完成交易； 网站中内容下载很快。
保证性（assurance）	公司及其人员使顾客感到可以信赖和信任，包括服务机构人员的知识、礼貌等	网站保护顾客的隐私； 顾客感知的网站交易安全； 网站有足够的安全措施和补救措施。
情感性/移情性（empathy）	关心顾客，给顾客以个别的人情味的对待	浏览网站时伴随的有趣、愉快的体验/感觉； 网站提供了个性化感觉，包括个性化的产品提供； 网站建立了有效社区交流； 网站推动顾客间交流，也推动企业和顾客交流。
可感知性（tangible）	实际设施、设备、人员和文字材料，这种可见的实物都对顾客留下了服务的印象	网站内容结构设置给人的感觉是满意的； 网站有一个吸引人的界面； 网站提供了易找的电话、传真、人员服务等联系方式以弥补虚拟网络的不足。

表 6-5　**网站服务质量评价指标**

变量	变量含义	量　　表
网站设计	网站内容结构设置	网站提供了足够的信息； 网站没有浪费我的时间； 在这个网站很迅速和方便地完成一笔交易； 网站的个性化程度恰到好处。
安全/隐私	网站对个人隐私和交易安全的态度	我觉得在这个网站我的隐私是得到保护的； 在网站交易中我觉得安全； 这网站有足够的安全措施。
实现性/可靠性	网站对交易的履行能力	产品/服务的质量和数量与我订购的相符合； 产品/服务传送给我的时间与企业承诺的一致； 付款过程流畅，并且信息是准确无误的； 企业承诺给我发 email 或打电话，它确实做到了。
顾客服务	网站对顾客要求服务的态度	企业愿意并准备好为顾客需要做出反应； 当你有问题时候，网站表现有兴趣为你解决； 你的询问及时得到了解答。

续表

变量	变量含义	量表
由网站体验所产生的感觉	浏览网站时伴随的体验/感觉	网站提供了一个难忘的经历； 网站有一个吸引人的界面； 在我使用网站时我感到有趣； 在我使用网站时我感到愉快。
有效替代性	网站有效实现交易的能力	利用网络比传真、电话或信件更好地完成交易； 相比通过电话与企业销售代表联系，网站更易于使用。
网站与用户的互动	网站与用户间的互动交流能力	我很轻易地熟练地使用这个网站； 网站允许与它互动交流，可获得定制的信息； 我能获得定制化信息来满足我特定需求； 网站提供了个性化感觉； 网站建立了有效社区交流； 网站推动交流。
易于使用性	网站的结构内容易于理解和使用	网站以恰当的结构形式展示信息； 我发现网站易于使用； 网站的标签易于理解； 网站易于浏览。
网站反应时间	网站及其内容的下载时间	网站不需要花太长时间下载； 我不需要等太长时间来等待对我的要求做出反应； 网站中内容下载很快。
形象/整合交流	网站与其企业形象的整合	网站形象与企业形象相符； 网站形象与我对企业的印象相符； 网站提供的形象与企业的形象保持持续一致。
信息质量	网站提供的信息的有用性	网站上的信息足够我完成交易； 网站满足了我的信息需求； 网站上的信息是有效的。

五、服务失败与服务补救

服务失败分为过程失败和结果失败。过程失败指服务过程中体验不好，比如上菜比较慢。相比于传统线下服务，互联网对等待时间的忍耐比较短，因为切换成本比较低，消费者很快转而消费其他商家产品；另一种是结果失败，服务结果不好，比如菜不好吃等。

对于服务失败，消费者抱怨的途径一般有三种：①私下抱怨。向企业抱怨，期望企业解决问题，得到回复。②公开抱怨。跟朋友等抱怨，一是发泄心中不满，二是避免他人遭受类似损失。③第三方抱怨。跟媒体、政府等进行投诉，给企业产生压力，来解决问题。在互联网中，由于表达的成本降低，人们往往愿意对企业进行评价。即使是负面评价对于企业来说也未必是一件不好的事情。如果消费者是私下和企业抱怨，说明他与企业是朋友关系，希望改进质量；而公开抱怨的消费者与企业是交换关系，希望挽回损失。对于不同类型的消费者，企业可以加以区分，并且针对性进行服务补救。

根据是否有经济补偿，可以把服务补救措施分为经济型补救和社会性补救。经济性补救指的是对消费者给予经济补偿，比如菜品不好吃、等待速度过慢可以免单处理。社会性补救是指对消费者给予精神上补偿，比如赔礼道歉等。

优质的服务补救可以利于企业减少负面口碑，维护企业自身形象，甚至可以提升企业差异化竞争力，所以对于服务型企业，不仅要面对服务失败更要做好服务补救。

第七章　网络营销价格策略

【NYOP 概率定价】 Priceline 集团(网站标志见图 7-1)是一个连接消费者和旅行服务供应商的网络中间平台，向全球用户提供在线旅游产品预订和搜索服务，是目前全球最大的在线旅游预订公司。集团通过旗下的 Priceline. com、Booking. com、Agoda. com、Rentalcars. com、Kayak. com 等品牌向消费者提供住宿、机票、租车、邮轮和旅游度假等产品的预订和搜索服务。集团现已成为全球在线旅游预订业务的领先者，市场范围覆盖北美、欧洲、亚洲、非洲和中东等地区。截至 2016 年 2 月 17 日，Priceline 集团的市值已超过 600 亿美元，股价已经突破了 1000 美元。

图 7-1　Priceline 网站标志

1998 年，美国人 Jay Scott Walker 创立了 Priceline，并将其独树一帜的业务模式“name your own price”(NYOP，用户自主出价)运用到 Priceline. com 网站上(见图 7-2)，在此种模式下为用户提供酒店、机票等产品的在线预订服务。

“name your own price”模式，被称为客户自主出价模式，是一种逆向拍卖的模式。作为 Priceline 独创的一种零售模式，它已经注册了专利。这种模式的运作方式是：消费者通过网络向 Priceline. com 网站就某种产品提出自己觉得合理的报价，由 Priceline 负责从自身系统中寻找能够接受消费者报价的供应商。以酒店为例，消费者在 Priceline. com 网站的 name your own price 界面填写想去的城市、入住和离开酒店的日期，选择酒店大致区域和星级，最后将愿意支付的价格提交给系统，系统会在后台选择可在此时间段以此价格提供客房服务的酒店，并且很快将该笔交易成功与否的信息反馈给消费者，必须是在交易成功后，消费者才有权利知道入住的是哪家酒店。NYOP 模式下的这些客房都是在传统销售渠道上没有被销售掉的商品，此类商品具有时效性，即无人入住的客房超过夜里零点，它的使用价值就会被浪费掉。对于客房供应商而言，出售空置房间的边际成本仅是洗浴用品以及水电费用，却能使边际收益达到最大化，所以酒店多出售一个空置房间相当于多赚一份钱，以较低的价格出售是可接受的。对于消费者来说，NYOP 模式既节省了他们搜索商品的时间，又使他们获得了价格上的优惠。

作为 Priceline 独创的商业模式，“name your own price”模式的优势主要体现在以下三个方面：

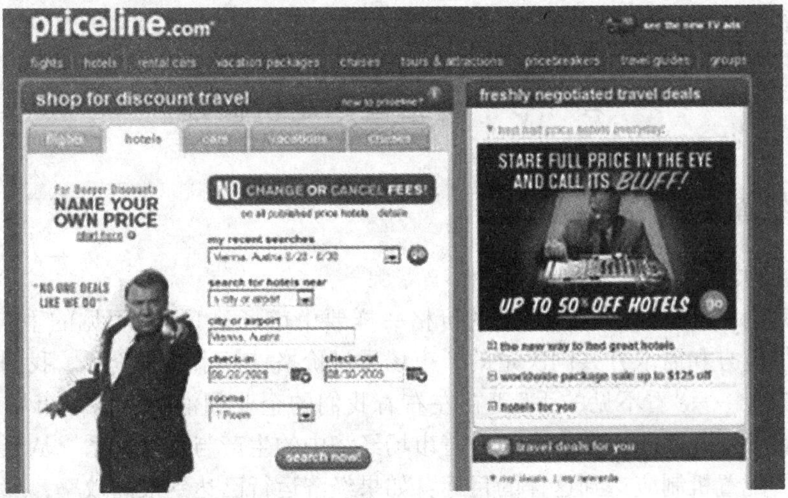

图 7-2　Priceline 网站首页

第一，某些旅游产品的使用价值会受到时间因素的影响而降至很低水平，且其较低的变动成本也使产品提供者能够出让较大的利润空间。对于在线旅游网站来说，这也意味着其能够提供的降价幅度对消费者是很有吸引力的。在 NYOP 模式下成交的酒店房间价格是很低的，有些甚至达到传统销售渠道价格的一半以下。这样一来，拥有闲暇时间的价格敏感型消费者便会频繁光顾，形成口碑效应。

第二，NYOP 模式很好地保护了商业品牌。NYOP 模式下价格降幅最大的酒店房间，通常是豪华酒店提供的，这主要是因为其房间的定价和变动成本间有很大的差距。实际上，NYOP 模式下销量最好的产品一直是豪华酒店的房间，因为通过这种途径普通人才能用此低价获得平日享受不到的奢侈。豪华酒店其实也乐于用较低的价格处理一些空置房间，但是公开的低价会对自身品牌产生负面的影响，所以豪华酒店并不会大张旗鼓降价；而 NYOP 模式很好地保护了供应商的品牌，在网站上，消费者不会看到酒店的详细信息，酒店名称和价格信息只在竞拍成功之后才被告知消费者，这极好地保护了商家的品牌形象。

第三，NYOP 模式使消费者的购物过程充满了娱乐性和趣味性。消费者只凭经验和心理接受程度提出报价，如果竞价成功，消费者既能获得价格上的优惠又能获得心理上的成就感；若竞价失败，消费者毫无损失。没有竞拍经验的消费者花的钱较多而且拍到的酒店也不是很满意，而资深 Priceline 用户却能做到以最低价格精准购买到自己心仪的酒店，所以购买前预先做好功课对消费者来说十分重要，这使得本是简单的购物过程变得趣味横生。这种逆向拍卖性质的交易，增加了购物的挑战性，会把消费者成功交易后的喜悦感成倍放大。

随着时间的推移，酒店市场价格体系日益扁平化使得 NYOP 模式的利润贡献率逐年下滑，并且 20 年的专利期限也即将到期，但是这种模式能够让用户感觉被重视、被赋予了更多的权利。因此在近 20 年的时间里，NYOP 模式为 Priceline 培养了大量的忠实用户，也形成了其在全球范围内独树一帜的品牌效应及“用户至上”的企业文化，为 Priceline 的发展起到了很好的广告效应。

第一节　网络营销定价概述

一、网络营销定价的内涵

(一)网络时代的需求方地位提升

与传统营销一样，网络营销产品的价格一样要由市场这只“看不见的手”来决定，价格是由市场供应方和需求方共同决定的。市场通过价格杠杆来配置资源。我国已向市场经济敞开了大门，一只“看不见的手”正在左右着我们的企业和消费者。但市场经济中存在一个资源配置效率的问题，是它在左右着市场经济中的生产与需求关系。从经济学角度来说，最优供需配置机制应达到这样的目标：如果经济运行已达到最高效率，那么，任何一部分人要进一步改善处境，就必须以另外一些人的处境恶化为代价。那么，怎样才能既改善一部分人的处境又不损害他人呢？意大利著名经济学家帕累托考察了资源的最优配置和产品的最优分配问题，提出通过改变资源的配置方法来实现“最优供需配置状态”，又称“帕累托最优状态”。

要实现帕累托最优状态，需要同时满足以下三个条件：生产的最优条件、交换的最优条件和生产与交换的最优条件。

所谓生产的最优条件，就是在生产要素存量一定的情况下，使产出达到最大的条件，即在不考虑需求弹性或认为需求无止境时，从生产者角度出发，力求达到产量和利润最大化的过程。随着 Internet 得到日益广泛的应用，特别是 intranet 和 extranet 的引入，使生产者逼近最优条件的速度和程度都得以显著提升。由 intranet 引发的管理革命和由 extranet 支撑的产业联盟体系，使生产者能够极大地提升效率，降低成本，不断地逼近“生产的最优条件”。

所谓交换的最优条件，是使交换双方得到最大满足和最高效率的条件。与生产的最优条件相反，交换的最优条件是不考虑供应弹性或认为供应无止境时，从需求者角度出发，力求达到支出不变而效果最佳的过程。extranet 和 internet 的引入，使交换的最优条件得以快速建立——因为通过 extranet 采购，可以加速生产工具和原材料市场的资源分配；同时，Internet 导致需求多样、市场容量激增、消费特征变迁，并使替代品数量增多。

所谓生产与交换的最优条件，即社会生产结构与需求结构相一致，生产出来的产品都是社会需要的，不存在滞销和积压。也就是说，任何生产者都有能力快速应付需求的变化。

在工业经济时代，需求方特别是消费者，由于信息不对称，并受市场空间和时间的隔离，不得不处于一种被动地位，从属于供应方来满足需求。“走遍南京和北京，买的没有卖的精”，这句俗话是对信息不对称的市场中，买方由于对价格信息所知甚少，所以在讨价还价中总是处于不利地位的准确描述。互联网的出现不但使得收集信息的成本大大降低，而且还能得到很多的免费信息。网络技术的发展使得市场的资源配置朝着最优的方向发展。这意味着，市场的主动权不再是供应方而是需求方，由需求引导的市场资源配置是网络时代的重要特征。价格作为资源的配置杠杆，它的主动权是由需求方把握和决定的，供应方只有生产出能满足需求方理想的价值产品，才可能占领市场，获得发展机会，而需求方则能利用自己的选择权，在信息越来越充分的市场中选择最接近自己满意的价值标准的产品。

(二)网络营销产品定价目标

企业的定价目标一般有：生存定价、获取当前最高利润定价、获取当前最高收入定价、销售额增长最大量定价、最大市场占有率定价和最优异产品质量定价。企业的定价目标一般与企业的战略目标、市场定位和产品特性相关。一般企业在制定价格时，主要是依据产品的生产成本，这是从企业局部来考虑的。企业价格的制定更应该从市场整体角度来考虑，它取决于需求方的需求强弱程度和价值接受程度以及来自替代性产品(也可以是同类的)的竞争压力程度；需求方接受价格的依据则是商品的使用价值和商品的稀缺程度以及可替代品的机会成本。

在网络营销中，市场还处于开发期和发展期，企业进入网络营销市场的主要目标是占领市场，求得生存发展的机会，然后才是追求企业的利润。目前网络营销产品的定价一般都是低价甚至是免费的，以求在迅猛发展的网络虚拟市场中寻求立足机会。网络市场分为两大市场，一是消费者大众市场，另一个是工业组织市场。前者的网民市场，属于前面谈到的成长市场，企业面对这个市场时必须采用低价策略来占领市场。对于工业组织市场，购买者一般是商业机构和组织机构，购买行为比较理智，企业在这个网络市场上的定价可以采用双赢的定价策略，即通过互联网技术来降低企业、组织之间的供应采购成本，并共同享受成本降低带来的双方价值的增值。

二、网络营销定价的基础

从企业内部说，企业产品的生产成本的总趋势是下降的，而且成本下降的趋势越来越快。在网络营销战略中，要从降低营销及相关业务管理成本费用和降低销售成本费用两个方面分析网络营销对企业成本的控制和节约。下面将全面分析一下，互联网的应用将对企业的其他职能部门业务带来哪些成本费用的节约。

(一)降低采购成本费用

俗话说“病从口入”，对企业也是一样，企业的采购如果管理不善，采购的原料价格过于昂贵或者质量低下，无论在生产过程中如何管理和控制，其产品都将直接受到影响。而采购过程中经常出现的问题，是由于过多的人为因素和信息闭塞造成的，通过互联网可以减少人为因素和信息不畅通的问题，在最大限度上降低采购成本。

首先，利用互联网可以将采购信息进行整合和处理，统一从供应商处订货，以求获得最大批量的折扣。其次，通过互联网实现库存、订购管理的自动化和科学化，可最大限度地减少人为因素的干预，同时能以较高的效率进行采购，可以节省大量人力并避免人为因素造成的不必要的损失。再次，通过互联网可以与供应商进行信息共享，可以帮助供应商按照企业生产需要进行供应，同时又不影响生产和增加库存产品。

例如，2008年底，青岛海尔设备公司使用电子采购，淘汰了22家不合格供应商，一次就节约采购成本 475 万元。电子采购是以互联网为平台进行的现代采购模式，采购方可利用互联网传递采购需求、发询价、收报价等信息，节省了出差、开会、发传真、打电话的费用。与传统的招投标方式相比，电子采购将投标的静态报价转换为动态报价，允许供应商在公平竞争的环境中多次报价，从而能够快速达到采购产品的平均市场成本线。而且，网上竞价采购在保证实时竞争现场的同时又能保证各参与供应商间的背对背，从而有条件创造出一个充分竞争的环境，使采购企业采购成本有效降低。借助电子商务系统，企业可实现阳光采购，"决策民主、操作公开、过程受控、全程在案、永久追溯"的管理理念在此系统中可得到固化和强制执行。海尔自 2007 年开始对大量的设备、产品零部件实行了电子采购，采购成本明显下降，增添了新的竞争活力。这项技术的运用还使该公司有效缓解了全球经济滑坡给企业带来的巨大成本压力。通过建立网上招标系统，海尔 2007 年采购成本降低 5%左右，年可节约采购成本 15 亿元以上。

(二)降低库存

利用互联网将生产信息、库存信息和采购系统连接在一起，可以实现实时订购，企业可以根据需要订购，最大限度地降低库存，实现"零库存"管理。这样的好处是：一方面减少资金占用和仓储成本，另一方面可以避免价格波动对公司经营的影响。正确管理存货能为客户提供更好的服务并帮助公司降低经营成本，加快库存核查频率会减少与存货相关的利息支出和存储成本。减少库存量意味着现有的加工能力可以得到更有效地发挥。更高效率的生产可以减少或消除设备的额外投资。

例如，IBM 与 Marcam 公司建立业务联系后，共同开发了 MAPICS/XA 产品。IBM 公司的系统部门就通过使用 MAPICS 系统改善了该公司存货清单的精确率，使之提高到近 99%。当生产系统流转时，任何一件货物在距其 3 600 万英尺范围内的任何地点，公司都可以随时跟踪，指导特定的工序，从而很少出现意想不到的库存短缺，而且缩小了缓存区的占地。MAPICS 系统使得整个生产过程的效率提高了许多，帮助公司对客户的要求做出更快的响应。如果有必要，公司能在货物被装运之前 2 分钟更改系统上的配置。不管市场需求是扩大还是减少，MAPICS 系统总能帮助 IBM 很快地根据不断变化的市场需求调整生产。IBM 将仓库中 1/3 的库存移到生产线上，将安全库存水平降低了 15%至 25%。从成本方面来说，MAPICS 系统能够提供实时的成本分析，实时成本分析代替了以往推迟 10 天的成本报告。对于 IBM 这样根据订单进行生产的工厂，需要跟踪数以万计的不同仓库，MAPICS 加速了数据搜集过程，使数据即时就能获得，从而省去了巨额的文书工作并使得其成本分析的费用减少了 15%。

(三)生产成本控制

利用互联网可以节省大量生产成本。一方面利用互联网可以实现远程虚拟生产，在全球范围寻求最适宜的生产厂家；另一方面，利用互联网可以大大缩短生产周期，提高生产效率。使用互联网与供货商和客户建立联系使公司比以前大大缩短用于收发订单、发票和运输通知单的时间。有些部门通过增值网共享产品规格和图纸，以提高产品设计和开发的速度。互联网的发展和应用将进一步减少产品生产的时间，其途径是通过扩大企业电子联系的范围，或是通过与不同研究小组和公司进行的项目合作。

例如，在 20 世纪 80 年代，汽车工业面临缩短生产时间的巨大挑战。在约 3 年的时间里，日本汽车生产商实现了汽车生产从粗放型向集约型生产的飞跃，而美国公司实现这种飞跃却花了4~6年的时间。原来，汽车公司首先建成整车模型以确定其在实际生活中的样式，然后花上几个月的时间进行革新。模型被通过后，将用手工制作一个或几个汽车原型以确定各个部门是否能配套或确认汽车的造价是否划算。当原型准备就绪后，工程师们会设计和制作部件的模具并进行加工。如果进展顺利的话，工程组就会装配汽车并发现是否有问题。最后，经过再一次的修正，汽车就会投入大批量生产。

利用互联网，汽车设计师、工程师、供货商、生产加工人员都是一个工作组的成员，从头至尾都在一起工作。由于计算机化，以前得花上好几周或好几个月的步骤现在几天就可以完成。利用电脑共享信息使工作组中的不同成员一起为某个项目进行工作，而不像以往那样需等待一个成员完成他的那一步之后，再进行下一步工作。通过使用电脑辅助设计(CAD)、电脑辅助加工(CAM)以及电脑辅助工程(CAE)系统之后，整个工作组可看到各个部件是否吻合，不再需要用手工制作原型，各个部件的改进也可以在电脑上完成，不再需要制作样本模具和零件。当最后的设计被通过后，CAM的信息被装入制作模具和原型零件的机器中。使用相同的技术可以改进和制作流水线生产的模具。团体协作和共享电子信息可以把开发与制造一种新型汽车的时间减少到30个月左右。

三、网络营销定价的特点

(一)全球性

网络营销市场面对的是开放的和全球化的市场，用户可以在世界各地直接通过网站进行购买，而不用考虑网站属于哪一个国家或者地区。如美国最早的网上书店Amazon从建立网上商店开始，就面对全球性市场，任何国家和地区的人都可以购买Amazon的产品。这种目标市场从过去受地理位置限制的局部市场，一下拓展到范围广泛的全球性市场，这要求网络营销产品定价时必须考虑目标市场范围的变化给定价带来的影响。

如果产品的来源地和销售目的地与传统市场渠道类似，则可以采用原来的定价方法。如果产品的来源地和销售目的地与原来传统市场渠道差距非常大，定价时就必须考虑这种地理位置差异带来的影响。如阿里巴巴网站上某温州网商的产品要销往武汉，产品和购买者同样来自中国内地，那么产品定价可以按照原定价方法进行交易，相对比较简单；而如果该网商面对的购买者是美国、英国或者其他国家的消费者，那么采用针对中国内地的定价方法就很难面对全球化市场，影响了网络购物市场全球性作用的发挥。为解决这些问题，可采用本地化的方法，在不同国家的市场建立地区性网站，以适应地区市场消费者的需求变化。如Dell公司专门在中国地区建立满足中国市场需要的中文网站，按照美国网站模式设计和服务，但产品的定价是按照中国国情实行的，比如按人民币标价，价格考虑中国市场的竞争情况等。

因此，企业面对的是全球性网上市场，但企业不能以统一市场策略来面对差异性极大的全球性市场，必须采用全球化和本地化相结合的原则进行。

(二)低价位定价

互联网是从科学研究应用发展而来的，因此互联网使用者的主导观念是，网上的信息产品是免费的、开放的、自由的。在早期互联网的商业应用时，许多网站采用收费方式想直接从互联网赢利，结果被证明是失败的。2009年，360的免费策略一出，就以势不可挡之势瓜分了杀毒市场这块“奶酪”，迅速整合了原本分散的市场，抢占了杀毒市场的一席之地，同时也给杀毒市场带来新一轮的洗牌。作为中国第一大互联网安全公司，360正是通过成为国产免费杀毒的开路先锋迅速积累海量用户，进而通过广告、增值服务等间接收益，同时不断拓展产品线，一步一步获得成功。随着互联网的商用推广和发展，网上消费者逐步接受了网上产品不是免费商品的观念，但有对互联网上的信息和产品是低廉商品的心理期望。根据北京数字100市场研究公司调查，消费者网购的主要原因是价格实惠，价格这个因素所占比例高达75%。

网上产品定价较传统定价低还基于成本费用降低的基础。上面分析了互联网发展可以从诸多方面来帮助企业降低成本费用，从而使企业有更大的降价空间来满足顾客的需求。如前面介绍的Dell公司的产品通过网络销售的价格比其他电脑公司的PC机价格平均要低10%~15%。因此，如果在网上定价过高或者降价空间有限的产品，现阶段最好不要在网上市场上销售。如果面对的是工业组织市场，或者产品是高新技术的新产品，网上顾客对产品的价格不太敏感，主要考虑方便、新潮时，这类产品就不一定要考虑低价的策略了。

(三)顾客主导定价

在分析网络营销策略理论基础时，分析了营销从传统的4P′s向4C′s的转变，其中定价策略由原来的按产品成本定价转为按照顾客能接受的成本定价。这一方面反映了市场竞争推动企业向更好地满足市场需求的竞争策略转变；另一方面，互联网的发展使顾客在市场供求竞争关系中，由过去的被动选择地位提升到主动选择地位，顾客由过去被尊为“上帝”转变为顾客就是“上帝”的手，顾客的需求引导着企业的生产。在网络营销中，这种顾客主导定价策略是主要的定价策略。当然顾客主导定价，并不是意味着所有产品都是免费的，或者所有产品价格都可能以低于成本的价格销售。所谓顾客主导定价，是指为满足顾客的需求，顾客通过充分的市场信息来选择购买或者定制自己满意的产品或服务，同时顾客以最小的代价(产品价格、购买费用等)获得产品或服务。简单地说，就是顾客的价值最大化，以最小成本获得最大收益。

顾客主导定价策略主要有：顾客定制生产定价和拍卖市场定价。这两种主要定价策略将在下面详细分析。对于顾客主导定价策略，因为定价的主动权被转移到顾客一方，从而使得企业失去控制权，并且顾客往往出于利益驱动倾向于接受较低的交易价格，使得该策略的产品表面看来会有较大产品利润降低的风险。但是根据调查分析，由顾客主导定价的产品并不比企业主导定价时获取的利润低。根据国外拍卖网站eBay. com的分析统计，在网上拍卖产品时，只有20%的产品的拍卖价格低于卖者的预期价格，50%的产品的拍卖价格略高于卖者的预期价格，剩下30%的产品的拍卖价格与卖者预期价格相吻合，在所有拍卖成交产品中有95%的产品的成交价格卖主比较满意。因此，顾客主导定价是一种双赢的策略，既能更好地满足顾客的需求，同时企业的收益也不受影响，而且可以对目标市场了解得更充分，企业的生产经营和产品开发可以更加符合市场竞争的需要。

(四)价格透明化

在传统的商业环境中，交易双方的信息是不对称的。卖方通过拥有多于买方的信息，处于主动地位。它既可以根据消费者对企业、产品和相关问题信息的缺乏，为产品制定较高的价格，获取超额利润，既可能获得生产者剩余(Supplier's Surplus)，也可以根据市场情况采取需求差别定价，即企业按照两种或两种以上不反映成本费用比例差异的价格销售某种产品或服务。这种价格或价格形成机制对于消费者而言是不透明的。

在网络营销中，情况正好相反，买方拥有越来越多的信息而卖方不再有信息优势，这是因为互联网提供了丰富的信息资料，顾客只要坐在计算机前，便可以到世界各地的相关网站搜索信息。顾客可以全面掌握同类产品的不同价格信息，甚至是同一产品在不同地区或不同零售商的价格信息。此时买卖双方交易过程中价格的决定者由生产者转移到消费者，消费者可以找到满足他们需要、质量和价格结合得最好的卖方，这种情况下就产生了消费者剩余(customer's surplus)，即在网络营销情况下，随着买卖双方交易价格的下降，原有的生产者剩余转为消费者剩余，同时消费者在此过程中获得新的利益。例如，许多商务网站上安装了一种名为“购买指南器”的软件，用户只需轻按几下鼠标，几秒钟内它就会为特定产品找到许多网络零售商，并列出产品的售价范围。同时，这些网站还提供产品评论、网络零售商的顾客满意度调查以及运费等相关信息，让顾客对产品的合理价格心中有数。总之，这些网上寻价工具让消费者免去了搜集信息的不便，进而享受透明价格所带来的消费者福利的增加。

虽然产品售价的公开透明化对企业的利润产生了巨大的冲击，但是，“价格透明”是互联网的应用带来的不可阻挡的一种商业趋势，企业必须正视这种结构性转变，重新思考并制定新的适合网络环境的价格策略。下面介绍了一些降低消费者在线价格搜索水平的方法，企业可以在实际应用中借鉴。

(五)存在价格差异

虽然互联网使得价格信息可以共享，通过竞争后网上同样产品的价格应该一致，也就是说价格差异为零，但事实上不同网站的价格差异仍然存在。有学者研究发现网上的书籍和CD的价差最多可达50%，书籍和CD的平均价差分别为33%及25%，而导致网上价差的原因是产品本身的不可比较性、购物的便利程度、购物经验、商家的知名度、品牌和公众对商家的信任度等差异性。

四、网络营销定价策略

(一)低价定价策略

借助互联网进行销售，比使用传统销售渠道的费用低廉，因此网上销售价格一般来说比流行的市场价格要低。由于网上的信息是公开和易于搜索比较的，因此网上的价格信息对消费者的购买起着重要的作用。根据研究，消费者选择网上购物，一方面是因为网上购物比较方便，另一方面是因为从网上可以获取更多的产品信息，从而以最优惠的价格购买商品。

直接低价定价策略是在定价时大多采用成本加一定利润，有的甚至是零利润来定价。这种定价在公开价格时就比同类产品价格低。它一般是制造业企业在网上进行直销时采用的定价方式，如Dell公司电脑的价格比同性能的其他公司的产品价格低10%~15%。采用低价策略的基础是前面分析中指出的，通过互联网企业可以节省大量的成本费用。

另外一种低价定价策略是折扣策略，它是以在原价基础上进行折扣来定价的。这种定价方式可以让顾客直接了解产品的降价幅度以促进顾客的购买。这类价格策略主要为一些网上商店采用，它通过对购买来的产品按照市面上流行价格进行折扣定价。如当当(http://www.dangdang.com，见图 7-3)的图书价格一般都要进行折扣，而且折扣幅度一般都在 3~7 折，更有满 200 返 100，满 100 返 50 等优惠。

如果企业是为了拓展网上市场，在产品价格并不具有竞争优势时，则可以采用网上促销定价的策略。由于网上的消费者广泛而且具有很强的购买能力，许多企业为打开网上销售局面和推广新产品而采用临时促销定价的策略。促销定价除了前面提到的折扣策略外，比较常用的是有奖销售和附带赠品销售。

图 7-3　当当网上超市图书展示

在采用低价定价策略时要注意的是：首先，由于互联网是从免费共享资源发展而来的，因此用户一般认为从网上购买的商品比从一般渠道购买的商品要便宜，在网上不宜销售那些顾客对价格敏感而企业又难以降价的产品；其次，在网上公布价格时要注意区分消费对象，一般要区分普通消费者、零售商、批发商、合作伙伴，分别提供不同的价格信息发布渠道，否则可能因价格策略混乱导致营销渠道混乱；最后，网上发布价格时要注意比较同类站点公布的价格，因为消费者可以通过搜索功能很容易在网上找到最便宜的同类产品，从而使价格信息公布起到反作用。

(二)定制生产定价策略

1. 定制生产内涵

在网络营销服务策略中已经分析了个性化服务的特点。作为个性化服务的重要组成部分，按照顾客需求进行定制生产是网络时代满足顾客个性化需求的基本形式。定制化生产根据顾客对象可以分为两类，其中一类是面对工业组织市场的定制生产，这部分市场要求供应商与订货商协作，如波音公司在设计和生产新型飞机时，要求其供应商按照其飞机总体设计标准和成本要求来组织生产。这类属于工业组织市场的定制生产主要通过产业价值链，从下游企业向上游企业提出需求和成本控制要求，上游企业通过与下游企业进行协作设计、开发并生产满足下游企业的零配件产品。另一类是面对大众消费者市场的定制生产。下面主要分析一下企业如何实现满足顾客个性化需求的定制生产以及按定制定价。

由于消费者个性化需求的差异性大，加上消费者的需求量少，因此企业实行定制生产必须从管理、供应、生产和配送各个环节上，都适应这种要求小批量、多式样、多规格和多品种的生产和销售变化。为适应这种变化，现在企业在管理上采用 ERP(企业资源计划系统，enterprise resource planning)来实现自动化、数字化管理，在生产上采用 CIMS(计算机集成制造系统，computer integrated manufacturing system)，在供应和配送上采用 SCM(供应链管理，supply chain management)。

例如，作为全球领先的互联网设备和解决方案供应商，思科系统公司(Cisco 公司)也是全球网络化企业的成功范例。在公司建立网上销售系统之前，订购产品是很复杂的程序。客户方的工程师要知道所需产品的类型，然后将资料寄到发出订单的供货部门，再以传真、邮寄或电子邮件的方式送到 Cisco 公司，Cisco 公司负责销售服务的部门职工再把订单输入 Cisco 公司的系统中。如果订单处理顺利，在 24 小时内就会完成和做好生产安排。但是，通常有近 1/4 的订单遭到延误，因为当 Cisco 公司确认订单时，如果发现产品的装配图有错误，这种订单就得作废，客户的联系和供货的程序又需重新开始。在 1996 年 7 月，Cisco 公司在网上建立了订购和装配系统。今天，同一位工程师可以坐在个人电脑前，在网上装配产品，万一有错也会立即知道，再把订单传到供货部门。因为在 Cisco 网站上已载有客户所需价格等方面的信息，有特权的客户只需敲几次键盘就可完成订货。客户不需打电话给 Cisco 公司询问订货状况、发票及价格信息，有正当权利的客户可以在网站上直接得到所需信息。有了网上价目表和装配工具，约 98%的订单能一次获得通过，为 Cisco 公司和客户都节省了时间。整个订货时间缩短为 2 至 3 天，客户每次订货效率平均提高 20%。

2. 定制定价策略

定制定价策略是在企业能实行定制生产的基础上，利用网络技术和辅助设计软件，帮助消费者选择配置或者自行设计能满足自己需求的个性化产品，同时承担自己愿意付出的价格成本。图 7-4 是海尔集团旗下海尔商城冰箱定制专区的主页。在主页中用户可以了解本型号产品的基本配置、配置亮点、基本价格等，用户可以从容积大小、条纹方式、门体材质、外观图案四个方面进行个性定制，从而会相应地加价或减价。订货时只需要在图中冰箱左边的方框中相应地选择自己所要的配置，然后在页面右边的框内会显示出当前配置，及对应的冰箱价格。通过这些对冰箱配置的选择，消费者可以根据自己的实际需要和能承担的价格，配置出自己最满意的产品，能够一次性买到自己中意的产品。在上面配置冰箱的同时，消费者也相应地选择了自己认为合适的价格，因此对产品价格有比较明确的认识，增加企业在消费者心中的信用。虽然在海尔商城“个性定制”的主页上还提供了厨电、洗衣机及电脑的定制，而且海尔商城能够实现个性化定制家电只需 10~14 天，颠覆行业，正在引领新一轮的家电定制时尚风潮，但是目前这种允许消费者定制和定价的订货还只是起步阶段，消费者只能在有限的范围内进行挑选，还不能完全要求企业满足自己所有的个性化需求。

图 7-4 海尔商城冰箱定制主页

(三)使用定价策略

传统交易关系中，产品买卖是完全产权式的，顾客购买产品后即拥有对产品的完全产权。但随着经济发展，人民生活水平的提高，人们对产品需求越来越多，而且产品的使用周期也越来越短，许多产品购买后使用几次就不再使用，非常浪费，因此制约许多顾客对这些产品的需求。为改变这种情况，可以在网上采用类似租赁的按使用次数定价的方式。

所谓使用定价，就是顾客通过互联网注册后可以直接使用某公司产品，顾客只需要根据使用次数进行付费，而不需要将产品完全购买。这一方面减少了企业为完全出售产品而进行不必要的大量生产和包装浪费，同时还可以吸引过去那些有顾虑的顾客使用产品，扩大市场份额。顾客每次只是根据使用次数付款，节省了购买产品、安装产品、处置产品的麻烦，还可以节省不必要的开销。如微软的 Windows Azure 就向客户提供了其半年和一年的替代方案“即付即用(pay as you go)”。

按使用次数定价，一般要求产品适合通过互联网传输，可以实现远程调用。目前，比较适合的产品有软件、音乐、电影等产品。对于软件，如我国的用友软件公司推出网络财务软件，用户在网上注册后在网上直接处理账务，而无须购买软件和担心软件的升级、维护等非常麻烦的维护事务；对于音乐产品，也可以通过网上下载使用专用软件点播；对于电影产品，则可以通过现在的视频点播系统 VOD 来实现远程点播，无须购买影带。另外，采用按次数定价对互联网的带宽提出很高要求，因为许多信息都要通过互联网进行传输，如互联网带宽不够的话将影响数据传输，势必会影响顾客的租赁使用和观看。

(四)拍卖竞价策略

网上拍卖是目前发展比较快的领域，经济学认为市场要形成最合理价格，拍卖竞价是最合理的方式。网上拍卖由消费者通过互联网轮流公开竞价，规定时间内的价高者赢得。目前国外比较有名的拍卖站点是：http：//www. ebay. com。它允许商品公开在网上拍卖，拍卖竞价者只需要在网上进行登记即可，拍卖方只需将拍卖品的相关信息提交给 eBay 公司，经公司审查合格后即可上网拍卖。与 eBay 类似，国内比较有名的拍卖中介公司是 1999 年 8 月推出的易趣网。

根据供需关系，网上拍卖竞价方式有下面几种：

①竞价拍卖：最大量的是C2C的交易，包括二手货、收藏品，也可以是普通商品以拍卖方式进行出售。如HP公司也将公司的一些库存积压产品放到网上拍卖。

②竞价拍买：是竞价拍卖的反向过程，消费者提出一个价格范围，求购某一商品，由商家出价，出价可以是公开的或隐蔽的，消费者将与出价最低或最接近的商家成交。

③集体议价：在互联网出现以前，这一种方式在国外主要是多个零售商结合起来，向批发商(或生产商)以数量换价格的方式。互联网出现后，普通的消费者也能使用这种方式购买商品。集合竞价模式，是一种由消费者集体议价的交易方式。

就价格而言，理论上有两种价格模式：浮动价格模式和固定价格模式。浮动价格模式包括竞价拍卖、竞价拍买和集体议价等竞价模式；固定价格模式包括供方定价直销、需方定价求购等定价模式。

在拍卖交易关系中，根据交易双方关系，可以将交易关系抽象化为交易模式X∶Y。在交易模式中，X∶Y的含义为达成交易时供需者数量的对比。根据数量对比关系，有下面四种模式：

①1∶1(1对1)的交易模式：大部分的个人交易(C2C)中，企业以拍卖方式出售商品，传统拍卖企业进行的对单个购买者的拍卖交易，均为这一模式。

②1∶n(1对多)的交易模式：多数企业对个人的交易(B2C)是这种模式。这一模式中价格的形成，既有供方主导的正向定价法，也有通过集体议价由需方主导的逆向定价法。

③m∶1(多对1)的交易模式：当任何一个供应方无法满足需求方批量要求时，将由多个商家提供商品或服务，这将导致m∶1交易模式的使用。

④m∶n(多对多)的交易模式：当集体议价模式盛行，同时参与集体议价的需方数量又超过了单一供应方的供给能力时，m∶n交易模式将会出现。

上面一些拍卖竞价方式是一种最市场化的方法，随着互联网市场的拓展，将有越来越多的产品通过互联网拍卖竞价。但由于拍卖竞价可能会破坏企业原有的营销渠道和价格策略，因此拍卖竞价并不是企业目前首要选择的定价方法。比较合适网上拍卖竞价的是企业的一些库存积压产品，如前面提到的HP公司；也可以是企业的一些新产品，通过拍卖展示起到促销的效果。许多公司将产品以低廉价格在网上拍卖，以吸引消费者的关注，如Compaq公司将其推出的新电脑通过网易网站进行拍卖，结果拍卖价格比公司预定的价格还要高。

上面几种价格策略是企业在利用网络营销拓展市场时可以考虑的几种比较有效的策略，并不是所有的产品和服务都可以采用上述的定价方法，企业应根据产品的特性和网上市场发展的状况来决定定价策略。不管采用何种策略，企业的定价策略都应与其他策略配合，以保证企业总体营销策略的实施。

第二节 概率定价策略

一、概率产品内涵

概率商品不是一种具体的产品或服务，而是一种涉及从一组不同商品中获得任何一种商品的概率。概率产品不是一个实质的产品，它是一个虚拟的产品，或者说它是一个机会。消费者如果买概率产品，消费者买的是什么呢？实际上是买了一个得到这些产品中之一的机会。这个概念可以应用于各种行业，因为所有行业不只是提供一个产品，你不管是卖东西还是服务，你总是给消费者多个产品和服务，组合起来就形成概率产品。

在概率销售策略下，多物品销售者使用现有的不同产品或服务创建概率商品，并提供此类概率商品作为额外的购买选择。提供概率商品不仅可以减少卖方的信息劣势，减少需求不确定性对利润的负面影响，还能够解决卖方能力与买方需求的不匹配，进而提高效率。

电子商务技术的发展真正给概率销售这种模式创造了市场条件。概率产品作为虚拟产品，是消费者得到多个产品中任意一个的机会，可应用于诸多产业；而概率销售作为一种销售方式，是商家用现有产品(成分产品)组成多种概率产品，让消费者在现有产品和概率产品中进行自由选择。概率产品是时代发展的产物，网购、电商、高科技、消费者互动等在改变人们生活品质的同时，也使概率产品的市场条件开始成熟。

二、概率产品特性

(一)不确定性

概率产品与传统产品的本质区别在于，概率产品引入了一个新的产品属性“不确定性”，成为商家实行差异化定价的新构件。这样，商家便可依据消费者偏好强度的差异进行市场细分(新能力)，消费者可在信息与价格之间自由取舍(新权利)。通过引入这种不确定性，销售者能够创造出一种“虚拟”的产品或服务(即虚拟产品或服务)。它开辟了一条创造性的细分市场的道路。此外，在产品分配中制造买方不确定性是卖方应对自身市场不确定性的一种新方法。概率产品“不确定性”的这一新属性在产品设计、营销模式等方面引发了全面创新。

(二)新奇感

概率产品下，消费者的购物过程充满了娱乐性和趣味性。消费者只凭经验和心理接受程度提出报价，如果竞价成功，消费者既能获得价格上的优惠又能获得心理上的成就感；若竞价失败，消费者毫无损失。这种逆向拍卖性质的交易，增加了购物的挑战性，会把消费者成功交易后的喜悦感成倍放大。

(三)互动性

概率产品需要与消费者形成互动。不仅要帮助消费者理解消费方式，还需要用价格折扣去和信息的不透明进行一个权衡比较，强调价格的优惠，进而形成互动。

(四)低期望

概率产品降低了消费者决策的确定性，很多时候买东西是空手回家的，因为拿不定主意。这个时候行为学上有一个概念，叫做期望后悔概念，你买东西的时候，要是后悔怎么办？后悔成本得加在价格里头。所以当期望后悔太高，就不买了。概率产品期望后悔率非常低，原因在于消费者感受到这不是自己做的决定，是机器做的决定，责任感就小了(实际上是和网站一起做的决定)。另外，它是一种随机的决定，你自己选的产品是确定的决定，买概率产品是随机做的，反而对将来后悔就少了。

三、概率价格策略的实施

消费者产品偏好强度存在差异。每个消费者都有自己的产品偏好，但是偏好强度不同。概率销售这个模式就给企业创造了利用这个特征的机会。概率销售实际上就是利用消费者在产品偏好上的差异化，以达到扩大市场、细分市场、差异化定价、弱化市场不确定性的影响、平衡供求、增加资源利用效率等目的。

Scott Fay 和谢劲红以 Hotelling 模型为基础，由经销商行为和消费者行为假设出发，从而建立了概率价格策略的基本模型①。

(一)经销商行为

假设一个经销商只提供两种产品($j=1,2$)，两种产品的成本相同，即 $C_1=C_2=C$，并且为了保证经销商在边际成本以上的某个价格能够得到正向需求，设定 $0\leqslant C\leqslant 1$。有两种销售策略可供经销商考虑选择：传统销售和概率销售，分别简称 TS、PS。TS 销售策略下，经销商每件产品(j)的售价为 P_j^{TS}；在概率销售策略下，经销商每件产品(j)的售价为 P_j^{TS}；但多了一种可能是两件产品中任何一件的概率产品(PG)，定价为 P_0^{TS}。设 Φ 为产品 1 成为概率产品出现的概率，此概率 Φ 由经销商设定，区间范围[0，1]。

(二)消费者行为

用 V_{ji} 表示产品对消费者的效用价值。基于 Hotelling 模型假定，在理想状态下，消费者对每种产品的效用价值都为 1，相应的成本系数为 t，消费者在处于模型位置 X_i 处。则效用价值方程如下：

$$\begin{aligned} V_{1i} &= 1 - tX_i \\ V_{2i} &= 1 - (1 - tX_i) \end{aligned} \qquad \text{其中 } X_i \text{ 取值范围为}[0,\ 1]$$

这里假设消费者购买单位产品，即消费者只购买一件产品就能够满足全部效用价值需求(单一选择)。每个消费者从所提供的产品中选择，使自己的剩余效用价值最大化。例如，当经销商采纳 PS 销售策略时，消费者将有四种选择：一是购买产品 1，二是购买产品 2，三是购买一件 PG，四是什么都不买。

其中消费者期望效用价值最大化指导着每一位消费者做出选择。需要注意的是，对于 PG 而言，消费者购买所得剩余价值是消费者购买 PG 产品所得期望效用价值与 PG 的价格之间的差额。PG 对消费者的效用价值取决于消费者对产品 1 和产品 2 的价值认知以及预期 PG 为产品 1 的概率，即 $\Phi_{V1i}+(1-\Phi)_{V2i}$。

(三)最优策略

分别用 $D_j^{\text{TS}}(P_1^{\text{TS}},\ P_2^{\text{TS}})$ 和 $D_j^{\text{PS}}(P_1^{\text{PS}},\ P_2^{\text{PS}},\ P_0^{\text{PS}}\Phi)$ 表示在传统销售策略(TS)和概率销售策略(PS)下消费者对确定产品(1，2)的需求，用 $D_0^{\text{PS}}(P_1^{\text{PS}},\ P_2^{\text{PS}},\ P_0^{\text{PS}}\Phi)$ 表示概率销售策略下的消费者对 PG 产品的需求。那么，两种方式下的利润方程如下：

---

① FAY S. AND JINHONG XIE. Probabilistic Goods：A Creative Way of Selling Products and Services. Marketing Science，2008，27(4)：674-690.

$$\Pi^{TS} = \sum_j^2 (P_j^{TS} - C) D_j^{TS}$$

$$\Pi^{PS} = \sum_j^2 (P_j^{PS} - C) D_j^{PS} + (P_0^{PS} - C) D_0^{PS}$$

传统销售策略下，销售商通过合理定价(P_j^{TS})来实现利润最大化；而在概率销售策略下，销售商可以通过定价策略(P_j^{PS}，P_0^{PS})以及概率要素(Φ)来实现最大化利润。

经过模型的数理论证，Scott Fay 和谢劲红指出概率销售不仅是一种新型的销售手段策略，还是一个非常好用的市场细分工具。概率销售之所以得以成功，原因在于概率销售针对的是消费偏好较弱的潜在消费者而设计的。

市场上，不同消费者对产品有不同的需求偏好，PS 就是利用消费者偏好强弱来对市场细分，并运用 PG 实现不同偏好的价格歧视策略。即销售商对偏好强的消费者索取更高价格，获得较高的边际利润；而对偏好较弱的消费者收取较低的价格，获得较低的边际利润，使得潜在消费者转化成实际消费者，扩展市场。

第三节　商业模式与价值获取

一、商业模式的内涵

(一)商业模式的构成

商业模式描述了企业如何创造价值、传递价值和获取价值的基本原理。它从根本上回答了如何盈利、如何获得收入的问题。在互联网时代经常采用免费定价策略，商业模式的创新与设计就显得尤为重要。Osterwalder① 在其《商业模式新生代》一书中，借助商业模式画布这一工具，通过 9 个基本构造块对商业模式进行了描述与定义，展示了企业创造收入的逻辑。这 9 个基本构造块覆盖了商业的四个主要方面：客户、提供物(产品/服务)、基础设施和财务生存能力(见图 7-5)。下面对组成商业模式的这 9 个基本构造块进行简要介绍。

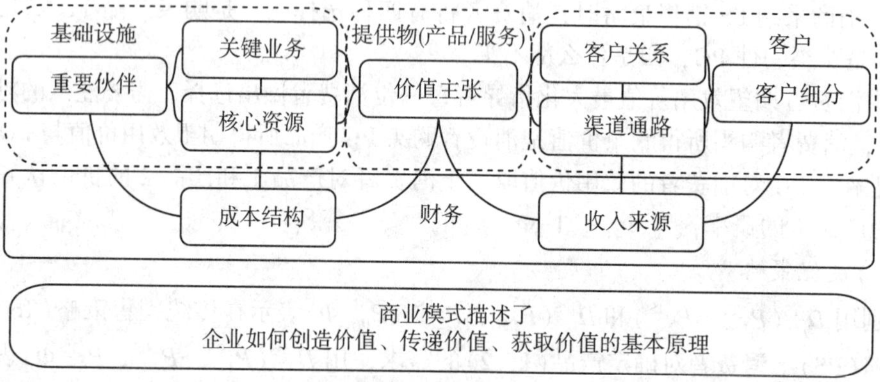

图 7-5　组成商业模式的 9 个基本构造块

① Alexander Osterwalder, Pigneur Y. 商业模式新生代. 北京：机械工业出版社，2016.

1. 客户细分(customer segments)：客户细分构造块用来描述一个企业想要接触和服务的不同人群和组织。

客户构成了任何商业模式的核心，没有(可获益)客户，就没有企业可以长久存活。为了更好地满足客户，企业将客户分成不同的细分区隔，每个细分区隔中的客户具有共同的需求、共同的行为和其他共同的属性。商业模式可以定义一个或多个或大或小的客户细分群体。客户细分群体存在不同的类型，包括大众市场、利基市场、区隔化市场、多元化市场、多边平台或多边市场等。

2. 价值主张(value propositions)：价值主张构造块用来描绘为特定客户细分群体创造价值的系列产品和服务。

价值主张是客户转向一个公司而非另一个公司的原因，它解决了客户困扰或者满足了客户需求。每个价值主张都包含可选系列产品或服务，以迎合特定客户细分群体的需要。在这个意义上，价值主张是公司提供给客户的受益集合或受益系列。价值主张包含了新颖、性能、定制化、设计、品牌/身份地位、价格、成本削减、风险抑制、可达性和便利性/可用性等要素。

3. 渠道通路(channels)：渠道通路构造块用来描绘公司如何沟通、接触其客户细分群体而传递其价值主张。

沟通、分销和销售这些渠道构成了公司相对客户的接口界面。渠道通路是客户接触点，它在客户体验中扮演着重要角色。渠道通路包含以下功能：提升公司产品和服务在客户中的认知；帮助客户评估公司价值主张；协助客户购买特定产品和服务；向客户传递价值主张；提供售后客户支持。

4. 客户关系(customer relationships)：客户关系构造块用来描绘公司与特定客户细分群体建立的关系类型。

企业应该弄清楚希望和每个客户细分群体建立的关系类型。客户关系主要可以被以下几个动机所驱动：客户获取；客户维系；提升销售额；追加销售。客户关系按照类型可以划分为：个人助理，专用个人助理，自助服务，自动化服务，社区，共同创作。商业模式所要求的客户关系深刻地影响着全面的客户体验。

5. 收入来源(revenue streams)：收入来源构造块用来描绘公司从每个客户群体获取的现金收入。

如果客户是商业模式的心脏，那么收入来源就是动脉。企业必须问自己，什么样的价值能够让各客户细分群体真正愿意付款？只有回答了这个问题，企业才能在各客户细分群体上发掘一个或多个收入来源。目前一个商业模式主要包括两种不同类型的收入来源：①通过客户一次性支付获得的交易收入；②经常性收入来自客户为获得价值主张与售后服务而持续支付的费用。

6. 核心资源(key resources)：核心资源构造块用来描绘让商业模式运转所必须的最重要因素。

每个商业模式都需要核心资源，这些资源使得企业组织能够创造和提供价值主张、接触市场、与客户细分群体建立关系并赚取收入。不同的商业模式所需要的核心资源也有所不同。核心资源可以是实体资产、知识资产、人力资源或金融资产。核心资源既可以是自有的，也可以是公司租借的或从重要伙伴那里获得的。

7. 关键业务(key activities)：关键业务构造块用来描绘为了确保商业模式可行，企业必须做的最重要的事情。

任何商业模式都需要多种关键业务活动。这些业务是企业得以成功运营所必须实施的最重要的动作。正如核心资源一样，关键业务也是创造和提供价值主张、接触市场、维系客户关系并获取收入的基础。关键业务也会因商业模式的不同而有所区别，具体可以分为制造产品、问题解决和平台/网络这三种类型。

8. 重要伙伴(key partners)：重要伙伴构造块用来描述让商业模式运转所需的供应商和合作伙伴的网络。

企业会基于多种原因打造合作关系，合作关系正日益成为许多商业模式的基石。很多公司通过创建联盟来优化其商业模式、降低风险或获取资源。合作关系可以分为以下四种类型：①非竞争者之间的战略联盟关系；②竞合(在竞争者之间的合作关系)；③为开发新业务而构建的合作关系；④为确保可靠供应的购买方-供应商关系。以下三种动机有助于创建合作关系：①商业模式的优化和规模经济的运用；②风险和不确定性的降低；③特定资源和业务的获取。

9. 成本结构(cost structure)：成本结构构造块用来描绘运营一个商业模式所引发的所有成本。

创造价值和提供价值、维系客户关系以及产生收入都会引发成本。这些成本在确定核心资源、关键业务与重要伙伴后可以相对容易地计算出来。然而，有些商业模式，相比其他商业模式更多的是由成本驱动的。这类商业模式被称作成本驱动型，与另外的价值驱动型商业模式形成对比，成本结构有以下几个特点：固定成本、可变成本、规模经济和范围经济。

(二)商业模式的类别

任何新的商业模式，都可以由这9个构造块按不同逻辑重新排列组合得出。由于每个人的视角、关注和基础不一样，在各个构造块中设置的内容当然也不相同，于是就有了不同的商业模式。在此，简要介绍5种商业模式，分别为：非绑定式商业模式、长尾式商业模式、多边平台式商业模式、免费式商业模式和开放式商业模式。

1. 非绑定式商业模式：主要存在三种不同的基本业务类型，分别是商业关系型业务、产品创新型业务和基础设施型业务。每种类型都包含不同的经济驱动、竞争驱动和文化驱动因素，分别对应三种不同的价值信条，分别是卓越运营、产品领先、亲近客户。例如，私人银行业中三种业务“绑定”(咨询、金融产品、柜台)所引发的冲突和不利的权衡妥协；移动电信行业的业务拆分(网络运营外包、专注于用户和内容)。

2. 长尾式商业模式：此种商业模式的核心是多样少量，它们专注于为利基市场提供大量产品，每种产品相对而言可以卖得很少。利基产品销售总额可以与凭借少量畅销产品产生绝大多数销售额的传统模式相媲美。长尾模式需要低库存成本和强大的平台，并使得利基产品对于兴趣买家来说容易获得。其主要存在三个经济触发因素：生产工具大众化、分销渠道大众化、链接供需双方的搜索成本不断下降。

3. 多边平台式商业模式：将两个或者更多有明显区别但又相互依赖的客户群体集合

到一起，建立一个平台，为不同的客户群体提供不同的价值主张并获得收入。例如，Google 的商业模式(第三方网站的广告)；再如，苹果的平台运营商的演变(从仅仅作为独立设备的 ipod 到 iphone 演变成一个强大的多变平台，通过 App Store 控制在这个平台上的第三方应用程序)

4. 免费式商业模式：在免费式商业模式中，至少有一个庞大的客户群体可以享受持续的免费服务。免费服务可以来自多种模式，例如，基于多边平台的免费产品或服务(内容网站)，以及免费增收服务(人人网)和诱钓模式(亚马逊 Kindle，合约手机)。免费式商业模式下，其他部分或其他客户细分群体给非付费客户细分群体提供财务支持。

5. 开放式商业模式：通过与外部伙伴系统性合作，来创造和捕捉价值，可以是“由外到内”，也可以是“由内到外”。商业社会中，有大量的闲置资源，包括知识、智力资源、人力资源、产品、技术专利、实体资产等，如何有效利用外部闲置资源，如何让内部闲置资源产生更大的价值，需要优化配置。开放式商业模式恰好能够有效地利用这些资源。例如，宝洁的“连接和发展”战略，即是通过外部伙伴关系来促进内部的研发工作。为了连接企业内部资源和外部世界的研发活动，宝洁在其商业模式中建立了三个桥梁，分别是技术创业家、互联网平台和退休专家，促进了从关注内部研发到关注开放式研发过程的转变。

二、价值获取

在商业模式中不断地将消费需求、客户细分和渠道通路作新的组合和搭配，价值获取的方式才会更完美更多元，同时也更具有持续性。

(一)获取收入的方式

在不同的商业模式中，获取收入的方式主要有以下几种类型：

1. 资产销售：最为人熟知的收入来源方式是销售实体产品的所有权。如亚马逊在线销售图书、音乐、消费类电子产品和其他产品。

2. 使用收费：这种收入来源通过特定的服务收费。客户使用的服务越多，付费越多。如电信运营商可以按照客户通话时长来计费。

3. 订阅收费：这种收入来自销售重复使用的服务。一家健身房可以按月或按年以会员制订阅方式来销售健身设备的使用权。

4. 租赁收费：这种收入来源于针对某个特定资产在固定时间内的暂时性排他使用权的授权。对于出借方而言，租赁收费可以带来经常性收入的优势。另一方面，租用方或承租方可以仅支付限时租期内的费用，而无须承担购买所有权的全部费用。

5. 授权收费：这种收入来自将受保护的知识产权授权给客户使用，并换取授权费用。授权方式可以让版权持有者不必将产品制造出来或者将服务商业化，仅靠知识产权本身即可产生收入。授权方式在媒体行业非常普遍，内容所有者保持版权，但是可以将使用权销售给第三方。同样，在技术行业，专利持有人授权其他公司使用专利技术，并收取授权费作为回报。

6. 经纪收费：这种收入来自为了双方或多方之间的利益所提供的中介服务而收取的佣金。例如，股票经纪人和房地产经纪人通过成功匹配卖家和买家来赚取佣金。

7. 广告收费：这种收入来源于为特定的产品、服务或品牌提供广告宣传服务。传统上，媒体行业和会展行业均以此作为主要收入来源。近年来，在其他行业包括软件和服务业，也开始逐渐向广告收入倾斜。

(二)盈利模式

商业模式作为一个复杂的系统，由不同的要素所构成。然而在不同的要素中，盈利二字可能最吸人眼球。盈利从哪里来？它就存在于与各利益相关的连接之中。

在魏炜[①]看来，企业的盈利等于收入减去成本，因此要分析企业的盈利模式，应首要分析企业的收入来自哪些利益相关者，成本又是支付给哪些利益相关者。在《发现商业模式》一书中，魏炜为我们绘出了"盈利模式结构图"。将"贡献收入的利益相关者"和"承担成本的利益相关者"分别作为一个矩阵的水平方向和垂直方向，两个方向的交叉处，就得出一种盈利模式。

贡献收入的利益相关者一般有三种：直接顾客、直接顾客和第三方顾客、第三方顾客；承担成本的利益相关者一般有四种可能：企业、企业和第三方伙伴、第三方伙伴以及零可变成本。两个方向交叉，可以组合出 12 种盈利模式(见图 7-6)。

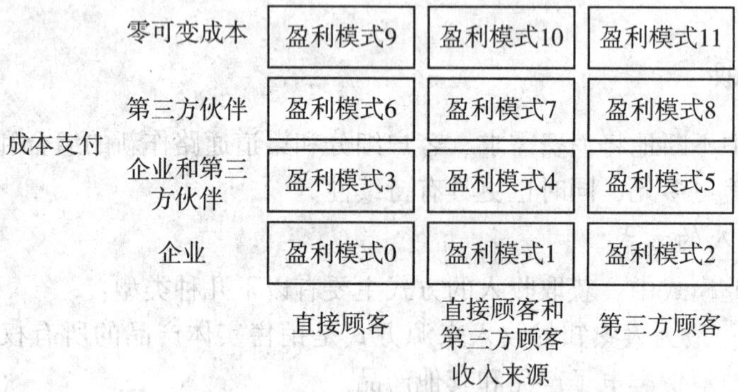

图 7-6　盈利模式结构图

盈利模式 0 是指企业付出成本，向直接顾客收费，收入减成本，就是盈利。这个模式只纳入了企业本身及直接顾客这两个利益相关者。中国传统制造业普遍采取这种盈利模式。其他的盈利模式则要相对复杂，这种复杂之中，也孕育着巨大的创新空间。以一般旅行社盈利过程中涉及的各环节为例对相关盈利模式进行分析：

航空公司的收入(仅指五折以上机票相比优惠机票的增值部分)来自乘客，成本为零可变成本，属于盈利模式 9。

"司机"的收入来自第三方顾客(旅行社)，成本由自己承担(包括车辆运营、为卖车行发放资料、车身广告)，属于盈利模式 2。

卖车行的收入来自直接顾客(直接向它买车的旅行社)和第三方顾客(司机的介绍和广告可以看成隐性收入)，成本由企业承担，属于盈利模式 1。

① 魏炜，朱武祥. 发现商业模式. 北京：机械工业出版社，2009.

旅行社的收入来自第三方顾客(航空公司和司机)，成本(车款)则由企业和第三方伙伴(卖车行)共同承担，属于盈利模式5。

第四节　免费价格策略

一、免费价格策略的内涵

免费价格策略是市场营销中常用的营销策略，它主要用于促销和推广产品，这种策略一般是短期和临时性的。但在网络营销中，免费价格不仅仅是一种促销策略，它还是一种有效的产品和服务定价策略，许多新兴公司凭借免费价格策略一举获得成功。公司作为市场主体，获取利润是公司生存和发展的基础，采用免费价格策略，企业的产品和服务可以由消费者免费使用，那么公司是如何生存和发展下去的呢?

免费价格策略就是将企业的产品和服务以零价格形式提供给顾客使用，满足顾客的需求。免费价格形式有这样几类形式：第一类是产品和服务完全免费，即产品(服务)从购买、使用到售后服务所有环节都实行免费服务；第二类是对产品和服务实行限制免费，即产品(服务)可以被有限次使用，超过一定期限或者次数后，取消这种免费服务；第三类是对产品和服务实行部分免费，如一些著名研究公司的网站公布部分研究成果，如果要获取全部成果必须付款成为公司客户；第四类是对产品和服务实行捆绑式免费，即购买某产品或者服务时赠送其他产品和服务。

免费价格策略之所以在互联网上流行，是有其深刻背景的。一方面，由于互联网的发展得力于免费策略的实施；另一方面，互联网作为20世纪末最伟大的发明，它的发展速度和增长潜力令人生畏，任何有眼光者都不会放弃发展成长机会，免费策略是最有效的市场占领手段。目前，企业在网络营销中采用免费策略，一个目的是让用户免费使用习惯后，再开始收费。这种免费策略主要是一种促销策略，与传统的营销策略类似。另一个目的是想发掘后续商业价值，它是从战略发展需要来制定定价策略的，主要目的是先占领市场，然后再在市场上获取收益。

二、免费产品的特性

网络营销中产品实行免费策略是要受到一定环境制约的，并不是所有的产品都适合于免费策略。互联网作为全球性的开放网络，它可以快速实现全球信息交换，只有适合互联网这一特性的那些产品才适合采用免费价格策略。一般说来，免费产品具有下列特性：

(一)易于数字化

互联网是信息交换平台，它的基础是数字传输。易于数字化的产品都可以通过互联网实现零成本的配送，这与传统产品需要通过交通运输网络花费巨额资金实行实物配送有着巨大区别。企业只需要将这些免费产品放置到企业的网站上，用户就可以通过互联网自由下载使用，企业通过较小的成本就可以实现产品推广，节省大量的产品推广费用。如Cisco公司将产品升级的一些软件放到网站，公司客户可以随意下载免费使用，大大减少了原来免费升级服务的费用。

（二）无形化特点

通常采用免费策略的大多是一些无形产品，它们只有通过一定载体才能表现出一定形态，如软件、信息服务（如报刊、杂志、电台、电视台等媒体）、音乐制品、图书等。这些无形产品可以通过数字化技术实现网上传输。

（三）零制造成本

这里的零制造成本主要是指产品开发成功后，只需要通过简单复制就可以实现无限制的产品生产，这与传统实物产品生产受制于厂房、设备、原材料等因素有着巨大区别。上面介绍的软件等无形产品都易于数字化，也可以通过软件和网络技术实现无限制的自动复制生产。对这些产品实行免费策略，企业只需要投入研制费用即可，至于产品生产、推广和销售则完全可以通过互联网实现零成本运作。

（四）成长性

采用免费策略的产品一般都是利用产品成长推动占领市场，为未来的市场发展打下坚实基础。如微软为抢占日益重要的浏览器市场，采用免费策略发放其浏览器探险者 IE，用以对抗先行一步的网景公司的航海者 Navigator，结果在短短两年之内，网景公司的浏览器市场就丢失半壁江山，最后只好被兼并以求发展。

（五）冲击性

采用免费策略的主要目的是推动市场成长，开辟出新的市场领地，同时对原有市场产生巨大的冲击。否则产品将很难形成市场规模，在未来获得发展机遇。如前面所述的 360 免费策略一出，就以势不可挡之势瓜分了杀毒市场这块“奶酪”，迅速整合了原本分散的市抢占了杀毒市场的一席之地，同时也给杀毒市场带来新一轮的洗牌，产生前所未有的冲击。

（六）间接收益特点

企业在市场运作时，虽然可以利用互联网实现低成本的扩张，但免费的产品还是需要不断开发和研制，需要投入大量的资金和人力。因此，采用免费价格的产品（服务）一般具有间接收益特点，即它可以帮助企业通过其他渠道获取收益。如百度通过免费搜索引擎服务和信息服务吸引用户注意力，这种注意力形成了百度的网上媒体特性，百度可以通过发布网络广告获取间接收益。这种收益方式也是目前大多数 ICP 的主要商业运作模式。

三、免费价格策略的实施

（一）免费价格策略的风险

为用户提供各种免费的东西，实质上都是这些公司的一种市场策略。然而还是那句老话，这个世界上从来就没有免费的午餐，Internet 上同样也没有。一般来说公司提供免费产品的动机有两种：一种动机是让用户使用习惯后，开始收费，也就不再免费了；另一种动机是发掘后续的商业价值。

自从有了 Internet 之后，人们产生了疯狂的想象力，大家都在想：怎样才能在网上迅速膨胀，迅速扩大自己的知名度？大家都在寻找这种机会。Internet 上最早出现的这样的机会是浏览器，Netscape 把它的浏览器免费提供给用户，开创了 Internet 上免费的先河。后来微软也如法炮制，免费发放 IE 浏览器。再后来 Netscape 公布了浏览器的源代码，来了个彻底的免费。

Netscape 当时允许用户免费下载浏览器，主要的目的在于用户使用习惯之后，就开始收钱，这是 Netscape 提供免费软件的背后动机。但是 IE 的出现打碎了 Netscape 的美梦。所以对于这些公司来说，为用户提供免费服务只是其商业计划的开始，商业利润还在后面。但是并不是每个公司都能顺利获得成功。Netscape 的免费浏览器计划就没有成功。所以，对于这些实行免费策略的企业来说，它们必须承担很大的风险。

(二)免费价格策略的实施步骤

免费价格策略一般与企业的商业计划和战略发展规划紧密关联，企业要降低免费策略带来的风险，提高免费价格策略的成功性，应遵循下列步骤思考问题。

第一，互联网作为成长性的市场，在市场获取成功的关键是要有可能获得成功的商业运作模式，因此考虑免费价格策略时必须考虑的是与商业模式的运作能否吻合。如我国专门为商业机构之间提供中介服务的网站 Alibaba. com，提出了免费提供信息服务的 B2B 新商业模式，获得了市场认可，并且具有巨大的市场成长潜力。

第二，分析采用免费策略的产品(或服务)能否获得市场认可，也就是提供的产品(服务)是否是市场迫切需求的。已经获得成功的互联网上通过免费策略成长的公司都有一个特点，就是提供的产品(服务)都受到市场极大的欢迎。如腾讯 QQ、微信提供了免费聊天工具，满足了用户不受时空限制进行交流的需求；又如百度的搜索引擎帮助用户解决在互联网上查找信息的困难。

第三，分析实施免费策略产品的推出时机。在互联网上游戏规则是“winner takes all (赢家通吃)”，只承认第一，不承认第二，因此在互联网推出免费产品是为了抢占市场，如果市场已经被占领或者已经比较成熟，则要审视所推出产品(服务)的竞争能力。如我国著名的搜狐网站(http：//www. sohu. com)虽然不是第一家搜索引擎，却是第一家中文搜索引擎，确立了其市场门户站点地位。

第四，考虑产品(服务)是否适合采用免费价格策略。目前国内外很多提供免费 PC 的 ISP，对用户也不是毫无要求：它们有的要求用户接受广告；有的要求用户每月在其站点上购买一定金额的商品。免费只是一种途径，企业最终目的还是要获取利润。

最后，策划推广免费的产品(服务)。互联网是信息的海洋，对于免费的产品(服务)，网上用户已经习惯。因此，要吸引用户关注免费产品(服务)，应当与推广其他产品有一样严密的营销策划。在推广免费产品(服务)时，主要考虑通过互联网渠道进行宣传，比如在知名站点进行链接，发布网络广告；同时还要考虑在传统媒体发布广告，利用传统渠道进行宣传。

第五节　双边市场定价策略

一、双边市场内涵

(一)双边市场的定义

按照理论发展的时间顺序，以下三种关于双边市场的定义被较为广泛地接受①。

① 吴汉洪，孟剑．双边市场理论与应用述评．中国人民大学学报，2014，28(02)：149-156.

首先 Rochet 和 Tirole 从定价结构的角度给出了关于双边市场的定义：假定平台企业向买方(B)索取价格为 P_B，向卖方(S)索取价格为 P_S，当平台向需求双方索取的价格总水平 $P=P_B+P_S$ 保持不变时，如果任意一方价格的变化都会对平台的总交易量产生直接的影响，那么这个平台市场就被称为双边市场；如果交易平台实现的交易量只与价格总水平有关，而与价格结构无关，这个市场就是单边市场。

随后，Armstrong 进一步将双边市场定义为：如果市场中交易平台通过一定的价格策略向交易双方提供产品或服务，并且一边所获得的效用取决于另一边参与者的数量，那么这样的市场便是双边市场。

Rysman 则指出，双边市场必须符合以下两个条件：①市场的两边在同一个平台上进行交易；②一边的决策会对另一边的决策结果产生影响，特别是通过外部性起作用。

依据以上定义，双边市场理论的主要关注点是连接两边具有交叉网络外部性用户群体的平台企业的经济行为。

(二)双边市场的特征

平台企业的存在使得双边市场在定价策略上与传统的单边市场存在较大的差异。对现有文献进行梳理后发现，双边市场主要有以下两个特性：第一，存在交叉的网络外部性。它是指产品的价值(效用)随着消费该产品的消费者数量的增加而增加。但是，双边市场中存在的是交叉的间接网络外部性——市场中一方的用户数量和交易量将会影响另一方用户的数量和交易量。第二，价格的不对称性。由前文定义可知，平台企业索取的价格为 $P=P_B+P_S$，这就是说，平台企业需要就索取的总价在买方和卖方之间进行“分配”，而不会像单边市场那样遵循边际成本定价法则。需要说明的是，平台企业在选择自身利润最大化策略时，对其中一边索取的价格可以是零或者是负数(对其中一边进行补贴)，这是单边市场定价时所没有的现象。

二、影响双边市场定价的因素

双边市场的定价一般以平台利润最大化或者社会福利最大化为目标，这与单边市场是一致的。平台定价策略的首要问题是确定从哪边获利和如何定价。双边市场主要采用收取注册费、按交易次数收费或收取特许使用费，以及两步收费制这三种方式。

在定价策略上，双边市场和单边市场迥然不同，平台企业面对价格弹性不同且相互之间存在网络外部性的两边，定价的焦点问题是为交易平台的两边吸引尽可能多的用户。因此，平台往往不拘泥于某一边的盈亏，而采用不对称定价策略，以低价大力培育客户基础(customer-based)，通过网络外部性的作用来吸引更多的用户到平台上来交易，并在另一边收取高价以保证平台的收入和盈利。

一般认为，以下因素会影响双边市场定价策略①：

1. 两边的需求价格弹性

与单边市场定价策略相同，双边市场定价往往会对弹性较小一边的价格加成(markup)比较高，而对弹性较大的一边则价格加成比较低，这一边甚至低于边际成本定

① 纪汉霖，管锡展．双边市场及其定价策略研究．外国经济与管理，2006(03)：15-23.

价，或者免费乃至补贴。

2. 收回成本

网络产业的固定成本投入一般都很高，无论是营利性平台还是非营利性平台都必须收回成本并实现盈利，它们主要根据拉姆齐定价法(Ramsey pricing)来实现预算平衡。

3. 网络外部性

网络外部性越强，即网络外部性参数越大，平台两边价格的不对称性也就越严重。在强网络外部性的条件下，平台的一边可能会出现负价格。

4. 两边收费的难易程度

在平台某一边收费可能比较困难，如网站较难向上网者收费，就只能主要依靠向企业收取广告费来获得收入。

5. 平台观察用户参与和交易量的难易程度

平台可能较难观察到用户的参与程度和交易量，如媒体平台可能不清楚有多少用户在看它们的节目。在这种情况下，平台会倾向于收取注册费，而不是按交易量来收费。

6. 单归属(single-homing)和多归属(multi-homing)

单归属是指用户只在一个平台上注册交易，而多归属是指用户同时在多个平台上注册交易。我国移动电话用户一般都是单归属，要么加入中国移动的网络，要么加入中国联通的网络，很少有用户同时使用两家运营商的服务；而超市平台供应商则属于多归属，供应商一般会把产品供应给多个超市销售，而很少只向一个超市供货。单归属会形成平台间的竞争瓶颈，平台通常对单归属的一边制定低于成本的价格，而对多归属的一边设定高价。

7. 排他行为

竞争环境中的平台通常会采用排他行为来阻止用户的多归属行为，如采用各种优惠措施诱使用户放弃多归属行为或者采取拒绝交易的方式，来迫使用户只在其平台上交易。

8. 产品差异化

在现实中，平台往往会实施产品差异化策略。平台两边的产品差异会影响用户“归属数量”的决策，从而影响平台的定价策略。

9. 互联互通

竞争性平台(如信息中介和电子商务平台)之间的互联互通可以提高效率和社会福利，用户接入一个平台，就可以访问互联平台的信息资源。从定价角度看，平台为了收回互联互通的成本，通常会提高价格。

三、双边市场定价策略的特征

相比于传统的单边市场，双边市场中平台企业的定价策略主要有以下几个特征：

第一，不再按照边际成本定价。在传统的单边市场中，企业对其生产的产品总是围绕着边际成本来制定价格。然而在双边市场中，平台企业对双边(买方和卖方)收取的价格却并不能反映其边际成本的变动。举例来说，传媒产业中的报纸可能会向广告商收取大额费用而向读者收取极低的费用甚至是免费。应该看到，由于存在交叉的间接网络外部性，平台企业可以选择向一边不收取费用而向另一边收取高费用，或者向一边收取低于边际成本的费用而向另一边收取高于边际成本的费用，以此来实现自身利润最大化。当然，价格结构的倾斜程度取决于双边用户间接网络外部性的大小。

第二，价格结构的不对称性。在双边市场中不再遵循边际成本定价法则，这也就必然带来价格结构的不对称性。传统的经济学理论认为，如果厂商向消费者征收的价格高于边际成本，那么厂商就具有一定的市场势力；反之，如果价格低于边际成本，则厂商可能有掠夺性定价之嫌。然而，在双边市场中，平台企业可以通过制定非对称的价格结构策略，促使更多的双边用户加入平台并最终达成交易。可以认为，双边市场中价格结构的不对称性并不是传统意义上的市场垄断势力或者掠夺性定价的表现。

第三，存在交叉补贴。传统的经济学理论认为，交叉补贴可能会带来不正当竞争或者垄断势力的产生，因此是反垄断审查所重点关注的领域。然而在双边市场中，其中一边支付低费用则是享受了支付高费用一边的交叉补贴。可以这样认为，双边市场中交叉补贴效应的产生是由价格结构的不对称性造成的，这样的行为不足以被认定为传统经济学理论意义上的不正当竞争行为。

第八章　网络营销渠道策略

【从盒马鲜生看"新零售"体验】盒马鲜生（下文简称"盒马"）是最早主张"新零售"理念、呼声最高的探索者之一。为何盒马能如此受到消费者的青睐，一步步成为生鲜超商中的"网红"呢？盒马从创立之初便定位于线上线下的融合性体验，线上线下并行发展，在一些线下的消费者旅程关键接触点上充分利用线上工具进行辅助(见图 8-1)，并在体验细节上设计出了新意。不妨从数字、产品、场景、情感四个维度，结合实例一一分析。

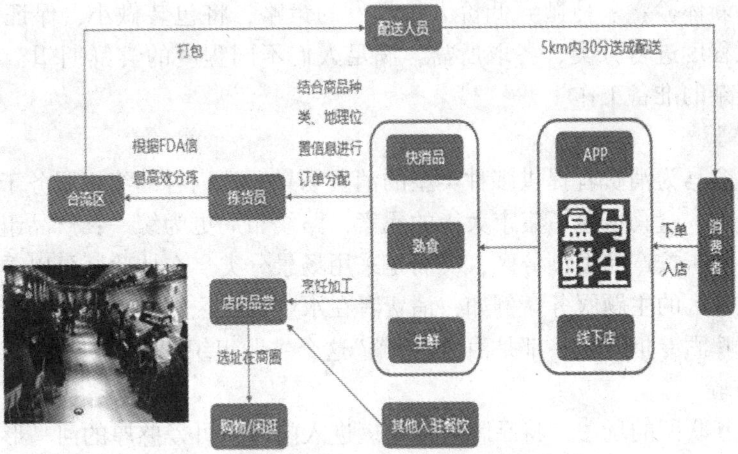

图 8-1　盒马鲜生消费流程

1. 数字体验

盒马的数字体验旨在让消费者在决策过程中实现线上线下自由切换。盒马鲜生的数字产品布局走在了传统商超的前面。虽然盒马在不同的线上渠道均有所布局，但却让 APP 作为数字体验的核心，全渠道为 APP 做导流。盒马的 APP 功能全面、操作灵活，消费者在线上可以网购和反馈，在线下也可以扫码和付款，会员体系与运营活动也一应俱全。盒马的魄力在于对支付的特意引导。在线下购买盒马商品，必须用 APP 注册、登录和绑定支付，有了这一使用流程的引导，消费者在首次消费时便认知并实践了这样的流程。教育用户的过程并不轻松，不过，消费者过了成功支付的门槛后，便可体验到这个工具带来的便捷。

数字产品介入线下，必定需要让消费者付出一定的学习成本。让消费者频繁掏出手机来操作并不奏效，但是如果能够从改善消费流程上的痛点出发，找到合适的线下接触点，为消费过程持续带来更便捷的体验甚至乐趣，消费者自然会意识到数字产品的价值。通过这样的服务设计，盒马成功实现了将线下顾客变成线上注册用户的目标。

2. 产品体验

盒马精心筛选产品品类，重新组合，扩大了消费体验边界。当下消费者消费的广度、尝鲜的积极性大大提升。作为商家，“让产品本身带给消费者新鲜感”已成为刺激消费者购买动机重要一环。盒马充分把握消费心理，通过几种方式为消费者创造新体验。

新鲜度的新体验：生鲜产品对时效性要求非常高。消费者亲自打捞，拎着水产品送到厨房的流程，很好地可视化了“鲜活”一词，消费者的参与性被放大。同时从信息透明度上建立了信任感。

丰富度的新体验：盒马引入昂贵的物流运输设备加之信息化管理，克服了这些生鲜产品保鲜运输的问题，将一些不常见品类引进到门店。不仅让消费者得到了全新的饮食体验，还制造了话题吸引眼球，提升了体验的传播属性。此外，盒马还利用数字产品触及小众差异化需求，用线上预约的方式按需进货和调配，这样通过 APP 便可以购买到在普通商超缺失的小众产品，价格也更为合理。

灵活度的新体验：盒马抛弃低价大量批发的策略，将包装做小，保证一餐吃完的份量，并按加工程度进行分类，各取所需，满足人们不同程度的尝鲜期望，增加烹饪的乐趣，且免去繁杂的准备工作。

3. 场景体验

场景上，盒马为消费者提供多种类型的消费场景，让内容的组织服务于不同的消费主题。空间布局上，盒马借鉴了集市大街的元素，路线布局更为统一；产品组织上，盒马的各种产品不局限于按产品类型分区，反而是采用场景分类。在体验区可以看到各种产品的摆放充分为该片区的主题服务。例如，消费者在水产餐饮区，不仅可以吃到活海鲜，一旁就是烧烤区和啤酒专柜，这些都是由“吃海鲜”这个主题组织起来的。

4. 情感体验

盒马深谙互联网的玩法，将品牌人格化。进入门店，可爱憨厚的河马形象正与人们互动，统一黄蓝视觉系统让店内看起来鲜亮活泼。

兼具商超和餐饮，盒马在功能上的定义已经被模糊化了，但精心打造的 IP 反而能更有效体现“看到盒马就联想到高品质的生鲜产品和温暖服务”这样的连接，以此吸引追求高品质的消费群体。

通过对盒马鲜生消费体验进行分析，可以发现消费体验的提升背后是一个系统性的升级，靠的是以用户为中心的经营理念、前中后台协同的执行力与对技术的综合运用能力。从盒马身上传统商超可以借鉴什么呢？

1. 实现以消费者价值驱动的数字化布局

渗透到消费者的线上渠道越来越多，传统商超开始意识到需要开发线上产品，全方位覆盖数字渠道。对数字产品的规划需要有更智慧的策略，从为用户提供价值的角度去思考不同渠道的投入，界定产品的功能范围，集中力量打造核心产品，就像盒马 APP 之于盒马鲜生。

让数字产品找到接触点与线下建立交互。通过找到这些把“人-商品-数字工具-金钱”串联起来的消费体验中可交互的触点，让数字产品承担起线下购物中的助手，甚至智能导购的角色。

2. 提升以产品品质为核心的服务创新

新一代消费者的需求多样而无序，消费心态逐步转向追求品质，这样的转变要求企业能够提供高质量且独特的产品。同时，消费者对购物过程中的服务体验要求也日益提高。消费者完成消费是底线，商超还需要在消费体验过程中增加新鲜和惊喜的元素。盒马以“逛”为核心的购物体验，围绕不同主题进行空间设计、陈列设计和塑造沉浸式的场景，打造差异化的体验，为消费注入新的活力。

3. 围绕建立情感连接的品牌建设

利用互联网助力，借用包装互联网 IP 的思路，对这个标签进行线上线下的推广和强化。抓住都市人群消费心理的重要因素，让品牌充分贴合目标人群的生活圈和生活习惯，才能聚拢具有共同价值观的消费者，逐渐孵化出粉丝化的社群。这样的品牌认同感是促成转化率和消费黏性的必要条件。

第一节　网络营销渠道概述

一、信息技术对渠道功能的影响

1. 实物流

实物流是指产品实体在渠道中的运动，物流的持续、有效是渠道保证服务产出质量与效率的重要条件。信息技术实现了实物流的优化及向前移动。JIT(just-in-time)交货减少了整个渠道的实物占有，存货不再放在零售商店，交叉配送使零售商仓库减至最小，一些零售商承担送货，能够减少库存消耗的同时提升渠道效率。

2. 所有权流

所有权流是指产品的所有权或持有权从一个渠道成员转移到另一成员手中的流转过程。在信息技术支持下，允许厂家与顾客直接交易。零售商所有权流动降低，对于顾客订购，零售商不承担所有权流动；分销商或制造商也减少了流动实施工作，这是由于零售商分担了 POS 数据。

3. 促销流

促销流是渠道成员的促销活动流程，所有渠道成员都有对顾客促销的责任。借助信息技术，在零售终端付款处迅即处理优惠问题，提升促销活动的效率。通过使用连在一起的人口统计数据库和采购数据库更有效地进行集中促销。

4. 协商流

产品实体和所有权的转移过程即会发生协商行为，形成协商流。采用数字化和自动化的协商程序和工具，带来书面工作减少，使采购部门花更多的时间协商，以促成好的交易；而零售商和制造商用 POS 数据来确认价格和需求品种，实时更紧密地联系在一起。

5. 订货流

订货流是指渠道成员定期或不定期向供货机构发出订货决定。订货流信息化、自动化减少了中间环节，自动处理则不需要人工操作就可以自动重复订货。

6. 支付流

支付流则是货款在渠道各成员间的流动。电子支付系统让支付流逐步走向数字化、实时化、自动化，减少人工劳动，提升渠道效率。

7. 财务流

财务流也是渠道成员之间融通资金的过程。借助信息技术，由于实物占有降低，所有权流动减少，财务工作也相应减少。

8. 风险流

风险流是分销渠道成员之间分担或转移风险的流程。POS 数据产生出更好的预测，减少存货风险。在信息技术的影响下，迅速反应技术使推迟进货可能性达到更高的程度，从而减少了由于推测而产生的存货，因而可以更好控制风险。

9. 实体渠道的虚拟化和服务的实时化

随着线上渠道的发展，逐步打破了实体渠道的一些限制，如距离、位置、时间等。渠道虚拟化带来距离的消除，可以实现网上订货，并且物流能够实现商品的送达。同时时间均匀化，24 小时皆可订货。

10. 零售规则发生改变

零售规则也发生了一些改变。传统展示依靠橱柜实物展示，当下则可以依靠网站屏幕虚拟展示；传统便利性依靠商业环境如交通方便，现在可以通过商品分类和个性化推荐来实现消费过程便利性的提升；在设施方面，提供良好的服务器和软件支持的重要性逐步提高；传统零售注重现场体验，而信息化下虚拟体验变得日渐重要。

11. 中间商作用变化

中间商从居间的传递性，转向双向交互性，支持厂商与消费者的直接互动。网络把买卖双方联结在一起，减少对原有中间商的依赖，传统中间商的作用价值在消退，进而产生新型的分销中间商，中间商的交易的管控价值转向交互体验的服务和支持。

从以上变化可以看出，渠道已经从以往的线下和线上渠道的割裂逐步发展为以用户为中心，现在则更强调数字化和全场景。移动设备帮助消费者以更加低廉的时间成本获取信息，降低筛选门槛的同时提高了匹配效率，并赋予了场景交互和体验的无限创想。线上场景和线下场景能够实现融合，实现线下数字化、线上实体化。企业抢夺的不再是空间资源，而是消费者的流量资源。企业需要根据消费者移动化、场景化、数字化的需求的改变，适应渠道提供的不再是消费者和产品进行直接接触的机会，直接通过意见领袖或者粉丝分享对产品进行了解，因而渠道逐步分化为以“产品”为中心的物理渠道和以“人”为中心的社交渠道。

二、网络营销渠道的功能

与传统营销渠道一样，以互联网作为支撑的网络营销渠道也应具备传统营销渠道的功能。营销渠道是指与为提供产品或服务以供使用或消费这一过程有关的一整套相互依存的机构，它涉及信息沟通、资金转移和产品转移等。网上销售渠道就是借助互联网将产品从生产者转移到消费者的中间环节，它一方面要为消费者提供产品信息，让消费者进行选择；另一方面，在消费者选择产品后要能完成一手交钱一手交货的交易手续，当然交钱和交货不一定要同时进行。网络营销渠道具备传统营销渠道的功能，并且在当下销售队伍接近业务市场的费用越来越高的情况下，借助互联网能够有效降低接触成本。同时随着电子购物的蓬勃发展，网络营销渠道也变成了一个必然的选择。

一个完善的网上销售渠道应有三大功能：订货功能、结算功能和配送功能。

(一)订货系统

它为消费者提供产品信息，同时方便厂家获取消费者的需求信息，以达到供求平衡。一个完善的订货系统，可以最大限度地降低库存，减少销售费用，因此许多企业，特别是与计算机相关的行业发展最快。如美国的PC厂家Dell公司(http://www.dell.com)提供的网上订货系统，通过它销售额达到每天1 000万美元，占公司总收入的60%以上；我国的联想电脑公司(http://www.lenovo.com.cn)在其开通网上订货系统当天，订货额就高达8 500万元。可见，网上订货系统发展潜力巨大。

(二)结算系统

消费者在购买产品后，可以有多种方式方便地进行付款，厂家(商家)应有多种结算方式。目前国外流行的几种方式有：信用卡、电子货币、网上划款等几种方式，我国由于银行业还不是很发达，特别是一般消费者都没有建立信用，因此很少有人使用信用卡进行付款。目前国内付款结算方式有：邮局汇款、货到付款、信用卡、移动支付。

(三)配送系统

一般来说，产品分为有形产品和无形产品。无形产品如服务、软件、音乐等产品可以直接通过网上进行配送，如现在许多软件都可以直接从网上购买和下载，通过网上提供服务也是如此，因此配送系统一般讨论的是有形产品的配送问题。有形产品的配送，要涉及运输和仓储问题。国外已经形成了专业的配送公司，如著名的美国联邦快递公司(http://www.FedEx.com)，它的业务覆盖全球，实现全球快速的专递服务，以至于从事网上直销的Dell公司将美国国内的配送业务都交给它完成。因此国外的网上商店发展较为迅速的一个原因所在，是它们有良好的专业配送服务体系作为支撑。而我国目前还缺少专业性快递配送企业，只能依赖占垄断地位的低效率的邮政系统，这也是为什么8848成功的原因所在，8848网上商店依赖的是自己联邦软件连锁店建成的相对高效的配送体系，而不是邮政系统，当然这也制约了8848网上销售覆盖范围。

三、网络营销渠道类型

在传统营销渠道(图8-2)中，营销中间商是营销渠道中的重要组成部分。中间商之所以在营销渠道中占有重要地位，是因为利用中间商能够在广泛提供产品和进入目标市场方面发挥最高效率。营销中间商凭借其业务往来关系、经验、专业化和规模经营，提供给公司的利润通常高于设立自营商店所能获取的利润。但互联网的发展和商业应用，使得传统营销中间商凭借地域原因获取的优势被互联网的虚拟性所取代，同时互联网的高效率的信息交换，改变了过去传统营销渠道诸多环节，将错综复杂的关系简化为单一关系。互联网的发展改变了营销渠道的结构(见图8-3)。传统的直销市场在互联网上得到大力发展，并对传统中间商产生巨大冲击，有关互联网对中间商的影响详见第三节的分析。

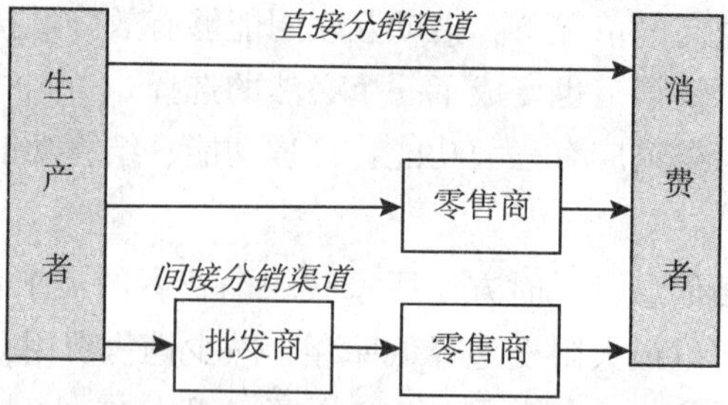

图 8-2　传统营销渠道

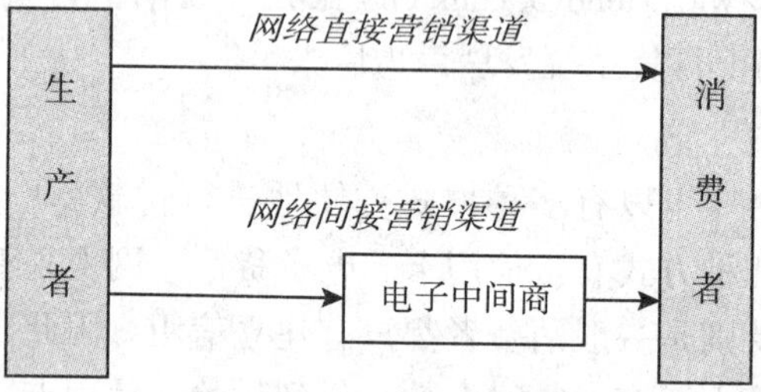

图 8-3　网络营销渠道

传统渠道主要分为直接分销渠道和间接分销渠道两种(图 8-2)。

直接分销渠道是指生产者将产品直接供应给消费者或用户，没有中间商介入。直接分销渠道的形式是：生产者——用户。直接渠道是工业品分销的主要类型。例如大型设备、专用工具及技术复杂等需要提供专门服务的产品，都采用直接分销，消费品中有部分也采用直接分销类型，诸如鲜活商品等。企业直接分销的方式包括订购分销、自开门市部销售、联营分销等。

间接分销渠道是指生产者利用中间商将商品供应给消费者或用户，中间商介入交换活动。间接分销渠道的典型形式是：生产者——批发商——零售商——个人消费者(少数为团体用户)。企业在市场中通过中间商销售的方式很多，如厂店挂钩、特约经销、零售商或批发商直接从工厂进货、中间商为工厂举办各种展销会等。

利用互联网的信息交互特点，网上直销市场得到大力发展。因此，网络营销渠道可以分为两大类(图 8-3)：一类是通过互联网实现的从生产者到消费(使用)者的网络直接营销渠道(简称网上直销)。这时传统中间商的职能发生了改变，由过去环节的中间力量变成为直销渠道提供服务的中介机构，如提供货物运输配送服务的专业配送公司，提供货款网上结算服务的网上银行，以及提供产品信息发布和网站建设的 ISP(网络服务提供商)和电子商务服务商。网上直销渠道的建立，使得生产者和最终消费者直接连接和沟通。有关网上直销渠道的内容将在下一节详细分析。

另一类，是通过融入互联网技术后的中间商机构提供网络间接营销渠道。传统中间商由于融合了互联网技术，大大提高了中间商的交易效率、专门化程度并获得更大的规模经济，从而比某些企业通过网上直销渠道更有效。例如，网上商店利用互联网的虚拟性，可以低成本地扩大目标市场范围，美国的 Amazon 网上商店的发展吸引了许多出版商在其网上销售产品。当然，新兴的中间商也对传统中间商产生了冲击，如美国零售业巨头 Wal-Mart 为抵抗互联网对其零售市场的侵蚀，在 2000 年元月份开始在互联网上开设网上商店。基于互联网的新型网络间接营销渠道与传统间接分销渠道有很大不同，传统间接分销渠道可能有多个中间环节如一级批发商、二级批发商、零售商，而网络间接营销渠道的只需要一个中间环节，有关中间环节的新型电子中间商将在第三节详细分析。

虽然互联网正在让传统渠道经受着网络时代生存的考验，但是从戴尔直销神话在中国的受挫和大批互联网交易平台的倒下，让传统渠道的价值不言而喻。直销模式国内受阻，传统渠道仍有自己的增值空间。对于那些操之过急，仓促砍去中间渠道环节，看似减少了渠道成本，反而可能出现未能预料到的成本，或者失去对渠道的控制。这在某种意义上说明，渠道商正在和将要对产品起到不可替代的作用，反映了传统渠道巨大的生命力。

而网络营销渠道本身也面临着瓶颈。单一的网络营销渠道无法满足顾客现场体验的要求，同时也无法适应消费者现有的消费习惯，如通过逛商场获得愉悦。并且网络营销渠道的产品服务受到产品服务的限制，餐饮消费等需要现场消费的场景很难迁移到线上等。而传统渠道正好能与网络营销渠道形成互补。信息的快速传递与沟通是电子商务的最大特点，这一特点可以大大节省消费者的时间和精力，将传统渠道和网络营销渠道的整合，能够构建出更富活力、畅通无阻、有序高效的营销渠道。

随着获客成本的急剧上升，互联网带来的人口红利已被逐渐淡化，线上用户规模增长减缓，线上流量成本抬高。反观线下客户潜在价值巨大，众多零售巨头也将目光转移线下，解决线下客群流失问题，刻不容缓。消费者的消费特征也产生了新的变化，从支付端看，移动支付的占比迅速提升，这说明消费者表现了其消费移动化的特征，消费会随着场景的变化而变化，场景对消费者消费将有重大影响，消费者线下"种草"线上消费已经成为普遍现象。物流即时配送业务的发展也为网络渠道和传统渠道的整理贡献了力量，众多线下便利店、商超均可借助即时配送业务实现多渠道的融合。

消费者需求的体验化、交互化、个性化、实时化，都表明单一渠道模式难以满足消费者的需求。网络渠道能够借助其强大的反应系统为消费者提供省心、快速的服务，但是线下终端才能为消费者带来互动化和场景化的体验。线下渠道订单仍然占据零售总额的 86%，对消费拉动的主导力量仍然是线下渠道，线下渠道中的便利、地理关联、消费习惯的适配性仍然是网络渠道无法满足的。

除了网络渠道和传统渠道的整合，渠道长度也是热门话题。虽然零级渠道能够降低厂商的成本和终端价格，但是渠道链长度是取决于资源和配置和对用户的服务水平，很多企业通过经销商调货可以借助经销商进行资源的调配和管理的功能。一旦失去经销商，企业很难洞察市场变化，甚至无法对市场进行管理。因而市场的结构形态和消费者的模式才是决定渠道长短的决定因素。

案例：阿里零售通的三级渠道模式

阿里通过搭建以城市 hub 仓为核心的零售物流体系，利用互联网技术改造甚至重塑传统线下零售分销渠道，与源头供应商合作，将全球的品质好货高效分销至城市社区甚至城乡结合部的线下零售业态，造福亿万消费者。同时，通过城市拍档及各类服务商，帮助平台开拓、维护、服务线下零售店，共建阿里零售通大生态。见图 8-4。

图 8-4 阿里零售通的三级渠道模式

四、网络营销渠道建设

由于网上销售对象不同，因此网上销售渠道是有很大区别的。一般来说网上销售主要有两种方式。一种是 B2B，即企业对企业的模式，这种模式每次交易量很大、交易次数较少，并且购买方比较集中，因此网上销售渠道的建设关键是建设好订货系统，方便购买企业进行选择；由于企业一般信用较好，通过网上结算比较简单；另一方面，由于量大次数少，因此配送时可以进行专门运送，既可以保证速度也可以保证质量，减少中间环节造成的损耗。第二种方式是 B2C，即企业对消费者模式，这种模式的每次交易量小、交易次数多，而且购买者非常分散，因此网上渠道建设的关键是结算系统和配送系统，这也是目前网上购物必须面对的门槛。由于国内的消费者信用机制还没有建立起来，加之缺少专业配送系统，因此开展网上购物活动时，特别是面对大众购物时必须解决好这两个环节才有可能获得成功。

在选择网络销售渠道时还要注意产品的特性，有些产品易于数字化，可以直接通过互联网传输，如大多数的无形产品和服务都可以通过互联网实现远程传输，可以脱离对传统配送渠道的依赖。但对大多数有形产品，还必须依靠传统配送渠道来实现货物的空间移动，对于部分产品依赖的渠道，可以通过互联网的改造最大限度提高渠道的效率，减少渠道运营中人为失误和时间耽误造成的损失。

在具体建设网络营销渠道时，还要考虑到下面几个方面：

首先，从消费者角度设计渠道。只有采用消费者比较放心、容易接受的方式才有可能吸引消费者网上购物，以克服网上购物的"虚"的感觉。如在中国，目前采用货到付款方式比较让人认可。

其次，设计订货系统时，要简单明了，不要让消费者填写太多信息，而应该采用现在流行的“购物车”方式模拟超市，让消费者一边看物品，进行比较选择，一边选购。在购物结束后，一次性进行结算。另外，订货系统还应该提供商品搜索和分类查找功能，以便于消费者在最短时间内找到所需的商品，同时还应对消费者提供他们想了解的有关产品信息，如性能、外形、品牌等。

再次，在选择结算方式时，应考虑到目前实际发展状况，应尽量提供多种方式方便消费者选择，同时还要考虑网上结算的安全性。对于不安全的直接结算方式，应换成间接的安全方式。如 8848 网站将其信用卡号和账号公开，消费者可以自己通过信用卡终端自行转账，避免了网上输入账号和密码被盗的风险。

最后，关键是建立完善的配送系统。消费者只有看到购买商品到家后，才真正感到踏实，因此建设快速的有效配送服务系统是非常重要的。在现阶段我国配送体系还不成熟的时候，在进行网上销售时要考虑到该产品是否适合于目前的配送体系，正因为如此，目前网上销售商品大多是价值较少的不易损坏的商品，如图书、小件电子类产品。

第二节 网上直销与新零售

一、网络直销模式

网上直销与传统直接分销渠道一样，都没有营销中间商。网上直销渠道一样也要具有前面提到的订货功能、支付功能和配送功能。网上直销与传统直接分销渠道不一样的是，生产企业可以通过建设网络营销站点，让顾客直接从网站进行订货。通过与一些电子商务服务机构如网上银行合作，可以在网站直接提供支付结算功能，解决资金流转问题。对于配送方面，网上直销渠道可以利用互联网技术来构造有效的物流系统，也可以通过互联网与一些专业物流公司进行合作，建立有效的物流体系。订货功能的设计和实现在前面已经做了详细分析，在后面将着重分析网上支付和实现配送的物流管理与控制。

与传统分销渠道相比，不管是网上直接营销渠道还是间接营销渠道，网上营销渠道都有更多的竞争优势。

首先，利用互联网的交互特性，网上营销渠道从过去单向信息沟通变成双向直接信息沟通，增强了生产者与消费者的直接联系。一方面，企业可以在互联网直接发布有关产品的价格、性能、使用方法等信息；另一方面，消费者也可以直接通过互联网直接访问了解产品信息，可以做出合理的购买决策，同时生产者还可以直接了解消费者对产品购买和使用的反馈。

其次，网上营销渠道可以提供更加便捷的服务。一是生产者可以通过互联网提供支付服务，顾客可以直接在网上订货和付款，然后就等着送货上门，这一切大大方便了顾客。二是生产者可以通过网上营销渠道为客户提供售后服务和技术支持，特别是对于一些技术性比较强的行业如 IT 业，提供网上远程技术支持和培训服务，既方便顾客，又可以使生产者以最低成本为顾客服务。

最后，网上营销渠道的高效性，可以大大减少过去传统分销渠道中的流通环节，有效降低成本。对于网上直接营销渠道，生产者可以根据顾客的订单按需生产，实现零库存管理。同时网上直接销售还可以减少过去依靠推销员上门推销的昂贵销售费用，最大限度控制营销成本。对于网上间接营销渠道，通过信息化的网络营销中间商，生产商可以进一步扩大规模，实现更大的规模经济，提高专业化水平；通过与生产者的网络连接，网上营销中间商则可以提高信息透明度，最大限度控制库存，实现高效物流运转，降低物流运转成本。

二、网络支付

(一)网上支付系统

传统交易中，个人购物的支付方式主要是现金，即一手交钱一手交货，双方在交易过程中可以面对面地进行沟通和完成交易。网上商店的交易是在网上完成的，交易时交货和付款在空间和时间上是分离的，消费者购买时一般必须先付款后送货，付款时可以用网上支付系统完成网上支付。

网上支付系统包括四个主要部分：①电子钱包(e-wallet)，负责客户端数据处理，包括客户开户信息、货币信息以及购买交易的历史记录；②电子通道(e-pos)，这里主要指从客户端电子钱包到收款银行网关之间的交易部分，包括商家业务操作处理(负责商家与客户的交流及订购信息的发出)、银行业务操作处理(负责把交易信息直接发给银行)、来往信息的保密；③电子银行(e-bank)，这里电子银行不是完整意义上的电子银行，而是在网上交易过程中完成银行业务的银行网关，包括接受转账卡、信用卡、电子现金、微电子支付等支付方式；保护银行内部主机系统；实现银行内部统计管理功能；④认证机构(certificate authority)，负责对网上商家、客户、收款银行和发卡银行进行身份的证明，以保证交易的合法性。

网上支付系统是一项系统工程，它需要银行、商家、消费者和信息技术企业的共同参与，系统缺少任何一个环节都无法正常运行。由于网上商店面对的是千千万万的个体消费者，要将这些消费者纳入电子支付系统是比较困难的，一方面个体消费者必须有良好信用，另一方面消费者对网上支付的安全隐私存在顾虑，这在我国体现得更为突出。根据国内最大的电子商务站点——珠穆朗玛网站的统计，58.5%的消费者采用货到付现款方式结算，可见消费者对电子支付的认识和接纳有一个比较长的过程。因此，目前电子支付面临的最大问题是引导和教育消费者对电子支付的了解和认同。

(二)网上支付方式

网上支付是指电子交易的当事人，包括消费者、厂商和金融机构，使用安全的电子支付手段通过网络进行的货币支付或资金流转，主要有三类。

一类是电子货币类，如电子现金、电子钱包等。其中，电子现金是一种以数据形式流通的货币，它把现金数值转换成一系列的加密数据序列，通过这些序列数来表示现实中各种交易金额的币值。用户在开展现金业务的银行设立账户并在账户内存钱，就可以接受电

图 8-5　招商银行首页

子现金进行购物。运用电子现金交易时类似于实物现金，交易具有匿名性。

另一类是电子信用卡类，包括智能卡、借记卡、电话卡等。其中，智能卡是在卡片内安装了嵌入式微型控制芯片，可以存储数据，卡上的价值受个人识别码(PIN)保护，只有用户才能访问。在电子商务交易中，智能卡的应用类似于实际交易过程，网上交易时通过发卡银行完成。

还有一类是电子支票类，如电子支票、电子汇款(EFT)、电子划款等。其中，电子支票是一种借鉴纸张支票转移支付优点，利用数字传递将钱款从一个账户转移到另一个账户的电子付款形式。电子支票的支付是在用户与银行相连的网络上以密文的方式传递的，多数使用公用关键字加密签名或个人识别码(PIN)代替手写签名。

(三)网上支付的安全控制

传统购物交易是匿名进行的，购买者不用表露自己身份，购物时完全可以保护自己隐私而且有一种安全感。随着信用卡普及推广，消费者购买时可以不必携带现金，只需刷卡即可，但交易时卡和密码由购买者自己保管，购买时消费者还是可以控制交易过程，感觉比较安全。而在网上商店进行网上购物时，消费者面对的是虚拟商店，对产品的了解只能通过网上介绍完成，交易时消费者需要将个人重要信息如信用卡号、密码和个人身份信息通过网上传送。由于因特网的开放性，网上信息存在被非法截取和非法利用的情况，存在一定的安全隐患。另一方面，在购买时消费者将个人身份信息传送给商家，可能被商家掌握消费者的个人隐私，有时这些隐私信息被商家非法利用，因此网上交易还存在个人隐私被侵犯的危险。

随着技术发展和网上交易的规范化，出台一系列的网上交易安全规范如SET协议，它通过加密技术和个人数字签字技术，保证交易过程信息传递的安全和合法，可以有效防止信息被第三方非法截取和利用。虽然加密技术不断发展，但网上安全问题还是时有发生，根据美国统计，受网上“黑客”攻击最多的是电子商务类站点，因此网上商店的安全是一个必须长期重视的问题。为防止个人隐私受到侵犯，避免交易中泄露个人身份信息，电子现金作为一种有效的匿名电子支付手段出现了，它的原理很简单，就是用银行加密签字后的序列数字作为现金符号，这种电子现金使用时无须消费者签名，因此在交易过程中消费者的个人身份信息可以不被泄露，从而保护个人隐私。

(四)移动支付

移动支付是指移动客户端利用手机等电子产品来进行电子货币支付，移动支付将互联网、终端设备、金融机构有效地联合起来，形成了一个新型的支付体系。在使用移动支付的过程中，大致涉及以下四个方面：消费者、商家、金融机构以及移动运营商①。移动运营商的支付管理系统在整个移动支付环节中提供了前提与可能性，维系着移动支付流程中的每一个环节，是一个具有核心纽带功能的重要组成部分。首先有消费者发出商品选择与购买的信号指令，该指令通过无线运营商支付管理系统，发送到商家的商品交易管理系统。其次商家在收到消费者发出的选择购买商品指令后，通过无线运营商支付管理系统将该指令反馈回消费者的手机终端进行确认工作，只有在得到消费者确认操作的回复时，购买指令才继续操作，否则该操作将被视为无效而终止。无线运营商支付管理系统只有在得到消费者确认的操作指令之后，才进行交易记录的详细记录工作，同时也将对金融机构发出指令，在消费者和商户之间进行支付的清算工作，并且通知商家提供交易服务。最后一个环节则是商家主动提供消费者所购买的物质产品或服务。

(五)聚合支付

聚合支付又称为第四方支付，是指通过聚合第三方支付平台、合作银行、合作电信运营商及其他服务商接口等多种支付工具进行综合支付服务，但不直接从事支付、结算、清算服务，而是提供会员服务，依靠增值服务、衍生服务收取交易服务费。②

聚合支付的出现跟目前电子支付的市场有关，国内电子支付市场主要由线下收单、互联网支付、移动支付这三大部分组成。其中，移动支付发展迅猛，移动支付的盛世气象导致了国内移动支付市场的隐忧，即移动支付市场的高度碎片化。首先，支付渠道碎片化。市场上已经有了支付宝、微信支付、银联支付等多种支付方式。其次，移动端平台碎片化。目前主流的支付渠道都适配安卓系统、iOS、HTML5。再次，支付场景碎片化。目前主要支付场景有扫码支付、被扫支付、NFC 支付、HTML5 支付、APP 内支付；并且支付数据也呈现碎片化的特性。对于商家而言，多种渠道收款，没办法有效统计收益、利润等数据。最后，支付需求也逐步多样化，互联网的影响加速了传统行业的升级，进而加快了支付产业链的拓展，如消费金融领域的消费信贷需求等。③

---

① 王思平，李奔．移动支付安全风险及防范措施分析．中国市场，2018，(29)：181-182.

② 吴迪，李林峰．浅论聚合支付发展带来的潜在风险及对策．现代经济信息，2017，(1)：311.

③ 2020—2025 年中国聚合支付行业市场前瞻与投资战略规划分析报告.

聚合支付，主要解决的是便捷性问题。通过提供用户支付+商户账务管理的便捷，进而实现增值服务收益。聚合支付不进行资金清算，因此无需支付牌照，其只是完成支付环节的信息流转和商户操作的承载，其在集合包括银联、支付宝、微信等主流支付方式的基础上，帮助商户降低接入成本，提高运营效率，具有中立性、灵活性、便捷性等特点。

三、物流管理

著名的营销学家菲利浦·科特勒在《市场营销管理》(亚洲版)中对物流的定义为："物流是指计划、执行与控制原材料和最终产品从产地到使用地点的实际流程，并在盈利的基础上满足顾客的需求。"物流的作用是管理供应链，即从供应商到最终用户的价值增加的流程。因此，物流管理者的任务是协调供应商、采购代理、市场营销人员、渠道成员和顾客之间的关系。物流是公司整个营销过程中的一个环节。物流过程贯穿营销始终：从销售预测、库存管理、运输到顾客服务。物流过程像一条绳索，所有营销内容，如计划、预算、订单处理等，都挂在上面，形成一个有机的整体。对于一个公司而言，这是一个系统。对网上直销而言，顾客在通过互联网订货、付款后，如果不能及时送货上门，网上直销就失去了意义，因为消费者感觉不到快捷和方便。

对于开展网上直销的生产企业而言，可以有两种途径管理和控制物流。一种是利用自己的力量建设自己的物流系统。如 IBM 公司的蓝色快车拥有自己的"e 物流"。在物流方面全部准备好，靠的是严密的管理和组织，包括新的运作方法、新的经营观念。从货物的管理、货物的分发、货物的跟踪，蓝色快车有一套完整的信息系统，可以确定货物上的是第几次列车，什么时候可以到达指定城市，谁可以签收，是否签收等等。IBM 之所以重视货物的派送，是为未来的网上营销竞争打下基础，因为物流方面的服务已经成为提高竞争力的"瓶颈"。

另一种方式，是通过选择合作伙伴，利用专业的物流公司为网上直销提供物流服务。这是大多数企业的选择。美国的 Dell 公司就与美国的联邦快递公司(http://www.FedEx.com)合作，利用联邦快递的物流系统为 Dell 公司配送电脑给客户，Dell 公司只需要将要配送电脑的客户地址和电脑的装备厂址通过互联网传输给联邦快递，联邦快递就直接根据送货单将货物从生产地送到客户家里。作为专业化的物流服务公司，联邦快递拥有最先进的 InterNetShip 物流管理系统，客户可以通过互联网直接送货、查货、收货，足不出户就可以完成一切货物配送。

为配合网上直销的顺利实施，不管是依靠内部的物流系统，还是利用外部的专业物流服务公司，基于互联网技术的现代物流系统一般具有下面一些特点：

1. 顾客直接驱动。对于专业性公司，物流系统中的物流启动和运转都是围绕服务顾客而进行的。启动物流的是顾客的送货订单，顾客的需求是货物的及时送货上门。所以，现在的物流系统，都采用现代化的信息系统技术来保证物流中信息畅通，提高物流效率。

2. 全面服务性。随着产品的复杂和使用的专业性的提高，需要在物流服务内涵上进行扩展。以前货物递送只送到门口，现在要延展到桌面。特别是对于电子产品，很多客户需要安装。此外，还有代收款服务。

3. 可跟踪性。顾客控制货物送货进度，需要了解货物最近送达地方，以及什么时候送到目的地。因此，现在的物流系统通过互联网技术，允许顾客直接通过互联网了解产品的送货过程。如前面网络营销服务策略中介绍的，联邦快递公司允许顾客在互联网上只要输入货物编号就可以查询货物最近到达地方，以及在什么时候收货人能收到货物。

四、新零售

新零售是一种个人、企业以互联网为依托，通过运用大数据、人工智能等先进技术手段并运用心理学知识，对商品的生产、流通与销售过程进行升级改造，进而重塑业态结构与生态圈，并对线上服务、线下体验以及现代物流进行深度融合的零售新模式。“新零售”的核心要义在于推动线上与线下的一体化进程，其关键在于使线上的互联网力量和线下的实体店终端形成真正意义上的合力，从而完成电商平台和实体零售店面在商业维度上的优化升级。同时，促成价格消费时代向价值消费时代的全面转型。

新零售出现的背景①：

1. 线上零售遭遇天花板

虽然线上零售一段时期以来替代了传统零售的功能，但从两大电商平台——天猫和京东的获客成本可以看出，电商的线上流量红利见顶；与此同时线下边际获客成本几乎不变，且实体零售进入整改关键期，因此导致的线下渠道价值正面临重估。

2. 移动支付等新技术开拓了线下场景智能终端的普及，以及由此带来的移动支付、大数据、虚拟现实等技术革新，进一步开拓了线下场景和消费社交，让消费不再受时间和空间制约。

3. 新中产阶级崛起

新中产阶级多为80/90后，他们接受过高等教育，并且追求自我提升，正在逐渐成为社会的中流砥柱。

新零售具有场景化、体验化、数据化、交互化的特点②。企业产品会根据场景设计功能，强化用户体验。当产品体验不足时，企业会建立适当的服务场景打动客户，通过场景来增强客户的购买欲望，激发消费者的共鸣，促进产品和服务的销售。还可以通过大数据分析预知消费场景提升客户体验。通过消费者的大数据分析，企业可了解客户需求，预判客户使用场景，优化产品和服务。新零售时代，所有商品、用户和消费行为都实现了数字化，用户识别、用户服务、用户触达等也全部数字化。新零售时代通过数据驱动制造，表现在数据倒逼产能配置、数据驱动即时定制、数据打通产业链。品牌或者企业对消费者的影响从单向传递变成双向互动，原本水平的影响链转变为品牌端、零售端、消费端三端的相互影响，共享共生。消费者的消费也渐渐从挑便宜的心态转向追求便利、品质、挑选困难低转变，从消费价格，转向消费价值。参见表8-1。

---

① 杜睿云，蒋侃．新零售：内涵、发展动因与关键问题．价格理论与实践，2017，(2)：141-143.

② 嘉银新金融研究院．新零售行业研究报告：场景化体验渗透、数据驱动制造成趋势．壹零财经，2018-06-29.

表 8-1　　新零售业态

新零售业态	特　点
超市	超市的供应链体系；强化体验；多方面打通，对于在超市复购更为快捷，满足用户。
百货	实体百货有良好的商誉、丰富的正品和众多的连锁门店。打破线上线下界限，结合线下实体店、互联网及移动技术资源，为消费者提供开放、共享、可互动的商业平台，实现企业的全渠道发展。
便利店	规模性、连锁化、大范围的增长，社区小型超市、专业店、社区小店、生鲜专业店等以更为贴近消费者和目标客群的方式出现。便利店、小型社区超市仍是“小而美”店铺、小业态店创新的焦点。
团购店+体验店	互联网行业开始从上游供应链渗透线下零售门店。团购店从电商渠道进货，以快速的供应链、有竞争力的价格、丰富的品类取胜。百联集团、华润万家、天虹商场、大商集团、银泰商业等大型零售集团都在线下商超或者百货商场门店内开出跨境电商的线下体验店。

第三节　网络时代的新型中间商

一、互联网对传统中间商的挑战

(一) 互联网对传统中间商的影响

信息技术的飞速发展，特别是 Internet 的飞速发展和全球化，引起人们对发展电子商务的兴趣。Internet 已发展成一个国际互联电子虚拟市场，在全球提供便利的各种产品和服务的交换场所。Internet 的直接交互性使得生产者和消费者在 Internet 上直接交换成为可能。这种电子虚拟市场的发展，不但影响到市场渠道和分销组织结构，而且将导致对工业价值体系的重构。效率更高、速度更快的互联网建立，必将导致生产者与消费者之间交换方法和组织结构的深层次变革。互联网的发展是促进传统的连接生产者和消费者的中间商效率更高，还是导致一种新型的基于互联网的电子中间商，抑或是生产者和消费者直接在互联网上进行交易导致中间商的消亡？

以互联网作为基础的信息交换和处理变得异常简单便捷，而且成本越来越低廉，同时它的网络化使得信息交换和处理可以在任何一个联网地方进行，信息的交换和处理不再是商业活动的“瓶颈”。而信息技术的发展对企业组织机构有很大影响，企业在获取、处理和传输信息成本降低的推动下改变业务处理方法。信息沟通引致管理变化，反过来管理变化影响市场结构和企业机构设置。一方面，数据处理和通讯技术设施使得全球化企业迅猛发展；另一方面，电子信息通路导致企业结构的肢解，出现“虚拟公司”和“网络组织”。信息技术正引起管理方式、管理哲学、管理组织以及工业结构发生根本变化，信息技术的发展不仅仅是效率影响，更重要的是改变企业价值链结构。

越来越多的信息技术开始融入商业领域，如跨组织信息系统、电子数据交换网络(EDI)和共享数据库。与此同时，信息基本设施的发展使得信息系统和信息网络延伸到单个消费者，生产者与消费者的直接交互沟通成为可能，生产者利用电子网络媒体直接提供商品和服务，消费者可以直接从互联网购买商品和服务，直接向生产者提出个人需求和建议。生产者与消费者的直接交易，好像可以撇开以前在工业价值链处于重要地位的批发、零售商业机构。传统商业机构在促进市场效率方面具有重要作用，同时在价值链上明显增加了成本，提高了最终的产品和服务价格。据统计，在高级衬衫市场，如果剔除批发商和零售商附加的成本，零售价格可以降低62%。为获取更大的竞争优势，制造企业利用互联网绕过传统价值链中的中间机构直接销售，传统的中间商业机构将面临互联网能直达消费者进行直接交易所带来的威胁。

目前关键问题是信息技术发展提供的直接交换可能性给传统中间商业机构的存在留下了多大空间。有的学者认为，信息技术发展将导致工业价值链的重新构建，利润将重新分配，生产者将获得更高剩余价值和利润，消费者将可以进行更多选择和获得更低价格；网络提供的直接交换潜力将同时增加生产者和消费者福利，因而生产者更愿意直接销售给顾客，消费者更愿意直接从生产者购买。越来越多的人认为随着信息时代直接经济的到来，传统工业时代迂回经济将被终结，也有人将传统商业机构中的批发业、零售业划为迂回经济的产物，这些必将被直接经济时代的直接商业模式所替代。

(二)中间商存在与否争论

中间商的存在和发展是市场经济发展的必然，它起着连接生产者和消费者的桥梁作用，作为企业同时付出一定成本和享受一定利润。传统中间商的存在具有无可否认的优势和必要性，一方面生产者直接从事销售活动面临财力不足、身份不合、利益不足和效率不高，而中间商可以减少生产者为与消费者达成交易的成本；另一方面，中间商可以按照消费者需求组织搭配不同产品，满足不同层次需求，降低消费者购买时的搜索信息成本和风险；同时中间商的存在不仅可以减少交易时的接洽次数，而且可以节省大量时间和人力，降低成本费用。依据上述理由，生产者通过中间商进行间接交易的成本比直接与消费者交易时的交易成本要低，中间商降低了社会交易成本，提高了市场效率，同时可以增加生产者和消费者福利。

互联网的建设和实施，大幅度降低了信息交换和沟通成本，降低了为达成交易花费的信息搜索和处理成本，消费者和生产者都可以很容易在网络上搜索和获取交易对象的信息，生产者和消费者的直接交易成本非常低廉，而且可以随时随地进行交易。在直接交易中，消费者可以直接要求生产者提供定制的产品和服务；生产者也可以直接了解消费者购买行为和相关市场信息，便于直接掌握市场，及时制定经营管理策略。由于经济发展和生活水平提高，消费者开始追求个性化需求和产品服务，要求生产者进行小批量定制生产并及时掌握消费者需求和动态，因此市场需求也要求生产者和消费者进行直接沟通，直接交易正好适应市场发展需求。

由此产生的问题是，在生产者和消费者可以在互联网进行直接交易的情况下，中间商是否还有存在的理由和需要？如果中间商不存在，可以得出这样一个结论：通过互联网的直接交易成本费用小于依赖中间商间接交易成本费用。如果结论成立，市场竞争中的优胜劣汰必然导致中间商消亡；如果结论不成立或者部分不成立，那么中间商就有其存在的必要和依据，还可以发挥其传统功能，或在利用信息技术改进后提高其功能和效率，起到降低市场交易费用，提高市场效率的作用。

1. 交易成本理论分析

交易成本理论用来讨论全雇佣制企业性质、存在依据和企业规模。企业的生产是既分工又合作，企业既可以通过在内部形成一定科层组织结构，通过管理交易实现一体化，也可以通过市场分工进行市场交易，获取资源和实现所需功能。交易成本理论认为市场的交易是有“摩擦”的，企业在市场中的交易是有成本的，企业内部通过契约形成科层组织的管理一体化是对市场分工和市场机制的替代，但在组织和管理实现一体化中也存在内部交易费用，企业规模恰好处在利用市场机制进行交易的成本等于利用内部科层组织管理的交易成本这一均衡点上。因此企业所需要的某些功能是通过利用内部一体化的垂直机构来实现，还是利用外部分工的市场机构来实现，则取决于两者之间交易成本的比较，它与企业组织管理水平和市场发展水平密切相关。

信息技术的发展不但影响到企业的组织结构和管理的效率和方式，提高企业管理水平和降低内部交易费用，同时还对市场结构和运行机制也产生很大影响，促进市场效率提高，因此信息技术对企业规模的影响是双方面的，必须综合考察和分析。交易成本可定义为：为完成和实现交易所进行一系列协调、沟通、执行过程中信息处理费用，包括收集信息、合同谈判等成本。信息技术的发展将促使交易更有效地进行，降低企业协调成本。

中间商是否存在的问题所对应问题就是企业销售渠道选择决策，也就是企业决定是自己承担还是利用外部中间商功能。如果功能内部化，企业将拥有和组建自己的销售渠道，反之则依赖于外部市场力量同时支付一定费用。根据前面的交易成本理论，企业可以有两种选择决定其组织管理机构，一种是内部化科层管理结构，一种是付出一定成本与外部市场上的企业建立一定关系。

信息技术特别是网络技术的发展，使遍布全球的网络连接到消费者家里，最终消费者能以较低交易费用与生产者直接交易，生产者也可以实行直接销售，无须中间商的参与。另一方面须注意的事实是，由于网络技术发展降低了与中间商的交易费用，可以吸引更多生产者利用市场中间商销售产品，而自己集中力量进行产品开发研制和生产服务，突出自己的竞争优势。因而，信息技术带来的影响是双方面的，不能简单地因为中间商增加了产品销售成本，就认为可以不需要，就马上否认其在整个商业价值链中的作用和功能，这是因为，一方面中间商也因信息技术降低交易费用而提高交易效率，另一方面中间商还提供许多附加服务满足消费者复杂多样的需求。因此信息技术的发展给中间商既带来威胁和挑战，同时也带来机遇和发展，关键是要利用信息技术降低交易成本，提高渠道效率和效用，改进传统服务和功能，同时还应利用信息技术提供新的服务和新的功能，扩大其服务对象。

2. 信息化后中间商的演变

现实情况是，信息技术的发展既促进了中间商的信息化和提高效率，同时出现了许多新的不同类型的中间商，并没有抑制中间商的发展。为具体分析中间商存在的前提和依据，不妨简单地假设市场交易主体有三类，即生产者(P)、消费者(C)和中间商(I)；销售渠道有两条，即从生产者到消费者的直接交易，其交易费用定义为 T1；另外一条是通过中间商与消费者进行间接交易，把生产者与中间商的交易费用定义为 T2，中间商与消费者的交易费用定义为 T3。显然，中间商存在的前提原因是 T1>T2+T3，因为生产者在追求利润最大化时愿意选择费用较低的直销交易方式和渠道。为对比分析实施互联网后中间商存在的依据和前提，这里不妨将信息化后的三种不同交易费用对应定义为 T1′、T2′和 T3′。图 8-5 分析了互联网对中间商影响的分析。

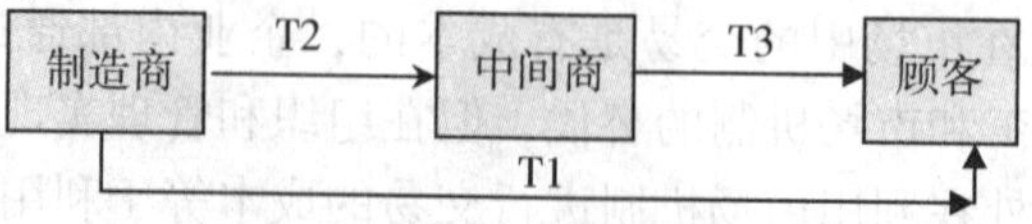

T1：直销交易费用
T2+T3：中间商交易费用
T1'：信息化后直销交易费用
T2'+T3'：信息化后中间商交易费用

		网络信息化后	
		T1'<T2'+T3'	T1'>T2'+T3'
网络信息化前	T1<T2+T3	1 补充直销市场	3 电子中间商
	T1>T2+T3	2 面临威胁传统中间商	4 补充中间商

图 8-6　信息化后中间商的演变

不妨假设所有交易都是原子化(不能再分割)的，信息化后所有交易成本都能降到最低 T^*，于是有 $T1'=T^*<T2'+T3'=T^*+T^*=2T^*$，在完全竞争市场中生产者与消费者将选择费用低的直接交易，中间商的参与由于增加交易费用而将在竞争市场中消失。但事实是，交易是千差万别的，而且交易费用也不可能都降低为同样的值，因此信息化对中间商影响是复杂的，上面矩阵可以说明这种变化。

从矩阵的列示可知，互联网可以促进直销市场发展，企业利用网络进行直销，如美国 PC 机厂商戴尔(Dell)公司利用 Internet 在网上销售，每天营业额高达 1 000 万美元，而且凭借此技术优势成为世界第二大 PC 机生产商。互联网还可对传统营销渠道结构进行改进，提高其营销效率，降低费用，如美国最大的零售商沃尔玛(Wal-Mart)利用信息技术直接与生产厂家建立网络联系，降低两者之间的交易成本费用，同时实行零库存压缩库存成本，并通过降低价格将所获超额价值与消费者分享。由于网络信息技术发展，传统中间商可以利用网络拓展其经营范围，扩大规模，获取知识，降低经营风险并获取规模经济。

对于第三种情形，互联网的高效率交换促使基于网络经营的新型中间商代替传统直销方式，导致一种新型中间商的产生—电子中间商；电子中间商的存在仍可以用传统营销的渠道理论来解释，电子中间商作为生产者和消费者进行交易的中间组织，通过集中交易产生规模效益从而提高交换效率，降低交易费用。我们将在最后讨论现在出现的几种电子中间商形式。对于第二种情况，通过传统中间商进行交易虽然在信息化后降低了成本，但其总的交易成本却高于直接交易费用，这类中间商可能面临被直销淘汰的危险。如前面提到的戴尔公司就已经取消美国本土的一些较远和费用较高的直销店和代理商，改为通过

Internet 直销。

二、传统中间商的价值

在传统消费者市场中，中间商对消费者提供各种明确的和隐含的服务。首先，可帮助消费者搜索和评价。消费者可根据自己的判断和标准选择合适的零售店进行购物；另一方面，中间商通过质量控制和产品评估，为消费者提供适当的服务，如跳蚤市场、折扣商店、专卖店等多种不同零售服务；中间商提供的不同类型的评价和搜索标准服务，方便消费者进行产品选择和组合。其次，帮助定位需求和选择适当产品。由于信息不对称，消费者不可能对产品有很多知识和判断能力，需要中间商提供增值服务，帮助消费者进行决策；如许多硬件销售商在展示不同硬件时，为顾客讲解有关知识并根据顾客需求和承受能力提供选择意见；因此中间商不但提供产品信息，还需要帮助顾客识别自己的特定需求。再次，可降低消费者风险。由于消费者不可能了解所有涉及产品的信息，购买的产品与自己需求存在差异，因而在交易中，消费者面临许多潜在风险，中间商通过自己的产品的专业知识和经验，可以帮助消费者合理选择和使用产品。最后，提供产品包装运送服务。许多中间商为消费者提供便捷服务，降低消费者因购买产品而支付的交通成本。显然一个离消费者的家只有一公里远的加油站与有一百公里远加油站提供的服务差别很大。最典型的例子是美国联邦快递公司，利用信息技术辅助公司为顾客提供快速邮寄服务，成为专业运送服务中间商。

对于生产者，中间商有以下作用：①帮助他们获取和传播产品信息，了解产品使用状况。生产者在告知消费者产品信息时，依赖于各种各样的中间商，包括零售店、目录邮寄公司、广告代理；②影响消费者购买决策。中间商有很多途径来影响消费者购买行为，比如产品布置摆放、柜台租金、广告代理，以及特别折扣等，生产者为推销其产品一般都与零售商建立紧密合作关系，使零售商在影响消费者时，自己产品能处于有利位置；③提供消费者信息。中间商由于其能直接与消费者进行交易，因此拥有消费者对产品评价和购买情况的大量数据和信息，特别是 POS 系统在零售业使用，使得零售商能收集大量有关产品购买行为和需求的有用信息，而这恰好是生产者所缺乏和需要的；④降低生产者风险。由于消费者千差万别，难免出现欺诈和偷盗行为，中间商作为专业机构替生产者承担了此类风险，而生产者与中间商的交易由于规范和规模化，风险很低；此外生产者可以通过集中规模化分销获取规模经济，降低销售成本。现在信息技术的采用使得中间商可以降低费用，通过网络拓展业务范围和规模，获得更大规模经济效益。如美国联邦快递公司利用企业内部网络将其邮寄速度提高了一倍，利用 Internet 将其业务和服务扩展到全球。

中间商还可协调消费者和生产者的需求。当消费者与生产者的需求产生矛盾时，中间商必须在两者之间进行协调以使双方均可以接受，如生产者希望多展示、介绍其产品，提高产品知名度和拓展市场；而消费者则希望多展示自己需要的部分产品，其他产品则予以忽略，以节省搜索寻找费用。因而，中间商不仅降低交易费用，还提供其他诸多附加服务和社会功能。

中间商的存在还在于一些非经济因素。第一，商业惯例方面，由于中间商与最终用户建立了稳定协调关系，中间商在市场中的力量越来越强，它可以胁迫生产者放弃直接销售计划；第二，通过 Internet 实现交易的用户还很少，绝大部分还是通过传统销售渠道选择和购物，因此生产者决策时不愿意因小失大。如法国航空公司计划在 Internet 上提供订票服务，由于担心代理商为此而偏向其竞争对手，不得不放弃该计划；当然当 Internet 上交易占主体地位时，情况可能会有所改变；第三，是消费者购买习惯。由于在传统销售渠道消费者得到了稳定可靠的服务，而且随着竞争的加剧，中间商越来越注重增值服务，而且消费者有时将购物作为生活的一个组成部分；另外在传统的销售促销中，中间商与消费者建立了稳定和信任的交易关系，形成了购物习惯；第四，社会学家和人类学家通过长期研究发现经济活动已根植到社会结构中，现存的社会关系将影响经济交换方式；有时受亲情关系和人事关系的影响，一些看来不经济的交换也能发生并成交，这是基于长期关系和长期利益的考虑，这种可靠关系可以避免因合同纠纷和昂贵律师费用带来的高风险和高费用。

三、新型电子中间商类型与特点

(一)电子中间商类型

由于网络的信息资源丰富、信息处理速度快，基于网络的服务可以便于搜索产品，但在产品(信息、软件产品除外)实体分销方面却难以胜任。目前出现许多基于网络(现阶段为 Internet)的提供信息服务中介功能的新型中间商，被称之为电子中间商(cybermediaries)。下面分类介绍这种以信息服务为核心的电子中间商。

1. 虚拟零售店(网上商店)。虚拟零售店不同于虚拟商业街，虚拟零售店拥有自己货物清单并直接销售产品给消费者。通常这些虚拟零售店是专业性的，定位于某类产品，它们直接从生产者那里进货，然后折扣销售给消费者(如 Amazon 网上书店)。由于 Internet 上固定费用很少，虚拟零售商可以大幅度降低成本并让利给消费者，消费者也可以直接从网上选购，不用出家门就可以购物。虚拟零售店表明互联网可以建立有效低廉的中间商，提供低价优质服务，而不是相对麻烦的生产者与消费者的直接交易。有关内容将在后面的网上虚拟商店详细介绍。

2. 虚拟商业街。虚拟商业街是指在一个站点内连接两个或两个以上的商业站点。虚拟商业街与目录服务的区别是，虚拟商业街定位于某一地理位置，定位于某一特定类型的生产者和零售商，在虚拟商业街销售各种商品、提供不同服务。站点的主要收入来源依靠其他商业站点对其的租用。如我国的新浪网 Sina. com 开设的电子商务服务中，就提供网上专卖店店面出租。有关内容将在后面的网上虚拟商店详细介绍。

3. 网上虚拟市场和交换网络。虚拟市场提供一个虚拟场所，任何只要符合条件的产品都可以在虚拟市场站点内进行展示和销售，消费者可以在站点中任意选择和购买，站点主持者收取一定的管理费用。如阿里巴巴、我国对外贸易与经济合作部主持的网上市场站点——中国商品交易市场就属于此类型。当人们交换产品或服务时，实行等价交换而不用现金，交换网络就可以提供以货易货的虚拟市场。后面将进一步详细介绍。

4. 目录服务。利用 Internet 上目录化的 Web 站点提供菜单驱动进行搜索。现在这种服务是免费的，将来可能收取一定费用。现在有三种目录服务，一种是通用目录(如 Yahoo!)，可以对不同站点进行检索，所包含的站点分类按层次组织在一起；另一种是商业目录(如Internet商店目录)，提供各种商业Web站点的索引，类似于印刷出版的工业指南手册；最后一种是专业目录，针对某个领域或主题建立Web站点。目录服务的收入主要来源于为客户提供Internet广告服务。有关内容将在第十一章的网络广告中进行介绍。

5. 搜索服务。与目录不同，搜索站点(如Google、Baidu)为用户提供基于关键词检索服务，站点利用大型数据库分类存储各种站点介绍和页面内容。搜索站点不允许用户直接浏览数据库，但允许用户向数据库添加条目。有关内容将在第十一章的网络广告中进行介绍。

6. 网上出版。由于网络信息传输及时而且具有交互性，网络出版Web站点可以提供大量有趣和有用信息给消费者，联机报纸、联机杂志就属于此类型。由于内容丰富而且基本上免费，此类站点的访问量特别大，因此出版商利用站点做Internet广告或提供产品目录，并以广告访问次数进行收费。如ICP就属于此类型。有关内容将在第十一章的网络广告中进行介绍。

7. 站点评估。消费者在访问生产者站点时，由于内容繁多、站点庞杂，往往显得束手无策，不知该访问哪一个站点。提供站点评估的站点，可以帮助消费者根据以往数据和评估等级，选择合适的站点访问。通常一些目录和搜索站点也提供一些站点评估服务。

8. 电子支付。电子商务要求在网络上交易的同时，能实现买方和卖方之间的授权支付。现在授权支付系统主要是信用卡如Visa、Mastercard，电子等价物如填写的支票，现金支付如数字现金，以及安全电子邮件支付。这些电子支付手段，通常对每笔交易收取一定佣金以减少现金流动的风险和维持运转。目前，我国的商业银行也纷纷上网提供电子支付服务。

9. 智能代理。随着Internet的飞速发展，用户在纷繁复杂的Internet难以选择。智能代理是这样一种软件，它根据消费者偏好和要求预先为用户自动进行初次搜索，软件在搜索时还可以根据用户自己的喜好和别人的搜索经验自动学习优化搜索标准。用户可以根据自己的需要选择合适的智能代理站点为自己提供服务，同时支付一定费用。

(二)电子中间商功能

与传统中间商一样，电子中间商是连接生产者和消费者的桥梁，同样也发挥着帮助消费者进行购买决策和满足需求，帮助生产者掌握产品销售状况，降低生产者为达成与消费者交易的成本费用等作用。但电子中间商与传统的中间商存在着很大区别。

首先，存在的前提不同。传统中间商是因为生产者和消费者直接达成交易的成本较高，中间商的存在可以减少两者为达成交易花费的成本；而电子中间商是因为传统的较高效的直销模式，在互联网信息技术发展下，传统直销的直接交易成本比通过电子中间商达成交易的成本高，因此电子中间商是对传统直销的替代，是中间商职能和功效在新领域的发展和延伸。

其次，交易主体不同。传统中间商是要直接参加生产者和消费者交易活动的，而且是交易的轴心和驱动力，即中间商先与生产者交易，然后再与消费者交易完成整个交易活动；而电子中间商作为一个独立主体存在，它不直接参与生产者和消费者的交易活动，但它提供媒体和场所，同时为消费者提供大量的产品和服务信息，为生产者传递产品(服务)信息和需求信息，高效地促成生产者和消费者的具体交易实现。

再次，交易内容不同。传统中间商参与交易活动，需要承担物质、信息、资金等交换活动，而且这些交换活动是伴随交易同时发生的；而电子中间商作为一种交易媒体，它主要提供的是信息交换场所，具体的物质、资金交换实体交易活动则由生产者和消费者直接交换，因此交易中间的信息交换与实体交换是分离的。

第四，交易方式不同。传统中间商承担的是具体实体交换包括实物、资金等；而电子中间商主要是进行信息交换，是虚拟交换，它可以代替部分不必要的实体交换。

最后，交易效率不同。通过传统中间商达成生产者和消费者之间的交易需要两次，而中间的信息交换特别不畅通，造成生产者和消费者之间缺乏直接沟通；而电子中间商提供信息交换可以帮助消除生产者和消费者之间的信息不对称，在有交易意愿的前提下才实现具体的实体交换，可以极大减少因信息不对称造成的无效交换和破坏性交换，最大限度降低交易成本，提高交易效率和质量。

随着 Internet 发展和网上交易日益增多，越来越多的基于网络的新型中间商产生出来，以满足基于网络交易的需要。与传统中间商一样，新型电子中间商的产生起着方便生产者和消费者、降低交易成本、发挥规模经济、提高市场交易效率的作用。信息技术的发展给中间商既带来了威胁和挑战，也带来了机遇和发展。Amazon 等新型中间商的出现并获得巨大商业成功，说明在 Internet 的广大市场上中间商仍有其存在的需要和依据，而创新与发现正是关键之所在。

第四节　全场景渠道模式

一、传统企业渠道转型的重要性

“牛鞭效应”是营销活动中普遍存在的现象，因为当供应链上的各级供应商只根据来自其相邻的下级销售商的需求信息进行供应决策时，需求信息的不真实性会沿着供应链逆流而上，产生逐级放大的现象，到达最源头的供应商(如总销售商，或者该产品的生产商)时，其获得的需求信息与实际消费市场中的顾客需求信息发生了很大的偏差，需求变异系数比分销商和零售商的需求变异系数大得多。由于这种需求放大变异效应的影响，上游供应商往往维持比其下游需求更高的库存水平，以应付销售商订货的不确定性，从而人为地增大了供应链中的上游供应商的生产、供应、库存管理和市场营销风险，甚至导致生产、供应、营销的混乱。传统渠道必须就此进行改革，降低渠道中信息不对称的风险。

(一)互联网时代企业渠道转型与障碍

1. 商业惯例障碍

由于中间商与最终用户建立了稳定和谐的关系，中间商在市场上的力量越来越强，制造企业如果撤销中间商而自己设立营销机构将会失去大量的已有客户或者难以与之取得有效沟通，即使企业的直接销售渠道成本费用比分销费用低、更具经济性，这也可能迫使生产企业放弃直接销售的计划。

2. 消费主体影响

就全世界范围而言，通过 Internet 实现交易的用户毕竟还很少，绝大部分消费者还是通过传统的渠道选择和购买。互联网只是工具，营销面对的是有灵性的人。因此传统的以人为本的营销策略、营销渠道所具有的独特的亲和力是网络无法代替的。

3. 社会关系影响

现存的社会关系将影响经济交换的方式：有时受亲情关系和人事关系影响，一些看来不经济的交换也可能发生并成交，这是基于长期关系和长期利益的考虑，这种可靠的关系可以避免因合同纠纷和昂贵的律师费用带来的高风险和高费用。

(二)渠道升级转型的挑战

如今，网上销售早已不是新型纯网络公司的专利，由网上交易量的剧增而形成的诱惑和市场份额的压力，迫使那些传统分销型企业不得不纷纷开展渠道创新，旨在利用网络营销渠道赢得更多的顾客。然而，与纯网络公司不同，传统分销型企业现有的完善的分销网络仍然是支撑其销售额的主力，以新兴的网络渠道代替现有稳定的分销网络无疑是得不偿失的。于是，新旧两种渠道的并行便成为大多数传统企业的选择。

1. 网络营销渠道与传统分销渠道的冲突

网络营销渠道与传统分销渠道的共存往往会产生冲突。因为通常企业提供给两种渠道的产品基本一致，并且它们的销售区域和目标顾客群体存在很多重叠。对于这样一个需求基本相似的市场来说，网络渠道的加入必然抢夺分销商现有的市场份额。因此，建立网络营销渠道极易招致分销商的强烈抵制。为了捍卫自身的利益，分销商们不惜采取各种措施，轻则采取不扶持、不合作的态度，重则甚至背离原企业，带着宝贵的顾客资源转投竞争对手的渠道，使企业元气大伤。

2. 渠道冲突产生的原因

网络渠道与传统分销渠道之间的冲突有多种，根据冲突双方在渠道结构中的关系来辨别可以分为：渠道间冲突和纵向冲突。渠道间冲突通常指的是在企业的多渠道框架中，不同渠道之间的矛盾。纵向冲突指的是同一渠道系统中，不同层级的渠道成员之间的矛盾。

其中，网络渠道与传统渠道之间冲突产生原因主要可以归咎为销售区域的重叠。它主要表现在以下几个方面：①厂商给不同渠道提供无差别的产品，无法区分渠道顾客。②不能从地理上或消费层次上划分各渠道的销售区域。③不能区别不同渠道的顾客，提供有差别的服务。④销售利益划分的不明确、甚至减少，是渠道间冲突产生的最主要原因。⑤另外，网络营销渠道的运作模式与传统企业运营模式的不匹配是纵向渠道冲突产生的主要原因。它表现为：①分销型供应商不具备 JIT 的即时供货速度和种类，无法实现实物的快速配送；②分销渠道的层级过多，不能完成高效、低成本的产品配送，特别是渠道中的管理、控制者不具备按照网上购物的需求，高效地整合交易、配送、结算等流程的管理协调能力。

也就是说，传统实体企业现有的运营模式与网上销售过程的脱节，促使了纵向渠道冲突的发生。全美第一大实体书店巴诺的网络营销渠道，就给这家老牌实体店的运营带来了诸多的麻烦，甚至严重地影响了店铺销售的正常进行。然而顾及构建网络渠道的前期投入以及勉强维持的销售量，巴诺又不忍心放弃，从而陷入进退两难的境地。

(三)解决营销渠道冲突的方法

网上销售给传统企业带来了新顾客，使之成为产品销量的又一源泉。出于这样的考虑，传统分销型企业很难做出放弃网络战略的抉择。然而，难以协调的渠道冲突又困扰着它们。因此，协调两种渠道、解决渠道冲突的计划被提上企业战略议程。问题的解决可以来自两个思路：渠道的隔离和渠道的集成。

1. 渠道的隔离

当一种产品同时在一个区域内的两条渠道中销售时，必然会出现为争夺同一个目标顾客群体而产生的渠道冲突。解决这种渠道间冲突的有效办法就是渠道隔离。进行渠道隔离，对不同渠道的产品人为制造差异，有时是用一些鲜明的标识，有时是专门制造，或者仅仅是在花色和规格上的细微调整就可以把产品区分开来，以区分不同的渠道顾客，达到减少渠道冲突的目的。

进行渠道隔离，也可以采取划分销售范围的措施。降低同一地域两种渠道销售点的密集度，把销售点的数量控制在恰好可以满足市场需求的范围之内。而且，对于不同的地域，两种渠道销售点的比例要有所侧重。对于中心城市、经济发展城市，企业可以提供网上销售，而对其他地域只允许分销网点的存在。这种销售范围的划分方式极大地减少了渠道间销售区域的重叠，缓解了渠道冲突。

2. 渠道的集成

解决网络渠道与传统分销渠道冲突的另一个办法就是渠道的集成。渠道集成就是把网络渠道的便利优势与分销渠道的服务优势有机地结合在一起，形成既不同于单纯网上直销也不同于传统分销的一种新的经营模式。

HP 当前实施的混合渠道战略就是渠道集成的极好案例。公司一方面同时使用网络和分销商两种渠道销售产品，另一方面，网上交易的订单公司会交付给当地的分销商去执行。两渠道的物流与结算都必须通过分销商，这样，既消除了因物流与结算多头管理而产生的渠道矛盾，也同时保留了偏好网上购物的顾客，使他们的网上购买过程更有售后与退货的保障。

渠道集成的另一成功范例来自日本的 7-11 便利店。与 HP 类似，企业与一些在线销售商联盟，同时进行多渠道的交易活动，实物配送与结算统一由连锁店完成。它甚至利用自身连锁网点众多的优势，完成了通常电子商务无法达到的“最后一公里”的配送。

二、渠道集成的必要性

消费者旅程(customer journey 或 customer experience journey，简称 CXJ，也称消费者历程)是描述消费者从认知某种产品开始到对某品牌产生信任感和忠诚度乃至契合度的一系列行为过程。消费者时刻(moment of truth，简称 MOT)是 CXJ 中的一些关键“里程碑”似的节点。例如，搜索某个产品，又或者把这个产品的信息分享给其他人。这个概念最初来源于宝洁。

因此，科特勒等人在《营销 4.0》中提出 5A 架构：认知(aware)、诉求(appeal)、询问(ask)、行动(act)和倡导(advocate)。

在认知阶段，顾客被动接受信息。顾客从过往经验、营销传播或来自其他人的倡导，被动接收品牌讯息，这是进入整个顾客体验路径的大门，也是品牌知名度(brand awareness)主要的来源。

诉求阶段增加顾客的品牌印象。顾客认知到几个品牌之后，会处理接触到的讯息，创造短期记忆或扩大成长期记忆，结果只对少数几个品牌印象深刻。

在询问阶段适度引发顾客的好奇。好奇心驱使下，顾客会积极从亲友、上网搜寻或直接间接从品牌(例如问粉丝页小编与客服)搜集信息。在询问阶段，顾客体验路径从个人转为社群，品牌诉求必须获得其他人认可，才能继续出现在顾客体验路径上。

行动阶段，让顾客参与互动。如果顾客在询问阶段被进一步的信息说服，就会决定采取行动。想要让顾客采取的行动并不是只有购买。在购买之后，顾客会透过消费、使用以及售后服务，进一步与品牌互动。当顾客有问题和抱怨时，品牌必须密切注意，并确保问题获得解决。

倡导阶段，让顾客成为品牌传教士。随着消费经历的积累，顾客可能会发展出对品牌的强烈忠诚度，这会反映在顾客保留率、重复购买，以及向其他人宣扬品牌的好处上。积极的倡导者会在没有人询问的情况下主动推荐，成为品牌的“传教士”。但最忠诚的拥护者则是在有人询问或出现负面宣传者时才会发声，因为他们觉得自己有义务推荐或捍卫自己喜爱的品牌。

渠道的最终目的是为了给消费者带来一体化的、完整的、全场景的、无缝的体验。消费过程并不是一蹴而就的，而是分阶段的，因此需要对消费者在不同阶段的需求和信息获取进行调整。因而在不同的消费时刻，企业需要去了解消费者关注什么。如图 8-7，消费者在产生产品意识的时候，更倾向于付费媒体；在产生兴趣转移的时候，更多靠的是自有媒体；到最后进行口碑分享的时候，消费者会选择一些免费媒体。消费者在不同的阶段，会产生不同的行为特征，因此仅仅分析目标市场是不够的，这仅仅是分析了一个静态的截面，要将消费者的行为画像勾勒出来，消费者什么时候进行认知，什么时候产生兴趣，什么时候进行购买，什么时候进行口碑分享，并且找到通过什么触点对消费者行为进行挖掘、唤起和控制，并且将消费者行为储存到数据库，对消费者行为进行跟踪、分析和转换。

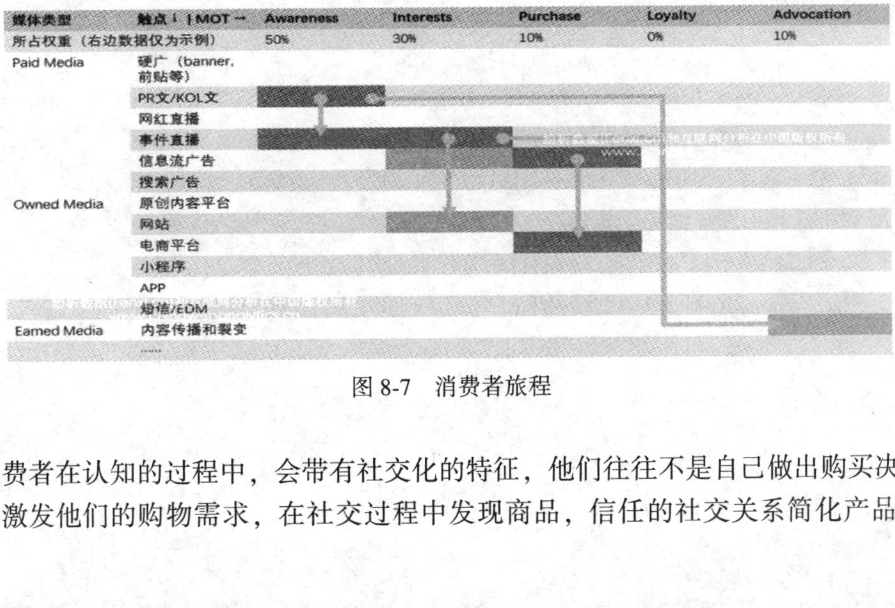

图 8-7　消费者旅程

消费者在认知的过程中，会带有社交化的特征，他们往往不是自己做出购买决策，社交行为激发他们的购物需求，在社交过程中发现商品，信任的社交关系简化产品选择难度，在口碑传播中也会因为信任提升传播效率。消费者的很多行为也和场景有较大的关联，通过时间空间特征去触发消费者不同的行为。消费者也是时刻处于移动的状态，因而需要实现线上线下渠道的组合，实现无缝的沟通和交流。因此渠道需要从不同的消费者时刻入手，捕捉消费者旅程的行为特征。在移动互联网 SoLoMo 的赋能下，消费者在消费旅程中可以不断切换场景和链接媒体，企业需要提供全场景和全媒体的服务支持。

三、全场景营销渠道建设

由于信息技术进入社交网络和移动网络时代，寄生在全渠道上工作和生活的群体形成，全渠道购物者崛起，一种信息传递路径就成为一种零售渠道，因而全渠道模式逐渐兴起。全渠道是指企业采取尽可能多的渠道类型进行组合和整合(跨渠道)销售的行为，以满足顾客购物、娱乐和社交的综合体验需求，这些渠道类型包括有形店铺和无形店铺，以及信息媒体(网站、呼叫中心、社交媒体、E-mail、微博、微信)等。

在全渠道模式下，需要考虑不变的零售业本质(售卖、娱乐和社交)和零售五流(客流、商店流、信息流、资金流和物流)发生的内容变化，随后根据目标顾客和营销定位，进行多渠道组合和整合策略的决策。

全渠道具有全程、全面、全线的特点：(1)全程。一个消费者从接触一个品牌到最后购买的过程中，全程会有五个关键环节：搜寻、比较、下单、体验、分享，企业必须在这些关键节点保持与消费者的全程、零距离接触。(2)全面。企业可以跟踪和积累消费者的购物全过程的数据，在这个过程中与消费者及时互动，掌握消费者在购买过程中的决策变化，给消费者个性化建议，提升购物体验。(3)全线。渠道的发展经历了单一渠道时代即单渠道、分散渠道时代即多渠道的发展阶段，到达了渠道全线覆盖即线上线下全渠道阶段。这个全渠道覆盖就包括了实体渠道、电子商务渠道、移动商务渠道的线上与线下的融合。

第九章　网络营销促销战略

【拼多多团购促销——是朋友就砍一刀】拼多多(www. pinduoduo. com)隶属于上海寻梦信息技术有限公司，创立于2015年9月，是一家致力于为最广大用户提供物有所值的商品和有趣互动购物体验的“新电子商务”平台。拼多多是一家专注于C2B拼团的第三方社交电商平台。用户通过发起和朋友、家人、邻居等的拼团，可以更低的价格，拼团购买优质商品。其中，通过沟通分享形成的社交理念，形成了拼多多独特的新社交电商思维。创立4年，拼多多平台已汇聚5.363亿年度活跃买家和360多万活跃商户，平台年交易额超过8402亿元，迅速发展成为中国第二大电商平台。2018年7月，拼多多在美国纳斯达克证券交易所正式挂牌上市。

自20世纪90年代电子商务在中国萌芽，2003年淘宝成立，中国电商进入了快速发展时期。阿里、京东在综合电商领域争霸称强，传统企业如苏宁、国美等通过数字化的发展不断在电商领域开疆拓土，垂直电商如聚美优品、蜜芽宝贝等在细分领域凭着深耕细作割据一方。在现有电商格局下，几乎每一个领域都是饱和的。同时，伴随互联网人口红利逐渐触顶和流量获取越来越贵，电商领域竞争突围越来越难，似乎完全没有蹊径。2017年，当整个行业还在探讨各种可能的突破模式时，才成立2年的拼多多以迅速崛起之姿出现在大众的视野：2017年12月拼多多用户突破3亿位居第3，仅次于淘宝和京东；2018年1月，拼多多GMV超过400亿。起于无声，听闻之时已是不容忽视的巨头。

拼多多进入人们的视线似乎是无形渗透的，当你听到熟悉的拼多多之歌广告响起时，拼多多已经在崛起的路上了；当你看到在微信上朋友让你帮忙“砍一刀”的消息时，拼多多已经崛起了。拼多多的策略很简单粗暴，却直接有效，概括起来就两点：“一刀砍价接一刀，农村直把城市包”。参见图9-1。

1.“社交+电商”新玩法——是朋友就砍一刀

拼多多一方面将“电商“与“社交”进行深度融合，用户通过参与或者发起和家人、朋友等的拼团，用优惠的价格购买商品；另一方面平台通过迅速聚合的大量需求，反向推动上游供给侧生产流通。在拼多多构建的拼团世界里，社交分享是其核心，拼单折扣是其手段。当一个用户选择了一款商品后向好友发送拼单邀请，拼单成功后主动发起者能以低价购买到商品，被动参与到拼单的人增加了非目的性购物的机会。在这样的模式下，拼多多借助于微信海量活跃用户和低价爆款产品的吸引，实现了快速的传播与裂变。

以分享为主要切入口，通过“拼团”的形式在社交平台上迅速扩散；社交属性和高性价比激发了非刚性购物需求；以商品分享推荐为主，推出低价和爆款商品，用商品去寻找合适的人；在传统的购物流程中增加互动性和趣味性，形成一种共享式购物体验；通过拼团打造规模效应，将有大量货物的商家/厂商与用户连接，实现资源均衡。

图 9-1　拼多多广告宣传

拼多多更加注重对“人”的理解。依托于微信等社交媒体的海量用户，通过“人”分享和推荐商品，再通过商品找到合适的“人”，既用低成本快速获取大量用户，又减少了用户做决策的时间。拼多多的核心用户场景可分为以下四类：

(1)直接去拼单：发现符合心意的商品后，发起拼单；

(2)参与拼单：通过分享或浏览信息发现合适商品后，参与拼单；

(3)砍价免费拿：邀请微信好友帮忙砍价；

(4)单独购买：不参与拼团单独购买，单独购买价格高于拼团价格。

拼多多作为一个电商平台中的“后来者”，能够快速发展的关键就是其独特的“拼团”模式，微信庞大的用户数量以及信任度高的天然优势，助推拼多多上的商品实现传播裂变，获客速度快、获客成本低的优势充分体现。拼多多不强调完整的搜索，强调的是平等利用社交关系蔓延式的探索，在平等的网络里有主持人，但没有集中的决策者，拼多多将社交的属性在电商中运用得恰到好处。

2. *布局四五六线地区——农村包围城市*

虽然低价和拼团是电商常用方式，但拼多多在此基础上选择了更有针对性的用户群体，并且关注用户的体验和感受。通过低价模式瞄准四线、五城市的已婚女性，洞察到她们需要更高性价比的商品，让她们在碎片时间里完成了一次又一次拼团；营造“小确幸”的感觉，并将这种“小确幸”的感觉分享给她们的亲人和朋友，一起购买低价适用的商品；超低价降低了用户的心理预期，形成了“买到就是赚到”的感觉；并且由于低价的吸引，一部分用户还会继续在拼多多上购物。拼多多上有三类典型人群：①从没有过网购经验的人群；②知道淘宝也在淘宝消费过，但未形成购买习惯的人群；③淘宝满足不了的人群。这一部分人群成为了淘宝的漏网之鱼，却成为了拼多多的“池中之物”。

通过针对性人群的影响，拼多多解决了商家电商流量与销量问题。目前淘宝、天猫、京东等平台的获客成本越来越高，订单开始逐步往头部集中，因而需要新的平台来满足新的商家的电商获客需求。拼多多的成功，更多地是因为解决了这个行业的问题，还有很多用户是传统的电商平台没有渗透的，以广大的四五六线地区以及广大的农村地区为主，这些都是拼多多快速扩张的基础。

拼多多抓住社交电商的兴起的热潮，充分利用"农村包围城市"的策略，成为了电商平台的新贵，当促销不再以单纯的折扣为核心去打动顾客时，新型的沟通和促销方式以各种各样的形势逐渐兴起。唯一不变的是变化，促销的本质仍然没变，只是顾客在改变，消费在升级，谁能在用户需求多样化的时代抓住用户的心，谁就能成为用户的新欢，谁就能成为时代的宠儿，拼多多亦是如此。

第一节　网络营销促销概述

一、网络营销促销的内涵

(一)网络营销促销的定义

促销实质上是一种沟通活动，即营销者(信息提供者或发送者)发出作为刺激消费的各种信息，把信息传递到一个或更多的目标对象(即信息接收者，如听众、观众、读者、消费者或用户等)，以影响其态度和行为。网络营销促销(简称网络促销)就是利用网络营销方式来实现企业的促销目标。

(二)网络营销促销的特点

网络促销是指利用现代化的网络技术向虚拟市场传递有关产品和服务的信息，以启发需求，引起消费者购买欲望和购买行为的各种活动。它突出地表现为以下三个明显的特点：

第一，网络促销是通过网络技术传递产品和服务的存在、性能、功效及特征等信息的。它是建立在现代计算机与通讯技术基础之上的，并且随着计算机和网络技术的不断改进而改进。因此，网络促销不仅需要营销者熟悉传统的营销技巧，而且需要相应的计算机和网络技术知识，包括各种软件的操作和某些硬件的使用。

第二，网络促销是在虚拟市场上进行的。这个虚拟市场就是互联网。互联网是一个媒体，是一个连接世界各国的大网络，它在虚拟的网络社会中聚集了广泛的人口，融合了多种文化成分。所以，从事网上促销的人员需要跳出实体市场的局限性，采用虚拟市场的思维方法。

第三，互联网虚拟市场的出现，将所有的企业，不论是大企业还是中小企业，都推向了一个世界统一的市场。传统的区域性市场的小圈子正在被一步步打破，全球性的竞争迫使每个企业都必须学会在全球统一的大市场上做生意，否则，这个企业就会被淘汰。

(三)网络营销促销与传统促销的区别

虽然传统的促销和网络促销都是让消费者认识产品，引导消费者的注意和兴趣，激发他们的购买欲望，并最终实现其购买行为，但由于互联网强大的通讯能力和覆盖面积，网络促销在时间和空间观念上，在信息传播模式上以及在顾客参与程度上与传统的促销活动相比都发生了较大的变化。

1. 时空观念的变化

目前我们的社会正处于两种不同的时空观交替作用时期。在这个时期内，我们将要受到两种不同的时空观念的影响。也就是说，我们的生活和生产是建立在工业化社会顺序、精确的物理时空观的基础上的；而反映现代生活和生产(包括生产、经营、营销、管理等)的信息需求又是建立在网络化社会柔性可变、没有物理距离的时空环境之上的。以产品流通为例，传统的产品销售和消费者群体都有一个地理半径的限制，网络营销大大地突破了这个原有的半径，使之成为全球范围的竞争；传统的产品订货都有一个时间的限制，而在网络上，订货和购买可以在任何时间进行。这就是现代最新的电子时空观(cyber space)。时间和空间观念的变化要求网络营销者随之调整自己的促销策略和具体实施方案。

2. 信息沟通方式的变化

促销的基础是买卖双方信息的沟通。在网络上，信息的沟通渠道是单一的，所有信息都必须经过线路的传递。然而，这种沟通又是十分丰富的。多媒体信息处理技术提供了近似于现实交易过程中的产品表现形式；双向的、快捷的、互不见面的信息传播模式，将买卖双方的意愿表达得淋漓尽致，也留给对方充分思考的时间。在这种环境下，传统的促销方法显得软弱无力。网络营销者需要掌握一系列新的促销方法和手段，促进买卖双方的交易。

3. 消费群体和消费行为的变化

在网络环境下，消费者的概念和客户的消费行为都发生了很大的变化。上网购物者是一个特殊的消费群体，具有不同于消费大众的消费需求。这些消费者直接参与生产和商业流通的循环，他们普遍进行大范围的选择和理性的购买。这些变化对传统的促销理论和模式产生了重要的影响。

网络促销虽然与传统促销在促销观念和手段上有较大差别，但由于它们推销产品的目的是相同的，因此，整个促销过程的设计具有很多相似之处。所以，对于网络促销的理解，一方面应当站在全新的角度去认识这一新型的促销方式，理解这种依赖现代网络技术、与顾客不见面、完全通过网络媒介交流思想和意愿的产品推销形式；另一方面则应当通过与传统促销的比较去体会两者之间的差别，吸收传统促销方式的整体设计思想和行之有效的促销技巧，打开网络促销的新局面。

二、网络营销促销的形式

传统营销的促销形式主要有四种：广告、销售促进、宣传推广和人员推销。网络促销是在网上市场开展的促销活动，相应形式也有四种，分别是网络广告、销售促进、站点推广和关系营销。其中网络广告和站点是主要的网络营销促销形式。

网络广告已经形成了一个很有影响力的产业市场，因此企业考虑的首选促销形式就是网络广告(在下一章将对网络广告进行详细分析)。网络广告主要是借助网上知名站点(如ISP或者ICP)、免费电子邮件服务，以及在一些免费公开的交互站点(如新闻组、公告栏)上发布企业的产品信息，对企业以及企业产品进行宣传推广。网络广告作为有效的可控制的促销手段，被许多企业用于进行网上促销，但花费的费用也不少。

第二种网络营销促销形式是站点推广。传统的网络营销推广模式主要是网站推广，网站推广就是利用网络营销策略扩大网络站点的知名度，吸引上网者访问网站，起到宣传和推广企业以及企业产品的效果。在新兴网络媒体的冲击下，网络营销站点推广的定义和内容的边界不断扩大，移动端 APP 的普遍使用为宣传推广提供了更多的可能性，企业主要采用社会化传播的方式进行宣传，企业的“新五官”：官网、官 APP、官号(微信公众号和小程序)、官博、官抖(官方抖音+头条)为社会化传播提供了水平且快捷的宣传推广媒介，其传播效率更高、推广覆盖面更大。

销售促进就是企业利用可以直接销售的网络营销站点，采用一些销售促进方法如价格折扣、有奖销售、直播促销等方式，宣传和推广产品。关系营销是通过借助互联网的交互功能吸引用户与企业保持密切关系，培养顾客忠诚度，提高企业的收益率。

三、网络营销促销的作用

网络促销与传统的促销既有相似，也有不同，主要表现在网络营销促销的交互性和实时性更强，它的作用主要表现在以下几个方面：

1. 告知功能：网络促销能够把企业的产品、服务、价格等信息传递给目标公众，引起他们的注意。

2. 说服功能：网络促销的目的在于通过各种有效的方式，解除目标公众对产品或服务的疑虑，说服目标公众坚定购买决心。例如，在同类产品中，许多产品往往只有微小的差别，用户难以察觉。企业通过网络促销活动，宣传自己产品的特点，使用户认识到本企业的产品可能给他们带来的特殊效用和利益，进而乐于购买本企业的产品。

3. 互动功能：通过网络平台及时收集汇总顾客需求和意见，允许顾客通过网络定制产品和满足个性化需求，支持用户参与企业的产品创新与营销传播活动

4. 创造需求：精心策划的网络促销活动，不仅可以诱导需求，而且可以创造需求，发掘潜在的顾客，扩大销售量。特别是网上对新生事物感兴趣的顾客，容易被引导。

5. 稳定销售：由于某种原因，一个企业的产品销售量可能时高时低，波动很大。这是产品市场地位不稳定的反映。企业通过适当的网络促销活动，树立良好的产品形象和企业形象，往往有可能改变用户对本企业产品的认识，使更多的用户形成对本企业产品的偏爱，达到稳定销售的目的。

四、网络营销促销实施

网络促销的实施程序可以由六个方面组成，即：确定网络促销对象，设计网络促销内容，决定网络促销组合，制定网络促销预算方案，衡量网络促销效果，网络促销过程的综合管理和协调。同时，还要注意网络促销与传统促销之间的互动与配合。

(一)确定网络促销对象

网络促销对象是针对可能在网络虚拟市场上产生购买行为的消费者群体提出来的。随着网络的迅速普及，这一群体也在不断膨胀。这一群体主要包括三部分人员：

1. 产品的使用者。这里指实际使用或消费产品的人。实际的需求构成了这些顾客购

买的直接动因。抓住了这一部分消费者，网络销售就有了稳定的市场。

2. 产品购买的决策者。这里指实际购买产品的人。在许多情况下，产品的使用者和购买决策者是一致的，特别是在虚拟市场上更是如此。因为大部分的上网人员都有独立的决策能力，也有一定的经济收入。但在另外一些情况下，产品的购买决策者和使用者则是分离的。例如，中小学生在网络光盘市场上看到富有挑战性的游戏，非常希望购买，但实际的购买决策往往需要学生的父母做出。婴儿用品更为特殊，产品的使用者毫无疑问是婴儿，但购买的决策者却是婴儿的母亲或其他有关的成年人。所以，网络促销同样应当把购买决策者放在重要的位置上。

3. 产品购买的影响者。这里指看法或建议上对最终购买决策可以产生一定影响的人。在低价、易耗日用品的购买决策中，产品购买的影响者的影响力较小，但在高价耐用消费品的购买决策上，产品影响者的影响力较大。这是因为对高价耐用品的购买，购买者往往比较谨慎，希望广泛征求意见后再作决定。

(二)设计网络促销内容

网络促销的最终目标是引起购买。这个最终目标是要通过设计具体的信息内容来实现的。消费者的购买过程是一个复杂的、多阶段的过程，促销内容应当根据购买者目前所处的购买决策过程的不同阶段和产品所处的经济寿命周期的不同阶段来决定。一般来讲，一项产品完成试制定型后，从投入市场到退出市场，大体上要经历四个阶段：投入期、成长期、成熟期和衰退期。在新产品刚刚投入市场的阶段，是消费者对该种产品还非常生疏的阶段，促销活动的内容应侧重于宣传产品的特点，引起消费者的注意。当产品在市场上已有了一定的影响力，促销活动的内容则需要偏重于唤起消费者的购买欲望；同时，还需要创造品牌的知名度。当产品进入成熟阶段后，市场竞争变得十分激烈，促销活动的内容除了针对产品本身的宣传外，还需要对企业形象做大量的宣传工作，树立消费者对企业产品的信心。在产品的衰退阶段，促销活动的重点在于与消费者之间密切的感情沟通，通过各种让利促销，延长产品的生命周期。

(三)决定网络促销组合

促销组合是一个非常复杂的问题。网络促销活动主要通过网络广告促销和网络站点促销两种促销方法展开。由于企业的产品种类不同，销售对象不同，因此促销方法与产品种类和销售对象之间将会产生多种网络促销的组合方式。企业应当根据网络广告促销和网络站点促销两种方法各自的特点和优势，根据自己产品的市场情况、顾客情况，扬长避短，合理组合，以达到最佳促销效果。

网络广告促销主要实施“推战略”，其主要功能是将企业的产品推向市场，获得广大消费者的认可。网络站点促销主要实施“拉战略”，其主要功能是将顾客牢牢地吸引过来，保持稳定的市场份额。

一般说来，日用消费品，如化妆品、食品饮料、医药制品、家用电器等，网络广告促销的效果比较好。而大型机械产品、专用品则采用网络站点促销的方法比较有效。在产品的成长期，应侧重于网络广告促销，宣传产品的新性能、新特点。在产品的成熟期，则应加强自身站点的建设，树立企业形象，巩固已有市场。企业应当根据自身网络促销的能力确定两种网络促销方法配合使用的比例。

(四)制定网络促销预算方案

在网络促销的实施过程中，使企业感到最困难的是预算方案的制订。在互联网上促销，对于任何人来说都是一个新问题。所有的价格、条件都需要在实践中不断学习、比较和体会，不断总结经验。只有这样，才可能用有限的精力和有限的资金收到尽可能好的效果，做到事半功倍。

首先，必须明确网上促销的方法及组合的办法。选择不同的信息服务商，宣传的价格可能悬殊极大。这好比在不同的电视台上做广告。在中央电视台上做广告的价格远远高于在地方电视台上做广告的价格。自己设立站点宣传价格最低，但宣传的覆盖面可能最小。所以，企业应当认真比较各站点的服务质量和服务价格，从中筛选适合于本企业的、质量与价格匹配的信息服务站点。

其次，需要确定网络促销的目标。是树立企业形象，是宣传产品，还是宣传售后服务。围绕这些目标再来策划投入内容的多少，包括文案的数量、图形的多少、色彩的复杂程度；投放时间的长短、频率和密度，广告宣传的位置、内容更换的时间间隔以及效果检测的方法等。这些细节确定好了，对整体的投资数额就有了预算的依据，与信息服务商谈判时也有了一定的把握。

最后，需要明确希望影响的是哪个群体，哪个阶层，是国外的还是国内的。因为在服务对象上，各个站点有较大的差别。有的站点侧重于中青年，有的站点侧重于学术界，有的站点侧重于产品消费者。一般来讲，侧重于学术交流的站点的服务费用较低，专门从事产品推销的站点的服务费用较高，而某些综合性的网络站点费用最高。在宣传范围上，单纯使用中文促销的费用较低，使用中英文促销则费用较高。企业促销人员应当熟知自己产品的销售对象和销售范围，根据自己的产品选择适当的促销形式。

(五)衡量网络促销效果

网络促销的实施过程到了这一阶段，必须对已经执行的促销内容进行评价，衡量一下促销的实际效果是否达到了预期的促销目标。对促销效果的评价主要依赖于两个方面的数据。一方面，要充分利用互联网上的统计软件，及时对促销活动的好坏做出统计。这些数据包括主页访问人次(impression)、点击次数(click through)、千人广告成本(cost per one thousand impression，CPM)等。因为网络宣传不像报纸或电视那样的媒体，难以确认实际阅读和观看的人数，在网上，可以很容易地统计出你站点的访问人数，也可以很容易地统计广告的阅览人数，甚至可以告诉访问者，他是第几个访问者。利用这些统计数字，网上促销人员可以了解自己在网上的优势与弱点，以及与其他促销者的差距。另一方面，销售量的增加情况，利润的变化情况，促销成本的降低情况，都有助于判断促销决策是否正确。同时，还应注意促销对象、促销内容、促销组合等方面与促销目标的因果关系分析，从中对整个促销工作做出正确的判断。

(六)网络促销过程的综合管理和协调

网络促销是一项崭新的事业。要在这个领域中取得成功，科学的管理起着极为重要的作用。在衡量网络促销效果的基础上，对偏离预期促销目标的活动进行调整是保证促销取得最佳效果的必不可少的程序。同时，在促销实施过程中，不断地进行信息沟通的协调，也是保证企业促销连续性、统一性的需要。

第二节 网络营销促销沟通

一、网络营销促销沟通的方式

促销实质上是一种沟通活动，网络交互式沟通是企业建立和增强与客户接触和交流的重要方式。互联网是企业发布、共享和传播品牌及产品信息的重要促销工具和手段，也是消费者和企业交互式沟通的平台。通过互联网，消费者能够认知和感受企业、品牌以及产品的价值。为了争取、转变或者挽留重要客户，企业应该增强与客户的交互沟通，传递其产品和品牌价值、差异化特征以及彰显特点的营销信息，以提高消费者购买意愿。根据企业的沟通目的和方式方法不同，将网络营销促销沟通分为垂直势能沟通和水平交互沟通两类。

(一)垂直势能沟通

传统的企业沟通通常是以企业为主导，是一种垂直式的沟通方式，强调通过刺激去让消费者建立对企业和品牌的认知和记忆，让消费者记住品牌是第一要义(参见图9-2)。其沟通范式可以归纳为以下几个方面：

1. 内容：其传播内容主要由企业创造，由企业主导，由企业发布；
2. 对象：定位于企业的顾客(购买者)，主要是和企业产生交易关系的人；
3. 目的：最终目的是让消费者购买，然后产生忠诚；
4. 媒体：主要传播媒介是商业媒体；
5. 机制：通过建立美誉度来增强顾客的认知、购买和忠诚；
6. 手段：通过不断的刺激强化认知记忆；

其常用的方法策略是通过给消费者质量上乘的产品、实惠最优的价格、深入渗透的渠道和不断进行广告刺激的促销，企业将自己的产品、价格、渠道和促销都做好，将自己全方位包装，从而吸引消费者的注意力。

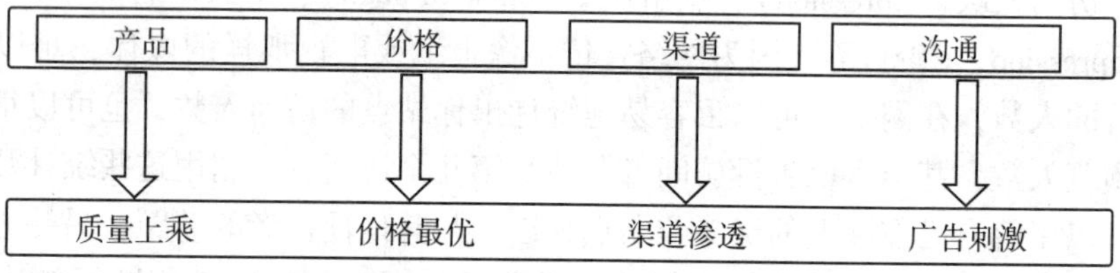

图9-2 企业主导式垂直势能沟通

(二)水平互动沟通

移动互联网时代新型的促销沟通通常是以用户创造为主，是一种水平化的沟通方式，强调通过用户交互去让用户建立对企业的情感，形成一种情感纽带，实现水平交互下的价值共创。其沟通范式可以归纳为以下几个方面：

1. 内容：以用户创造为主，企业在其中更多地是引导和提供社群平台的作用。

2. 对象：主要定位于企业的用户(互动者)，主要是和企业产生交互关系的人。

3. 目的：最终目的是与用户形成一种企业和用户之间契合度，让用户认可企业，并让用户成为企业的粉丝。

4. 媒体：主要媒体是自有媒体和免费媒体，这些媒体更加贴近用户，可以更好地与用户形成互动。

5. 机制：通过建立认同度来增强用户的情感价值，从而形成一种价值共创的关系。

6. 手段：通过加强情感链接来维系用户关系。

常用的方法是企业搭建属于用户粉丝的社群，从而实现用户与用户、用户与企业之间的水平互动，在社群中可以促成用户、产品以及场景的三元交互，从而形成企业的全景协同式管理与决策模式，实现用户和企业在社会交互下价值共创和在产品交互下价值共创的双赢局面。参见图 9-3。

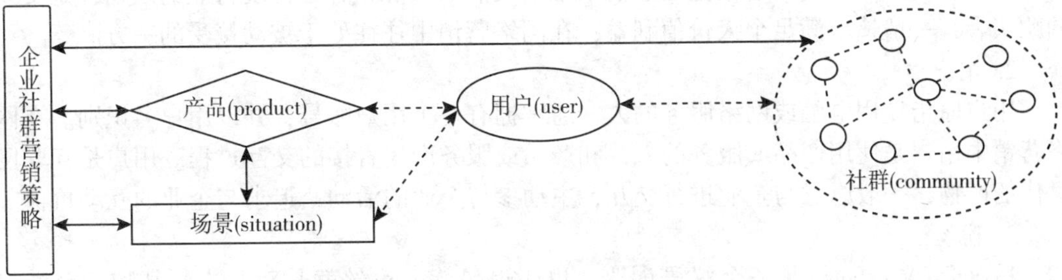

图 9-3　企业水平式与用户互动

(三)垂直和水平沟通媒体

1. 垂直媒体

Shaw and Weaver 定义了两种媒体类型：垂直媒体和水平媒体①。这些术语可以追溯到“二阶段传播”理论(two-step theory)，它使用“水平”和“垂直”来描述新闻是如何渗透观众的(Weimann，1991)。值得强调的是，垂直流描述了由信息源从上至下向更一般受众传递信息的过程。基于这一概念，Shaw and Weaver(2014)创造了“垂直媒体”这个术语，定义了这些媒体是基于垂直传播，并且尽可能多地向受众传播信息。为了吸引数量庞大的受众，这种类型的媒体内容涵盖了公民和公共生活，例如市长办公室、法院、学校、警察、火灾、健康、交通和其他许多事件(Shaw et al，2010)。Shaw and Weaver 通过使用术语“垂直”强调了这些媒体的意图是“从金字塔的塔顶传出声音，能响彻整个广阔的沙漠”。这个隐喻说明了垂直媒体作为受众的上流，具备着被“两步流”理论定义为垂直流权威的功能。

2. 水平媒体

“二级传播”理论学家指出，随着社会架构变得没有这么刻板和层次分明，人们开始减少对权威和机构的依赖，相反，更多的信息来源于“水平式”的传播。当观众开始寻求

① CHRIS J. VARGO，LEI GUO，MAXWELL MCCOMBS，SHAW DONALD L. Network Issue Agendas on Twitter During the 2012 U. S. Presidential Election：Journal of Communication，2014.

与他们自身的社会地位、人口统计学资料、兴趣和偏好更相近的信息来源(Weimann 1991),“水平流”也就应运而生了。根据这些与“水平流”理论相符的媒体特征，Shaw and Weaver 创造出“水平媒体”这个术语。不同于处在受众上层的权威机构，许多不同类型的小众媒体意在接触到特定的人群。然而，水平媒体并不只限于媒体组织，博客、记者、脱口秀主持和名人等也是通过水平传播的方式来传递信息的。这个区分使得水平媒体的定义除了小众媒体(机构)，还包含了那些可以传递信息到特定人群的个人。

二、网络营销促销沟通的对象与比较

(一)沟通对象

1. 顾客

顾客，泛指商店或服务行业前来购买东西的人或要求服务的对象，包括组织和个人。因此，凡是已经来购买和可能来购买你的产品或服务的单位和个人都可以算是顾客，即所有享受服务的人或机构，也指把自己需求带给我们的人。顾客是传统行业的产物，是交易的购买者，一般追求满足个人价值利益；在网络营销中往往处于被动接受的一方。

2. 用户

用户原指使用电脑或网络服务的人，通常拥有一个用户账号，并以用户名识别。在网络营销中用户是使用产品或服务的人，和产品或服务产生直接的交互过程。用户是互联网时代的产物，一般愿意与企业进行交互，主动参与企业的活动，追求与企业的互动价值。

3. 粉丝

粉丝(英文：fans)是一个汉语词语，也叫追星族。粉丝就是对某人、某物，至爱追随、狂热喜爱、痴迷的人，是移动互联网下的产物。在营销领域，企业或产品的粉丝是企业的认同者，愿意将企业看成与之一体，主动与企业进行互动并为企业提供建设性的建议，追求与企业的情感价值。

(二)价值比较

1. 交互价值(顾客)

顾客和企业之间是交易关系，这个过程以企业为主导，是以销售产品和服务为结果导向的，是一种金钱关系，企业注重短期效益，以管理和控制来提升关键绩效，强调直接结果，一般采用促销、打折等理性经济手段推销产品，企业也主要追求提高顾客的重购率和提升产品的溢价能力。

2. 交易价值(用户和粉丝)

用户和粉丝和企业是交互关系，这个过程是以用户为主导，是一个长期的服务过程和情感体验过程，强调持续的交互和后续的支持。相较而言，粉丝对于企业的情感更深。因此，对于用户和粉丝，企业一般会提供一些感性的促销方式与其形成持续的交互和产生情感的纽带。对于用户，企业应注重提高分享推广效率，让用户成为企业的宣传推广者；对于粉丝，主要是激发粉丝参与创造的欲望，从而形成粉丝和企业的双赢。参见图 9-4。

三、网络沟通的目标与受众诉求

(一)顾客诉求

顾客更看重产品的功能价值、服务的体验价值以及品牌的符号价值，他们想要更好的

交易(顾客)		交互(用户、粉丝)
结果	管理方式	过程
金钱	绩效目标	情感
效率	管理目标	体验
关键绩效指标	考核指标	满意度
领导为中心	管理导向	用户为核心
管理/控制	经营理念	服务/支持
短期	决策导向	长期
理性	思维模式	感性

图 9-4　价值导向图

产品和服务，用于最大化满足自身的消费利益。企业重在提高产品的知晓度、美誉度，从而提高顾客的忠诚度，以实现顾客的重购、溢价和口碑传播。

(二)用户诉求

除了最基本的产品功能诉求和服务体验诉求以外，用户更加注重品牌的符号价值和象征性价值以及与企业的互动价值，用户可以通过与企业互动或相同群体的互动中获得除产品基本属性以外的互动性、社交性的满足。

(三)粉丝诉求

和用户较为相似，粉丝也更加注重与企业的互动，相比而言，粉丝更加主动积极地参与企业的活动和交流，并愿意为企业提供更好的建议，帮助企业推出更好的产品和服务，追求与企业的情感价值和社群的社会价值。

对于用户和粉丝而言，他们与企业的关系类似朋友，他们希望企业的产品更好。企业应重在提高用户和粉丝对产品和企业的认同度、契合度和支持度，注意维护用户和粉丝，积极与他们进行互动交流，让用户分享推广，让粉丝参与创造。

第三节　网络营销站点的推广

一、站点推广的概述

(一)站点推广的含义

网络营销站点作为企业在网上市场进行营销活动的阵地，能否吸引大量流量是企业开展网络营销成功与否的关键，也是网络营销的基础。站点推广就是通过营销推广来吸引用户访问企业的营销站点，也就是导流的过程。其目的是通过对企业网络营销站点的宣传吸引用户访问，同时树立企业网上品牌形象，为企业营销目标的实现打下坚实基础。站点推广是一项系统性工作，它与企业营销目标是一致的。

传统的站点推广是指企业网站推广，即吸引网民访问企业的网站。随着新兴网络媒体的发展，网络营销站点推广的定义和内容的边界不断扩大，移动端APP的普遍使用为宣传推广提供了更多的方式，企业可采用立体化、多渠道的公共媒体或私域媒体进行宣传。企业的“新五官”也由此诞生：官网、官APP、官号(微信公众号和小程序)、官博、官抖(官方抖音+头条)。这些不同的宣传站点为企业的社会化传播提供了水平且快捷的媒介，企业导入流量的效率更高、推广覆盖面更大、流量转化率更强。

(二)企业营销站点的类型

企业的营销站点可根据不同推广目的而划分为以下几类：

1. 信息型站点：公司主站，即企业官网。公司网站建设的一个最基本的功能，就是能够全面、详细地介绍公司及公司产品，如公司简介、产品介绍、行业新闻、用户留言、商务合作等，都可以展示于网站上，为用户提供企业的全面信息。

2. 交易型站点：电商站点、网店等。企业的电子商务站点将传统的商务流程电子化、数字化。交易型站点一方面以电子流代替了实物流，可以大量减少人力、物力，降低了成本；另一方面突破了时间和空间的限制，使得交易活动可以在任何时间、任何地点进行，从而大大提高了交易沟通的效率。

3. 社交型站点：企业微博、微信公众号、抖音企业号等。这种社交型站点可以与用户实现扁平化、双向互动沟通，企业的社交型站点潜移默化地传输了自己的企业文化和品牌理念，也可以通过产品和促销信息刺激销量。同时，企业还能在第一时间了解客户的意见和想法，为企业战略的制定提供最原始的参考数据。

4. 兴趣型站点：百度百科、豆瓣论坛、百度论坛等。兴趣型站点也可看作兴趣社群，其优势在于门槛低，其社群一般规模不大，不主动涉及或较少涉及商业行为。但是兴趣社群具有巨大的商业价值，能够进行粉丝的裂变，企业需要去分析自己的目标客户，根据目标客户画像建立好属于自己企业的兴趣社群。

5. 平台型站点：APP(小程序)。企业通过APP(小程序)可建立自有销售平台、打通社会化营销渠道、提高品牌宣传的渗透度，同时建立强大的用户数据库。APP(小程序)因为其覆盖面积广、简单便捷、互动性更强，可以增强客户黏度，提高沟通传播效率。

(三)企业营销站点推广的三要素

1. 产品价值——价值点：企业营销站点的价值是什么？即要回答用户为什么到站点来、站点能为用户提供什么样的价值、用户通过什么方式解决问题等相关问题。企业可以通过站点为用户提供关于企业产品、行业咨询、知识讲解等有趣、有用、有效的信息，从而体现企业站点的价值。

2. 推广导流——吸客点：分析用户是谁，并从哪里来？即要搞清楚用户的画像和用户的来源，通过内部吸引和外部引导的方式导入流量的过程。企业在这个过程中需要吸引公域流量(初次主动或被动参与到开放平台的内容曝光中的流量)并留存私域流量(初次产生“关系”基础上相对封闭的信任流量)。

3. 运营激活——存客点：如何维系激发现有的用户？即通过运营的手段留存新用户、

激发老用户，实现高效地进行市场活动的过程。企业可以通过用户激励、建立用户流失预警机制、优质的服务、定期的互动等多种运营方式来实现流量保留和激活。

二、站点推广的方法

(一)利用搜索引擎推广

1. 搜索引擎的作用

搜索引擎是对搜索引擎(search engine)和搜索目录(search directory)的统称，是通过互联网进行网络营销的重要途径。搜索引擎是一个非常有效的网络站点推广工具。首先，几乎每个人在他(或她)的网上冲浪过程中，都起始于几个最主要的搜索引擎之一。其次，搜索引擎会比其他的网站吸引更多的观众。第三，与其他形式的付费在线广告相比，在搜索引擎上只要获得好的搜索排名就可以得到良好的营销效果，并且是免费的。在电子黄页或其他形式的在线广告中，您需要一个显著的位置、一个更大的广告。但在搜索引擎上，根据几个重要的搜索关键字，如果能够达到前20名的排位，就能够得到飞涨的访问率。

2. SEO优化和搜索引擎竞价排名

SEO优化是通过对网站进行站内优化和修复(网站Web结构调整、网站内容建设、网站代码优化和编码等)及站外优化，从而提高网站的网站关键词排名以及公司产品的曝光度。增加搜索引擎注册的广告效果，主要是访问者在使用搜索引擎时能在显著位置找到你的站点。搜索引擎使用方式有两种：一是分类目录式查找，另一种是按关键字检索查找。对于第一种情况，在网站注册时就要将网站排名在最前面，一般说来在页首的网站的访问率比后面要高，这就要求在搜索引擎注册时要了解搜索引擎是如何排名的。对于第二种情况，一般说来就是提供足够多的关键字，以便于访问者在访问时能检索到网站，同时还要了解网站的检索排序算法。

搜索引擎竞价排名最常见的就是百度推广。百度推广是百度的一种按效果付费的网络推广方式，简单便捷的网页操作即可给企业带来大量潜在客户，有效提升企业知名度及销售额。在充值后设置关键词价格后即刻就可以进入百度排名前列，位置可以自己控制。关键词数量也无限制，可以在后台设置无数的关键词进行推广，数量自己控制，但通过竞价的方式推广其费用高昂、管理麻烦、排名也随价格波动，企业需要专人进行搜索账户管理，以进行关键词的筛选、衡量价格、检查效果。

(二)门户网站导流

大型门户网站的流量一部分是自有流量(通过网址标签、门户app等直接方式)，一部分是搜索引擎流量导入，外加一些外部链接获取(这部分流量比较少)。企业想从这些门户网站获取流量比较困难，这部分流量基本上是通过付费推广或者社区频道外链获取一些流量。

1. 付费推广

(1)百度竞价推广

百度搜索引擎是全世界最大的中文搜索引擎，其占有的搜索引擎市场份额也是最大的，所以国内的第一个竞价推广必定是百度推广，对于中国的企业而言，百度竞价推广是第一选择，百度竞价推广的费用目前越来越高。

(2)360 推广、搜狗推广

360 点睛竞价推广是 360 搜索引擎推出的，目的很简单，就是跟百度竞争这一块的蛋糕。目前的 360 的搜索引擎占比是 20%左右，而且在关键词竞价方面的价格会比百度竞价要便宜很多，很多没有足够资金的企业退而选择了 360 推广，但流量导入没那么大。

搜狗推广目前正在和微软 bing 合作，在学术资料方面的合作有着很大的进步空间。搜索推广目前也正是快速发展的一个搜索推广平台，在竞价方面的价格也比较划算

(3)其他平台推广

到各大平台付费推广，比如到 58 同城开通会员发布信息，或者到各大自媒体平台发布广告，到各种商业平台进行商业推广等，比如今日头条、搜狐公众号等。

2. 社区频道外链

目前主流的方式是论坛外链，针对目前主流搜索引擎，针对性地扩充论坛外链知识，建设强大稳定的论坛外链。做好 SEO 第一步，是构建强大的论坛外链百科知识体系，丰富论坛外链知识内容。论坛外链分两种，一种是签名论坛外链，一种是正文中附带的论坛外链，这两种论坛外链是 SEO 优化中最主要的论坛外链，也是最简单的、最常用的论坛外链建设方法。做 SEO 优化时，站内的链接是一部分，站外的链接(论坛链接)是一部分，一个网站想有一个好的排名，站内和站外的链接要相互利用才可以有一个好的优化结果。

(三)新媒体流量

随着互联网的发展，尤其是近几年移动互联网的强势崛起，催发了很多新媒体的诞生，而且流量非常可观。将新媒体流量导入自己的平台，可以通过自己企业自媒体运营、其他自媒体合作、新媒体付费推广等方式获取流量。

1. 企业自媒体运营

企业的自媒体运营在于通过各种自媒体平台为企业导入流量，更好地实现为企业做宣传、为产品做推广。主要包括内容策划、渠道推广、数据分析、用户管理等多个方面运营板块，企业“五官”的打造目前来说非常重要，不仅需要根据企业自身的内容进行内容创造，也需要根据时事热点、平台属性、受众情况发布针对性的内容。

2. 其他自媒体合作

企业自身热度和流量不足的情况下，可以选择和其他具有流量推广和宣传价值的自媒体进行合作。自媒体除了能够做信息触达之外，还能输出观点，引发讨论甚至是争议，这就可以让用户产生参与分享和讨论的动力。在自媒体选择上，企业可选择流量粉丝大的自媒体账号、原创类大号、媒体号等进行合作。

3. 新媒体付费推广

(1)开屏广告：开屏广告是在 App 启动时展示的、展示时间短暂的全屏化广告形式，一般可以手动跳过。很多 App 都会有开屏广告，这种广告展示在应用刚开启时，用户的注意力非常集中，适合企业进行品牌曝光宣传。

(2)App 广告：App 广告兴起得益于其载体，即 App 的风行，以及平板电脑和大屏触摸手机等硬件的普遍使用。常见的 App 广告包括 banner 广告、公告、插屏、信息流广告、积分广告、视频广告等。

(3)DSP 广告：在互联网广告产业中，DSP 是一个系统，也是一种在线广告平台。它

服务于广告主，帮助广告主在互联网或者移动互联网上进行广告投放。DSP 可以使广告主更简单便捷地遵循统一的竞价和反馈方式，对位于多家广告交易平台的在线广告，以合理的价格实时购买高质量的广告库存。DSP 让广告主可以通过一个统一的接口来管理一个或者多个 ad exchange 账号，DSP 甚至可以帮助广告主来管理 ad exchange 的账号，提供全方位的服务。

(四)线下市场推广

1. 传统媒体广告

传统媒体广告(包含电视广告、电台广告、报纸广告)可以间接把流量导入网站。它们通过提升品牌知名度，来加大品牌词的搜索指数，从而增加网站的流量。品牌形象的建立与品牌知名度提升，就不会愁网站没有流量了。这也是为什么大型企业会投入巨额广告费来推广自己的产品。

2. 地推广告

地推广告(车体广告、外展、楼梯间广告、路牌广告、传单广告等)原理同上，不过覆盖面与传统媒体广告有很大差距，但是在一定区域范围内，可以起到很好的宣传作用。

第四节　网络营销销售促进和公共关系

一、网上销售促进

销售促进主要是进行短期性的刺激销售。互联网作为新兴的网上市场，网上的交易额不断上涨。网上销售促进就是在网上市场利用销售促进工具刺激顾客对产品的购买和消费使用。互联网作为交互的沟通渠道和媒体，它具有传统渠道所没有的优势，在刺激产品销售的同时，还可以与顾客建立互动关系，了解顾客的需求和对产品的评价。一般来说，网上销售促进主要有以下形式：

(一)有奖促销

1. 抽奖类活动

顾客总是喜欢免费的东西。如果你在站点上开展有奖竞赛或者是摸奖活动，将可以产生非同寻常的访问流量，适用于活动宣传阶段的商品造势。常见的抽奖类活动有以下几种：

(1)九宫格：九宫格是经典的抽奖活动形式之一。商家可以在活动后台中配置 6 个奖项，并分别设置奖项名称、奖品名称、奖品图片、奖品数量等，快速发布抽奖活动。

(2)刮刮乐：刮刮乐是经典的抽奖活动形式。在活动平台中商家通过简单配置奖品、中奖概率及奖品的券码即可发布活动。用户参与活动后，商家可在后台查看抽奖和中奖记录。

(3)大转盘：大转盘是经典的抽奖活动形式。在活动平台中商家通过简单配置奖品、中奖概率及奖品的券码即可发布活动。用户参与活动后，商家可在后台查看抽奖和中奖记录。

(4)砸金蛋：砸金蛋是在庆典活动上非常受欢迎的一个项目。此项活动可以烘托氛围，提高人们的参与度。商家可在活动平台中通过简单配置奖品、中奖概率即可发布活动。用户参与活动后，商家可在后台查看抽奖和中奖记录。

(5)水果机：水果机是经典的抽奖活动形式。在活动平台中商家通过简单配置奖品、中奖概率即可发布活动。用户参与活动后，商家可在后台查看抽奖和中奖记录，并导出中奖记录。

(6)摇一摇：通过手机摇一摇方式参与抽奖活动，奖品为微信卡券，可领取到微信卡包中。

(7)抽奖类活动还有一种方式是光顾奖励。有的站点为进行推广，采取有奖参与，只要访问该站点或点击广告就可以获得一定的现金。

2. 红包类活动

随着移动支付和微信红包的普及，红包类活动在有奖促销中也比较常见，主要包括以下两种方式：

(1)红包拆奖活动：拆红包活动，随机获得不同数量的流量，最高可获得500M，给好友发红包同时自己也可以获取红包。

(2)现金红包活动：抢红包活动是商家向用户发放现金红包的活动形式。在活动平台中商家通过简单配置红包金额即可发布活动，用户参与活动后，商家可在后台统计红包记录。

3. 注意事项

开展网上有奖促销时，要注意促销对象是否适合在网上销售和推广。对于一些目前不适合网上销售的产品，通过有奖促销可以吸引大量流量访问网站，但可能很少产生购买，达不到网上促销的效果。目前适合网上促销的，多半是一些技术类产品和新上市产品。在进行有奖促销时，提供的奖品要能吸引促销目标市场的注意，一般网上促销奖品也多是用户日常使用的家电和通信产品。在利用互联网进行有奖促销时，要注意充分利用互联网的交互功能，充分掌握参与促销活动群体的特征和消费习惯，以及对产品的评价，在网上促销同时完成一次很好的购买行为调查，而且完成这些调查也是非常容易的。比如，记录访问者的访问时间、关心的特性，必要时可以设计一些简单问卷让参与活动用户填写。同时还要注意促销对象与产品品牌的关系模式是朋友型关系(如粉丝)，还是商人型(如实惠购买者)，不同关系的促销对象其抽奖活动设置也应不同。

(二)折扣促销

折扣促销包括直接折扣(如提供优惠卡、电子赠券、降低价格等)和拼单折扣(如拼多多拼团促销)两种类型。其中提供优惠卡、电子赠券是一种网上变相折价促销的方式，通过不提高或稍微增加价格，较大幅度地增加产品或服务的附加值。以下重点介绍直接折扣和拼单折扣。

1. 直接折扣：商家直接降低商品价格刺激消费者购买，消费者可直接购买，无需付出额外的成本就可以购买，如直接降价折扣，消费者可直接参与。

2. 拼单折扣：拼单是指商家确定成团的人数规模和商品价格，消费者需要与他人一起组团购买，达到设定的人数，才可以获取价格的折扣和超值的服务。消费者需付出额外的成本，如人力资本、时间成本才可获得。拼单折扣能够提升消费者购买的社交价值，即有相同购物兴趣的人在一起交流，可相互强化、放大购物的乐趣拼单，激发大家的社交性需求，增加购物的社会性体验，这也是为什么在三、四线城市的消费者特别愿意参与的原因。

（三）直播促销

直播促销是指在现场随着事件发生、发展进程的同时制作和播出节目的营销方式，该营销活动以直播平台为载体，达到企业获得品牌的提升或是销量的增长的目的。

直播促销是一种营销形式上的重要创新，也是非常能体现出互联网视频特色的板块。对于广告主而言，直播促销有着极大的优势：

1. 某种意义上，在当下的语境中直播促销就是一场事件营销。除了本身的广告效应，直播内容的新闻效应往往更明显，引爆性也更强。一个事件或者一个话题，相对而言，可以更轻松地进行传播和引起关注。

2. 能体现出用户群的精准性。在观看直播视频时，用户需要在一个特定的时间共同进入播放页面，但这其实与互联网视频所倡导的“随时随地性”，是背道而驰。但是，这种播出时间上的限制，也能够真正识别出并抓住这批具有忠诚度的精准目标人群。

3. 能够实现与用户的实时互动。相较传统电视，互联网视频的一大优势就是能够满足用户更为多元的需求。电视直播购物，无法让购买者与直播者进行实时互动交流，用户参与度低；其次，缺乏购买用户间的交流分享，缺乏社交性。网红带货本质上是网红的品牌效应+互动沟通+用户间社交，是一种社交电子商务，但是商务本身还是围绕产品来设计（使用）场景，激发用户的需求同时，强化其购买的社会互动的满足感，增加购物过程体验。

4. 深入沟通，情感共鸣。在这个碎片化的时代里，在这个去中心化的语境下，人们在日常生活中的交集越来越少，尤其是情感层面的交流越来越浅。直播，这种带有仪式感的内容播出形式，能让一批具有相同志趣的人聚集在一起，聚焦在共同的爱好上，情绪相互感染，达到情感气氛上的高位时刻。如果品牌能在这种氛围下做到恰到好处的推波助澜，其营销效果一定也是四两拨千斤的。

（四）免费促销

由于互联网的开放和自由，对于一些易于通过互联网传输的产品非常适合在网上进行促销。如许多软件厂商为吸引顾客购买软件产品，允许顾客通过互联网下载产品，在试用一段时间后再决定是否购买。有些企业会提供免费产品和服务，利用商业模式，实现间接盈利，如 360 杀毒软件。

免费资源促销是一种常用的形式，主要目的是推广站点。免费资源促销可以说是互联网上最有效的取胜法宝。所谓免费资源促销就是通过为访问者无偿提供访问者感兴趣的各类资源，通过免费资源吸引访问者访问站点，提高站点流量，并从中获取收益。目前利用提供免费资源获取收益比较成功的站点很多，有提供某一类信息服务的，如提供搜索引擎服务的 Google 和中国的百度，提供网上实时新闻信息的新浪、网易等，这类站点通过免费资源的吸引力，扩大站点的吸引力，使其站点具有传统媒体的作用，并通过发布网上广告赢利。

利用免费资源促销要注意的问题：首先要考虑提供免费资源的目的是什么，有的是为形成媒体作用，有的是为扩大访问量形成品牌效应。其次要考虑提供什么样的免费资源，目前网上免费资源非常丰富，只有提供有特色的服务才可能成功，否则成为追随者，则永远不可能吸引访问者，因为网上的信息是开放的，要访问肯定是访问最好的，这就是网上赢家通吃原则。最后要考虑你的收益是什么，世上没有免费的午餐，只有在允许范围之内，访问者是愿意付出一点的，当然不能是金钱，因此你的收益可能是通过访问者的访问从广告中获取收益，或者通过访问者的访问扩大你的品牌知名度，或者通过访问者的访问扩大了你的电子商务收入。当然利益有短期和长期的，有现金和无形的，这都是需要综合考虑的，毕竟免费资源对站点来说不是免费的。

二、网络公共关系

(一)网络公共关系的概述

1. 网络公共关系的概念

公共关系是一种重要的促销工具，它通过与企业利益相关者包括供应商、顾客、雇员、股东、社会团体等建立良好的合作关系，为企业的经营管理营造良好的环境。网络公共关系与传统公共关系功能类似，只不过借助互联网作为媒体和沟通渠道，同时关注网上的公共关系维系。网络公共关系比传统公共关系更具有优势，所以网络公共关系越来越被企业一些决策层所重视和利用。网络公关(PR on line)又叫线上公关或 e 公关，它利用互联网的高科技表达手段营造企业形象，为现代公共关系提供了新的思维方式、策划思路和传播媒介。网络的空间存在着形形色色的“大众群体”，企业通过其网络上的各种存在形式，以及通过采取各种方式与网络公众增进了解，进而维持与公众的良好关系与互动，以此来加强品牌的影响力，促进品牌的推广。

2. 网络公共关系的目标

(1)收集信息：监测网络舆情，及时洞察企业风险与危机，通过从网络舆情信息的采集与提取，到话题的发现与追踪、态度倾向性分析，再到多文档自动摘要的生成，企业可以充分利用现代信息技术对网络舆情予以分析，从而进行控制和引导。

(2)传播信息：通过与网上新闻媒体建立良好合作关系，将企业有价值的信息通过网上媒体发布和宣传，以引起消费者对企业的兴趣。同时，通过网上新闻媒体树立企业良好的社会形象。

(3)服务企业：通过互联网宣传企业和推广产品，创造用户对产品的需求。

(4)方便沟通：通过互联网建立良好的沟通渠道，包括对内沟通和对外沟通，让与企业利益相关者能充分了解企业，以巩固老顾客关系，同时与新顾客建立联系。

3. 网络公共关系的优点

(1)使企业掌握公关的主动权：利用网络媒体的双向互动性。

(2)宣传时限和期限的消失：网络时空限制的突破。

(3)建立“一对一”关系：网络交互的便利性。

(二)网络舆情管理

1. 网络舆情管理概念

公司借助独有的互联网技术数据采集和智能化处理软件，并辅以人工服务，使公司把握其行为主体在互联网上的舆论导向，目的是迅速解决好出现的公共性危机和更好地调整公司战略部署。

2. 网络舆情的特点

(1)蝴蝶效应：往往起源于一个小的帖子或者文章，然后进行发酵放大。

(2)首因效应：先声夺人，往往先发声的人容易引导舆论导向。

(3)雪球效应：一个事情经过议论和裂变后，会成几何级别增长。

(4)群体极化：在网络的相互作用下，群体中原来存在的观点更加强化。

3. 网络舆情监测

(1)关注源头：将问题消灭在萌芽状态，可以降低舆情问题解决难度。

(2)关注极端：避免极端态度的快速演化和扩散，降低舆情的危害性。

4. 网络舆情沟通策略

(1)尽早讲：抢占信息发布的制高点，尽快表明态度，态度展示是第一要务。

(2)持续讲：不断披露事件进展情况，以便公众详细了解事件的起因、发展和结果。

(3)准确讲：发布信息真实全面，争取公众认可，不可遮掩事实，欺瞒公众。

(4)反复讲：采取各种方式为公众答疑解惑，最大程度消除公众的负面印象。

(三)网络公关的开展

1. 建立沟通渠道

企业网络营销站点的一个重要功能就是为企业与企业相关者建立沟通渠道。在前面分析网站建设的主要功能和设计架构时，提到其中重要的一个因素是网站是否具有交互功能。通过网站的交互功能，企业可以与目标顾客直接进行沟通，了解顾客对产品的评价和顾客提出的仍未满足的需求，保持与顾客的紧密关系，维系顾客的忠诚度。同时，企业通过网站对企业自身以及产品、服务的介绍，让对企业感兴趣的群体可以充分认识和了解企业，提高企业在公众中的透明度。除了网络营销站点外，APP、微博、微信公众号等官方媒体和社交媒体的兴起为网络沟通建立了多样化的宣传推广方式。企业官网、官方APP、官号(微信公众号和小程序)、官博(官方微博)、官抖(官方抖音+头条)为目前企业开展公共关系的主要网络媒介工具，被称为企业的新五官。

在社交媒体的兴起下，私域流量成为电商与顾客建立水平化沟通的新型关注热点。私域流量是相对于公域流量来说的概念，简单来说是指不用付费、可以在任意时间、任意频次、直接触达用户的渠道，比如自媒体、用户群、微信号等，也就是KOC(关键意见消费者)可辐射到的圈层，是一个社交电商领域的概念。私域流量或者私域流量池，区别于传统电商消费流量，是向经营用户的转变。电商所经营的粉丝或用户不再是单一产品的受众，这种黏性可能形成一次获客而产生多次交易的行为。这些流量只属于电商而非从平台竞价购得的所谓私域，这个闭环也可以说私域流量池。

2. 与网络新闻媒体合作

互联网被称为新兴的、区别于报纸杂志、无线电广播和电视的第四类媒体。它吸引着越来越多的用户通过网上获取信息，因此互联网具有了媒体功能。网络新闻媒体一般有两大类。一类是传统媒体全网化，通过互联网发布媒体信息，如报纸类的人民日报建立网上互联网电子版(http：//www.peopledaily.com.cn)，用户可以直接通过互联网获取报纸信息；电视台类的中央电视台(http：//www.cctv.vom)在网上发送新闻和报道；一些广播电台也纷纷通过互联网来播放电台节目。这些传统媒体上网，主要模式是将在传统媒体播放的节目进行数字化，转换成能在网上下载和浏览的格式，用户不用依靠传统渠道就可以直接通过互联网了解媒体报道信息。另一类媒体，是新兴的真正的网上媒体，尤其是社会化媒体，它们没有传统媒体的依托，如一些ICP公司就属于这一类型。这类媒体一方面由于自己没有完整独立的采编人员获取新闻，要依赖传统媒体提供新闻稿源；另一方面，这些媒体也通过自己的优势挖掘新的信息来源，发布自己的新闻，如新浪网有自己的体育新闻记者，在全国采编体育新闻，对于一些体育新闻可以在最短时间内加以报道，可以在事件结束的同时新闻也就报道出来了。

对于前一类媒体，企业开展公共关系活动的手段与传统公共关系活动手段类似。不管是哪一类媒体，互联网出现后，企业与新闻媒体的合作可以更加密切，可以充分利用互联网的信息交互特点，更好地进行沟通。如传统媒体对企业进行报道获取资料，必须亲临现场，费用开支非常大。现在可以通过互联网实现远程沟通，突破过去地理位置的障碍。为加强与媒体合作，企业可以通过互联网定期或不定期将企业的信息和有新闻价值的资料通过互联网直接发给媒体，与媒体保持紧密合作关系。企业也可以通过媒体的网站直接了解媒体关注的热点和报道重点，及时提供信息与媒体合作。

3. 宣传和推广产品

宣传和推广产品是网络公共关系重要职能之一。互联网最初是作为信息交流和沟通渠道，因此互联网上建设有许多类似社区性质的新闻组和公告栏(在后面网络广告一章有详细介绍)。企业在利用一些直接促销工具的同时，采用一些软性的工具如讨论、介绍、展示等方法来宣传推广产品效果会更好。在利用新闻组和公告栏宣传和推广产品时，要注意“有礼有节”，要遵守网上虚拟社区的网络礼仪，同时发布信息时要注意方式，最好是以讨论和介绍形式，以免引起社区成员反感，否则效果会适得其反。另一方面，企业要关注这些虚拟社区对企业以及企业产品的评价和讨论，及时采取措施应对突发事件。如Intel公司的奔腾芯片因为浮点运算出现错误，虽然概率非常低，但还是被一位数学家发现了，然后在网上发表了评论，Intel公司知道后认为是小问题，不会对用户造成伤害，没有采取应对措施，结果这一评论在短短的几天时间内通过互联网传播到全球各个国家，新闻媒体也大加报道，Intel的产品受到前所未有的挑战。后来，为挽回损失，Intel公司投入10亿美元收回所有已出售产品，并向顾客道歉才将影响挽救回来。可见，互联网作为一种“10倍速”力量，是一把双刃剑，企业必须注重互联网带来的一些负面影响。

(四)社会助推：以“小”博“大”

1. 社会助推(nudge)的内涵

许多社会问题本质上是民众的行为问题，而行为又是个体决策选择的结果，利用助推方法来干预个体行为，可发挥以“小”博“大”，促进社会发展的作用。企业可以借助社会助推力量扩大沟通影响力。

2. 社会助推的方法

(1)incentives：动机

动机即影响用户选择的考虑因素，要发现最能让用户关注的动机，用设计突出它。例如如果希望节电，与其提高电价，不如将成本突出化。能够显示出用电成本的空调，更能实现节电的目的。

（2）understand mappings：理解权衡

让复杂的选项变得容易理解，一个好的选择体系能够使人们改善自己的权衡能力。如对数码相机的像素，给出“300 万”“500 万”的数值，不如给出“4 英寸×6 英寸”或者“海报尺寸”更为直观。

（3）default：默认选项

许多人会倾向于那些最不费力又直接简便的选择，即默认选项。如人类身上的“损失厌恶”和“选择盲目”暗示着，如果某项选择被设计为“默认”，那么它会吸引更多人的眼球。

（4）give feedback：提供反馈

帮助人们改进行为最好的方式之一就是提供反馈，好的设计能够告诉人们行为是否得当。例如数码相机拍完照片后的虚假快门声、iPhone7 Home 键的虚拟触感，都是在给我们提供行为反馈。

（5）expect error：可预见错误

人人都会犯错，好的设计允许使用者出错，在人们即将出错的时候及时给出错误信息。例如有的 ATM 在取钱时需要先取卡才能拿到钱；Gmail 在监测到发送的邮件中含有“附件”字眼但没有附件的时候会给出提醒。

（6）structure complex choices：结构性复杂选择

人们做出更好选择的概率基本上取决于可选择项目的复杂性。好的选择体系会提供一种结构，或者智能的选择体系。如大众点评的“大家都爱吃”、Amazon 的“猜你喜欢”这种推荐系统都是帮助我们进行复杂选择的结构化和简单化。

第十章　网络广告

【阿里妈妈的广告】阿里妈妈是阿里巴巴集团旗下数字营销的大中台，也是国内领先的大数据营销平台。依托阿里集团的核心商业数据和超级媒体矩阵，阿里妈妈赋能商家、品牌及合作伙伴，提供兼具品牌与电商广告的产品及营销平台，帮助客户以消费者运营为核心打通品效全链路，实现数字媒体(PC 端+无线端+多媒体终端)的一站式全域传播。

2007 年，阿里妈妈正式成立，从卖家所在淘宝和天猫的营销端开始，阿里妈妈一直在努力建立以数据为驱动的全网营销解决方案：淘宝直通车(搜索营销)、钻石展位(精准定向营销)、淘宝客(内容营销)、TANX(国内第一个 RTB 平台)、达摩盘(阿里妈妈 DMP)等。2016 年，阿里妈妈为商家打造基于“品”“传”“销”一体的全链路营销解决方案，包括国内首个智能营销展示平台“智钻”，集合品牌专区+一夜霸屏+人群、专门为品牌客户量身定制的“品销宝”，以及数据化媒体商业流量管理平台 AFP 和全民互动分享的营销产品“分享赚”。参见图 10-1。

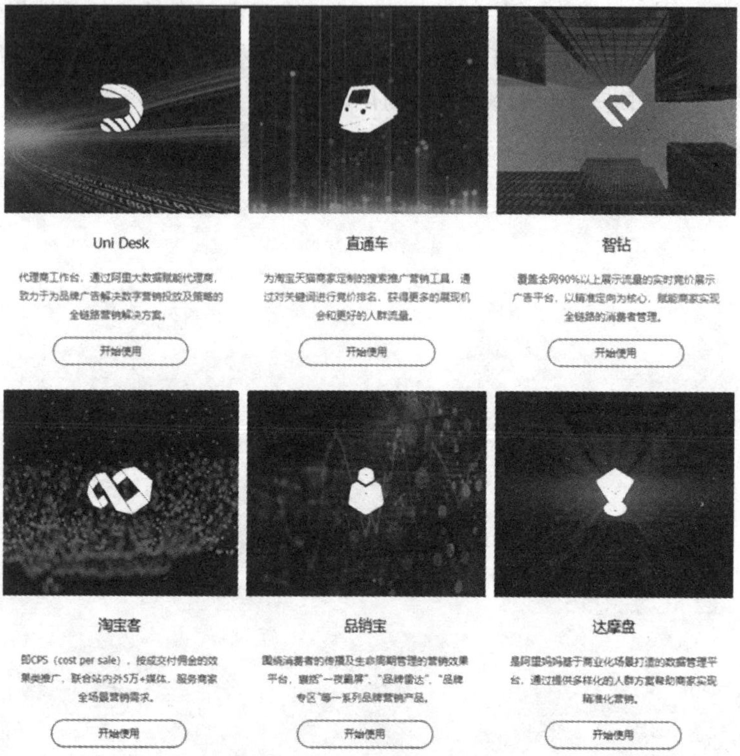

图 10-1　阿里妈妈的产品

目前，阿里妈妈整体客户数突破450万，合作媒体超4000家，与10万家APP达成合作，每天有超过50亿字节推广流量完成超过3亿件商品推广展现，覆盖高达98%的网民，实现数字媒体全覆盖(PC端+无线端+互联网电视端)，帮助品牌客户斩获国内外各大营销大奖78个，客户满意度连续3年超过92%。阿里妈妈已经从单一的淘宝内电商营销平台全面升级成以阿里大数据为核心，覆盖数字化营销核心媒体矩阵，实现“品-传-销”全链路营销诉求的DT时代营销平台。

阿里妈妈具有以下几个优势：

更懂消费者的数据金矿。从消费数据到兴趣数据、从出行数据到社交数据，阿里妈妈基于阿里巴巴集团5亿的真实用户uni identity——消费者统一身份识别体系，汇聚碎片化的用户信息，能够对应到个人，更加立体地描绘每一个的消费者画像，帮助品牌更好地进行消费者资产管理。

超级媒体矩阵全域覆盖。阿里妈妈打造的超级媒体矩阵覆盖电商、视频、社交、新闻、娱乐、出行等全网媒体，渗透了中国95%的互联网及移动互联网用户。同时，以数据和技术赋能，全面追踪消费者从品牌认知到兴趣，从购买到忠诚的全链路，实现品牌与消费者的全媒体互动。

重塑品效协同的营销格局。阿里巴巴经济体赋予阿里妈妈最大的消费者营销舞台，无论是零售店还是线上店铺，消费者资产正在不断地膨胀积累。通过全消费者生命周期管理，数据赋能品牌营销工具，品牌和销货、线上和线下，将从互相割裂走向全面融合。结合丰富的媒体资源以及广告互动形式，阿里妈妈将帮助品牌全面串联从品牌曝光到销货的全渠道营销。

用智慧连接品牌与消费者。阿里妈妈拥有亿级规模的数据基础以及世界先进水平的在线广告系统，每天上百万的项目投放运营，多年沉淀出基于实时消费数据的动态算法模型，解决了传统广告粗粒度的流量匹配，用智慧指导广告投放，连接最合适的商品和最合适的消费者。

专注数字营销十年。阿里妈妈积累了十年的商业数据应用经验，服务超过百万的品牌、商家客户。依托阿里巴巴业务布局中形成的丰富数据和多面性的优势，拥有集合电商+社交+展示多纬度的数据资产集合体，以数为智，反哺营销，帮助客户打造更好的品牌生意。

第一节　网络广告概述

一、网络广告的发展

网络广告是指确定的广告主以付费方式运用互联网媒体对公众进行劝说的一种信息传播活动。广告作为一种有偿的信息传播形式，它与媒体的发展是紧密相连的。鲁迅曾说过：“失掉了现在，也就没有未来。”就广告发展史来说，我们正处于令人兴奋的一刻。一个拥有庞大广告和行销潜力的新兴媒体——网络媒体，正在我们面前茁壮成长。从1994年的商业化运作开始，Internet就以非常规速度发展，它只用四年时间就成为拥有5000万用户的新兴“第四类媒体”，而报纸达到同样规模用了一个世纪，无线广播经过 38 年发展才有同样规模，连现代的电视媒体也经历了 13 年发展才达到拥有 5000 万用户的规模。Internet 的媒体特性促使了网络广告(Internet advertisement)的诞生和发展，而且从一开始就成为广告业的奇葩。前瞻产业研究院数据显示，2016 年到 2019 年美国互联网广告市场规模分别为 751.9 亿美元、904.0 亿美元、1074.0 亿美元，3 年平均增长率约 19%，且自 2014 年起，连续 5 年保持在高速度上增长。我国 Internet 发展较晚，网络广告从 1997 年起步，在 1998 年网络广告收入就达到 1800 万元，虽然仅占全年广告收入总额 520 亿元很小的比例，但惊人的增长速度足以证明其新生的力量。艾瑞数据显示，2018 年度中国网络广告市场规模已经达到 4844 亿元，较上年增长 29.2%。在市场份额方面，2018 年中国网络广告市场中占据前三的广告形式分别是电商广告(33.6%)、信息流广告(22.5%)、搜索广告(19.8%)。

二、网络广告与传统广告

(一)网络广告的特点

凭借互联网具有的不同于传统媒体的交互、多媒体和高效的独有特性，网络广告呈现出不同于传统媒体广告的特点：

1. 互动性。不同于传统媒体广告，信息沟通是单向的，受众只能被动接受和选择信息。网络广告是一种交互式的与受众进行双向沟通的“活”广告，受众可以对感兴趣的广告通过 Internet 深入了解更多信息，甚至可以直接与商家进行建议咨询和交易洽谈，它是一对一的直接沟通。因此，网络广告主要通过“pull(拉)”方法吸引受众注意，受众可自由查询，可避免传统“push(推)”式广告中受众注意力集中的无效性和被动性。

2. 快捷性。在传统广告媒体上，从策划、制作到发布需要经过很多环节配合，广告一旦发布后信息内容就很难改变而且费用昂贵，因而难以实现信息的及时更改；而网络广告由于有自动化的软件工具进行创作和管理，能以低廉费用按照需要及时变更广告内容。另外，网络广告信息的反馈也非常快捷，受众可以直接与商家进行沟通，商家也可以从广告的统计情况了解网络广告的效果。

3. 丰富性。传统广告由于受媒体时间和版面的限制，其内容只能删繁就简，突出重点；而网络广告则基本不受这样的限制，可以将广告做得十分详尽，以满足想进一步详细了解有关情况的用户的需要。而且，网络广告的表现形式可以采用动态影像、文字、声音、图像、表格、动画、三维空间、虚拟现实等，创作人员可以根据广告创意的需要进行任意的组合创作，从而有助于最大限度地调动各种艺术表现手段，制作出形式多样、生动活泼，能够激发消费者购买欲望的广告。

4. 广泛性。网络广告通过 Internet 可以把广告传播到 Internet 网络所覆盖的 170 多个国家的 2 亿多用户中，突破了传统广告只能局限于一个地区、一个时间段。而且网络广告可以随时发布在任何地点的 Internet 网站上，受众可以在他们任一连接 Internet 的地点、任何时间内随意浏览广告。

5. 可控性。运用传统媒体发布广告，广告的评价与控制比较困难，因为无法确切地知道有多少人接收到了你所发布的广告信息和反馈情况。而发布的网络广告就能很容易地及时统计每条广告被多少用户看过，以及这些用户浏览这些广告的时间分布、地理分布和反映情况等，广告主和广告商可以实时评估广告效果，进而审定他们的广告策略合理性并进行相应调整。另外，网络广告收费可根据有效访问量进行计费，广告发布者可以有效评估广告效果并按效果付费，避免过去传统广告的失控性和无效性。

6. 经济性。传统广告制作周期长、投放周期固定，而网络广告可以根据客户需求很快完成制作，投放周期短，所以成本更低；另外，在互联网上做广告能够按照客户需要及时变更广告内容，而传统广告发布后往往要付出很大的经济代价才能改动。

（二）网络广告与传统广告的比较

既然网络广告有这么多好处，是否就意味着传统媒体应该摒弃了呢？绝对不是，至少现在不是。传统媒体仍然具有其自身的优势，比如发行量大，就是网络媒体目前还无法比拟的。网络媒体只是营销媒体的的一环。正确的态度应该是将传统媒体与网络媒体整合运用，根据不同的需要，选择不同的方式，从而将营销传播的效益发挥到极限。表 10-1 是互联网媒体发布广告与传统媒体发布广告的比较。

表 10-1　　**不同媒体发布广告比较**

	纸质媒介	电视	互联网网站
时间	制作周期长，播放时间限制大	制作周期长，播放时间限制大	制作周期短，24 小时接纳读者，突破时间限制
空间	版面限制大	画面限制大	突破空间限制，自由度大
反馈效果	及时反应能力弱	及时反应能力弱	交互式服务，反馈手段便利及时，可提供细致的追踪报告
检索能力	差	无	独特的检索手段，保证资源多次利用
宣传形式	文字、画面	画面、声音	多媒体技术，文字、画面、声音相结合，动态、有趣的宣传
可统计性	不强	不强	强，统计结果及时、准确
价格	中	高	低

综上对比，网络广告具有价格便宜、统计准确、互动交流、跨越时空、图形生动等功能，所以尝试网络广告已经成为一种必然趋势。不过，尝试网络广告，并不意味着就是摒弃传统媒体，相反，互动式的网络媒体应与传统大众媒体整合运用，相互补充，如此才能将行销传播的效益发挥到极限。

三、网络广告的类型与发布

（一）网络广告的类型

1. 按钮型广告(button)。这是网络广告最早的和常见的形式。通常是一个链接着公司的主页或站点的公司标志(logo)，并注明“click me”字样，希望网络浏览者主动来点选。按钮广告的不足在于其被动性和有限性，它要求浏览者的主动点选，这样才能了解到有关企业或产品的更为详尽的信息。

2. 旗帜型广告(banner)。网络媒体在自己网站的页面中分割出一定大小的一个画面(视各媒体的版面规划而定)发布广告，因其像一面旗帜，故称为旗帜广告。旗帜广告允许客户用极简练的语言、图片介绍企业的产品或宣传企业形象。它又分为非链接型和链接型两种。非链接型旗帜广告不与广告主的主页或网站相链接，浏览者可以点选(click)，进而看到广告主想要传递的更详细的信息。为了吸引更多的浏览者注意并点选，旗帜广告通常利用多种多样的艺术形式进行处理，如做成动画跳动效果，做成霓虹灯的闪烁效果等。

3. 主页型广告(homepage)。即将企业所要发布的信息内容分门别类制作成主页，置放在网络服务商的站点或企业自己建立的站点上。主页型广告可以详细地介绍企业的相关信息，如发展规划、主要产品与技术、产品订单、售后服务、战略联盟、年度经营报告、主要经营业绩、联系办法等，从而让用户全面地了解企业及企业的产品和服务。

4. 列表分类播发型广告。即利用电子邮件列表和新闻组(专题讨论组)列表，将客户的广告信息按信息类别发向相应的邮件地址和新闻组。

5. 电子杂志广告。利用免费订阅的电子杂志发布广告，电子杂志的版面与一般的Web页广告类似，广告形式可以是文字或者图片。

6. 新闻式广告。利用网上虚拟社区或者公告栏BBS发布有关产品、企业的广告信息，但发布时不以直接广告的形式，而是以新闻形式，以免引起反感。

7. 链接广告。即在热门站点的Web页上放置可以直接访问其他站点的链接，通过热门站点的访问，吸引一部分流量对链接的站点进行访问。

8. 关键字广告。主要是在关键字搜索引擎上，当用户搜索有关的关键字时，网页在出现检索的内容同时，还出现投放广告企业的链接。

9. 电子邮件广告(e-mail advertising)。指通过互联网将广告发到用户电子邮箱的网络广告形式，它针对性强，传播面广，信息量大。

10. 原生广告(native ads)。原生广告指以广告主的目标人群使用的媒体、喜欢的媒介表达形式去接触目标人群，通常只能在单独平台中被付费投放(比如微博和今日头条等)，并且适合此种平台浏览环境的广告形式①。

(二)网络广告的发布途径

1. 主页形式。建立自己的主页，不仅是一种企业形象的树立，也是宣传产品的良好工具。实际上，在互联网上做广告，归根到底要设立公司自己的主页。其他的网络广告形式，无论是黄页、工业名录、免费的Internet服务广告，还是网上报纸、新闻组，都是提供了一种快速链接至公司主页的形式。

2. 网络内容服务商(ICP)。ICP由于提供了大量的互联网用户需要的、感兴趣的免费

---

① LEE J, KIM S, HAM C D. A Double-Edged Sword? Predicting Consumers Attitudes Toward and Sharing Intention of Native Advertising on Social Media. American Behavioral Scientist, 2016: 0002764216660137.

信息服务，因此网站/App的访问量非常大，是互联网上引人关注的站点。国内有许多这样的ICP，如今日头条、新浪、搜狐、网易等都提供大量的新闻、评论、生活常识、财经等内容。

3. 专类销售网。这是一种专类产品直接在Internet上进行销售的方式。现在有越来越多的这样的网络出现，著名的如瓜子二手车、Automobile Buyer's Network等。

4. 免费的互联网服务。在互联网上有许多免费的服务，如国外的http：//www.hotmail.com及国内的http：//www.163.net与http：//www.eyou.com、http：//www.126.com等都提供免费的E-mail服务，很多用户都喜欢使用。

5. 黄页形式。在Internet上有一些专门的用以查询检索服务的网络服务商的站点如中国黄页网、黄页88、Yahoo!、Excite等。这些站点就如同电话黄页一样，按类别划分便于用户进行站点的查询。在其页面上，都会留出一定的位置给企业做广告。

6. 企业名录。一些Internet服务提供者(ISP)或政府机构会将一些企业信息融入他们的主页中。如香港商业发展委员会(Hong Kong Trade Development Council)的主页中就融有汽车代理商、汽车配件商的名录。只要用户感兴趣，就可以直接通过链接，进入相应行业代理商(或者配件商)的主页。

7. 网上报纸或杂志。在Internet日益发展的今天，新闻界也不落人后，许多报纸和杂志，如美国的《华尔街日报》《商业周刊》，国内的如《人民日报》《文汇报》《中国日报》等，纷纷将触角伸向了Internet，在Internet上建立自己的Web主页或者干脆脱离传统的“纸”的媒体，完完全全地成为了一种“网上报纸或杂志”，反响非常好。

8. 虚拟社区和公告栏(BBS)。虚拟社区和公告栏即常说的网络论坛，是网上比较流行的交流沟通渠道。

9. 搜索引擎(Search)。搜索引擎是互联网2003年以来发展较快的一种网络信息获取方式，因此基于搜索引擎投放的广告增长非常迅速，如Google、百度等公司提供的关键字广告。

(三)网络广告的定价模式

1. 按流量计费。主要包括CPM广告和CPTM广告。CPM(cost per mille/cost per thousand impressions)即每千次费用，广告每显示1000次(印象)的费用，是最常见的网络广告定价模式之一。CPTM(cost per targeted thousand impressions)指经过定位的用户的千次印象费用(如根据人口统计信息定位)。

2. 按时间计费。CPT广告(cost per time)是一种以时间来计费的广告，比如按天、周来计算。

3. 按销售计费。CPO广告(cost-per-order)即根据每个订单/每次交易来收费的方式；CPS广告(cost for per sale)指根据每单销售额收费。

4. 按行动计费。CPC广告(cost-per-click)即每次点击的费用，根据广告被点击的次数收费，如关键词广告一般采用这种定价模式。PPC广告(pay-per-click)是根据点击广告或者电子邮件信息的用户数量来付费的一种网络广告定价模式。CPA广告(cost-per-action)即每次行动的费用，即根据每个访问者对网络广告所采取的行动来收费的定价模式。对于用户行动有特别的定义，包括形成一次交易、获得一个注册用户，或者对网络广告的一次点击等。CPL广告(cost for per lead)是按注册成功支付佣金。PPL广告(pay-per-lead)是根据每次通过网络广告产生的引导进行付费的定价模式，这种模式常用于网络会员制营销模式中为联盟网站制定的佣金模式。

第二节 网络广告管理

一、网络广告的目标管理

(一)广告目标的分类

1. 传播上的效果，即提高产品知名度与树立产品品牌形象和偏好。它是指广告刊播后，受众对广告的印象以及引起的各种心理效应，表现为广告对受众的知觉、记忆、理解、情感、态度和行为等方面的影响。广告活动能够激发消费者的心理需要和动机，培养消费者对品牌的信任和好感，树立企业的良好形象。广告的传播效果是广告效果的核心。它是一种内在的、能够产生长远影响的效果，主要是由广告自身产生的效果，其大小取决于广告表现效果和媒体效果的综合作用。

2. 行为上的效果，即提高访问量和增加反馈信息。它是指消费者受广告的影响所采取的搜索/了解商品信息、咨询服务或响应广告诉求的有关行为。这是一种外在的、可以把握的广告效果，一般可以采取事前事后测定法得到有关的数据。

3. 销售上的效果，即销售企业产品和开展电子商务。它是指广告主通过广告活动所获得的经济收益或带来的损失，即由广告活动而引发的商品和服务销售以及企业利润的变化程度。广告的经济效果主要指广告的销售效果。广告主运用各种传播媒体，把产品、服务以及观念等信息传播出去，其根本目的就是刺激消费心理，促进购买，增加利润。因此，广告经济效果是广告主最关心的问题，是企业广告活动最基本、最重要的效果，也是测评广告效果的主要内容。

(二)确定目标的6M

1961年，美国广告学家R. H. 科利(Russell H · Colley)认为广告的成败与否，应视它是否能有效地把想要传达的信息与态度在正确的时候以正确的成本、传达给正确的人。为此，他在著名的《为衡量广告效果而确定广告目标》一书中提出“为度量结果而确定广告目标”的方法(defining advertising goals for measured advertising results)。科利基于DAGMAR模式而提出确定广告目标的6M方法：

1. 商品(merchandise)：我们所卖的商品与服务最重要的那些利益是什么？

2. 市场(markets)：我们所要影响的人们是谁？

3. 动机(motives)：他们为什么要买或者不要买？

4. 讯息(messages)：我们所要传达的主要想法、资讯与态度是什么？

5. 媒体(media)：怎样才能达到这些潜在顾客？

6. 测定(measurements)：我们提出什么样的准则来测定所要传达给特定视听众的成果？

二、网络广告的受众管理

(一)受众信息的类型

1. 人口统计分布

消费者的人口统计信息虽然可能涉及个人隐私问题，但是其对“一对一营销”非常有帮助，可以据此更好满足消费者的个性化需求。常用的人口统计特征包括性别、婚姻状态、星座、年龄、年龄段、学历、收入水平、信仰、健康状况等，利用这些信息，企业可以进行更精准的市场细分，找到差异化优势，然后进行更具针对性的营销活动。

2. 地理统计

地理统计是指利用消费者或者用户的 IP 地址对用户进行定位，然后在直接具有当地倾向的站点上放置广告，提高广告在空间覆盖上的准确性，并且还可以通过它获取的特殊服务(如天气预报、地图)结合用户的地理信息进行场景响应式的营销。例如某地突然降温，然后某广告投放平台自动将当地一家奶茶店方圆 1000 米的广告推荐图片换成一杯冒着热气的奶茶。

3. 心理描绘

心理描绘是指利用搜索引擎站点或者“黄页”分类目录上的关键词，捕捉网民到过什么地方、搜寻过什么东西等信息，然后使用 Web 神经网络技术软件分析、推测出网民的一些心理特征。例如，收集到某位 80 后白领女性常去星巴克、喜欢兰蔻、关注可穿戴设备等信息，那么可以推测该女性可能是位小资，比较注重生活品质、爱尝试新鲜事物等。

(二)消费者画像

1. 事实标签。它可以从数据库直接获取(如注册信息)，或通过简单的统计得到。这类标签构建难度低、实际含义明确，且部分标签可用作后续标签挖掘的基础特征(如产品购买次数可用来作为用户购物偏好的输入特征数据)。

2. 模型标签。它是标签体系的核心，也是用户画像工作量最大的部分，大多数用户标签的核心都是模型标签。模型标签的构造大多需要用到机器学习和自然语言处理技术，比如通过用户的购买数据来推断产品偏好。

3. 高级标签。这是基于事实标签和模型标签进行统计建模得出的，它的构造多与实际的业务指标紧密联系。只有完成基础标签的构建，才能够构造高级标签。构建高级标签使用的模型，可以是简单的数据统计，也可以是复杂的机器学习模型。

参见图 10-2。

三、网络广告的创意管理

网络广告的创意也遵循广告创意的一般原则和要求，即广告中信息的成功传递，往往首先作用于消费者的视觉、听觉等感官，继而引发其心理感应，促进其一系列的心理活动，最终形成传播效果、行为效果以及销售效果。所以，成功的广告应该首先是引起消费者注意，刺激消费者的视觉或听觉等，才能起到广告作用，具体来说可以从以下三个方面着手：

1. 广告内容。内容要简单易懂，有自己的特色、强有力的概念，要搭配协调，并且

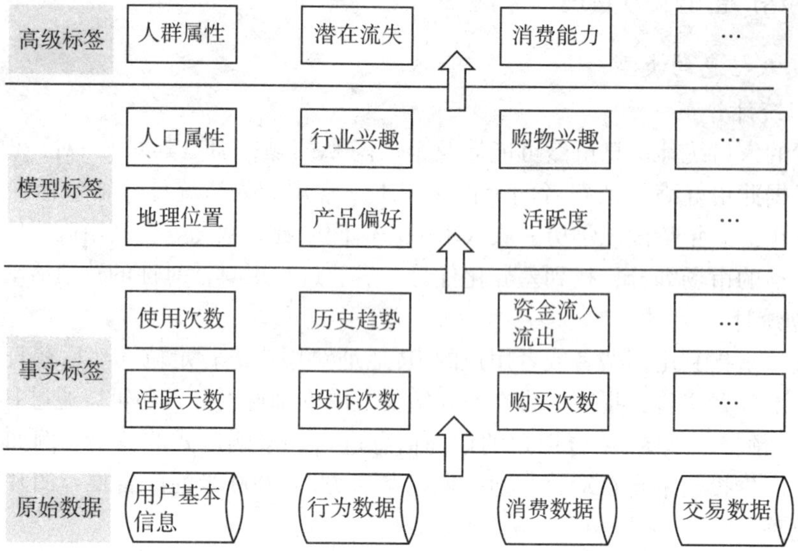

图 10-2　消费者画像流程

最好制作系列广告进行轮换，尽量避免千篇一律等。

2. 广告表现。广告要在保证技术可行的情况下，着力引起观看者的兴趣，比如发展互动性、适当使用动画等，然后要保持风格一致。

3. 广告显示。要有适度的曝光率，显示效果要随时优化，显示速度要适当调整，坚持进行 A/B 测试。

最后，可以使用一些智能辅助生成系统帮助进行创意管理，如阿里鹿班海报生成系统等。

四、网络广告的投放管理

网络广告投放媒体的选择方面，主要是考虑媒介与公司产品品牌的吻合度。例如拼多多的产品广告/拼团链接等在微信朋友圈里满天飞，而 LV 等时尚奢侈品则几乎不可见，倒是在微博上却有不少时尚 UP 主为其做广告宣传。这是因为拼多多的拼团模式需要用户间的强关系的支持，因此微信朋友圈就比较合适；反之，对于奢侈品牌来说，其需要与大众保持一定的距离，因此弱关系的微博平台会更合适。

网络广告投放的目标群体选择方面，主要是参考目标群体指数 TGI（target group index）。这个指数可以反映目标群体在特定研究范围（如地理区域、人口统计领域、媒体受众、产品消费者）内的强势或弱势，计算公式为“目标群体中具有某一特征的群体所占比例/总体中具有相同特征的群体所占比例×标准数/100”。例如，将某地区 15～24 岁的人作为目标群体，将去电影网站 A 看电影作为相同特征；若该地区 15～24 岁的人中，有 8.9%的人去过电影网站 A 看电影，而在该地区总体人群中，有 6.6%的人去过电影网站 A 看电影，则电影网站 A 在 15～24 岁人群中的 TGI 指数是 134.9（8.9%/6.6%×100），其数额越大，就表明目标群体吻合度越强势。

五、网络广告的效果评估

(一)网络广告效果评估体系与工具

网络广告的效果评估，在媒体端更强调广告曝光(ad impression)和点击(click through)，在广告主端则重视阅读(page view)和转换(Conversion)。其评估更及时，可以随时检测投放数据；更方便，可以随时更改投放策略；更广泛，可以同时涵盖多个媒体；更客观，可以利用第三方监测软件；更经济，可以随时优化改进。

评估网络广告的效果，常在投放的时候利用第三方工具埋点跟踪用户与广告的互动行为。常用工具包括第三方网络广告监测工具服务 double click（DFA）、秒针等；第三方流量分析工具 Google analytics、神策等；第三方网络广告市场调研机构(全网广告抓取，行业报告)艾瑞、易观国际、尼尔森等。

(二)网络广告效果优化——A/B 测试

A/B 测试也称为分割测试或桶测试，是一种将网页或应用程序的两个版本相互比较以确定哪个版本的性能更好的方法。A/B 测试本质上是一个实验，其中页面的两个或多个变体随机显示给用户，统计分析确定哪个变体对于给定的转换目标(指标如 CTR)效果更好。A/B 测试流程：

1. 确定目标：目标是用于确定变体是否比原始版本更成功的指标，可以是点击按钮的点击率、链接到产品购买的打开率、电子邮件注册的注册率等。

2. 创建变体：对网站原有版本的元素进行所需的更改。可能是更改按钮的颜色，交换页面上元素的顺序，隐藏导航元素或完全自定义的内容。

3. 生成假设：一旦确定了目标，就可以开始生成 A/B 测试想法和假设，以便统计分析它们是否会优于当前版本。

4. 收集数据：针对指定区域的假设收集相对应的数据用于 A/B 测试分析。

5. 运行试验：此时，网站或应用的访问者将被随机分配控件或变体。测量、计算和比较他们与每种体验的相互作用，以确定每个用户体验的表现。

第三节　网络广告的主要类型

一、旗帜广告

旗帜广告即我们通常所说的“banner advertising”。网络广告最早即起源于这些位于网站顶部或底部的长方形的旗帜广告。通常，旗帜广告的主流尺寸为 468×60，使用静态或动画 gif 图形。虽然现在有许多广告业内人士主张网站广告要超越“旗帜广告”的形式，但是，由于现在人们在旗帜广告这种形式上已经投入了大量资金，并且能够吸引众多的观众，因此，旗帜广告这种互联网广告的基本形式在短时间内不可能被其他形式的广告取代。虽然目前旗帜广告(可以说整个在线广告)还处在发展阶段，其广告收入还远远不及传统的印刷及电视广告，但由于在线广告的易于跟踪定向等特点，其增长幅度在近几年是非常惊人的。除上面介绍的网络广告一般特点外，旗帜广告还有下面几个突出特点：可定向性，可跟踪性，方便灵活的可操作性，交互性。

（一）旗帜广告的评价与定价

在传统的广告宣传测量中，最重要的测量方法是 CPM（每千次费用，cost per thousand），一般都基于印刷品的发行量或电视播出的预计观众数量。我们知道，这些统计量只是一个经验数据，并不能代表真实的观众数量。但是，在基于 Web 的旗帜广告测量中，我们很容易记录观众的访问次数及点击旗帜广告的次数。尽管如此，目前的旗帜广告测量还不能说非常完善，诸如访问者的个人信息，以及旗帜广告是否被 10 个人观看了 100 次还是被 100 个人观看了 10 次等，用现有的测量手段和工具还不能完成。然而，我们没有理由怀疑在今后不能完成这些现在还不可能完成的测量工作。旗帜广告测量的基本要素有：点击（click），调用（request），访问（visit），IP 地址，有效客户（unique user），第一访问页（first view），综合浏览量（page view），点阅（click through），广告收视次数（impression）。

一般提供旗帜广告空间的出版商能够提供适于旗帜广告投放网站的访问测量情况，如上面的主要测量要素。也可以要求出版商提供上面的基本信息或相关信息。再结合目标客户情况，制定出最佳的及最经济的旗帜广告策略。网上广告收费最科学的办法是按照有多少人看到你的广告来收费。按访问人次收费已经成为网络广告的惯例。一般是按照每千人次访问次数作为收费单位，即 CPM（cost per thousand）。比如说一个广告 banner 的单价是 \$ 1/CPM 的话，意味着每千人次看到这个 banner 的话就收 \$ 1，依此类推，10 000 人次访问的主页就是 \$ 10。

（二）旗帜广告媒体选择

旗帜广告媒体选择与传统广告媒体选择基本类似，首先要考虑广告费用；其次是考虑广告的收益，比如广告发布后增加访问量，是否增加了销售收入等；第三次是要考虑广告的效率，即广告接收者是否你想接触到的；第四是媒体的形象是否与你广告推广的形象吻合；另外，还要考虑媒体能否给你详细的广告效果统计分析数据，这是网络媒体与传统媒体的最大区别所在。

根据 CNNIC 的统计，排名前 10 位的网站都开展了网上广告服务，它们的收入占总的广告收入的 80%以上。目前广告费用的计算一般是根据 CPM * 访问量进行。CPM 就是每千人访问价格，目前大多是根据美元定价，国内与国外定价基本类似，一般为 35 \$ CPM 左右。但是，需要注意的是千人访问量的计算标准有许多种，不同方法的差异性很大，比如有点击（click）、点进（click through）、页阅读量（page view）、IP 地址访问量（IP）等方法。

（三）旗帜广告的发布

1. 页面位置选择。网页的最上方放置广告的位置叫“first view”，访问者不用拖动滚动条就可以看到，这个位置条受到绝大多数客户的青睐，但是也不要小看在网页最下面的广告条。当浏览者拖动滚动条到页面最下面位置时，最下面的广告条是必定会被看见的。广告客户应在页面最上端和最下端放置同样的广告。也就是说，在同一个页面会出现两次广告。另外，还要使广告靠近网站的最主要内容。通常综合网站都会有“WHAT'S NEW”或者发布网站自身新闻的位置，这往往是一个网站中最吸引人的部分，因此广告如果放在这个位置附近会吸引更多人的注意。

2. 广告内容更换。即使您有一个很好的条幅广告，也要经常更换图片，因为研究表明，当同一个图片放置一段时间以后，点击率开始下降。而更换图片以后，点击率又会增加。所以保持新鲜感是吸引访问者的一个好办法。据统计，一般应在两周左右应该更换一次 banner。

二、电子邮件广告

电子邮件广告(e-mail advertising)是指通过互联网将广告发到用户电子邮箱的网络广告形式。它针对性强，传播面广，信息量大，其形式类似于直邮广告。电子邮件广告可以直接发送，但有时也通过搭载发送的形式，比如通过用户订阅的电子刊物、新闻邮件和免费软件以及软件升级等其他资料一起附带发送。也有的网站使用注册会员制，收集忠实读者(网上浏览者)群，将客户广告连同网站提供的每日更新的信息一起，准确送到该网站注册会员的电子信箱中。

(一)电子邮件广告的优势

1. 针对性。电子邮件广告的针对性很强，可以让企业针对具体某一用户或某一特定用户群发送特定的广告。

2. 价格优势。电子邮件广告属于普遍使用的网络广告类型，因此也具备一般网络广告的经济性的特点，其制作、投放成本都比较低廉。

3. 制作、维护简单快捷。电子邮件广告如同其他网络广告一样，只要确定了设计方案，即可马上交由技术人员制作和投放，整个过程可以在短短几天，甚至一两天内完成，其操作简单快捷，并为广告主节省了设计制作和投放以外的大量成本。

4. 效率高、速度快。市场竞争中企业经常需要针对市场情况和竞争对手作出快速反应，但传统媒体由于制作相对复杂，因此往往具有滞后性。正如上文所述，网络广告制作简单快捷，因而成为现代市场营销的“快速反应部队”。电子邮件广告就是其中的佼佼者。通过电子邮件广告，企业可以在短短几小时以内把广告信息传递给数十万目标消费群，从而控制消费者心理的制高点，防止竞争对手捷足先登。

5. 友情式、注意力高。用户收发邮件通常是在朋友、同事之间进行，这种友情式的交互活动可以让用户对其中伴随的电子邮件广告接受性更高、注意力更集中。

(二)电子邮件广告的发布

1. 确定邮件类型。常用类型包括提醒邮件、产品信息邮件、潜在客户邮件、售后邮件等。

2. 收集 e-mail 地址。发布电子邮件广告首先需要知道用户的电子邮件地址，收集方式主要有三种：①发布网站建立访问者反馈功能，比如有些网站使用注册会员制，要求的注册信息通常包括邮箱地址；②制造某种网上特殊事件让客户参与进来，比如举行微博活动，新浪微博开通了活动发布功能，活动发布的字数并不在 140 个字的限制之内；③使用电子邮件收集软件，电子邮件发现工具是寻找顾客电子邮件地址最简单的方式，常用工具有 Hunter、toofr 等，此外，还可以利用 intitle 命令来搜索到留下邮箱的帖子。

3. 确定 e-mail 广告内容。电子邮件广告的内容需要注意以下几点：①拼写检查，绝对不要出现错别字、语句不通/歧义等低级问题；②邮件主题要明确，直接明白地告诉用户自己的产品/服务是什么或者可以为用户解决什么问题；③可点击的 URLS，邮件中需要插入链接到自己产品/服务介绍的详细网页地址，方便感兴趣的用户查看更加详细的信息；④可点击的 e-mail 地址，方便用户回复邮件进行进一步咨询了解；⑤邮件内容不要采用附件形式，因为附件通常需要下载才能打开观看，而用户通常不会下载一个广告附件；⑥用自己的广告语言，不要模仿别人、千篇一律，用自己的特点吸引用户；⑦用自己的 URL；⑧不要试图利用广告销售产品；⑨使用签名档。

三、搜索广告

搜索广告即搜索引擎广告，是指广告主根据自己的产品或服务的内容、特点等，确定相关的关键词，撰写广告内容并自主定价投放的广告。当用户搜索到广告主投放的关键词时，相应的广告就会展示(关键词有多个用户购买时，根据竞价排名原则展示)，并在用户点击后按照广告主对该关键词的出价收费，无点击不收费。

(一)搜索广告的特点

1. 搜索广告的形式比较简单。通常是文字广告，其中主要包含广告标题、简介、网址等要素，一般在搜索结果页面中与自然搜索结果分开，如 Google、百度等搜索引擎都采取这种模式。

2. 搜索广告可以随时进行投放。搜索广告信息可以随时出现在检索结果中，也可以随时终止投放搜索广告。根据这一特点，如果一个网站是刚刚建成发布，用其他网站推广方法进行推广可能有一定的滞后效应，那么就可以尽快采用搜索广告推广来获得用户的关注。

3. 搜索广告一般采用按点击收费的计价模式，且费用可以控制。与一般收费搜索引擎按年度收取费用相比，搜索广告的定价模式并非固定收费，而是按点击收费，只有用户点击广告才开始计费，对于只是显示而没有点击的情况并不需要付费，因此所有的费用都是“有效的”，改变了一般收费搜索引擎要一次性付费的弊端。

4. 搜索广告信息出现的位置可以进行选择。通过进行关键词的合理选择，以及对每次点击价格等进行合理设置，就可以预先估算推广信息可能出现的大致位置，从而避免了一般网络广告的盲目性，对于自然检索结果排名位置的不可预测性也是一个补充。

5. 搜索广告信息可以方便地进行调整。出现在搜索结果页面的搜索广告信息，包括标题、内容摘要、链接 URL 等都是用户自行设定的，并且可以方便地进行调整，这与搜索引擎自然检索结果中的信息完全不同。自然检索结果中的网页标题和摘要信息取决于搜索引擎自身的检索规则，用户只能被动适应。如果网页的搜索引擎友好性不太理想，显示的摘要信息对用户没有吸引力，则无法保证推广效果。

6. 可引导潜在用户直达任何一个期望的目的网页。由于搜索广告信息是由用户自行设定的，当用户点击推广信息标题链接时，可以引导用户来到任何一个期望的网页。在自然检索结果中，搜索引擎收录的网页和网址是一一对应的，即摘要信息的标题就是网页的标题(或者其中的部分信息)，摘要信息也是摘自该网页，而在搜索广告信息中可以根据需要设计更有吸引力的标题和摘要信息，并可以让推广信息链接到期望的目的网页，如重要产品页面等。

7. 搜索广告可以随时查看流量统计。当购买了搜索广告之后，服务商通常会为用户提供一个管理入口，可以实时在线查看广告点击情况以及费用。可以查询的指标一般包括：每个关键词已经显示的次数和被点击的次数、点击率、关键词的当前价格、每天的点击次数和费用、累计费用等。经常对广告效果的统计报告进行记录和分析很有必要。如果同时购买多个关键词，还有必要进行比较分析，这样可以逐步积累使用搜索广告的经验。

(二)搜索引擎优化

搜索引擎优化是指通过对网站内容和相关搜索关键词进行优化，提升网站在搜索到相关关键词时，出现在首页的概率和机会，进而提升网站的搜索访问概率。通常，基于关键词的搜索广告优化有如下三种策略：

1. 关键词的选择。选择热门关键词，比如通过市场周报、关键词分析和谷歌趋势(工具)选择。

2. 关键词的密度。有研究表明，关键字密度在2%~8%被认为对提高网站排名有益；过度使用关键字会造成堆砌(keyword stuffing)，可能触发搜索引擎的过滤器(filter)，并且可能因内容难于阅读而造成访问流量的潜在损失。

3. 关键词的分布。通常将关键词放置到：<Title>和〈meta〉标签、标题(headings)、超链接文本、URL文本和网页顶部的文本之中。

四、信息流广告

信息流广告是一种嵌入在信息流媒体平台信息之间的，且能与平台特征相互融合，并按照平台信息呈现模式逐条展示，能支持消费者互动参与的互联网展示广告①。

(一)信息流广告的特征

1. 原生性

传统的互联网展示广告在形式上往往通过高度可见(highly visible)的方式(如旗帜、弹窗等)吸引消费者的注意力，在内容上更多强调产品自身属性和诉求以提升广告的说服效率。然而，随着信息爆炸性增长，消费者的认知资源被大量信息不断挤占，形式突显且说服直接的传统互联网展示广告导致了消费者更强的回避反应。众多研究表明，信息流广告的设计具有原生性，且在形式与内容两方面都集中呈现出来。

形式原生指信息流广告与其所嵌入的社交平台内其他非商业信息在规格和样式上保持一致。例如，在微博里它是一则状态，在今日头条里它是一则新闻。信息流广告原生的展现形式使得广告在不破坏消费者体验的前提下为其提供有价值的信息，降低了消费者对于广告干扰性的感知，提升了消费者信息处理的流畅性。

内容原生指信息流广告在内容表述上与其他非商业信息也存在一定的相似性，当前各

① 黄敏学，张皓. 信息流广告的前沿实践及其理论阐释. 经济管理，2019，041(004)：193-208.

大信息流媒体平台在进行信息流广告设计的时候越来越倾向于更加原生的广告内容。信息流广告如果不是周围标注有“赞助”或“广告”很难让消费者识别出其是一则广告。

2. 动态性

传统互联网展示广告主要投放于物理位置相对固定的 PC 端，通常采用的是基于细分市场的广告投放策略，根据消费者相对稳定的人口统计特征与历史行为偏好进行广告投放。随着互联网应用逐渐趋向移动化和场景化，互联网展示广告也越来越趋向基于消费者动态属性与场景的个性化投放，信息流广告正是体现了这一转变。

在投放媒介选择上，信息流广告主要投放于移动端，顺应了人们移动化、碎片化的信息消费场景。在投放策略上，信息流广告往往借鉴机器学习(machine learning)的思想，通过学习海量消费者动态数据(例如浏览行为、消费行为和位置变化等)，运用协同过滤、动态匹配等数据挖掘技术进行动态的广告投放。例如，今日头条每 5 秒计算一次消费者兴趣，选择消费者最有可能喜欢的广告为其进行推荐。因此，信息流广告投放是因人而异、因场景而异的，并且一般会基于消费者场景与消费者反馈进行动态的、响应式的策略调整。

3. 社交性

传统互联网展示广告常见于各类信息发布式的门户网站进行单向一对多的信息传播，认为其受众之间是相对独立的，考虑更多的是广告对受众认知记忆的直接影响。然而，社交媒体时代消费者不再只是被动地接收信息，而是更加主动地加入到信息的交互和传播之中。诸多研究表明，消费者之间的社交关系带来的影响比直接的广告说服给消费者心理和行为带来的影响更加深刻，消费者与他人关于广告的积极交互越频繁就越容易对品牌产生认同，越有利于品牌形象的塑造与品牌价值的传播。嵌入在社交流媒体平台的信息流广告被赋予了社交功能，通过对信息流广告进行点赞、转发、评论，让更多的消费者参与到广告传播中来。例如，Facebook、微博、微信这类社交流媒体平台通过有创意、幽默搞笑、二次元的广告内容提升消费者的信息流广告参与度。

(二)信息流广告的发展阶段

1. 基于动态页面的信息推送技术阶段

其主要基于动态页面的信息推送技术，使广告由固定呈现式向推送式转变。作为互联网展示广告的新形式，信息流广告直至 2006 年才在 Facebook 上出现，但当时在 PC 端投放的信息流广告与其他类型的广告相比而言并没有显现优势。2012 年 Facebook 在其移动端的动态页面内容中嵌入信息流广告使其与 Facebook 中其他非商业信息相“融合”，认为这种原生的广告形式更加顺应移动端狭小的屏幕，也更容易被消费者接受，从此，信息流广告价值不断凸显，被业界誉为“移动营销的灵药”。

2. 基于消费者动态场景演化的大数据和机器学习技术发展阶段

随着信息流广告的发展，基于消费者动态场景演化的大数据和机器学习技术可实现信息流广告智能化协同推荐。随着人口红利的消失，企业越来越重视流量的精细化运营，因此，企业在信息流广告实践中开始依据数据和算法通过精准推送来提高广告的转化率。例如，今日头条、Twitter 和百度都纷纷凭借先进的智能推荐引擎结合消费者特征、场景特征和阅读内容特征来进行信息流广告的智能化协同推荐，满足消费者的个性化需求提升信息消费的体验。

3. 融入社交功能的页面交互技术发展阶段

这是信息流广告发展扩张阶段，其融入社交功能的页面交互技术，促使消费者积极参与到与信息流广告的交互之中。通过赋予信息流广告点赞、转发、评论等交互功能，不仅可以把握消费者的兴趣点助力广告的精准投放，还满足了消费者的社交需求。当前信息流媒体平台，例如微信朋友圈、抖音越来越多地通过提升信息流广告创意和相关性来激发消费者主动参与广告互动主动进行广告的二次传播。iResearch 的调查显示，对于信息流广告九成以上消费者会“点击查看”，超七成消费者会有“点赞”行为，67.4%的消费者有过“评论”行为，65.7%的消费者曾经“转发”过。

第四节　程序化广告投放

一、程序化广告的含义

程序化广告(programmatic advertising)是指利用技术手段进行广告交易和管理的一种广告形态①。广告主可以程序化采购媒体资源，并利用算法和技术自动实现精准的目标受众定向，只把广告投放给对的人。媒体可以程序化售卖跨媒体、跨终端(电脑、手机、平板、互联网电视等)的媒体资源，并利用技术实现广告流量的分级，进行差异化定价(如一线城市的价格高于二三线城市、黄金时段的价格高于其他时间段)。根据《程序化广告：个性化精准投放实用手册》，程序化市场的角色及技术服务主要分为以下五类(见图 10-3)：

1. 广告需求方，即流量的消费者，包括广告主或代理商。

2. 需求方服务平台，包括需求方平台 DSP 和采购交易平台 Trading Desk，它们为需求方提供精准的广告投放和管理服务。

3. 流量供应方，包括媒体网站或 App、广告网盟 Ad Network，它们是流量的供应方，程序化广告市场的发展壮大离不开它们的参与。

4. 供应方服务平台，包括广告交易平台 Ad Exchange 和供应方平台 SSP，用于整合市场流量，但由于这两者在发展过程中功能逐渐趋同，因此可以统称为广告交易平台。

5. 广告服务和数据管理，包括程序化创意平台 PCP、广告验证平台 AVP、数据管理平台 DMP、监测分析平台 MAP，它们为广告投放策略优化提供数据支持，以及为品牌安全提供保驾护航等服务。

二、程序化广告的子系统

(一)需求方平台(demand-side platform，DSP)

DSP 是为广告主提供跨媒介、跨平台、跨终端的广告投放平台，通过数据整合、分析实现基于受众的精准投放，并且实时监控不断优化。DSP 完全代表广告主/Sponsor 和广告机构利益，完全服务于需求方的平台，可以使广告客户及代理机构更方便地访问，以及

---

① 梁丽丽. 程序化广告：个性化精准投放实用手册. 北京：人民邮电出版社，2017.

更有效地购买广告库存，因为该平台汇集了各种广告交易平台的库存。

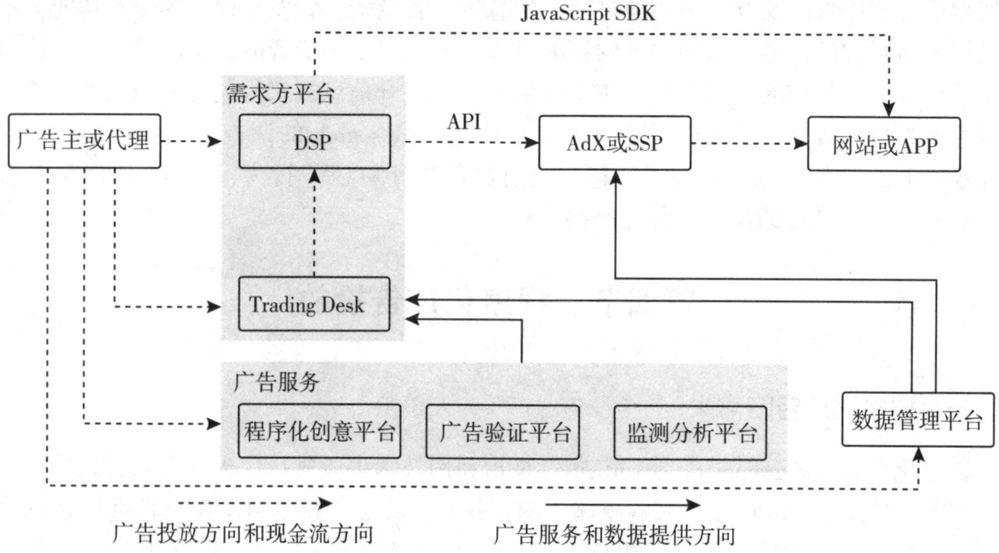

图 10-3 程序化广告投放的参与者

DSP 的概念可分为广义和狭义两种。广义的 DSP 泛指一切为广告主及代理机构服务的平台，包括现在的 DSP、传统的网盟、或者 AdNetwork 公司提供给广告主的平台。狭义的 DSP 仅指目前和 exchange 平台对接，支持 RTB(real time bidding，实时竞标)及 GD(guaranteed delivery，保证交付)交易的程序化营销平台(见图 10-4)。

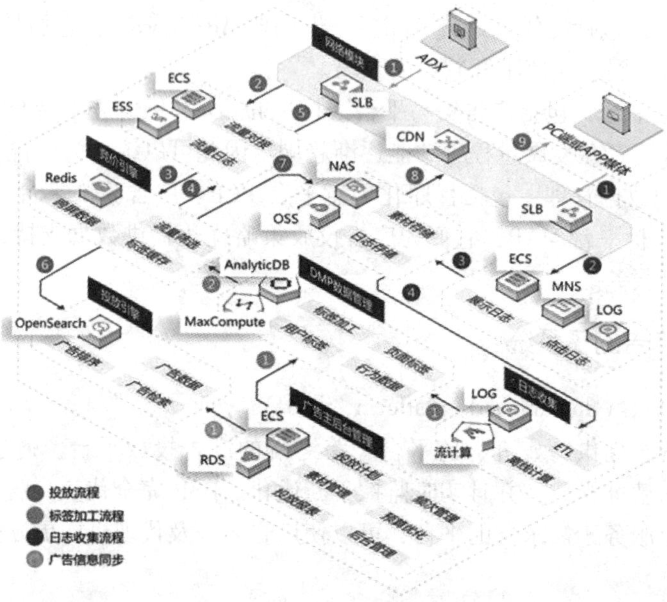

图 10-4 DSP 架构图

（二）供应方平台（supply-side platform，SSP）/广告交易平台（ad exchange，AdX）

SSP 是针对网站主的服务供应商，协助网站主将其广告资源加入广告交易平台，并通过数据化方式进行管理。SSP 负责对接媒体，然后对接进 ad exchange，由于现在 SSP 的功能基本与 AdX 一致，因此可以把两者放到一起来讲，统称为广告交易平台。DSP 通过 API 接口对接 ad exchange 或 SSP，实时竞价购买其流量（见图 10-5）。

当前国内的市场环境中，出于自身资源管理的需要或内部数据安全的考虑，大型的门户网站往往更倾向于搭建自己内部的 SSP 系统；部分门户或垂直网站选择与服务商合作搭建 SSP，利用服务商提供的底层技术平台搭建自有的 SSP；而对于中型网站以及长尾的网站，出于人力、物力投入的考虑，则往往选择直接使用成型的 SSP 产品。

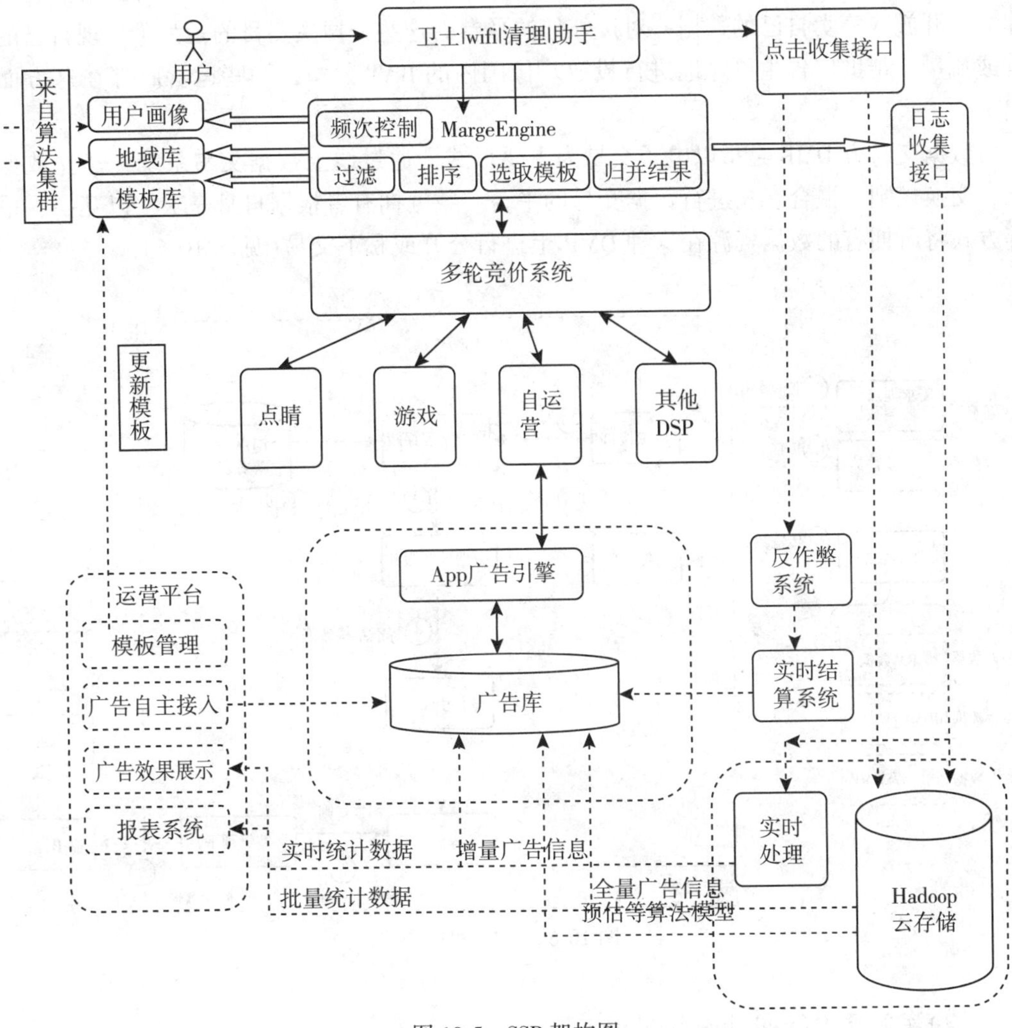

图 10-5　SSP 架构图

（三）数据管理平台（data management platform，DMP）

DMP 是把分散的第一、第三方数据整合纳入统一的技术平台，并对数据进行标准化和细分、标签化管理，为 DSP 提供数据支持。当前市场中，DMP 主要分为三类：数据管理方 DMP(第一方 DMP)、数据提供方 DMP(第二方 DMP)和数据交易方 DMP(第三方 DMP)。

数据管理方 DMP 是指大型广告主利用第三方技术服务商为自己搭建的内部 DMP，其本质是自身数据的管理分析平台，通过数据来做智能的后续决策和行动，比如精准的投放广告。现在提供这类技术服务的有一些大型的 DSP 技术公司、第三方监测公司和一些专门的 DMP 软件公司。这类公司一般不以数据为交易对象，输出的是清洗数据、管理数据、建模和优化数据的能力，类似于线下的 CRM 管理技术公司。提供该类型的 DMP 公司通常的商业模式是典型的 SaaS 模型。

数据提供方 DMP(第二方 DMP)主要指拥有大量数据的公司为了变现自己的数据资产建立、开放或售卖自己的数据，对接外部的平台。这些公司主要目的是为了变现自己的数据或流量，帮助广告主更好地进行投放。像国内的 BAT 公司，一些运营商都在这方面作出努力。

数据交易方 DMP 是指以电子交易为主要形式，通过线上数据交易系统，建立数据标准、交换规则，撮合客户进行数据交易的平台。数据拥有者根据自身需求，以互换、采买等方式将所拥有的数据资源在这种 DMP 上进行公开或私下交易(见图 10-6)。

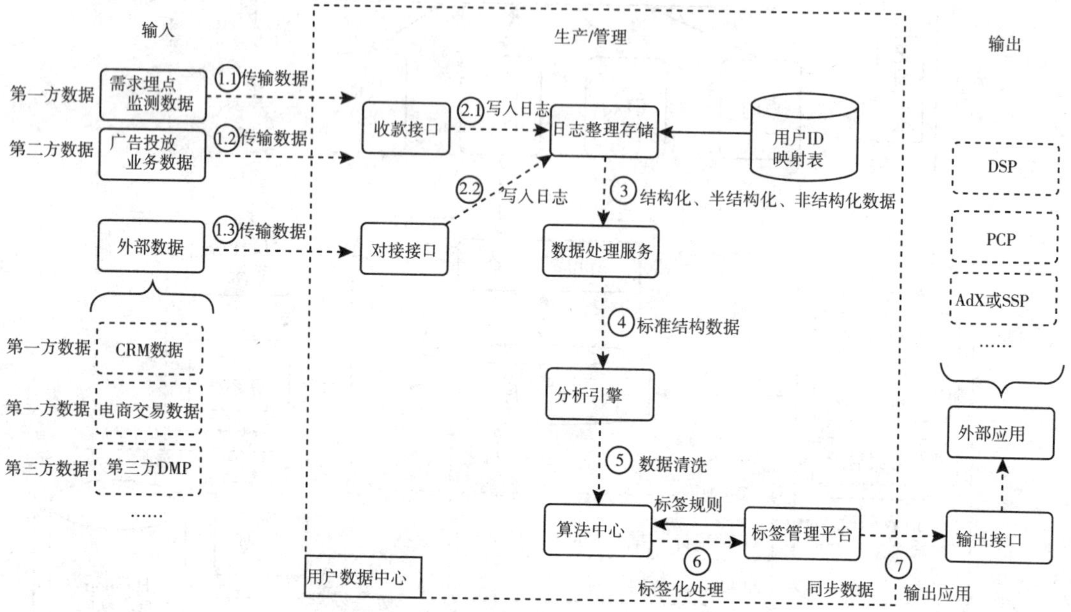

图 10-6　DMP 架构图

(四) 实时竞价(real time bidding，RTB)

RTB 是一种利用第三方技术在数以百万计的网站或移动端针对每一个用户展示行为进行评估以及出价的竞价技术。实时竞价允许广告买家对每一次广告展示进行竞价，一旦竞价成功，广告就会立刻出现在网站中。RTB 引擎是 DSP 系统的核心，是实现高并发(每天百亿级别请求)、实时反馈(50ms 之内需要反馈)的关键。RTB 竞价采用 second price auction 规则，即：价高者得，次高价结算(通常比第二高价多 1 分钱)。RTB 的竞价逻辑为(见图 10-7)：

1. 用户浏览器打开 A. com 网站；
2. A. com 通知 ADX：我有一个位置可以展示广告；
3. ADX 将这一次展示信息发送给各大 DSP 平台；
4. 各大 DSP 根据这一次请求携带的信息，决定是否参与竞价；
5. DSP1 和 DSP2 参与竞价，各自出价不一样；
6. ADX 接收到所有需求方的出价响应后由竞价决策服务进行竞拍，价高者得，次高价结算，即出价最高的需求方赢得本次展示，并以第二高的投标价格(通常比第二高多 1 分钱)跟广告交易平台结算；
7. 广告返回到用户浏览器曝光；
8. ADX 的追踪服务向 DSP 发送竞价成功、曝光的请求；
9. 用户看到广告，当前竞价流程结束。

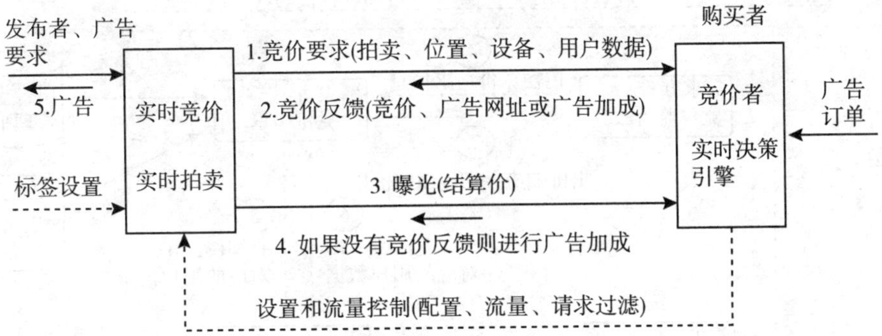

图 10-7　RTB 竞价流程图

三、程序化广告投放的执行流程

程序化广告投放的整体流程如下(见图 10-8)：

1. 用户访问网站，产生广告投放机会即投放广告位；
2. 供方(supply side)将资源提交给交易平台(exchange)；
3. 交易平台将信息发给需方(demand side)的竞价监听服务；
4. 需方通过监听服务将竞价信息传递给竞价引擎；
5. 竞价引擎通过用户 ID 到数据管理平台(DMP)查询用户的信息；
6. 数据管理平台将用户相关信息返回给竞价引擎；
7. 竞价引擎根据之前预设的竞价规则和投放规则，提出响应的竞价价格；
8. 竞价监听服务将需方提交的价格和广告代码发到广告交易平台；
9. 交易平台根据竞价规则将胜出的投标者的广告代码推送给供方网站；
10. 供方网站根据推送的广告代码到需求方的广告物料中请求广告物料；

11. 需求方将请求广告物料推送到网站平台；
12. 网站平台将相关信息整合后显示给用户。

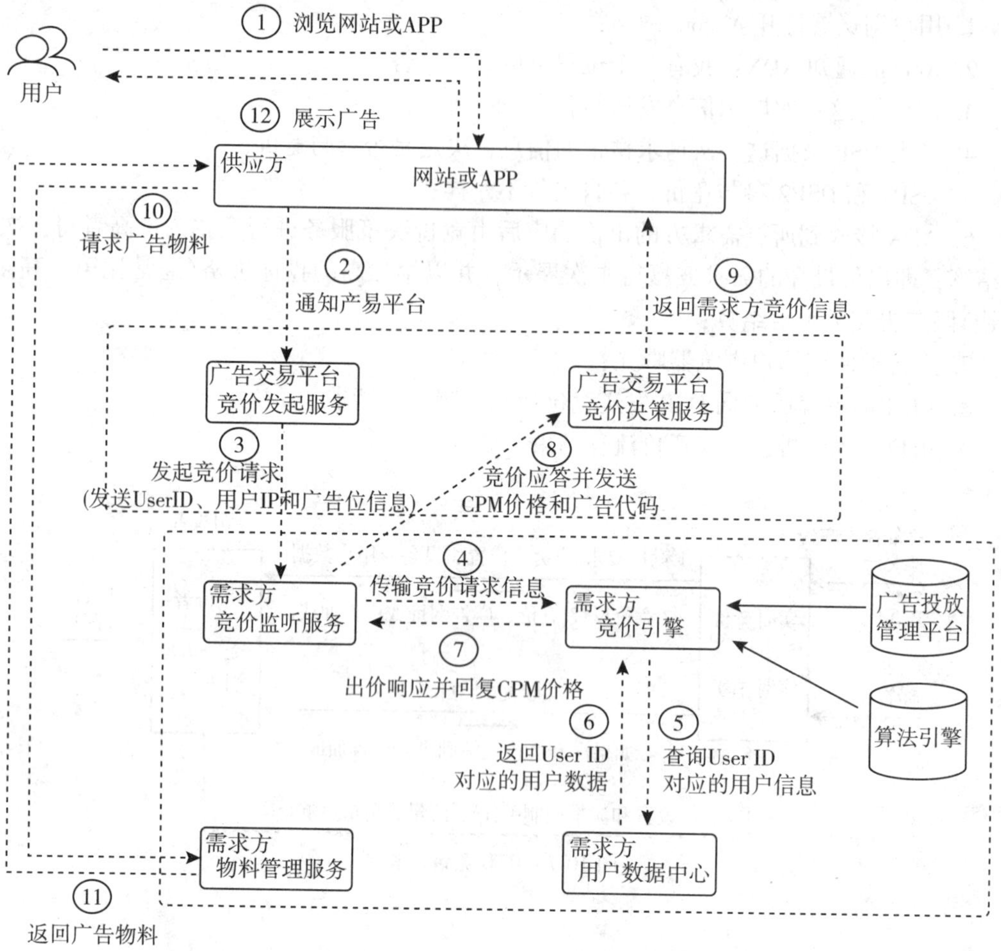

图 10-8　程序化广告投放流程

（一）基于 DSP 的程序化广告投放

在程序化广告投放中，DSP 的核心功能包括连接 SSP 和 ad exchange、从 DMP 请求或购买访客数据、提供竞价管理函数（最核心）、根据优化算法和规则竞价、广告实施效果分析评估。其工作流程如下：

1. 投放前 DSP 会要求在广告主网站布码，同时在 DSP 的业务平台中录入广告投放的需求，如投放金额、投放排期、投放定向（如地域、兴趣、年龄等）、最高限价。

2. 从访客（即潜在的消费者）访问广告主网站开始，访客在广告主网站上的行为会被收集，同时 DSP 会与 AdX 和 SSP 进行 cookie mapping，形成日志进行处理，形成回头客相关的行为数据标签。

3. 当访客完成对广告主网站的访问，去其他媒体网站进行访问时，相应的媒体广告位根据事先嵌入的广告代码向广告网络发起广告请求，广告网络会将广告请求封装成“http 头+pb”体的格式向多个 DSP 发起竞价请求。

4. 当 DSP 接到竞价请求时会根据与广告网络约定的 pb 格式进行解包，拆解出相关的字段进行匹配，根据之前相关媒体积累的点击率结合点击率预测模型对出价进行预测，找出平台内在此次竞价请求中能让平台利益最大化的广告主的创意进行投放，返回给广告网络出价与广告代码。

5. 广告网络会在特定时间内(通常是 50~100 毫秒)根据多个 DSP 的出价高低，以比第二名价格多 1 分的价格让出价最高的 DSP 胜出，并将广告代码中的展现宏和点击宏进行替换(替换过程中会根据事先与 dsp 约定好的公钥对价格进行加密，以防止第三方篡改和窃听)。

6. 广告网络将广告代码返回给媒体，媒体会将广告代码放置在 JS 对应的位置进行展现，展现和点击的过程中会先后触发广告网络和胜出 DSP 的展现代码，广告网络和 DSP 分别接收到展现请求会对相应的展现进行计费操作(月底会相互进行对账)。

7. DSP 内部会根据收集到的展现和点击进行计费操作，形成相应的报表；而对浏览、展现、点击的记录会分别进行收集形成日志，经过 ETL 由 DMP 进行抽取和分析，形成媒体数据、用户标签、CookieMatch 数据以及回头客用户标签数据，这些数据会在投放过程中作为 RTB 竞价的参考依据。

(二)程序化广告投放执行——SSP/AdX

1. 管理广告位的分配。针对自身广告位的特点，选择是内部销售还是开放给广告交易平台，对于开放的广告位则需进一步管理是分配给哪个广告交易平台。

2. 筛选来自不同广告交易平台的广告请求。筛选广告主、监控广告素材。

3. 管理广告位价格。通过数据的积累对每个不同广告位的广告底价进行分析和调整。

4. 管理广告资源。SSP 负责对接媒体，然后对接进 ad exchange。由于现在 SSP 的功能基本与 AdX 一致，因此可以把两者放到一起来讲，统称为广告易平台。DSP 通过 API 接口对接 ad exchange 或 SSP，实时竞价购买其流量。

四、私有广告交易市场 PMP

以 RTB 为核心的广告程序化投放为广告市场带来了新的革命性的变化：在采购广告的方式上，不再是以广告位为标的，而是以人(受众)的个体作为标的——当一个人来到某一个拥有 RTB 广告位的网页上，他所看到的广告内容，是根据这个人当下的个人情况与兴趣决定的；同一个广告位的内容，不再是千人一面，可因人而异；可控制同一个广告对同一个人“轰炸”的次数，而且可以实现跨媒体的整体控制，不再是某单一网站内的控制。

与此同时，品牌广告主却青睐传统上有排期计划的高优先级广告位，即购买后广告位置确定、广告价格相对固定，且购买之后广告位一定是排他的。那如何在 RTB 的时代抓住这些品牌广告主呢？PMP(private market place)的产生解决了这一问题：将 RTB 科技和优质广告位资源完美结合，让广告主可以自主选择流量要求，然后按照程序化广告方式精准投放。PMP 的私有购买资源的方式主要有以下三种：

1. PDB(private direct buy，私有直接购买)

这是目前国内市场主流应用的一种私有交易模式，指营销者用确定的价格买断固定、优质的媒体资源，然后进行程序化广告的精准定向投放；媒体采购价格和曝光量都能事先确定。

2. PD(preferred deals，优先交易)

这种交易方式在广告资源上具有一定的不确定性，即营销者可以购买某一优质广告位，但在此广告位上能获得多少曝光展示量却不能预先保证(可多可少)。因此，这个广告位上的预算也就不能精准确定了。

3. PA(private auction，私下竞价)

指将较优质的固定广告位资源专门拿出来，放在一个半公开市场中，仅由进入白名单的买方进行竞价，价高者得。因此，广告位可以锁定，但采买价格和是否最终获得曝光都不能保证。

第十一章　社会化媒体营销

【为什么联想口碑越来越差?】联想(https：//www. lenovo. com. cn)从1996年开始电脑销量一直位居中国国内市场首位。2005年，联想集团收购IBM PC事业部；2013年，联想电脑销售量升居世界第一，成为全球最大的PC生产厂商。2014年10月，联想集团宣布该公司已经完成对摩托罗拉移动的收购。自2014年4月1日起，联想集团成立了四个新的、相对独立的业务集团，分别是PC业务集团、移动业务集团、企业级业务集团、云服务业务集团。2016年8月，全国工商联发布“2016中国民营企业500强”榜单，联想名列第四。

曾经，联想在国内市场拥有崇高的地位。从品牌创建之初就拥有强大的优势，不仅受到了中科院的扶持，更是获得了各方面有力的支持，不出几年就在市场上站稳了脚跟，成为民族品牌、中国企业科技创新的典范；如今的联想，在国内的口碑与形象急转直下(见图11-1)。

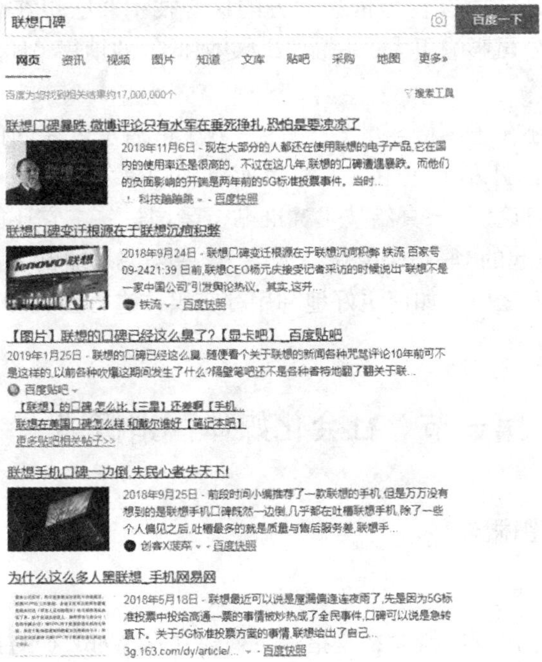

图11-1　联想口碑崩塌

这可追溯到2016年5G标准(LDPC和Polar)之争。在3GPP RAN1第86次会议上，联想和旗下摩托罗拉均支持了高通的LDPC作为数据通道的长短码方案；但在第87次会议上，联想将两票均投给华为。然而，最终华为还是因为一票之差落败。多种报道指出：联想身为中国公司，却将自己和旗下的摩托罗拉公司宝贵的两票投给了美国企业，以致为布局5G苦熬三年的华为就此落第。尽管联想作出了澄清，但其回应并未打动中国网民，反而加深了误解，遭到网友的声讨。

“投票门”只是联想口碑崩塌的一个引子。联想虽为民族企业，其国内外的差异化定价更是让中国消费者“寒了心”。同样一款型号的笔记本电脑，在中国的价格却远高于美国的价格。对此，联想解释中美差价的原因在于增值税，然而增值税只有17%，而中美价差最高达47.46%。年报显示，2017年联想中国区税前利润为5.39亿美元，亚太地区为6500美元，美洲区为1.57亿美元，中国以27%的全球营销占比贡献了联想全年70%左右的利润，这表明联想存在着拿国人的钱补贴国外的嫌疑。由此也可看出，对于国内的消费者，联想缺乏情感连接，双方更多的是一种“交易关系”，即利用国内的顾客忠诚进行价格歧视，以赚取更高的溢价。相比之下，华为采取截然相反的策略，其产品的海外售价高于国内售价。在这一点上，联想的销售策略让其背上了“美帝良心想”的骂名，引发了国内消费者的强烈不满。

联想的销售策略也反映了其“贸工技”的困局。与华为走自主研发道路(“技工贸”)不同，联想更偏向于销售，以市场为导向。“贸工技”战略一开始取得了显著的效果，联想收购了IBM的电脑部门和摩托罗拉，并一跃成为全球最大的电脑生产与销售公司。然而“贸工技”策略同时也掩盖了真正的危险——联想侧重产品成本和利润，缺乏长期投入，缺乏核心研发能力和创新能力，较为依赖西方的核心技术。联想在高度竞争化的国外市场，受到西方高科技的公司影响更大，只能采取更加低价的销售策略，由此产生了运用国内利润补贴国外的行为。

联想口碑差的原因还在于不恰当的“公关”，不注重消费者之间的二次口碑传播，没有做好社会化媒体经营，引发了一轮又一轮负面口碑的爆发。无论是5G投票门事件发酵，还是杨元庆发表的言论“如果真给技术标准贴上爱国标签，它还能够在国际市场上畅通无阻吗”以及柳传志发起的“联想荣誉保卫战”，这些公关都加剧了消费者负面口碑的传播，将联想带进舆论漩涡之中。如何更好地利用社交媒体进行公关和口碑营销，是联想需要思考和加强的地方。

第一节　社会化媒体营销概述

一、社会化媒体营销概述

(一)社会化媒体的内涵

社会化媒体是近年来出现的概念，是指一系列建立在Web2.0的技术和意识形态基础上的网络应用，它允许用户自己创造内容和交流。社会化媒体是人们彼此之间用来分享信息、意见、见解、经验和观点的工具和平台，是一种给予用户极大参与空间的新型在线媒体，体现了信息发布者与信息接收者之间的即时沟通与互动。社会化媒体将以往媒体一对多的传播方式改变为多对多的“对话”。

（二）社会化媒体的发展

具体来说，社会化媒体的形态包括微信、博客及微博（如国外的 Twitter、国内的新浪微博）、维基（如国外的 Wiki、国内的互动百科、百度百科）、论坛（如百度贴吧、豆瓣小组）、社交网络（国外的 MySpace、Facebook，国内的人人网等）、视频分享（如国外的 YouTube、Hulu，国内的抖音、爱奇艺和哔哩哔哩）、图片分享（如国外的 Instagram）和网络社区（如国内的虎扑）等（见图 11-2）。

图 11-2　2019 年中国社会化媒体概览

CIC[①] 发布的 2019 年中国社会化媒体格局图，把我国目前社会化媒体分为三大部分，分别是“复合媒体”“核心社会化媒体”和“衍生社会化媒体”。中国作为世界领先的互联网市场之一，越来越多的互联网平台从单一功能转向多功能的复合媒体。“复合媒体”指的是多功能一站式平台，平台支持搜索、交友、通讯、娱乐、游戏、购物及社交功能，且总用户数大于 5 亿，用户可根据需要切换功能，满足多种应用场景需求。在中国，微信、腾讯 QQ、淘宝和支付宝是目前可被定义的复合媒体。

“核心社会化媒体”是重关系平台，主旨为增强人与人之间的关系，即帮助用户更好地了解并连接其他用户。在核心社会化媒体之下，用户之间的关系是双向共享的，用户之间更加频繁地交互各自的生活体验或其他信息，其中包括“新鲜事”（如微博/小红书）、“交友”（如谈谈/钉钉）和“兴趣”（如豆瓣/贴吧）三大类。

“衍生社会化媒体”是重内容平台，主旨为保持和增加用户黏性，赚取流量。在使用

① CIC. 中国领先的社会化商业资讯提供商. http：//www. ciccorporate. com.

衍生社会化媒体的过程中，用户更偏向使用单向交流的关系模式，即从内容生产者处获取符合兴趣的信息。这类平台包括“影视娱乐”(如抖音/快手/网易云音乐/爱奇艺)、“知识咨询”(如知乎/百度百科/今日头条)、“电商购物”(如天猫/京东/拼多多)和“网络游戏”(如和平精英)四类。

与海外相比，中国建立自媒体的平台主要集中于微博和微信，但知乎、今日头条、小红书和抖音不断成为品牌实验的新领域。

(三)社会化媒体的特点

1. 参与性。大部分的社会化媒体都能使用户免费参与其中，可以激发感兴趣的人主动地贡献和反馈，它模糊了媒体和受众之间的界限。任何人可以看到任何一个信息，都可以轻松地转发、分享、添加评论，参与和利用社会化媒体中的内容几乎没有任何障碍。

2. 交流性。户外、报纸、电视等传统媒体以“传播”形式将内容单向传递给受众，而社会化媒体是多对多的“对话”，具有双向传播的性质。每个人在这个传播网络中，既充当了传播的节点，同时自身也是被传播者，这就形成了一种交流。

3. 真实性。社会化媒体营销通过用户真实的体验与反馈，鼓励消费者发出最真实的声音。社会化媒体将现实的关系转移到网络上，模拟真实世界的交往。即使对于没有实名制的社会化媒体，由于其极强的参与性，也使得用户能够感受到它的真实，因此，社会化媒体传播的信息更容易被信服。

4. 社区化。在社会化媒体中，人们可以很快地形成一个社区或小群体，并以明星、电影、电视剧等共同感兴趣的内容为话题，进行充分、自由的交流。而且，在这样的社区或小群体中，成员之间往往会形成较强的某种类似于真实世界的社交关系，从而获得较高的网络信任。

5. 用户创造内容(user generate content，UGC)。随着互联网的发展，人们创造自己的文字、图片、视频等内容变得越来越容易。社会化媒体最大的特点就是满足了人们自己创造并传播内容的需要。

(四)社会化媒体的作用

1. 信息获取与传播的变革。社会化媒体丰富了人们的信息获取及传播渠道，潜移默化地改变着消费者的信息获取及传播习惯。社会化媒体下，消费者不再被动接收信息，而是通过微博、微信、消费评论网站等网络工具主动搜索信息，并且越来越习惯于将自己的体验或感受通过网络主动向社会媒体传播。

2. 消费者购买态度的变革。社会化媒体使得消费者很容易找到有共同背景、爱好和品味的人，从而影响消费者的消费态度及购买意愿。消费者对传统的广告越来越不信任，对个人博客、消费评论网站、电子商务网站的消费者评论等社会化媒体中的网络口碑的依赖性增强，口碑对企业产品销售收入有了显著影响。

3. 营销策略变革。社会化媒体带来的消费者市场的变化，提升了营销者对社会化媒体的重视程度，也带来了营销策略的变革。一方面，营销策略从关注企业创造内容到关注用户创造内容。企业进行媒体传播时，也关注用户的参与互动。很多知名企业，如华为、小米等建立线上社区，鼓励用户对产品进行交流与反馈。另一方面，营销策略从关注企业的直接营销效果到关注二次传播效果。企业不但关注营销对消费者的直接影响，还关注受到影响的消费者在社会化媒体的分享所带来的二次影响，即病毒式营销。很多企业通过抖音、快手等社交媒体进行病毒式营销，以此获得更高的曝光度。

二、社会化媒体营销

(一)社会化媒体营销的内涵

Web2.0背景下，社会化媒体的发展日新月异，在此基础上，部分企业开始利用社会化媒体实现商业价值，从而引发社会化媒体营销。社会化媒体营销是指依赖或者基于社会化媒体上用户形成的互相连接的人际关系，来进行品牌或者商品的营销。在社会化媒体环境下，企业的营销传播方式已经产生巨大的变革，更加关注用户的参与度和美誉度，强调和用户的交互性。传统的营销广告模式是企业进行单方面的信息传输，很少强调用户体验和信息反馈。而社会化媒体营销关注客户对产品的口碑、客户的交流、品牌的美誉度，最终形成基于社会化媒体等平台的口碑营销、持续的品牌美誉度。

(二)社会化媒体营销的发展

结合移动互联网的特征和移动终端的使用，移动社会化媒体提供的地理位置服务越发成为商业信息的载体，社会化媒体营销也越发趋向于移动化。AMA(America Marketing Association，美国移动营销协会)在2003年将移动营销定义为“对介于品牌和终端用户之间作为通讯和娱乐渠道的移动媒体的使用。移动营销是随时随地都能够带来即时、直接、交互沟通的一种亲身渠道，概而言之，就是通过移动渠道来规划和实施想法，对产品或服务进行定价、促销、流通的过程”。得益于不断增长的智能手机普及率，2018年中国移动广告的增速超越了有线显示广告。据普华永道发布的《2019—2023娱乐及媒体行业展望》报告预计，国内移动广告收入占网络广告的份额将从2018年的52%增至2023年的68%，成为推动中国网络广告行业增长的重要动力。移动营销发展如此迅速，对传统的PC网络营销既是一种补充，也不免造成冲击。相比来说，移动互联网生态系统比PC互联网丰富，原先在PC端难以实现的本地化O2O业务，在移动时代成了数字营销的标配。

(三)社会化媒体营销目标

1. 直接促进产品和服务的销售。一方面，随着社会化媒体的衍化深入，越来越多的消费者在做购买产品或服务决策时，会利用社会化媒体平台查找收集相关信息。另一方面，企业也会通过在社会化媒体上运作、更新，如发布相关产品的销售链接，从而有效地直接提高产品的销售效果。研究显示，社会化因素诱发消费动机，社会化购买已经发展为消费者网络购物的一种消费模式。社会化因素对网购的促进作用使得社会化网购成为推动网购市场增长的新动力。

2. 提升产品和服务的质量。社交媒体使得消费者可以针对产品或服务发表评论，甚至提出批评。企业决策者能借助社会化媒体，直接接触市场第一线，获取客户的产品心声，掌握市场需求情况，追踪客户对于产品、服务的最新评价，而不必让市场信息逐级递减地传递到自己耳中。

3. 提高品牌知名度。知名品牌在社会化媒体领域通常具有较高的参与度与知名度，而且多数社会化媒体平台都支持与鼓励这种参与。例如，新浪微博的企业版就是引导企业实施微博营销的平台。企业通过网络空间构建社会化媒体站点，能够持续地进行内容投放和更新，进而提升企业的品牌知名度。

4. 公共关系维护。企业可以通过社会化媒体，展示企业文化与商业运营。另外，在社会化媒体平台当中，特别是微博平台，不管企业是否参与其中，关于企业及其产品的话题都将层出不穷，任何声音和舆论都可能随时变化发展，从而给企业品牌带来正面积极的或者负面消极的影响。企业可以通过社会化媒体进行监控和跟踪，尤其是关注相关利益方、客户、媒体及意见领袖等的言论，及时发现危机苗头，并争取在第一时间内解决。危机事件发生后针对存在的误解进行主动、公开、透明的回应，及时弥补过失，控制事态扩大。

5. 与消费者建立“共有关系”。企业可以通过社会化媒体，与消费者进行积极的互动。如在微博上，企业通过拟人化的形象与亲切有趣的话语拉近与消费者之间的关系，并在节假日送上祝福。社会化媒体社是依托于人与人之间的交流、分享、传播的工具和平台，具有“社区化”和“参与度”的特征，有利于企业提升用户参与的活跃度，把客户关系从传统的“交易关系”转变为“共有关系”，提升用户黏性，发挥消费者的价值共创作用。

第二节　社会化媒体营销基础

一、网络口碑的概述

(一)网络口碑的内涵

一方面，消费者借助互联网更加容易沟通，使得消费者可以更加依赖虚拟社会网络来获取信息，网络口碑成为他们交流产品或服务信息的一种形式。另一方面，社会化媒体正在以燎原之势覆盖网络生活的角角落落，口碑信息自然成为消费者购买决策的重要信息来源，我们正在进入一个“泛口碑”时代。网络的兴起对口碑信息的传播方式产生了巨大的改变，使其不再是传统传播所采取的当面交流的单一方式。对于消费者而言，他们可以通过微博、微信、论坛、讨论区等方式将自身的意见、感受和评论传播出去，还根据自身需求通过网络搜索寻找想要产品的口碑信息。网络口碑即消费者通过网络虚拟平台对产品或服务等事项进行有关意见、经验与建议等方面的信息交流，称之为在线口碑。绝大多数的网络口碑信息是以社会化媒体为传播媒介的，而社会化媒体中传递的关于某一产品、品牌、商家，以及能够使人联想到上述对象的任何组织或个人的信息，就是网络口碑。

口碑传播和网络口碑传播实际上是一种共性和个性的关系，口碑传播定义一定可以“涵盖”网络口碑传播，下面将口碑区分为一般口碑(离线口碑，即面对面的人际交流口碑)和网络口碑。表 11-1 是对离线口碑和网络口碑的对比分析。

表 11-1　　**离线口碑和网络口碑的对比**

	离线口碑	网络口碑	
		一对一/多传播	多对多传播
口碑特点			
传播媒介	交谈、电话、会议(写信)	电子邮件，文字聊天(语音聊天)	微信，微博，论坛，SNS 社区
交流形式	口头(书面)交流	书面(口头)交流	书面交流
同步性	同步交流	既可以是异步交流也可以是同步交流	既可以是异步交流也可以是同步交流
交互类型	面对面交流/直接交流	虚拟交流/间接交流	虚拟交流/间接交流
交流方式	主要是线性交流	线性或者非线性交流	非线性交流
发送和接受者间关系	相互认识/真实社会关系/有限接受者	相互认识(匿名)/真实或者虚拟社会关系/大范围接受者	一般为匿名/虚拟关系/很大范围的接受者
传播便捷性	难以传播	方便传播和再传播	方便传播和再传播
口碑结果			
涟漪效应	低涟漪/放大效应(独立的口碑)	中等涟漪/放大效应(独立的口碑)	高涟漪/放大效应(独立的口碑)
关注点	说服型口碑	说服型口碑	说服型和扩散型口碑
关键角色	意见领袖是关键	意见领袖是关键	再传播者是关键

二、网络口碑的形成

(一)网络口碑形成的原理

网络是一种互动媒体，信息的非正式管道连通全球。在互联网上，人们的关系网络已没有空间限制，人们之间也已没有距离障碍，互联网越来越显示出其巨大的优势。互联网的口碑传播速度要比现实中的快得多，范围广得多。

依据社会关系理论，团体中成员间往往互有联系，所以信息传播容易，但从一个团体传信息至另一个团体，有时仅仅依赖于两团体中各有一名成员相互认识，而形成唯一的一条通路，这条唯一的信息通路就被称为“桥”。桥在信息的扩散上极有价值，因为它是两个团体间信息通畅的关键，一般来说它是弱关系，不然两个人间的强关系会呼朋唤友在一起，使两团体中很多成员互相认识，那么这条信息通路就不再是唯一的，也就不具有“桥”那么高的价值。互联网是一种有效的沟通渠道，同样在网上也形成了类似现实生活中的强社会关系如同一个虚拟社区成员，也有弱社会关系。因此互联网口碑传播，就要利用网络的虚拟社会关系传播信息。

(二)网络口碑发起动机

2014年，伯杰·乔纳结合前人的研究，总结了五种网络口碑发起的动机①。

1. 印象管理

消费者进行口碑传播的原因之一是塑造别人对他们的印象(以及他们对自己的印象)。社会互动可以被看作一种表演，人们以特定的方式呈现自己以获得期望的印象，这就是印象管理。在现实生活中，有些求职者在面试中精心打扮是想要表现出自己的专业性，期许给面试官留下良好的印象。

口碑传播在两个方面有利于印象管理。其一是自我强化(self-enhancement)。人们倾向于分享让他们看起来更好的事物，以及让他们看起来更加特别的、能够展示鉴赏力或特定地位的事物。其二是身份信号(identity-signaling)。人们通过言论来标明自己特定的特征、知识或者在特定领域的专长。如某人经常谈论最新的餐厅，那么别人会认为他热爱美食。

那么印象管理如何促进口碑分享呢？①有研究表明，分享娱乐相关的(比如有意思的、令人惊奇的、滑稽的或者刺激的)事物会让分享者看起来有趣，因此有趣的事情更被人们分享。②印象管理也会导致有价值的信息(比如建议或折扣信息)被分享，因为这样做能够让分享者看起来更加聪明和有价值。③此外，某些产品(比如汽车、服装)或知识类似于一种身份的象征，通常被用作一种身份的信号。④奢侈品就是一个典型的例子，相比于平价产品，拥有劳力士手表将会让自己看起来富裕和有地位。⑤拥有一双限量版的鞋子让自己看上去独一无二。⑥印象管理同时也会激励人们谈论自己与他人一致的事物，如相同的爱好，让自己看上去更友善。⑦不仅如此，印象管理也对人们分享内容的积极程度产生影响。有研究指出，人们在讲述自己相关体验时更可能采用积极的口碑传播，但是讲述他人的体验时更可能采用消极的口碑传播。⑧高事件唤起会增加人们的口碑分享行为，如灾害、冲突或者危机的发生，会引发人们的焦虑，从而促进流言的传播。

2. 情绪调节

口碑的第二个作用就是帮助消费者管理他们的情绪。情绪调节是指人们管理他们所拥有的情绪的方式，即他们何时拥有这些情绪，以及他们如何体验和表达这些情绪。如对飞机延误，有些人会向亲朋好友抱怨，以此来舒缓负面情绪。

口碑分享在以下几个方面促进情绪调节。其一是产生社会支持。有负面体验发生时，人们倾向于与其他人交流来获得社会支持，从而释放自己的负面情绪、让自己看起来更好。其二是发泄或实施报复。负面体验发生时，人们会通过发泄或实施报复来调节情绪。有研究发现，沮丧、愤怒或不满意的消费者更愿意通过分享口碑来发泄或实施报复。其三是促进意义建构，口碑分享能够帮助人们理解情绪的类型和产生的原因。将情绪表达成语言需要更多的思考和清晰的语言组织，而这个过程能够帮助人们重新评估自己负面情绪体验过程，从而帮助人们摆脱负面情绪和增加幸福感。其四是减少不一致。即使已做出购买决策，有时候消费者依然不确定是否做出了正确的选择，因此与他人交流能够帮助他们支

① JONAH B. Word of mouth and interpersonal communication: A review and directions for future research. Journal of Consumer Psychology, 2014, 24(4): 586-607.

持自己所做的决策并减少自我怀疑。其五是促进预演。重新评估情绪体验能够帮助人们激活与之相关的其他情感，因此人们更可能谈论积极的情感，因为这能够激活快乐的情绪。

相关研究指出，情绪调节导致与情绪相关的内容更多地被分享。人们更乐意分享社会上的奇闻逸事以及那些让人觉得恶心、有趣、惊奇或快乐的都市传闻；羞愧、内疚或者高度的恐惧等情绪会抑制人们的口碑传播；情绪调节也会影响消费者口碑分享的偏向。人们通常与他人分享负面情绪来使自己感觉更好，相反消费者也会分享积极的情绪来回味某一次购买的乐趣以此延展其带来的积极效应。高情绪唤起的内容更可能被分享。与低唤起能力的情绪(如伤感)相比，高唤起能力的情绪(如愤怒、焦虑)会增加发泄情绪的需求；与低唤起能力的情绪相比(如满足)，高唤起能力的情绪(比如激动或者快乐)会增加预演情绪体验的需求。

3. 信息获取

口碑分享的第三个动机是信息获取。消费者往往不确定买什么或如何解决特定的问题，所以他们求助于他人。因此，消费者会通过口碑来主动寻找信息。同时，为了获得需要的信息，他们也会讲述与产品相关的想法。

口碑分享通过两个途径来获取信息。其一是寻求建议。人们通常不确定在特定的情形应该做什么，如应该看哪部电影、买哪个品牌的电脑。在不确定的场景下，人们会利用口碑获得帮助，把其作为购买决策的建议或参考。其二是解决问题。通过交流，消费者能够得到如何处理特定问题的建议。研究表明，利用口碑来解决问题的人更倾向于在线上平台给出评论。

研究表明，消费者在要做出冒险、重要、复杂或不确定的选择时应该尤其喜欢利用口碑。此外，当某些信息缺失时，人们会利用口碑来获取其他信息，以此作为补偿。

4. 社会联结

人们有一种对社会关系的基本需求，人际的口碑传播能够填充人们的这种需求。口碑传播扮演着一种社会胶水的角色，能够将人们之间的关系粘在一起形成社会联结。

口碑分享在两方面促进社会联结。其一是加强共同观念，如谈论流行的广告/热点，可以加强与其他人的共同点或相似性，从而能与他人相处更融洽。其二是减少孤独以及社会排挤。独感和社会排挤都会增加人们对社会联结的需求，口碑分享能够减少人际之间的距离感从而帮助人们感觉与他人的关系更亲近。

相关研究指出，社会联结促使人们谈论与他人有共同点的话题。此外，社会联结激励人们分享情绪化的事物，分享一个感人的故事或小说可能增加他人获得同感的可能。

5. 说服他人

人们有改变其他人态度的需求，口碑的第五个功能就是说服其他人。说服他人常常发生在销售环节以及人际关系层面，如通过对某一餐厅发表积极的评论来说服自己的朋友来该餐厅就餐。

说服他人的动机如何影响口碑传播？首先，说服动机会激励人们分享更多极端情绪化的内容。如果某人的目标是说服他人某产品很好(差)，那他倾向于分享一些关于该产品极端积极(消极)的信息。再者，说服动机激励人们分享更多唤起性的内容(如令人愤怒、激动的内容)，从而说服他人采取行动。

（三）网络口碑形成渠道

网络口碑的形成主要有两种渠道，一是在参考团体中变成主流意见，二是发掘意见领袖让其代言。

1. 参考团体。人们常会有一些价值观念模仿的对象，这些模仿的对象常代表某一群体的行为方式，则此群体称为参考团体。参考团体是影响消费行为很重要的一部分。参考团体并不限于自己所属的社会群体或认同的对象，但是在现实生活中，亲戚、朋友、同事、邻居等的消费行为才是一个人最常参考的对象，也是这些团体的消费方式对一个人形成社会压力，形成人们"输人不输阵，大家比一比"的思想观念。但在互联网时代，天天让人们想比一比的对象也不见得是近在咫尺的一群亲戚、朋友、同事、邻居，而是远在天边、常常在网上一起聊天、讨论问题的一群网友。这时网友也就等同于现实中的朋友，成为比一比的对象了。互联网资讯的灵活使得消费者参考团体可以是在天涯海角的、各式各样的任何团体。

2. 意见领袖。意见领袖是活跃在人际网络中，经常为他人提供信息、观点或建议并对他人施加个人影响的人。意见领袖是社会网络中有影响力的重要节点。典型的例子为微博大V，粉丝少则几百万，多则几千万，其发布信息的覆盖人数甚至超过了主流报纸的发行数量。

（1）意见领袖的识别。一般而言，意见领袖包含3个层次：首先，意见领袖具有一些人格上的特质，例如是让人信服的，甚至是充满魅力的；其次，意见领袖必须在某一或某些方面具有丰富的专业知识，成为这方面的专家；最后，与其他网络节点相比，意见领袖拥有更多的网络关系。传播学者认为，人际传播网络大部分是异质性的。当人际传播网络具有异质性时，跟随者会寻求具有较高社会地位、较多大众传媒曝光机会、较具宏观视野、较具创新性、有较多机会接触新信息且受过正规教育的人为意见领袖。

（2）意见领袖的作用。在传播信息过程中，意见领袖从大众传媒或者其他人那里得到信息后再传播，由于网络的方便性，他们更可能融入到信息分享的过程中；在社会网络中，意见领袖最为显著的作用是推动创新的扩散和采用。这主要是因为如果意见领袖采用了某项新产品或新技术，就会起到重要的示范带动作用，进而刺激其他网络成员也采用该项创新。需要指出的是，意见领袖对社会网络中其他人所带来的影响主要是通过网络关系来实现的，即只有与意见领袖建立了关系才会受到其影响。还有相关研究指出，一个人的网络相互连接性和其创新性呈正向相关。网络中的信息交换潜力则与网络的邻近性和同质性的程度成反比。另外，人们倾向于和自己社会特性较为相似的人在一起。一个人在其所处的人际网络中，若有愈来愈多人采用新事物，则其很可能会采用新事物。①

三、网络口碑的传播

网络口碑传播与一般口碑传播一样也是一种信息处理过程，可以将网络口碑传播过程看成是网络口碑接受者（这里接受者只看口碑信息不再传播信息，也就是网络口碑传播的

① 黄敏学，王琦缘，肖邦明，王殿文．消费咨询网络中意见领袖的演化机制研究——预期线索与网络结构．管理世界，2015（7）：109-121.

最终点)/再次传播者(这类不但要接受口碑信息而且还会进一步传播口碑信息)的信息处理加工过程(如图 11-3 所示)。根据信息处理理论，网络口碑接受者/再次传播者首先要受到口碑信息展示的影响，主要包括两个方面：网络口碑信息的内容特征(信息偏向、信息类型、信息成本、信息结构)和网络口碑信息的相关特征(发帖者特征、社会关系、帖子本身特征)。网络口碑信息的内容特征和相关特征将会影响口碑接受者对帖子的认知和评价。

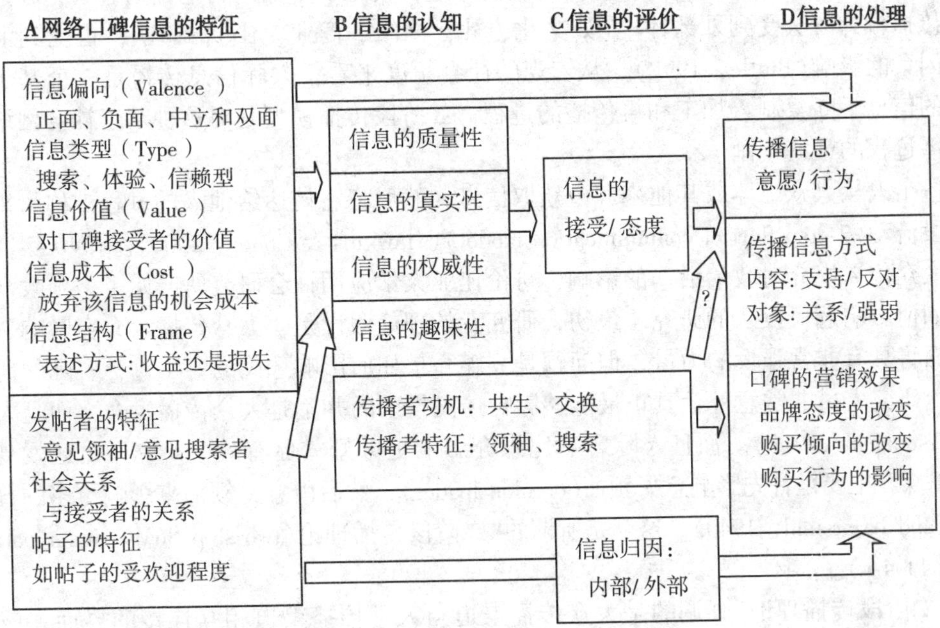

来源：黄敏学，等. 口碑传播研究综述及其在网络环境下的研究初探. 管理学报，2010.

图 11-3　网络口碑框架模型

网络口碑接受者/再次传播者在网络口碑信息的影响下，将对网络口碑信息产生一定的认知，上面的理论框架将信息认知分为四个方面：信息质量、真实性、权威性和趣味。对于网络环境来说，信息的真实性和质量显得非常重要，因为网络是一个开放的没有过滤的信息交换平台，因此各种信息良莠不齐，信息的质量和真实性将在很大程度上影响网络口碑的效果和后续行为，这是不同于传统的广告传播和现实中的面对面口碑传播的。

在对网络口碑信息认知的基础上，网络口碑信息的接受者/再次传播者将对信息产生不同的评价，一个方面是对信息的认可程度，即评价接受的网络口碑信息是否有价值。同时，还对网络口碑信息的传播正面信息或者负面信息的动机进行归因。比如说，网上一个帖子提到“A 公司的产品质量很差，不值得购买”，对于口碑信息接受者/再次传播者来说，一种可能的情况是 A 公司的产品质量确实很差，主要因为 A 公司的经营管理不善，因为其他公司的同类产品质量很好(内部归因)，还要一种可能的情况是认为 A 公司产品质量不好主要是因为偶然因素如运输不善导致的，因为其他 A 产品的用户并没有反应(外部归因)。

对于网络口碑信息的接受者来说，对于口碑信息价值的认可和归因，将对其产生不同的影响，可能会影响到他们对口碑信息中提及到的品牌或产品的态度、购买意向和购买行为。对于网络口碑信息的再次传播者来说，不但会与网络口碑信息接受者一样受到影响，同时还要可能进一步传播该网络口碑信息，在传播时可能会发表一些评论或者进行推荐等。

(一)二阶段传播模型

从微观的个人角度来看，人际信息传播的过程就是一个输入与输出的过程，在这一过程中传播行为既会受到外部环境(如文化、社会网络、商业氛围)的影响，也受到消费者自身因素的影响(Buttle，1998)。从宏观的社会角度来看，人际信息传播是一个基于社会网络的信息不断复制、加工和再传播的过程，二阶段传播模型是对这种基于社会网络的信息传播过程的最好刻画。

一个人从大众媒体或其他来源中获取信息，然后将它传达给他人的过程被称为传播的两阶段流动(2-step flow of communication model)(Hawkins & Coney，2000)。1940年，为了调查大众传播媒介对政治活动的影响，哥伦比亚大学应用社会研究所开始了一项大众传播媒介如何影响选民投票的研究。最初，研究者的理论假设是，大众传播媒介在影响选民投票方面将具有非常强大的力量，但问题是：媒介是如何影响选民的？不过，实际的研究结果却让研究人员非常意外：真正最能够影响选民投票的并不是大众传播媒介，而是人际影响(personal influence)。而且人际影响比媒介影响更频繁，更有效。研究人员还发现，大众传播媒介主要是首先影响意见领袖(opinion leader)，然后由意见领袖来影响更多的普通人(Katz and Lazarsfeld，1940)。这就是所谓的“二阶段传播理论(two step flow communication)”(见图11-4-a)。

“二阶段传播理论”强调的是大众传播渠道与人际传播渠道相互连接的界面。该理论提出来之后，有许多研究者接着这个话题做了很多相关研究。结果发现，现代社会的实际传播过程比“二阶段传播”过程要复杂得多，涉及多阶段传播(如图11-4-b)。一般来说，我们将较早地进行这种传播行为的人称为意见领袖，他们积极地从大众媒体和其他来源收集相关信息，并对信息进行加工，再把他们对信息的理解传达给群体中其他成员；接受信息的其他成员则被称为意见追随者，他们同时还接收从大众媒体和群体内其他非意见领袖成员那里得来的信息(Yale & Gilly，1995)。

大众传播具有更强的权威性和说服性，但是相比于人际传播，其传播性较弱。

(二)网络时代的平民传播模型

网络口碑传播是人际传播中的一种，因此，网络口碑传播的部分研究框架来源于人际传播理论。根据人际传播理论，人际传播具有以下特征：一是传播双方都是确定的个人；二是人际传播发生于一定的人际关系之中；三是受对他人了解程度的影响；四是人际传播的符号类型各不相同，可以表现为有声语言符号、形体语言符号或情感语言符号；五是人际传播相互作用的有效性高。

“平民化”传播是近些年随着网络的迅猛发展和社会化媒体的兴起而发展起来的，民众不仅仅是媒介产品的消费者，而更多地成为传播过程的直接参与者与记录者。与传统的传播方式相比，这种新兴的传播形式主要有以下几个特点：第一，以网络为主要的传播载体。没有网络的出现，也无所谓传播的平民化。“网红”被广泛和迅速地传播的一个最主

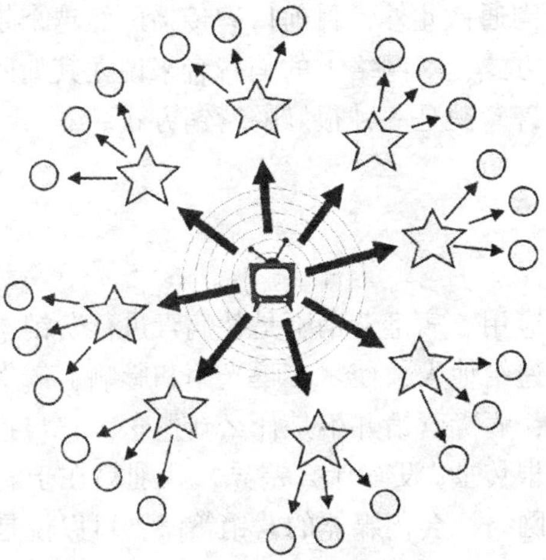

图 11-4-a　二阶段传播模型

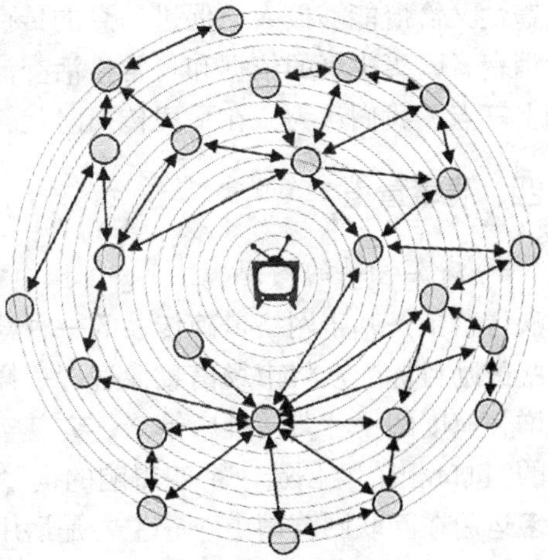

图 11-4-b　多阶段传播模型

要的原因就在于它们是以网络为传播载体的，网络的快速性和高覆盖性成就了平民化传播的快速和高效。第二，传播模式的网状化。随着科技的进步，信息的传播已经从经典的传播二阶段模式(参见图 11-5-a)发展到了消费者能够与媒体进行互动的互动传播模式(参见图 11-5-b)。然而，随着平民传播时代的到来，互动的传播模式已经逐步地演变成了消费者之间进行互动的网状的传播模式(参见图 11-5-c)，在这一模式中，消费者是最主要的传播主体，并且任何人都既是信息发布的中心，也是信息的接收者，而这种互动又会进一步地影响和推动媒介的传播。第三，传播参与者的非精英化。在“全民 DIY”的时代，讲究流行和大众心理，不追求唯一性而是兼容并包，强调不同个性化的共存。在这样一种环境下，每个人都是一个新闻中心，传播不再是精英分子和意见领袖的特权。

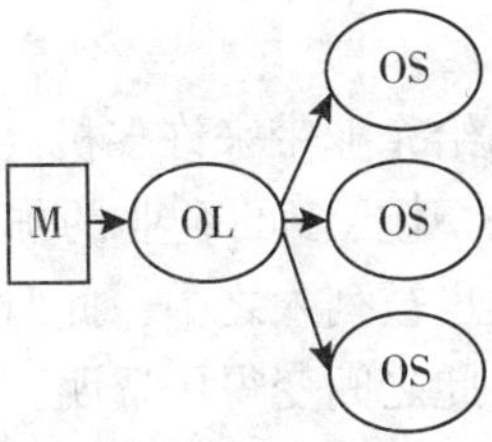

图 11-5-a

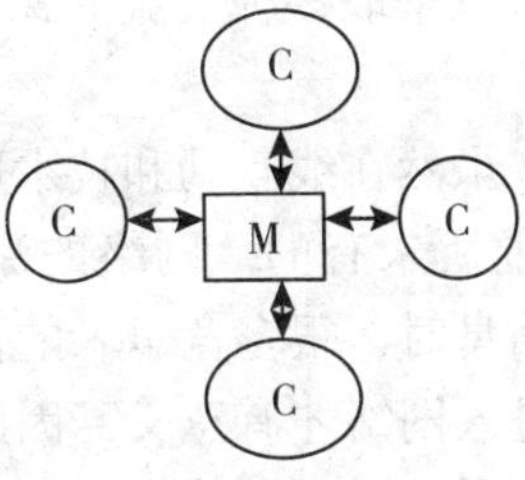

图 11-5-b

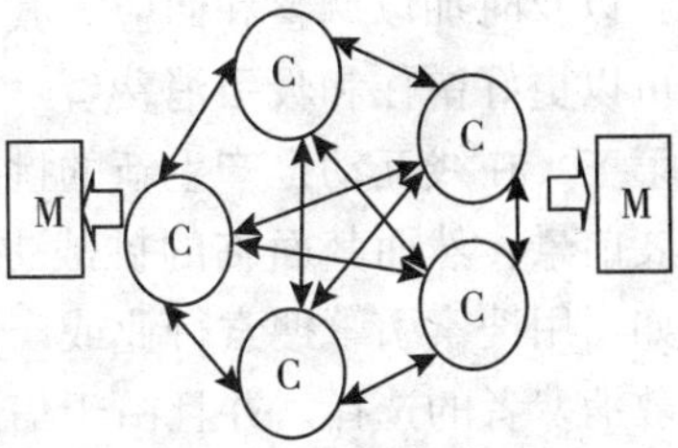

图 11-5-c

注：C＝消费者；M＝大众媒体；OL＝意见领袖；OS＝意见追随者

在这种以网络为载体的平民传播时代中，微信、QQ 等即时通讯工具，微博、豆瓣等网络小区，快手、抖音等短视频社区，是平民传播最常见的传播管道。对于使用这些网络传播管道的最佳营销方式，则非“口碑营销”莫属。这主要是由于以下几点原因：首先，平民传播是一种典型的网状的 C2C 的沟通方式，而口碑传播正是一种点对点的人际沟通方式，所以可以说口碑营销是非常适合这种平民时代的传播模式的。其次，口碑营销的宗旨是通过促进消费者之间的沟通来达到“无为营销”的最高境界，而网络本身的快速性和高覆盖性又恰恰能够极大地促进信息的传播与沟通；此外，目前口碑传播已经越来越多地成为消费者购买决策的依据和日常生活交流的方式，对网络上的消费者来说尤其如此。基于以上三点，我们认为，在平民传播时代，口碑营销是一种很好的营销方式。

四、病毒营销

(一)病毒营销的内涵

病毒营销是基于网络口碑传播的一种营销应用。病毒营销不是替病毒进行营销，而是指那些鼓励目标受众将市场信息像病毒一样传递给他人，使之在曝光率和影响上产生几何级数增长速度的一种营销推广策略。究其实质，病毒营销并不是什么新概念，它与我们通常说的“口口相传”“创造一个叫得响的词”“草根传播”没有什么差异，区别只在于病毒营销较多运用在互联网营销中。它主要是运用在网络社会化媒体的营销策略，可以说是口碑营销的另一种表现方式。

传统的口碑营销(也指离线口碑)一般应用于美容产品、护肤产品和保健产品中，营销手段也主要采取电话营销、直销或是茶话会等形式。互联网的出现带来病毒营销，产生新的营销形式：微博、微信、SNS、BBS 等。同时网络平台的出现，可实现网上议价，定制，使顾客的参与以及互动性得以保证。在线病毒营销与传统口碑营销的区别主要在于三个方面：

第一，网络使接触范围变得非常广大，在互联网上获取信息费用很低廉，交际能力获得很大的扩充和发展。接触范围的扩展对于进行网上病毒营销是非常有意义并且有效的。传播范围的扩大意味着企业知晓者的增长，企业的潜在顾客群增多，并且原来无法很好了解掌握的异地消费者状况现在也可以很好加以追踪了解和沟通。

第二，技术的引进可以主动准确地控制和掌握反馈进程的实施情况。网络的优势特性就在于它可以实现即时多维的交流。对于消费者的反应过程可以得到比以往更好的监控和了解，以及时加以调整和回应。其次可以采取多种交流形式供消费者选择，增加了互动体验，可以更好留住和吸引消费者。

第三，在线互动也产生新的挑战。虽然在线互动和技术可以给企业带来许多机会和新的发展前景，然而其面临的挑战也是前所未有的。网络的流行，让更多的企业的加入进来，如当用搜索引擎搜索行业或产品信息时，很多竞争者的信息也被列入之中，此时无疑会分散消费者的选择。并且由于信息进入网络才有意义，因此彼此之间变得更透明，原本属于企业内部机密的一些信息不得不暴露出来，如价格、促销活动、企业流程等等，而这些信息的曝光对企业来说也是一个大的压力。

(二)病毒营销的作用

1. 加强品牌建立和获取顾客。在线反馈机制可以成为很有效的、低费用的渠道来获取和影响顾客。于是企业可以适当补充做广告，来起到更好的效果。但是如果同时有负面事件的话，在线顾客散布坏新闻的速度也是相当的快的，这样做无疑是会伤害到商标的。

2. 产品发展和质量控制。在线反馈机制能帮助一个组织或企业更好的理解消费者对当前行为活动的反应。但同样，这样做会加快组织产品缺点信息传播给竞争者的过程，有可能产品还处于摇篮中，就已经被其他竞争者先行一步打入市场。

3. 供应链质量保证。在线反馈机制能即时反馈信息，包括向下或者向上传递信息，可以有助于提高整个价值链的绩效水平。但所有这一切无法杜绝信息的外泄。

第三节　社群营销策略

一、社群营销的思维模式

随着社会化媒体的发展，越来越多的企业采用虚拟社群进行营销。值得注意的是，当今国内的相关研究领域并没有对社群和社区这两项名词加以区别，两项名词均来源于“community”一词。实际上，在中文中社群和社区是两个不同的概念。社区指的是一群人聚集在一起，但未必有交互；而社群不仅仅是一群人的概念，它还强调人与人之间存在着交互。企业建立和维系社群，不单单是将消费者聚集起来，而是要通过建立社群实现企业与消费者、消费者与消费者之间的良性交互。

根据不同的需求和社群的性质，虚拟社群主要可以划分为交易社群、关系社群、兴趣社群和幻想社群。见图 11-6。

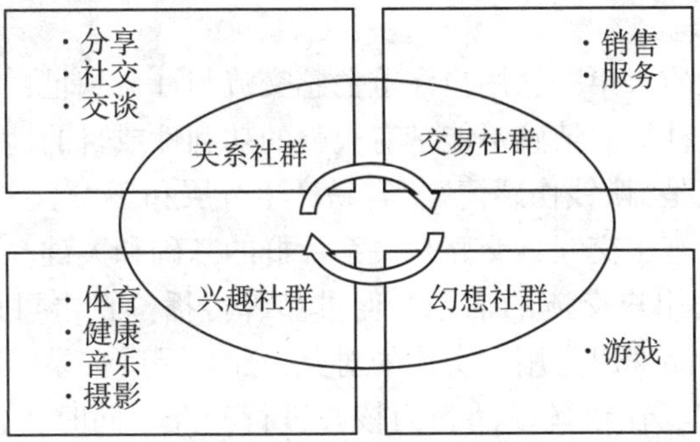

图 11-6　社群划分

(一) 交易社群

交易社群关注销售和服务。在交易社群中，社群成员对某些特定产品和服务有浓厚兴趣，旨在收集有关购买的交换信息和经验，更多地是出于利益驱动。典型的交易社群平台有：平台电商模式，如阿里巴巴的天猫、淘宝等；直接销售模式，如京东、1 号店等；特卖类垂直电商模式，如聚美优品、唯品会、酒仙网。

交易社群主要有三个性质。第一，交易社群中的用户与企业是交易关系，互相追求利益的最大化，本质都是“利己”，因此用户难以建立认同感，情感很难引起共鸣。第二，用户与企业互动性较弱，用户一旦完成购买可能就离开了，为了挽留用户，企业通常需要不断地进行外部刺激来吸引用户，常见的手段为打折促销。第三，企业的外部刺激会带来用户的动机挤出效应，即用户会认为自己是因为打折优惠等利益行为而留在社群中，一旦企业停止外部刺激，用户将会大规模流失。因此，没有情感维系的交易社群是较难维系的。

可以考虑下面三个营销策略维系交易社群：(1)鼓励消费者分享产品体验，发挥消费者的间接社会影响。一个典型的例子是海底捞，虽然海底捞在口味上并不是行业顶尖，但其服务被消费者口口相传，通过二次传播树立了良好的口碑。社会化媒体时代，消费者的口碑分享具有很强的传染性，企业更应该重视消费者的口碑。(2)树立"免费思维"，发挥网络溢出效应。通过一些免费或者低价的产品来吸引消费者，例如Costco(好事多，美国最大的连锁超市)通过1.5美元的热狗和苏打水以及便宜的汽油等，吸引消费者办理会员从而享受"物超所值"。(3)洞察集体思维。消费者在群体的影响下容易产生集体无意识性。除了直接促销模式外，越来越多的企业采用拼单的方式进行销售。这是因为受到集体的影响，消费者更容易产生冲动性购买行为，并把这种行为合理化。企业可以提高消费者的群体性，从而促进消费者进行活动参与或产生购买行为。

(二)关系社群

关系社群强调分享、社交和交谈，它是基于情感满足的社会资本化。所谓社会资本，指的是为了获得社会联结或者社会资源而对社会关系建设进行投入。关系社群使得具有相似经历的人们摆脱时间和空间的限制聚集在一起，并形成一定的人际关系，它关注情感和人际关系的维系。根据关系强度不同，有三种典型的关系社群平台：①强关系：微信朋友圈(现实熟人关系)；②中关系：QQ群(熟人间的可匿名交互)；③弱关系：微博、博客等。

关系社群有三个性质。第一，用户注重情感交流与社会满足；第二，情感具有内生原发性和纯粹性，即关系社群的情感不能带有很强的功利性或目的性；第三，经济刺激会产生破坏性，简单而言就是"谈钱伤感情"，容易产生分层和压力。

关系社群的运营要基于交互，交互是关系社群的基础和关键。可以从以下两个营销策略切入：①让品牌成为用户交流的话题，促进品牌传播。百事可乐发起"把乐带回家"，引发了传播裂变；②让品牌成为用户交流的对象，建立品牌关系。小米与消费者建立粉丝关系，自建"小米社区"，让粉丝以品牌为核心进行交互。同时，企业也要注意，运营关系社群时应该"少谈钱"(利己)，要带有利他性。

(三)兴趣社群

兴趣社群以"兴趣"为中心，如体育、健康、音乐等。在兴趣社群中，一群有着共同爱好、关注点的人聚集在一起，他们一起交流爱好和一些专业知识。兴趣社群是一种中度关系的二模网络，有利挖掘和转换用户的需求(need-want-demand)。典型的兴趣社群有QQ兴趣俱乐部、豆瓣、知乎、百度贴吧等。

兴趣社群有四个性质。第一，去中心化——兴趣社群的交流氛围更加开放、平等、多元；第二，内容的认同——兴趣社群的用户更加关注优质的内容；第三，门槛和成本更高——兴趣社群的用户对于所关注的内容有更高的要求；第四，更高的认同感和信任感——兴趣社群的用户对友邻有认同感和信任感，因此更信任友邻的推荐，推荐时也更加谨慎。

企业在运营兴趣社群时，要发挥用户的众智思维，让品牌参与成为用户创造的对象。传统营销强调的是企业创造内容(firm generated content，FGC)。随着社交媒体的兴起，企业有更多的渠道接触消费者，可以鼓励用户创造内容(user generated content，UGC)，为企业出谋献计。然而 UGC 的质量参差不齐，相比之下，PUGC(professional user generated content)更加专业，内容质量有保障，具有一定的门槛和规则，知乎和百度就是这种模式。

(四)幻想社群

幻想社群为人们提供了聚在一起并探索幻想和娱乐的新世界的机会，让参与者自由地"尝试"新人物角色并参与各种角色扮演游戏。典型的幻想社群就是各种游戏社群，如"王者荣耀""和平精英"等。

二、社群营销的关键点

社群营销需要识别关键点，即识别谁更具有传染性。

一方面，不同的关系强度有不同的传染效果。消费者与对其施加影响的人之间的关系粗略地可以分成两种：一是强关系(strong tie)，另一种是弱关系(weak tie)。关系强度的划分有多个考察指标，如相处时间长短、情感深浅、亲近程度、互惠频率等。强关系的关系比较亲密，如亲朋好友、直接同事等；弱关系的关系较为疏远，如点头之交或网友等。

强关系在行为影响上更具有高传染性。Bone(1992)发现口碑在强关系中更可能产生，因为强关系者更了解口碑搜寻者的需求、偏好、评价标准，降低了受者的感知风险。

弱关系在信息影响上更具有易感染性。Brown 和 Reingen(1987)认为弱关系在宏观层面表现出重要的桥梁作用，使信息从一个子群向另一个子群传播。互联网时代，"结构洞"具有更高的信息传播效率。结构洞可以简单理解为两个圈子之间的非重复关系，它类型于桥，将关系距离很远(弱关系)的圈子进行连接，从而更有利于信息的传播。

另一方面，意见领袖具有高传染性。传统的意见领袖，因为其权威或专业性具有高度的传染性，但另一方面其不容易被影响，具有低感染性。社交媒体时代，涌现出了很多小众专业意见领袖，例如网红。与传统意见领袖不同，他们与消费者的关系更加贴近，具有高传染性和高感染性。此外，关键意见消费者(key opinion consumer，KOC)，如品牌的超级粉丝或是专业达人的信息传播作用也越来越受到重视，他们与消费者的关系最近，且基于自身体验进行口碑分享，具有很强的信息传播性。

三、社群营销的内容

社群营销的内容应该是有用并且有趣的。具体而言，社群营销的口碑传播有 6 个关键因素，即 STEPPS 法则。

1. social currency(社会化的)。人们倾向于选择带有身份信号的产品来进行口碑传播，如根据所开的车、所穿的衣服和所听的音乐来定义自己。如果品牌或者产品能让人看起来更好，那么品牌或产品就会变成社交货币，被消费者广泛传播。

2. triggered(总想起的)。企业可以通过一些刺激因素，让消费者在能够第一反应就联想起品牌。例如一想到"肥宅快乐水"，人们就会联想到可乐。

3. emotion(让人激动的)。当信息能够引起消费者的情感时，会促进口碑的传播。数据表明，微信公众号中有关情感咨询类的文章分享人数最高。

4. public(公众的)。当信息具有社会性时，更容易产生集聚效应，引发人们的关注，甚至是从众和模仿。例如，在微信公众号推文中点击"在看"，朋友圈的其他人也可以看到该帖子，当“在看”人数较多时，更容易吸引他人进行浏览。

5. practical value(实用的)。当信息有利于解决他人的问题或帮助他人时，信息的使用价值会促进口碑传播。

6. stories(有故事的)。故事具有娱乐性，可以带来更深的记忆点，有利于口口相传。可口可乐将自己的保密配方转移到了亚特兰大的博物馆的保险柜，并以此作为一个故事卖点，被人们所津津乐道。

四、社群营销的触发

社群营销的触发要结合场景。场景涉及时间、空间和事件三个维度，企业可以通过创建场景，让消费者产生共鸣。

1. 时间：典型的例子是淘宝的“双十一”。“一”从形状上像单身人士，“双十一”也被称作光棍节。淘宝借势“双十一”的场景，如“单身人士的狂欢”“爱她就清空她的购物车”等，让消费者产生共鸣，激发消费欲望。社群营销还可以根据不同的节假日进行场景的结合。

2. 空间：结合消费者所在的场景进行营销。如在餐厅桌放置二维码，比在大厅入口处、酒店前台和房间床头柜更好，因为消费者在等餐时，比较悠闲，注意力不容易被其他事情所分散，更容易注意到二维码。

3. 事件：结合热点事件，顺势而为。杜蕾斯经常结合事件进行营销，如世界杯等，结合事件场景并增添创意，引起人们更多的讨论。

第四节　社会化媒体营销实务

一、微博营销

(一)微博营销的内涵

微博，即微博客的简称，是一个基于用户关系的信息分享、传播以及获取平台，用户可以通过 WEB、WAP 以及各种客户端组建个人社区，以 140 字以内的文字更新信息，并实现即时分享。微博可以通过关注好友或组建群组形成网络关系。它集合了手机短信、社交网站、博客和 IM 四大产品的优点，逐渐成为企业试水营销的关注点。中国互联网信息中心(CNNIC)发布的第 45 次《中国互联网络发展状况统计报告》显示，截至 2020 年 3 月，我国微博网民使用率高达 42.5%，与 2018 年相比增长了 0.2%。根据新浪科技发布的数据，2019 年底，微博月活跃用户高达 5.16 亿，日活跃用户增长至 2.22 亿。

微博在近几年发展如此迅猛与其所具有的特点是分不开的，其特点如下：第一，轻信息(简洁性)，指的是微博信息量要求较低。博客需要通过颇有文采的语言来表现思想和见解，而微博仅仅需要少量精练的语言来表现，不需要长篇大论。第二，轻障碍(便捷性)，指的是微博可以非常方便地随时分享周边的新鲜事物。不仅操作非常便捷，发布微博的主体可以通过不同的方式(PC 端网页、即时通信、客户端)分享周边的新鲜事物，而且还可以实现多种方式(图片、文字以及视频等)的信息传播。第三，轻关系(开放性)。

传统的博客以及SNS中需要在添加好友的前提之下才可以传递信息，但是微博可以在不添加好友的情况之下传递信息，同时微博中提供的“私信”“评论”以及“回复”等功能可以实现用户之间的有效沟通。

微博营销，指的是个人或组织借助微博这一平台进行的，包括品牌推广、产品宣传、活动策划、公共关系等一系列的营销活动。现今庞大的微博用户数量使微博成为企业无法忽视的新兴营销渠道，也使企业如何通过微博开展营销和扩大企业品牌影响力成为前沿热点话题，而且国内外众多的企业，如百思买、星巴克、联想等大企业都实施微博营销扩大了市场规模。

（二）微博营销的特点

1. 营销成本低。首先，信息发布成本低。目前微博还处于免费使用阶段，企业可以免费在微博中发布信息。其次，宣传、沟通成本低。企业微博提供了一个开放的交流平台，企业可以就产品信息、使用情况、购买心得与用户进行直接互动交流，也可以借机宣传企业管理者、企业业绩、社会公益责任等。相较于互联网中铺天盖地的网络广告，这样的沟通方式更加柔性，成本低廉，能带动消费者的积极性。第三，节约运营成本。一些企业甚至将微博作为客户服务的一个延伸，在线提供产品和服务的相关资讯，这在很大程度上简化了客服流程，有效节约了运营成本。

2. 信息传播的快、精、准。首先，微博营销可以实现信息的快速传播和快速更新，用户可以通过手机、电脑等工具随时随地分享信息，同时实现企业与用户之间的及时信息沟通，企业也可以根据客户的信息反馈进行营销策略的及时调整。其次，微博还设置了个性标签，企业可以通过标签设置选择潜在的目标客群，同时根据企业的产品特性贴上标签，让用户可以快速查询相应的产品。如果某些微博客用户设置的标签与企业设置的标签相吻合，那么该用户很可能就是企业的潜在顾客。

3. 具有公关价值。比如2012年发生的“三亚宰客门”表现了微博的影响力，让更多的网友了解到此次事件，同时提升了企业危机的曝光度，使得微博成为危机事件的预警机制。而且微博作为企业的一种形象展示，这使得企业的信息也更加透明化和公开化。企业可以将微博作为一种危机处理的工具，可以通过微博跟踪企业的不利因素，第一时间进行危机公关处理，及时对企业的危机表达歉意、弥补过失，最大限度减少危机事件对企业的负面影响，时刻维持良好的企业品牌形象。

4. 基础奠定较难。微博的传播范围依赖于它的粉丝数量，人气是微博营销的基础。对于没有任何知名度和人气的企业来说，微博营销门槛相对较高，需要一步一步奠定基础，提高微博的关注度，即粉丝人数，获得更多的用户关注是前提。一个企业的微博，只有在拥有强大的粉丝群的情况下才能通过微博展开营销活动，才能获得良好的营销效果。但一个企业从微博的建立之初到获得数目巨大并稳定的粉丝群，依靠不断更新优质的内容来收集粉丝，速度太慢，需要的时间也太长，这是一个相对艰难的过程。

5. 信息易被忽略。互联网的出现引发了爆炸的信息时代，巨量的信息在网络里流动。在带给用户更丰富的信息之余，微博带来的信息也会引起反效果。由于微博用户多，每一个用户所关注的微博也会很多，微博里新内容产生的速度很快。在这种情况下，企业发布的信息极有可能被淹没在海量的信息中，而不能及时得到粉丝的关注。虽然企业也可以通过加大微博发布频率来保证信息的传播，但这样容易让粉丝产生视觉疲劳，继而对该企业产生反感。

（三）微博营销的策略

1. 内容营销

微博内容营销是企业利用微博发布经过设计的新颖营销事件或关注最近产生的热门话题，以优质原创内容和互动活动机制获得网友的转发和评论、吸引用户关注，从而达到提升企业知名度，打造企业品牌等营销目的。微博内容发布便捷、实用性强、传播快速并有展示用户特性的空间，而要在众多用户信息中最终脱颖而出得到关注，微博内容就需要有极高的可读性。能与消费者产生共鸣、有独特创造性的内容，可以吸引消费者眼球并使其乐于转发内容与更多用户分享，从而能大规模扩散为企业赢得关注。

首先，企业设计微博营销内容时往往要突出消费者的感受，表现出乐于倾听、想要沟通的态度。文字简单、明晰、幽默、独特、口语化并常带有时代特色，精彩的内容已不乏成为社会流行语的典范。如早期的微博流行语凡客体，便是由凡客诚品网站的广告语演变而来的。内容营销使凡客成功扩大了品牌影响力，宣传了企业文化。其次，为了直观吸引用户眼球，需要巧妙利用视频、图片等工具，真正与用户达成情感共鸣。有时候，图胜于文，一图可以胜过千言万语，而微博的字数又有限，企业想让吸引粉丝的注意或者更清晰的表达企业的想法，一张精美的图片是必不可少的。一张图甚至还可以用来展示你的最新产品，吸引目标消费者。

2. 互动营销

微博互动营销是企业在微博平台上运用正确方式，在合适时机建立企业与消费者之间的良性互动，找到两者间利益平衡点，从而达到消费过程中企业提供满足消费者诉求的产品或服务，同时消费者依据自身需求选择商品令企业获益的目的。企业微博不再是以往传统媒介平台上的单向信息传播出口，而是可以通过各种吸引眼球的话题、活动等促使用户积极加入讨论、转发、评论的信息互通渠道。在互动过程中，消费者可以直接了解到企业文化与产品信息，企业则进行了快速宣传，并了解到消费者的需求与感受。

企业要了解市场需求，把握消费者动态，就需要与消费者进行直接沟通。企业微博互动营销的重点是要俘获大批量粉丝，形成基于微博平台的买卖双方互动机制。企业需利用微博的高效性、开放性、交互性等特点，积极与粉丝交流，传达商品、品牌信息，及时对粉丝留言进行回复，提升企业亲和力；还可以在微博上组织一些活动，让消费者参与到活动中来。持续更新可以保障互动。企业还可以利用对消费者发布的微博、评论等信息进行收集，了解目标用户的关注点，分析其消费行为，获得有价值的客户信息与用户需求，从而站在消费者立场开发产品服务、设计营销方案，获得对方认可和关注。

3. 情感营销

微博情感营销策略是企业运用消费者普遍认可、信赖的人际传播优势，经过在微博平台上对目标用户进行情感分析、定位、互动、巩固等策略，从而发掘、调动客户的情感需求，最终满足消费者诉求，实现营销目标。面对目前社会消费水平普遍增高，消费者对产品个性化、感性化需求加剧的现状，企业在保证产品基本效用的同时，还需兼顾对消费者情感的投射。

企业进行微博情感营销时，首先需分析大量消费者信息，确定目标消费者及其情感诉求，根据情感需求设计营销内容，并及时更新用户信息调整情感定位。准确且有特色的情感营销主题能为企业吸引更多目标消费者，也更容易巩固其为忠实消费者。其次，情感营销的微博内容需形成一个有独特人格个性的虚拟情感形象，文字力求亲切自然，贴近消费者。满足消费者情感需求的人性化营销，才会使其产生信任感。最后，企业要利用微博强大的互动特性与消费者建立长期的情感联系。通过及时回复消费者的疑问，解决产品问题等积极行为，使消费者逐步产生对企业的信任与情感，在潜移默化中形成长效营销。

4. 整合营销

微博整合营销策略是运用微博平台，综合海量信息与多重传播渠道等传播优势，通过事件营销、品牌推介等方式形成一种立体化的宣传网，成倍地扩展微博的影响力。微博的传播特性还决定了其具有强大的资源整合力，它不仅可以整合企业官方微博与相关个人微博的内容，也可以整合网站、博客、SNS 网站等其他媒介的信息，还可将视频、图片等其他社会性媒体联合在一起，成为企业社交媒体整合营销的中心，达到品牌营销和效果营销。

企业进行微博整合营销时需在有效把握目标受众心理的基础上，尽可能调动各种资源，综合各种传播媒介和手段推广微博，扩展微博影响力，使得顾客无论接触何种媒体都可便捷了解到企业信息。企业微博开设后，首先可通过开展活动(如有奖转发、有奖竞猜等手段)主动吸引目标受众。第二，综合运用各种传播媒介。通过口头、电话、电邮等形式把自己的微博账号告诉客户，还可以借助于拥有众多粉丝的其他微博主推广企业微博。第三，企业可深入研究社会热点传播的规律，巧妙借势或创造热点，通过策划让品牌在短时间内成为热点话题。2011 年杜蕾斯官方微博借力北京暴雨这个新闻市件，开展了“穿着杜蕾斯鞋套去看海，走雨路不湿鞋”的话题营销：将包里的杜蕾斯避孕套掏出，当作是塑料保护膜套在脚上，于是鞋子就能免遭浸湿，并将其制作成教程，由“普通粉丝”发布在微博上。经过“杜蕾斯官方微博”的转发，引起了很多暴雨中的人的关注和共鸣，短时间内就爆发了病毒式传播，其微博人气大增。企业借热点事件进行产品的宣传，话题有趣，事件新鲜、贴合度高，因此易取得意想不到的良好效果。

二、微信营销

(一)微信营销的内涵

随着移动互联网在人们生活中扮演着越来越重要的角色，微信凭借 3 年破 6 亿用户的实力成为了移动 IM 软件中的老大。“微信”是一款基于本地通讯录的智能手机即时通讯应用。使用者通过智能手机下载安装，可以手机通讯录、QQ 好友添加的微信好友，通过网络消耗少量的 GPRS 流量，能快捷发送文字、语音、照片、视频，支持多人群聊。在功能上微信具备了原始的即时通讯功能，同时也具备了 SNS(social networking service，社交网络服务)和 LBS 的功能，即通过定位寻找自己的地理位置附近的使用者，或通过“漂流瓶”“摇一摇”的系统随机匹配结交陌生使用者，向陌生使用者传送讯息。从最初的简单文字图片信息的发送，到如今综合化平台的发展，微信的价值正在被个人、企业、机构等逐渐挖掘利用。

微信营销是指企业利用微信平台，通过向用户传递有价值的信息而最终实现企业品牌力强化或产品、服务销量增长的一种营销策略。微信营销主要体现在以安卓系统、苹果系统的手机或者平板电脑中的移动客户端进行的区域定位营销，企业通过微信公众平台，结合微信会员卡管理系统展示企业微官网、微会员、微推送、微支付、微活动，已经形成了一种主流的线上线下微信互动营销方式。如北京王府井百货与微信合作，开通王府井百货集团微信公众号。消费者关注公众号，可以了解到北京王府井的楼层导视、品牌导购，也可以查询热门活动、品牌优惠等活动，通过微信下订单、维权、管理订阅信息等。王府井与微信的合作模式其实是线上线下各取所需，线上看中线下体验式营销，以及多年积累的会员及人气；线上看中线下的流量及吸引消费者的浏览方式。

（二）微信营销的特点

1. 强关系。微信从推出就表现出与微博不一样的特质。和微博存在许多虚假号、僵尸粉相比，微信账户是和手机号码或者 QQ 绑定在一起的，大部分是真实存在的，其传播方式从“好友之间传播”即从身边“和熟悉的人说话”，慢慢扩展到“和陌生人说话”，再汇聚“朋友圈”传播。封闭的熟人网络更有利于建立信任，有利于企业口碑传播；就企业来说，需要微信用户主动添加才能被关注，而添加行为本身就是信任的象征。如果客户没有进行关注就不会有实际的营销产生，这样就可以避免客户产生不满的情绪，这种一对一的发送方式要比大众媒体好得多。正是建立在这种信任的基础上，企业在微信里的粉丝应该是质量更高、忠诚度更高，且购买可能性也更大。一对一的传播方式，更能发展企业的强关系，使企业的营销更具有针对性；一对一的客户服务，可以较为精准地挖掘到客户需求，影响潜在客户，使用户的需求能得到及时反馈，提升用户黏性和增强用户转化率。

2. 亲和性。区别于微博营销中商业账号带来的显性营销气氛，微信更倾向于“平等亲和”的信息分享。微信以手机作为终端的社交工具，信息一对一发布，信息隐秘更显得双方间更具亲和性，更有利于企业拉近与用户间的关系。企业可将营销信息隐藏在与受众的互动中，如星巴克在每日微信中植入新品信息，以此作为一种隐性营销手段，让大众更乐意接受。微信中互动评论使信息交换更加隐秘，提高了彼此的信赖度。微信独特的语音功能，能进一步提高信息私密性和交互性，提高了用户接受度。

3. 市场细分难。微信是以用户为主导的一种沟通方式，他人除了能看到用户的性别和地区外，无法了解到其他诸如职业类型、兴趣爱好等具体信息。以致企业在进行微信营销事时较难完成市场细分这一环节，有时候难以就产品所针对的人群进行特定宣传，而只是广为撒网，在增加关注的同时并不能对潜在客户进行具体分类营销。

4. 营销有效性问题。微信的本质是一款移动即时通信软件，主要功能是与朋友进行社交，这是大部分人看待微信和微博观念的不同。尽管微信上的营销是一对一的模式，但是如果控制不好就会将营销的信息演变成垃圾信息，一旦用户感到信息不对称或感到被骚扰，则随时会取消对公司的关注，这样的风险比在微博上更为明显。微信的朋友圈分享依赖于信息内容是否符合用户需求，这样一种点对点的传播方式是否能足够吸引用户的关注，从而让企业高效地进行产品推广，最终得到高回报还需要更多的摸索。

（三）微信营销的策略

1. 提高推送信息频率的适度性

为了让客户及时了解相关信息，企业会向其粉丝推送产品和活动信息，但“轰炸式”的频繁信息推送会造成顾客的极大反感。试想，如果客户一天接收到数条来自同一官方微信号的推送信息，信息内容可能甚至都差不多，这就易导致客户的反感。过快的推送节奏极有可能迫使客户取消对企业官方微信的关注。据调查，企业推送信息频率为两三天一次为宜。

2. 提高推送信息内容的可读性

除了注意推送信息的频率，推送信息的内容同样需要注意。纯陈述性的信息很容易让客户感到枯燥，进而失去阅读的兴趣。长此以往，客户即使收到企业推送信息也不会有阅读的念头，他甚至会因为这种垃圾短信式的“骚扰”而取消对企业微信的关注。因此企业在推送信息时必须注意信息的可读性和趣味性，如使用风趣的言语、丰富的表情符号等，要让客户有兴趣读取信息，让他们将读取推送信息作为一种享受而不是对视觉的摧残。

3. 提高微信客服服务的可亲性

微信营销具有信息交流互动性的特点，客户和企业可以随时进行交流互动，这就要求企业的微信客服具有良好的可亲性。客户与企业的交流具有私密性，这导致同一时间可能有多位客户与企业客服进行沟通，企业客服应耐心、详细地回答每一位客户的问题并为之提供相关的建议。如果企业微信客服态度不佳，客户将对企业产生反感并可能将与客服的聊天记录放到网络上，这将会对企业的形象造成极坏的影响。

4. 提高客户管理系统的科学性

微信营销并不是简单的信息推送、获取粉丝，而是商家通过提供客户需要的信息对自己产品进行推广的点对点的营销方式，这就要求企业有科学的 CRM 系统，通过用户分组和地域控制有针对性地向目标客户推送信息，而不是对有所有粉丝群发信息。除此之外，随着企业的发展，粉丝的数量可能大量增加，企业需及时完善其 CRM 系统。

微信营销作为微时代企业营销的利器，其营销优势不言而喻。但微信营销究竟能为企业带来多大的利润空间，这还得看企业如何有效利用微信这一平台。只有正确合理地利用微信营销才能为企业带来丰厚的收获。

三、抖音营销

（一）抖音营销的内涵

随着用户注意力不可逆的转移，短视频已成为移动互联网主流的内容形态。短视频指一种视频长度以秒计数，主要依托于移动智能终端完成快速拍摄和美化编辑，可在社交媒体平台上实时分享和无缝对接的一种新型视频形式。其中，抖音短视频以较具创意和视听冲击力的互动短视频形式占据短视频的第一梯队，成为新颖的大众传播工具、成熟的交流平台和品牌营销的重要阵地。

抖音短视频，是一款可以拍摄短视频的音乐创意社交软件，由今日头条孵化，该软件于 2016 年 9 月上线。用户可以通过这款软件选择歌曲，拍摄 15 秒的音乐短视频，形成自己的作品。截至 2019 年，抖音全球月活动用户已突破了 5 亿。

短视频营销，指的是将文字、图片和声音以动态的短视频形式来进行大众传播和品牌营销。由于抖音短视频庞大的用户数量和高传播效率，越来越多的品牌入驻抖音短视频，如宝马、vivo、京东、美团等。

(二)抖音营销的特点

1. 智能分发，去中心化传播。抖音打破了传统内容生产和分发的关系，例如微博和微信公众号的内容生产“中心化”，即少数头部用户吸引大部分流量。抖音通过设置话题挑战、丰富音乐场景、设置同款横版等方式加速培育精品内容，通过平台算法代替传统微博微信用户的转发作为传播节点，使得分发机制“去中心化”。抖音的去中心化传播，让优质的内容更易于流动，以原生视频为起点，制造内容爆点，吸引大批用户从围观到参与，在与品牌互动的过程中增强对品牌文化和理念的认知理解，拉近品牌与用户距离。

2. 更短营销路径，更高传播效率。抖音打破了传统从“看到-注意-兴趣-搜索-行动”的品牌转化路径，让信息直接触达用户，从而提升广告效果，助力品牌营销提速增效。

3. 互动形式多元化。抖音上的互动形式多样，如各种音乐、特效、滤镜以及人脸识别、体感识别、AR 贴纸技术等，为品牌合作与用户参与提供更多的互动方式。

4.“短小精悍”，迎合用户碎片化时间。相比于文字，抖音短视频感官刺激更强且只有 15 秒，很容易占据用户大量的碎片化时间。

(三)抖音营销的策略

1. 内容营销。首先，企业可以不断输出原创性内容给品牌带来话题热度，保持更新频率；再者，企业可以选择时下热门的挑战赛让创作内容获得更高的热度。2019 年 5 月 18 日，中国国家博物馆与 7 家地方博物馆，联合抖音一起推出“第一届文物戏精大会”H5，各大博物馆的文物集体唱歌跳舞的视频，吸引的最终挑战人数超过了 5 万人。

2. 互动营销。企业可以通过定制化贴纸和音乐、人格化形象、有趣的说话方式或神回复拉近与用户之间的距离，提升用户黏性。

3. 意见领袖。发挥明星 IP 示范效应和达人效应，联动激发粉丝互动共创。

四、小红书营销

(一)小红书营销的内涵

小红书是一个生活方式分享社区，截至 2019 年 1 月，全球有超过 2 亿年轻用户在小红书 APP 上分享吃穿玩乐买的生活方式。小红书业务主要包括两个板块：第一板块，UGC(user generated content，用户原创内容)模式的购物及生活分享社区。在此社区里，小红薯们(小红书社区的粉丝昵称)通过文字、图片、视频记录和分享着这个时代年轻人的“买买买”和其他方面的美好生活，小红书通过后台的结构化数据算法对海量信息和人进行精准、高效匹配。第二个板块，社区电商小红书商城——自营“福利社”+第三方平台和商家。小红书采用自营+第三方的模式，扩充了产品的 SKU，让消费者有了更多的选择。小红书自营“福利社”实行自建保税仓和物流的方式，货物直接通过保税仓或者海外直邮的方式送达到消费者手中。

小红书营销，指的是深耕内容，结合意见领袖的影响力，产生社交裂变，向电商导流。对品牌而言，小红书是用户对商品意见的表达区。

(二)小红书营销的特点

1. 深耕内容。小红书形成了良好的内容生态：小红书激励普通用户晒出生活，并适时发起专题策划，吸引投稿；官方对优质内容进行整理分类，方便不同需求的用户查找相关笔记和视频；各大明星入驻分享日常生活，可以满足粉丝的好奇心。

2. 产品导购场景化。明星或网红等意见领袖分享的内容，容易激起用户购买同款的兴趣；各类产品体验测评，容易增加产品的可信度。将产品体验场景化，将用户导向小红书电商进行购买。

3. 购买后分析，产生社交裂变。购买商品后，小红书站内的“购买笔记”为用户预设好内容、照片和标签，鼓励用户分享购买体验，以此吸引其他用户。形成“发现-购买-分享-发现”的闭环。

（三）小红书营销的策略

1. 内容营销。一方面，企业要贴合用户生活场景，把控内容，从而引发用户共鸣，促进用户的参与；另一方，企业可以抓住热门话题，吸引用户关注和参与。

2. 意见领袖。企业可以借助网红、明星等意见领袖为产品代言，并鼓励他们分享产体验，拉动更多用户关注产品，进一步将用户导向电商。

3. 互动营销。企业可以开展互动活动或话题，鼓励用户分享产品的使用体验。